数字经济系列教材

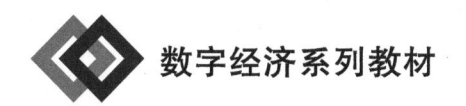

数字贸易

主　编◎高　鹤　关嘉麟
副主编◎冯君实　闫克远　肖美伊

首都经济贸易大学出版社
Capital University of Economics and Business Press
·北京·

图书在版编目（CIP）数据

数字贸易 / 高鹤，关嘉麟主编. -- 北京：首都经济贸易大学出版社，2024.11. -- ISBN 978-7-5638-3748-9

Ⅰ.F740.4-39

中国国家版本馆CIP数据核字第20248TX910号

数字贸易
SHUZI MAOYI
主　编　高　鹤　关嘉麟
副主编　冯君实　闫克远　肖美伊

责任编辑	佟周红
封面设计	砚祥志远·激光照排　TEL:010-65976003
出版发行	首都经济贸易大学出版社
地　　址	北京市朝阳区红庙（邮编100026）
电　　话	(010)65976483　65065761　65071505(传真)
网　　址	http://www.sjmcb.cueb.edu.cn
经　　销	全国新华书店
照　　排	北京砚祥志远激光照排技术有限公司
印　　刷	北京建宏印刷有限公司
成品尺寸	170毫米×240毫米　1/16
字　　数	452千字
印　　张	24.5
版　　次	2024年11月第1版
印　　次	2024年11月第1次印刷
书　　号	ISBN 978-7-5638-3748-9
定　　价	62.00元

图书印装若有质量问题，本社负责调换
版权所有　侵权必究

前言

2020年4月，习近平总书记在中央财经委员会第七次会议上首次提出构建以国内大循环为主体、国内国际双循环相互促进的新发展格局重大战略命题。随后，在多个国内外重要场合，习近平总书记对构建新发展格局的重大意义和政策取向进行了深入阐释。2020年10月，党的十九届五中全会正式将构建新发展格局写入《中共中央关于制定国民经济和社会发展第十四个五年规划和二〇三五年远景目标的建议》（以下简称"十四五"规划纲要），并将构建新发展格局作为"十四五"时期发展的战略导向。为促进国内国际双循环，"十四五"规划纲要强调要推动进出口协同发展，创新发展服务贸易，推进服务贸易创新发展试点开放平台建设，提升贸易数字化水平。2022年10月，习近平总书记在党的二十大报告中提出了系列重要论断。加快构建新发展格局，着力推动高质量发展是党的二十大报告重点内容之一。其中，强调了推进高水平对外开放，推动货物贸易优化升级，创新服务贸易发展机制，发展数字贸易，加快建设贸易强国的重大使命。

近些年来，全球数字贸易发展迅速，数字服务贸易在服务贸易中的比重持续上升，成为国际贸易与经济增长的新引擎。由于新冠疫情的暴发及在全球蔓延，更加凸显了数字贸易的发展韧性和巨大潜力。根据联合国贸发会议发布的相关数据，2020年，全球服务贸易受到严重冲击，服务贸易总额同比下降20%，而数字服务贸易几乎未受影响，占服务贸易总额的比重达到63.6%，比2019年提高了11.8个百分点。

数字贸易在规模快速扩大、重要性持续提升的同时，也为产业数字化变革与企业全球化运营带来了前所未有的机遇和挑战。为抢抓数字贸易发展机遇、促进数字贸易发展，近年来全球各主要经济体均极为重视数字贸易的发展，普遍将数字贸易作为国家发展规划、对外经贸合作和参与国际规则制定的重要参考。一方面，我国要为国内数字贸易相关产业发展营造良好环境、提供政策支持，提升数字产业国际竞争力；另一方面，我国要顺应数字贸易发展新要求，通过多边、区域、双边等谈判渠道，积极参与国际数字贸易规则的制定，表达核心利益诉求，力求构建良好的数字贸易制度环境。

数字贸易涉及领域广，各方利益相互交织、立场错综复杂，在短期内全球形成覆盖面广、公平透明的数字贸易规则体系难度较大。能被各国接受的数字贸易规则体系逐渐成为新一轮经济全球化中规则博弈的焦点。幸运的是，各国已普遍认识到要在数字贸易的规则制定上加强利益协调与磋商合作的重要性，并开始付诸行动，有望在促进贸易便利化、消费者权益保护等方面取得突破。面对数字经济全球化发展大势，世界各国需顺应数字贸易开放合作、包容发展的历史潮流及对国际规则提出的新要求，加强磋商、求同存异、凝聚共识、汇聚合力；要增进互信，不断扩大市场开放，坚持开放包容、平等合作、互利共赢等原则，灵活地推进数字贸易国际规则构建，加强数字基础设施联通和标准对接，为数字贸易自由、便利、安全发展，共同营造良好的制度环境。

全球数字贸易发展的集中度较高。中国是为数不多的、在数字贸易市场居于领先位置的发展中国家。一方面，中国高度重视数字经济带来的发展机遇，在市场开放、规划引导、法规保障、行业监管、创新发展试点建设等方面积极探索，持续改善数字贸易发展的制度与市场环境；另一方面，中国积极推动数字贸易开放发展与互利合作，推进共建"数字丝绸之路"，参与全球治理规则制定，倡导全球数字治理体系向开放、包容、普惠、公平、共赢的方向发展，致力为缩小"数字鸿沟"、实现世界共同繁荣贡献中国智慧。

鉴于此，我们编写了《数字贸易》教材。与传统的国际贸易教科书以及已有的数字贸易教材相比，本书具有以下特色：

第一，本书框架科学合理，逻辑性强。本书以数字贸易作为研究主体，整体框架沿着数字贸易的发展基础、发展现状和未来展望的思路展开。值得一提的是，本书有两章分别阐述了数字贸易发展的经济基础和技术基础，更利于学生理解和掌握数字贸易产生和发展的源头，在知识体系上更具有连续性。

第二，本书重点关注数字贸易发展中的焦点问题。本书在全面梳理数字贸易基础知识的同时，着重分析目前数字贸易领域内备受关注的数字贸易规则问题，包括在多边框架下和代表性区域贸易协定下数字贸易规则的演进，以及中国与西方大国在数字贸易规则制定方面的分歧，凸显了数字贸易发展的核心问题。

同时，相比其他关于数字贸易某个方面的专题著作或者研究报告，本教材囊括的范围更全更广，并提出了一些联系实际进展的开放性思考题，有利于培养学生分析问题和解决问题的能力，这些可以作为后续编写教学材料和进一步研究的基础。

前言

本书编写组成员均为吉林财经大学国际经济贸易学院教师。高鹤负责梳理写作思路，确定全书的写作框架，并作为主编参与了全书的统稿工作。本书创作具体分工如下：高鹤负责编写第一章、第四章、第五章和第六章；关嘉麟负责编写第十章；冯君实负责编写第七章、第八章和第九章；闫克远负责编写第二章、第三章；肖美伊负责编写第十一章、第十二章。

感谢首都经贸大学出版社策划出版数字经济系列教材，并邀约吉林财经大学参与编写，感谢出版社编辑为本书的出版提供的全方位支持。本书参考了国内外专家学者的观点和一些国内外学术机构的相关文献，在此一并表示真诚的感谢。此外，对吉林财经大学国际经济贸易学院2022级硕士研究生俞潇璨、夏明轩两位同学为编写组提供的支持表示感谢。

本书可供高等院校经济与管理类专业本科生、相关研究人员学习参考。编者已尽力确保本书准确可靠，但囿于精力和时间所限，部分细节难免有不妥之处，恳请专家、学者以及广大读者不吝赐教，批评指正。

《数字贸易》编写组
2024年3月

目 录

第一章 导论 …… 1
- 第一节 学习数字贸易的重要性 …… 1
- 第二节 数字贸易的理论基础 …… 10
- 第三节 数字贸易与数字经济 …… 24
- 第四节 数字贸易学习的整体架构 …… 27
- 案　　例 …… 29

第二章 数字贸易发展的宏观经济基础 …… 31
- 第一节 电子商务阶段 …… 31
- 第二节 跨境电子商务阶段 …… 36
- 第三节 数字政府的构建 …… 44
- 第四节 世界数字竞争力 …… 50
- 案　　例 …… 70

第三章 数字技术与数字贸易 …… 72
- 第一节 信息技术和服务 …… 72
- 第二节 移动通信技术服务的演进 …… 81
- 第三节 互联网技术和服务 …… 85
- 第四节 数字技术的更迭与数字贸易 …… 91
- 案　　例 …… 95

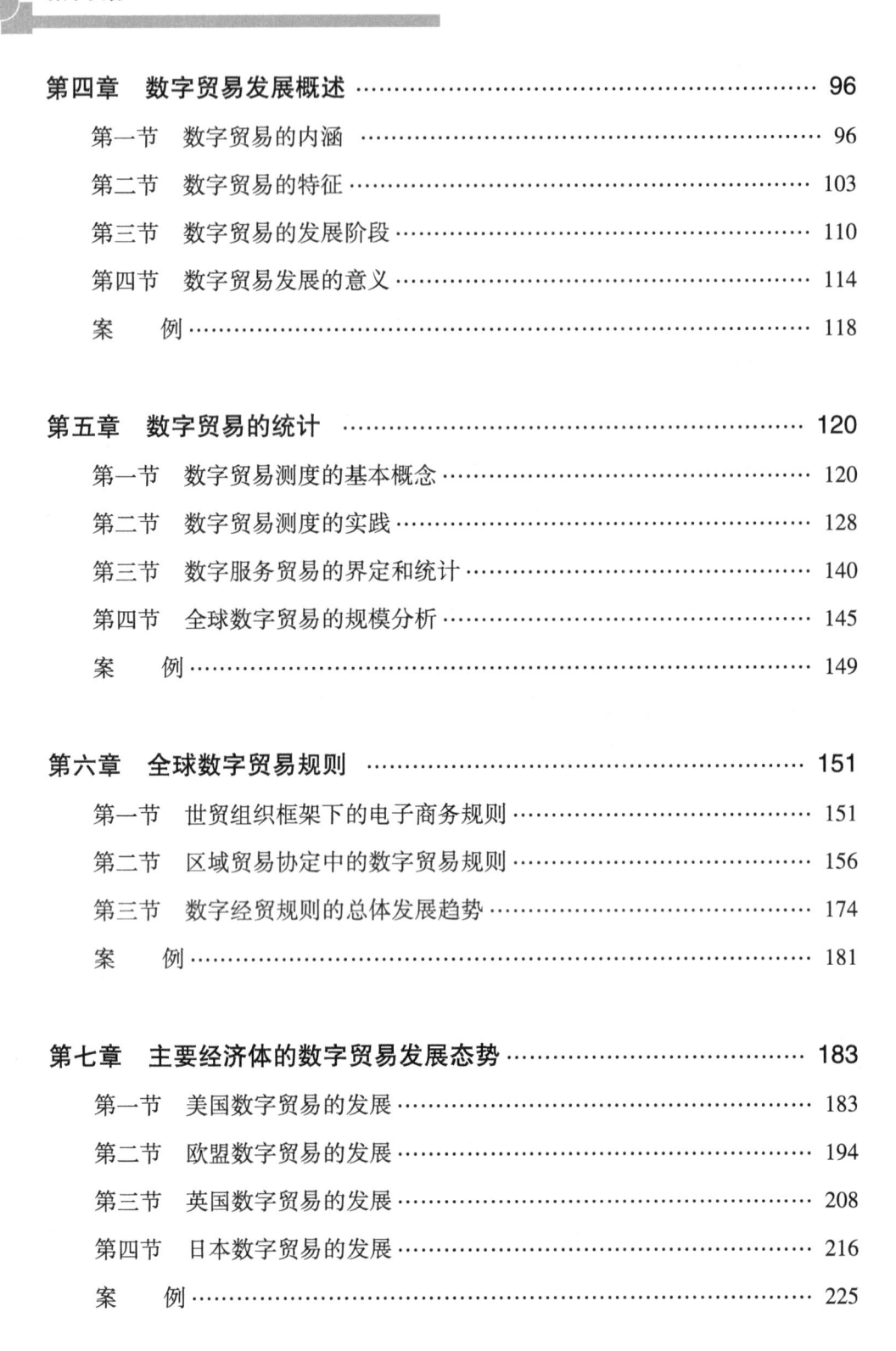

第四章　数字贸易发展概述 ······ 96
第一节　数字贸易的内涵 ······ 96
第二节　数字贸易的特征 ······ 103
第三节　数字贸易的发展阶段 ······ 110
第四节　数字贸易发展的意义 ······ 114
案　　例 ······ 118

第五章　数字贸易的统计 ······ 120
第一节　数字贸易测度的基本概念 ······ 120
第二节　数字贸易测度的实践 ······ 128
第三节　数字服务贸易的界定和统计 ······ 140
第四节　全球数字贸易的规模分析 ······ 145
案　　例 ······ 149

第六章　全球数字贸易规则 ······ 151
第一节　世贸组织框架下的电子商务规则 ······ 151
第二节　区域贸易协定中的数字贸易规则 ······ 156
第三节　数字经贸规则的总体发展趋势 ······ 174
案　　例 ······ 181

第七章　主要经济体的数字贸易发展态势 ······ 183
第一节　美国数字贸易的发展 ······ 183
第二节　欧盟数字贸易的发展 ······ 194
第三节　英国数字贸易的发展 ······ 208
第四节　日本数字贸易的发展 ······ 216
案　　例 ······ 225

第八章 主要经济体的数字贸易政策体系 ········· 227

第一节 美国数字贸易的政策体系 ········· 227

第二节 欧盟数字贸易的政策体系 ········· 236

第三节 英国数字贸易的政策体系 ········· 244

第四节 日本数字贸易的政策体系 ········· 248

案　　例 ········· 252

第九章 中国数字贸易的发展演进 ········· 254

第一节 中国数字贸易的发展 ········· 254

第二节 中国数字贸易的政策体系 ········· 270

第三节 中国与其他主要经济体数字贸易规则的比较 ········· 275

第四节 中国数字贸易发展的机遇与挑战 ········· 278

案　　例 ········· 285

第十章 数字贸易生态链的构成 ········· 287

第一节 数字贸易对传统贸易生态链的冲击 ········· 287

第二节 数字贸易生态链的新构成 ········· 293

第三节 从数字贸易生态链到数字贸易生态圈 ········· 299

案　　例 ········· 304

第十一章 全球数字贸易的治理 ········· 307

第一节 数字贸易壁垒的治理 ········· 307

第二节 数字鸿沟的治理 ········· 319

第三节 数字税收争议的治理 ········· 327

案　　例 ········· 332

第十二章　全球数字贸易的发展趋势与展望 ……………………………… 334
第一节　数字贸易规则和监管 ……………………………………… 334
第二节　数字贸易成本和市场 ……………………………………… 338
第三节　数字支付和数字货币 ……………………………………… 352
第四节　全球经贸关系的变革 ……………………………………… 362
案　　例 …………………………………………………………… 365

参考文献 ………………………………………………………………… 367

第一章 导论

随着以数字化、网络化、智能化为主要特征的新一轮科技革命的推进，数字经济广泛渗透、数字化转型蓬勃发展，数字贸易应运而生，并推动全球产业链、供应链、价值链和创新链发生深刻变革。数字贸易已成为新一轮经济全球化的重要驱动力量，引发国际社会的广泛关注。

第一节　学习数字贸易的重要性

数字贸易是数字经济时代全球贸易数字化转型的重要形态。当前，数字技术与国际贸易融合渗透、不断深化，拓展了传统货物贸易和服务贸易的广度及深度。我国在国家层面高度重视数字贸易的发展。2019年11月，《中共中央国务院关于推进贸易高质量发展的指导意见》在中央层面首次提出"数字贸易"，明确加快培育贸易竞争新优势，推进贸易高质量发展。2021年10月，我国商务部等24部门印发《"十四五"服务贸易发展规划》，提出要加快服务贸易数字化进程，大力发展数字贸易，推进服务外包数字化高端化，实施服务贸易企业数字赋能行动，建立健全数字贸易治理体系。2021年12月，中央网络安全和信息化委员会印发《"十四五"国家信息化规划》，将"数字贸易开放合作"列为优先行动之一，规划提出到2023年，我国数字贸易服务能力显著增强，数字贸易统计体系基本形成；到2025年，数字贸易服务体系基本形成，国际竞争力位于前列，数字贸易发展支撑能力显著提升。新发展格局是党中央面对国际国内形势和变化做出的重大决策部署，作为新时期推动贸易高质量发展的关键一环，数字贸易将成为新发展阶段贯彻新发展理念、构建新发展格局的前沿阵地。

近些年来，数字贸易备受国际社会的广泛关注，并成为各国和地区抢先发力的重要领域，尤其是一些发达国家的聚焦程度更为明显，竞相抢占制定数字贸易规则的话语权。学习数字贸易的基本知识，了解数字贸易在社会经济中扮演的角色，把握其发展的动态和趋势等是新时代的必然要求，也是培养数字贸易人才的必由之路。

一、顺应时代要求，了解数字贸易

（一）数字贸易是国际贸易发展的一次巨大飞跃

数字贸易助力贸易各环节降本增效提质，为外贸增长注入新动能：外贸中的市场营销和信息获取更加便利，各方沟通成本和交易风险降低；外贸服务环节加快数字化转型，通过平台为外贸企业提供一站式服务；外贸监管持续数字化与流程创新，办事效率不断提升。数字贸易创新服务提供方式，服务"可贸易性"大大提升。随着数字技术的发展，传统服务可复制和高度标准化，服务提供方式也由线下接触转移到线上远程交付。服务贸易中新模式新业态不断涌现，催生了新的数字服务。例如，3D 打印促进了软件设计贸易，制造业、建筑业等行业正越来越多地通过数字网络将设计方案发送到各地。

（二）数字贸易已成为全球贸易增长的新亮点

面对全球经济增长乏力的背景，如何重振全球贸易受到国际社会的普遍关注。跨境电商是数字贸易快速发展的一个缩影。随着数字技术与服务贸易加速融合，数字贸易正成为服务贸易领域新的增长点。根据中国商务部数据，2022 年中国可数字化交付的服务贸易规模达到 2.5 万亿元，比 5 年前增长了 78.6%。随着元宇宙、区块链等技术的突破，数字技术将重塑全球贸易流程，为数字贸易带来更大的创新空间，带动全球贸易增长。据世界贸易组织（以下简称"世贸组织"，WTO）经济学家的模拟计算，在 2021 年至 2030 年的 10 年中，数字技术的应用将使全球贸易每年增长 2%，发展中国家的贸易每年增长 2.5%[1]。数字贸易成为新冠疫情全球暴发以来各国乃至全球经济复苏和持续发展的新引擎。

（三）数字贸易是打造国际竞争新优势的重要途径

数字贸易可推动本国传统产品和服务更好地拓展国际市场。各国通过推动企

---

[1] 《夏季达沃斯论坛观察：数字贸易成为全球贸易增长新亮点》，中国服务贸易协会专家委员会公众号，2023 年 7 月 4 日。

业供应链管理、监管流程、服务环节的数字化转型，帮助企业降低贸易成本和提高贸易效率、提升国际竞争力。数字贸易可推动本国数字产业融入全球数字领域分工。当今世界正处在向数字经济迈进的时期，产业变革新格局尚未定型。世界各国纷纷强化政策引导，着力推动技术创新突破、产业融合应用、数字治理完善，以战略制高点驱动数字经济腾飞。数字贸易有助于数字产业融入全球性数字市场，通过国际市场力量推动本国技术产业发展。数字贸易还可推动监管模式创新与开放合作。数字贸易的快速发展给传统外贸监管带来巨大挑战，如小金额、大批量、分散化的 B2C、C2C 跨境电子商务订单，具有广域、匿名、即时、交互等特点的数字服务，各国外贸监管部门纷纷创新监管方式，为安全有序的发展提供保障，同时强化政策法规对接，推进国际监管协调合作。

（四）数字贸易为包容性发展创造了有利条件

数字贸易为中小企业和初创企业发挥其独特优势创造了条件。数字贸易降低了贸易的成本和参与门槛，为中小企业、初创企业参与国际分工提供了新机遇，有助于推动形成一系列特色的、小众的细分产业市场。数字贸易可带动发展中国家和农村地区融入数字全球化发展。电子商务向农村拓展延伸，可为弱势群体创造就业机会，也可为农村居民带来品种多样、物美价廉的外部产品[①]。在全球范围内，加快数字化转型与数字贸易发展，发达国家向发展中国家提供在线培训、远程医疗等援助变得更加便利，也为广大发展中国家融入全球化提供了渠道、创造了机会。

（五）数字贸易将推动全球价值链发生深刻变革

一是数字贸易有助于协调地理位置分散的研发和生产任务，国际分工更加细化、专业化，价值链不断延伸。如大型跨国企业通过供应链管理系统对跨国采购、生产和销售进行管理，实现各个环节的协同化、一体化，降低延迟效应。二是数字服务逐渐渗透生产经营活动之中，服务要素在投入和产出中的比重不断增长，成为价值链的重要组成部分，影响价值链的收益分配。从投入角度看，以信息通信（ICT）服务为代表的生产性服务，被广泛应用于企业的研发设计、生产制造、经营管理等环节，提高了企业生产效率、产品附加值和市场占有率。从产出角度看，企业将生产过程中积累的专业知识转化为各种类型的数字服务，企业由提供产品向提供产品全生命周期服务转变，由提供设备向提供系统解决方案转变。

---

① 世界银行和阿里巴巴集团，《电子商务发展：来自中国的经验》，2019.11.23. https：//www.worldbank.org/en/news/infographic/2019/11/23/e-commerce-development-experience-from-china.

二、各国高度重视数字贸易发展动态

数字贸易是各国竞相发展和推进合作的新兴领域。为抢抓数字发展机遇，美国、欧盟、日本等主要经济体纷纷在数字贸易领域布局，同时抢占数字贸易相关经贸规则制定的先机和主动权。

（一）各主要经济体将数字贸易作为发展的战略方向

美国率先关注数字贸易，尝试主导推动全球数字贸易一体化、自由化发展。在自身发展方面，美国国际贸易委员会（United States International Trade Commission，USITC）于2013年和2014年分别发布了两份报告《美国和全球经济中的数字贸易》，为数字贸易体系构建奠定了基础。在《2015年国会两党贸易优先事项和责任法案》（2015 Bipartisan Congressional Trade Priorities and Accountability Act）中，美国对推动数字贸易相对于传统贸易的非歧视性原则、自由化原则的目标做出了相应的规定，法案明确要求政府不得强制数据的本地化存储以及设置数字贸易障碍。2015年5月，美国贸易代表办公室（Office of the United States Trade Representative，USTR）出台了数字贸易议程（简称"数字十二条"，The Digital Dozen），2016年3月将该议程扩充为"数字二十四条"（The Digital 2 Dozen，D2D），包括禁止数字关税、促进互联网免费开放、非歧视原则、跨境数据流动、禁止本地化要求与强制技术转让等基本原则，明确将数字贸易纳入美国对外谈判的核心内容[1]。之后美国着力推动数字贸易自由化发展，USTR成立专门的部门（数字贸易工作组）持续跟踪各个国家制定的数字贸易壁垒并发布《对外贸易壁垒国家贸易评估报告》（National Trade Estimate Report on Foreign Trade Barriers），分析和评估数字贸易壁垒对美国及其企业造成的影响[2]。2019年，美国国会研究服务局（The Congressional Research Service）发布报告《数字贸易与美国的贸易政策》（Digital Trade and U. S. Trade Policy），全面阐述美国数字贸易政策体系，包括美国国内立法和政策推动、别国贸易壁垒与规则议题、数字贸易国际政策协调机制等内容[3]。2021年3月1日，USTR发布了《2021年贸易议程和2020年度报告》，提出要制定新的数字标准。

---

[1] https：//ustr.gov/sites/default/files/Digital-2-Dozen-Final.pdf.
[2] 2023年3月31日发布的最新报告中，在数字贸易壁垒方面，详细介绍了中国、欧盟、印度、印度尼西亚、俄罗斯、土耳其和越南等经济体的数据限制性政策。https：//ustr.gov/sites/default/files/2023-03/2023%20NTE%20Report.pdf.
[3] 2021年12月9日，美国国会研究服务局发布了该报告的更新版。

在国际规则方面，美国已在多个自贸协定中加入数字贸易相关章节。美国在《跨太平洋伙伴关系协定》（Trans-Pacific Partnership Agreement，TPP）[①]、《美墨加协定》（The United States-Mexico-Canada Agreement，USMCA）等自贸协定中均设立了较高标准的电子商务章节和数字贸易章节，与日本专门签署了双边的《美日数字贸易协定》（US-Japan Digital Trade Agreement，USJDTA），在世贸组织、经济合作与发展组织（Organization for Economic Cooperation and Development，OECD）、七国集团（G7）和二十国集团（G20）等国际组织及对话机制中积极推动、力求主导国际数字贸易规则的制定。数字贸易问题是当前美国贸易讨论的焦点，包括印太经济框架（Indo-Pacific Economic Framework for Prosperity，IPEF），有意在印太地区引领构建更加紧密的数字经济合作框架。

欧盟高度重视内部数字单一市场建设，积极在全球数字贸易技术与规则制定中发挥引领作用，并推动数字一体化体系由内部逐步向外部国家扩展。在自身发展方面，2015年，欧盟委员会发布《欧洲数字单一市场战略》（Digital Single Market Strategy），启动欧盟内部数字贸易市场一体化的进程。2016年，欧洲议会和欧盟理事会通过《通用数据保护条例》（General Data Protection Regulation），确立了跨境数据流动领域监管规则。2017年11月23日，欧洲议会国际贸易委员会通过《迈向数字贸易战略》（Towards a Digital Trade Strategy），除了促进建立欧盟数据贸易战略，加快制定相关的政策来保证跨境数据的自由流动外，还提出应该增加对欧盟贸易伙伴的"充分性认证"的数量，确保第三国开放数字产品及服务，逐步放开对欧盟外部国家的数字贸易限制，将其逐步融入欧盟数字体系。为了进一步推动欧洲的数字化发展，欧盟于2018年公布了《数字欧洲计划》（Digital Europe Programme），计划投资92亿欧元用于互联网安全、计算机技术、人工智能以及数字技术的发展和普及。欧盟的数字贸易战略与美国有异曲同工之处，同样是促进数字贸易自由化，执行方式却存在显著差异，欧盟的数字贸易战略具有典型的"欧盟特征"。基于欧盟高度一体化的区域发展特性，欧盟内部成员国先打破各国之间的数字贸易壁垒，建立欧盟内部的互联互通机制，推动内部数字贸易自由化，进而形成欧盟自身主导的数字贸易体系。2020年12月15日，欧盟委员会向欧洲议会和欧盟理事会提交《数字服务法》（Digital Services Act）和《数字市场法》（Digital Markets Act）草案[②]，旨在推动"创造一个更安全、

---

① 2016年2月，包括美国在内的12国共同签署TPP；2017年1月，特朗普政府宣布美国退出。
② 《数字服务法》于2022年11月16日正式生效，《数字市场法》于2022年11月1日正式生效。

更开放的数字空间"。2021年2月，欧盟委员会向欧洲议会和欧盟理事会提交的贸易政策审查文件提出，"支持欧洲的数字议程是欧盟贸易政策的优先事项"，"目标是确保欧盟在数字贸易和技术领域的领先地位"。

在国际规则方面，欧盟与加勒比地区国家、印度尼西亚、英国等签署的贸易协定中加入了电子商务或数字贸易相关章节，并在WTO电子商务磋商、OECD内部规则拟订中积极发挥引领作用。欧盟在上述政策审查文件中提出，将寻求迅速达成一项全面的WTO数字贸易协议，包括与欧盟数据保护框架一致的数据流动规则、高水平消费者保护等条款。2021年3月9日，欧盟委员会正式发布《2030数字罗盘：欧洲数字十年之路》（2030 Digital Compass：the European Way for the Digital Decade）计划，为欧盟到2030年实现数字主权的数字化转型愿景指出方向，旨在构筑一个以人为本、可持续发展的数字社会。2023年1月9日，欧盟委员会发布了《2030年数字十年政策方案》（The Digital Decade Policy Programme 2030），该方案建立了欧盟体系内的监督合作机制，旨在2030年实现欧盟数字化转型的共同目标。

英国在脱欧背景下寻求建立广泛联系的数字贸易网络。在自身发展方面，2017年3月1日，英国政府发布《英国数字战略》（UK Digital Strategy），对英国"脱欧"后推进数字转型、打造世界一流的数字经济做出全面部署，涵盖数字技能与包容性战略、数字转型战略、网络空间战略、数字政府战略等七大战略[1]。2021年6月28日，英国下议院国际贸易委员会发布报告《数字贸易和数据》（Digital Trade and Data），阐述其数字贸易战略目标，即"让英国成为数字贸易领域的全球领导者，并通过国际协议网络推动全国生产力、就业增长"。2022年7月18日，英国下议院提交《数据保护和数字信息法案》（Data Protection and Digital Information Bill），对数据保护框架进行了更新，进一步明确负责任的数据使用，同时保持对英国数据保护的高标准。2022年10月7日，英国与日本签署《英日数字伙伴关系框架》，致力于共同为它们的公民、企业提供具体的数字政策成果[2]。

在国际规则方面，目前英国与欧盟、日本、新西兰、澳大利亚、新加坡等签署了相关贸易协定。2021年，英国申请加入《全面与进步跨太平洋伙伴关系协定》（Comprehensive and Progressive Agreement for Trans-Pacific Partnership，CPTPP），并

---

[1] 2022年10月4日，更新后的《英国数字战略》再次发布。
[2] https://www.gov.uk/government/publications/uk-japan-digital-partnership/uk-japan-digital-partnership.

在 2023 年 7 月 16 日正式加入，成为首个加入该协议的欧洲国家。2023 年 5 月，英国与乌克兰签署了《英乌数字贸易协定》(UK-Ukraine Digital Trade Agreement)，这也是英国签署的完全独立的数字贸易协定。

日本重视数字贸易开放，依托区域贸易协定参与构建国际规则，继续以科技创新为突破口的数字经济战略推动数字贸易发展。在自身发展方面，2018 年，日本经产省在《通商白皮书》中开始探讨数字贸易影响，并积极参与规则制定。营义伟内阁高度重视数字贸易发展，强调利用信息技术推动行政改革和社会发展。在国际规则方面，日本积极推动数字贸易开放，其政策主张主要体现在《G20 大阪数字经济宣言》、CPTPP、USJDTA 和《区域全面经济伙伴关系协定》(Regional Comprehensive Economic Partnership, RCEP) 等文本中。其中，USJDTA 是日本和美国就高标准数字贸易开放达成的共识，相关规则有可能作为日本未来参与 WTO 谈判和其他贸易协定谈判的主要立场。此外，作为《日欧经济伙伴关系协定》(Japan-EU Economic Partnership Agreement) 的重要补充，2018 年日欧就相互认可数据保护的充分性达成一致，进一步提升了相互间个人数据流动的自由化、便利化水平。2021 年 6 月，日本经济产业省发布的《通商白皮书 2021》专门强调了数字技术对疫情下稳定全球供应链的重要性，数字技术的引入具有鼓励中小企业争取和扩大交易机会的作用，成为发展普惠供应链的关键。日本的数字化贸易战略的出发点是本国如何去融入、适应数字贸易时代，因而更加注重提升本国的"数字硬实力"，通过积极发挥新型生产要素的作用，将其充分融入本国产业结构中，完成数字化改造。数字技术是数字贸易时代的重中之重，因此日本着眼于数字技术发展，从技术层面把握数字时代发展机遇，将数字技术应用到各个领域，从而具有领先优势，为今后日本在全球数字贸易体系构建过程中赢得先机。

新加坡利用灵活高效的自由贸易协定磋商机制，参与推动数字贸易规则的制定。新加坡作为自由贸易港，在数据流动、数字贸易领域践行高度自由的开放政策，也是 TPP/CPTPP 谈判的主要推动国家之一。2020 年 6 月，新加坡与智利、新西兰签订《数字经济伙伴关系协议》(Digital Economy Partnership Agreement, DEPA)，在加强跨境数据流动承诺、扩大隐私制度互补及制定新网络安全规范等方面提出进一步要求，以体现数字贸易规则的高标准和谈判机制的灵活性。2020 年 8 月，新加坡和澳大利亚签署《新加坡-澳大利亚数字经济协定》(SADEA) 并于当年的 10 月 8 日生效，升级了此前双边自贸协定中的数字贸易安排，签署了包括人工智能、数据创新和数字身份等内容的多份谅解备忘录。

2022年2月，英国与新加坡签署《英国-新加坡数字经济协定》（UKSDEA），并于同年6月14日生效。与此同时，为配合英新签署数字经济协定，新加坡科技工商协会（SGTech）和英国科技协会（techUK）也于2022年2月达成谅解备忘录，在数字贸易、人工智能和网络安全等方面加强合作。此外，新加坡还启动了与韩国、越南等国的数字贸易谈判。截至2023年，新加坡与韩国已经完成谈判[①]。2023年7月，新加坡与欧盟在原有的自贸协定和投资保护协定基础上，启动数字贸易协定谈判。

除了上述发达经济体，包括中国在内的广大发展中国家同样重视数字贸易的发展，都致力于加快发展数字技术、加强数字基础设施建设，为大力发展数字贸易营造良好社会环境。

（二）数字贸易逐渐成为国际经贸规则的重点内容

数字技术在贸易领域中的应用改变了贸易方式和贸易对象，给传统国际贸易规则带来重大挑战，相关国际组织和国家也不断发展新兴的贸易规则，以推动和完善数字贸易领域的经贸合作。当前虽然仍难以在全球范围内形成高度统一的数字贸易规则，但各经济体也尝试通过区域性双边和多边贸易协定对数字贸易领域的国际合作问题进行针对性、前瞻性、专门性的规制。

一是促成以数字贸易为专门对象的国际合作协定。例如，2020年6月，新加坡、智利、新西兰三国正式签署的DEPA是首个数字经济的专门国际协定，旨在加强三国间数字贸易合作并建立相关规范，代表了数字时代的一种新型全球经济合作范式，致力于便利化无缝的数字贸易，允许可信任的数据流动，构建数字系统的信任。2021年11月，中国正式提出申请加入DEPA。

二是建立以数字经济为主要内容的跨境统一市场。例如，欧盟坚持合作共赢原则，着力打破成员国间的数字市场壁垒，推动建立数字单一市场，重视数据保护与开放共享，积极构建欧盟内部统一的数字市场，同时推进人工智能发展与治理。在此基础上逐步放开对欧盟外部贸易伙伴国的限制，将外部国家逐步纳入欧盟的数字贸易体系，将以欧盟为主体的"区域数字贸易体系"逐步发展成为"全球数字贸易体系"，成长为全球数字贸易的领导者。美国、墨西哥和加拿大于2020年签署的USMCA，则首次在国际协定中设置了数字贸易专章，力图实现数字要素在北美市场的自由、便利流动。

---

① 新加坡贸易与工业部，https：//www.mti.gov.sg/Trade/Digital-Economy-Agreements；中国商务部，http：//sg.mofcom.gov.cn/article/dtxx/202202/20220203283091.shtml.

三是将数字贸易作为经贸规则的重点内容进行强调。为应对数字贸易发展的新要求,近年来新签的国际协定多将数据跨境流动、计算机设施本地化限制、跨境电子商务、在线消费者保护、数字税等数字贸易的重点问题作为重要议题。包括CPTPP、RCEP、《跨大西洋贸易与投资伙伴协议》(Transatlantic Trade and Investment Partnership,TTIP)、《美韩自由贸易协定》(The United States-Korea FTA),以及中国与新西兰、新加坡等国升级的自由贸易协定等,都不乏与数字贸易合作的相关内容。各国力求通过达成贸易协定,开放数字贸易市场。

三、注重数字人才培养

数字贸易的发展离不开专业的人才支持,目前数字贸易庞大的人才需求和人才供应的短缺极为矛盾。从人才需求角度出发,数字贸易相关的行业将数据和技术作为其生产的重要投入要素,因此数字贸易创造的新就业对从业者的知识、技能有较高的要求。大量传统企业在贸易数字化以及智能制造方面迫切需要相应的人才,尤其是熟悉数字运营管理的高层次人才。另外,以数字产品与服务、数字化知识与信息为贸易标的的企业对了解技术、运营和管理的人才需求更加旺盛。从人才供给角度出发,高校和企业共同参与的培训模式由于渠道单一缺乏创新,难以有效整合资源,已经不能满足数字贸易人才的培养需要。同时,传统的国际贸易学、电子商务、物流管理等课程严重制约了数字贸易人才的知识结构,相应的培养方案也很难满足数字贸易实践的需要。

数字贸易人才培养需要数字贸易知识的探索和积累。当前,数字贸易人才培养亟需模式创新。鉴于目前人才供需的结构性失衡现象,数字贸易学的学科建设有助于重新审视数字贸易人才的培养体系、探索数字贸易人才的创新培养模式,并根据不断发展的数字贸易人才需求动态调整培养方案,进而为贸易数字化和数字化贸易进程持续提供人才支撑。学习数字贸易要明确其多学科交叉的特征,除了掌握经济学相关基础知识之外,还需要具备计算机科学、管理学、法学等专业的知识,同时要增加数字贸易各个环节的教学实践,从而提升复合型人才的专业水平。

第二节 数字贸易的理论基础

近些年来,数字贸易发展迅速,促进了全球经济发展。数字贸易的发展以及对经济贡献的实践需要理论上的支撑和指导。由于贸易本质没有发生改变,因此,作为解释国际贸易的传统分工理论依然是发展数字贸易的重要理论基础,但与此同时,数字贸易产生的时代背景和贸易过程等发生了重大改变,还有哪些理论可以作为解释数字贸易的依据?数字贸易发展实践对传统贸易理论的假设提出了哪些挑战?这些都是值得思考的问题。

一、传统贸易理论

(一) 比较优势理论

广义的数字贸易既包括基于数字技术和数字平台的货物贸易,又包括数字化产品本身的国际交付。对于前者,传统的比较优势理论完全适用;对于后者,比较优势理论部分适用。

1. 理论核心思想

比较优势理论的代表人物是大卫·李嘉图(David Ricardo)。大卫·李嘉图和亚当·斯密(Adam Smith)同为古典经济学家,但他与亚当·斯密对解释国际贸易的产生原因有不同的见解。亚当·斯密认为,国际贸易的产生是因为国家间生产技术(生产效率)的绝对差异,因此国家间产生贸易的前提是两个国家各自存在绝对优势产业。与亚当·斯密不同的是,大卫·李嘉图认为,国际贸易产生的基础是两国生产技术的相对差异,因此即使一国在所有产业上的生产技术都落后于他国,两国也可以开展国际贸易。比较优势的核心思想在1817年大卫·李嘉图的《政治经济学及赋税原理》一书中被提出,并进行了数例推理和阐释。在主张自由贸易还是政府干预方面,大卫·李嘉图反对国家对经济生活进行任何形式的干预,这一观点与亚当·斯密较为一致。大卫·李嘉图认为,任何人都有追求个人利益的动机,但追求个人利益的行为会自然而然地对整个社会产生有利结果,同时也为生产力的发展创造了可能性。

对于国际贸易的产生原因,大卫·李嘉图用"比较成本"的概念来分析国际贸易产生的基础,建立了"比较优势理论"(Theory of Comparative Advantage)。该理论的核心思想是"两优相权取其重,两劣相衡取其轻",参与国际贸易的国家应遵循各自产业的比较优势，集中生产并出口其具有比较优势的产品，进口其具有比较劣势的产品，比较优势本质上是经济学中的机会成本。

大卫·李嘉图以葡萄牙与英国之间的葡萄酒和布匹贸易为例，说明比较优势的国际贸易理论，这个例子后来成为对比较优势最为经典的阐述。英国生产布匹需要100人一年的劳动，酿制葡萄酒需要120人同样时间的劳动。葡萄牙生产葡萄酒需要80人一年的劳动，而生产布匹则需要90人一年的劳动。英国在生产两种商品上都处于绝对劣势，但是相比之下，生产布匹的劣势小于葡萄酒。因此，英国看到了进口葡萄酒的利益并通过出口布匹来交换葡萄酒。同样地，对葡萄牙来说，生产两种商品均具有绝对优势，但相比之下，生产葡萄酒的优势更为明显，因此出口葡萄酒换取布匹是有利可图的。葡萄牙交换英国布匹所用的葡萄酒数量不是由各国生产时所投入的劳动量决定的。这与两种商品都同在英国或葡萄牙生产时的情况完全不同。即使葡萄牙进口的商品在本国制造时所需要的劳动量少于英国，这种交易也可能会发生。虽然葡萄牙能够以90个人的劳动生产布匹，但它仍会从一个需要100人的劳动生产布匹的国家进口布匹。而对英国而言，将以100人的劳动产品交换80人的劳动产品，按照劳动价值论，这种交易不会发生在同一国家的个人之间，100个英国人的劳动产品不能与80个英国人的劳动产品进行交换，但是100个英国人的劳动产品却能与80个葡萄牙人的劳动产品进行交换。因此，大卫·李嘉图认为，"支配一个国家中商品相对价值的法则不能支配两个或更多国家间相互交换的商品的相对价值"[1]。如果两国以1∶1的交换比例开展国际贸易，双方都会获益。

在国际贸易的福利来源方面，与重商主义强调的观点不同，大卫·李嘉图认为，国际贸易给社会带来利益并非因为一国的商品价值总额增加，而是因为一国的商品总量增长。国际贸易之所以是福利来源，是因为通过专业化分工，提高了社会总产出，消费者购买的商品价格下降，促进了资本的积累。另外，大卫·李嘉图虽然同样强调了进口带来的福利收益，但与亚当·斯密不同，大卫·李嘉图是从资源最有效配置的角度来论证自由贸易与专业分工的必要性，提出了更加系统的自由贸易理论。大卫·李嘉图的比较优势理论是国际贸易的经典理论，但比较优势思想始于罗勃特·托伦斯（Robert Torrens）。早在1815年，托伦斯便在他《关于玉米对外贸易的论文》中使用Comparative Cost（比较成本）一词，并提出

---

[1] 大卫·李嘉图. 政治经济学及赋税原理[M]. 北京：商务印书馆，1976：532-533.

了比较优势的概念①。

2. 理论的局限性

保罗·萨缪尔森曾说过，如果经济理论有评比的话，比较优势理论肯定会以其无可比拟的优美逻辑结构而高居榜首。虽然数字贸易与传统贸易的内在动因都可以用比较优势的专业化生产模式和劳动分工来解释，但在应用方面比较优势理论也存在很多自相矛盾之处，并具有明显的时代特征和阶级特征，在解释传统贸易和数字贸易方面可能存在一定的局限性。

第一，在传统贸易方面，按照比较优势理论发展的分工格局有可能造成的"锁定"现象，不利于经济落后国家经济体系的完善、经济结构的转型升级和产业国际竞争力的提升，因此，传统的李嘉图比较优势原则只有在一定的条件下才能为政府政策提供有益的指导。同时，传统的李嘉图模型对国际贸易中出现的新现象也缺乏解释力。比较优势理论解释了贸易产生的部分原因，证明了即使一国在所有产品生产上都存在绝对优势，只要两国存在各自的比较优势产品，就可以进行国际贸易。然而，如果一国同种商品同时存在进口与出口，发达国家与发达国家之间的贸易量远远超过发达国家与发展中国家之间的贸易量，国际贸易中行业内贸易比重增加等现象，则难以用比较优势理论直接解释。

第二，在数字贸易方面，李嘉图的理论同样存在局限性。首先，李嘉图模型假设市场环境是完全竞争，但在数字贸易中，例如搜索引擎业务，由谷歌、雅虎、百度、微软、eBay等几大巨头垄断，市场结构更趋向于垄断竞争或寡头垄断，传统的比较优势可能不再适用。其次，李嘉图的比较优势理论中传统商品的生产符合边际报酬递减规律，但是数字贸易产品中的数字化产品，依托数字化知识和信息，其边际生产成本降至最低甚至为零，更容易实现规模经济和范围经济，数字经济的这一特征可能使得传统的比较优势理论不再适用。最后，比较优势理论主要解释货物贸易，产权明晰，而数字贸易知识产权界定较为模糊，数字贸易发展的前景不明确，可能会导致交易效率下降。知识产权保护是国际数字贸易治理中的重要议题，周念利和李玉昊认为，中国和美国在数字知识产权保护方面存在分歧，可能导致中美矛盾升级，而国家间矛盾升级会对交易效率产生极大影响②。

---

① TORRENS R. An essay on the external corn trade［M］. London：Hatchard, 1815：264-265.
② 周念利, 李玉昊. 数字知识产权保护问题上中美的矛盾分歧、升级趋向及应对策略［J］. 理论学刊, 2019（4）：58-66.

（二）要素禀赋论

上述的比较优势理论中，假设只有劳动一种生产要素的投入，而新古典经济学理论则假设投入两种或者两种以上生产要素。在比较优势理论中，国际贸易产生的基础是各国生产技术的相对差别。同时，技术的差异成为各国生产成本产生差异的主要原因。但不同国家的产品在生产技术相近的情况下，同样存在巨大的成本差异，该理论难以解释这种现象。新古典贸易理论中最重要的要素禀赋论很好地解释了这一现象，影响深远。

1. 理论核心思想

新古典贸易理论的"开创者"是埃利·赫克歇尔（Eli Heckscher）和伯蒂·俄林（Bertil Ohlin），他们提出的赫克歇尔-俄林（H-O）定理对此后的新古典贸易理论体系的发展影响非常深远。

赫克歇尔认为，各国不同产品的比较优势，很大程度上由要素的禀赋差异与不同产品投入要素比例的差异决定，而不是由技术差异决定。赫克歇尔认为，土地成本、资本等其他要素同样会影响劳动生产率，同时也会影响生产成本，这两点往往可以决定一国的总生产水平。各国的要素禀赋存在差异性，根据要素的相对丰裕程度，可以分为"资本丰裕"的国家、"劳动丰裕"的国家，等等。生产不同产品所需的生产要素投入相对比例也不尽相同，可以分为劳动密集型产品、资本密集型产品，等等。比如，如果搜索引擎服务生产中所需要的资本/劳动的比率高于数字音乐产品中的投入比例，那么可将搜索引擎服务视为资本密集型产品，将数字音乐视为劳动密集型产品。"劳动丰裕"的国家生产劳动密集型产品的成本低，相对于其他国家而言，具有比较优势。同样，"资本丰裕"的国家生产资本密集型产品的成本低，相对于其他国家而言，在生产此类产品时就具有比较优势，分工生产并交换后，双方都会从中受益。

1919 年，赫克歇尔在《对外贸易对收入分配的影响》中首先提出了要素禀赋差异是决定国际分工和贸易的基础的观点。赫克歇尔假设国家间产品的生产技术是相同的，集中讨论基于要素禀赋差异和投入比例差异而进行的国际贸易活动。赫克歇尔的理论不仅阐明了很多国际贸易活动发生的前提，还指出国际贸易对要素价格会产生不可忽视的影响。赫克歇尔的学生俄林在 1933 年出版的《区际贸易与国际贸易》一书中，揭示了区际贸易和国际贸易形成的原因，通过国际贸易实例明确指出了国际贸易生产中要素禀赋的差异，进一步阐述和完善了赫克歇尔的要素禀赋定理，并由此获得了 1977 年诺贝尔经济学奖。实际上，新古典贸易理论主要由赫克歇尔-俄林定理、斯托尔帕-萨缪尔森定理、雷布津斯基定理和要素价格均等化定理四个定理构成。

2. 理论局限性

与古典贸易理论相比，要素禀赋论在以下两个方面进行了改进：一是拓展了生产投入的要素种类，由仅劳动一种要素投入，增加为劳动、资本这两种要素投入，也就是从原来的"2×1×2"模型转变为"2×2×2"模型，并以此为背景重新分析国际贸易产生的原因；二是以各国的要素禀赋水平和要素投入比例为基础，着重指出各国的比较优势，剖析了生产和贸易模式。要素禀赋论即便有所改进，仍然存在明显的局限性。

首先，要素禀赋论延续之前的古典贸易思想，假设各国市场均为完全竞争市场，然而，在数字贸易进程中，绝大部分行业不是处于完全竞争的环境下。例如，在搜索引擎领域，百度领先其他搜索引擎厂家，呈现出"寡头竞争"的状态。因此从这方面来看，H-O定理仍无法解释数字贸易目前的整体竞争格局。

其次，要素禀赋论假设国家间产品的生产技术是相同的，并且规模报酬是不变的，但现实中国家间的生产技术不仅存在实质性的差别，还存在规模经济的现象。在数字贸易中，数据作为一种新的生产要素发挥着至关重要的作用，事实上，只要掌握了比竞争对手更多更有效的数据，就可以获得更高的生产率优势，在市场竞争中占据有利地位，各个企业的生产效率和生产技术也不尽相同。同样，占据较高市场份额的企业本身拥有更多的消费者，这些消费者生成更多数据，从而产生更多的消费者。由于数据这一要素的特殊性，数字贸易中存在明显的规模经济。

最后，要素禀赋论假设劳动力是同质的，即劳动力的知识、技能都是完全相同的，但是在数字贸易中，由于教育背景、成长环境的差异，每个劳动力掌握的数据是有差异的，所以，在数字贸易的研究中，劳动力同质这一假设不再成立。

以上以数字贸易为背景，对H-O要素禀赋论的局限性进行了简略的分析。当然，这里的分析并不完善，还有很多局限性尚需仔细斟酌，如模型假设要素密集度是保持不变的、贸易进程中不会发生变化，没有考虑范围经济等，这些还有待进一步探讨和学习。

二、其他相关理论

（一）规模经济理论

比较优势理论强调产生国际贸易的基础是技术的相对差别，赫克歇尔-俄林理论则明确指出各国的要素禀赋与对要素投入比例的差异会产生国际贸易。然而，发达国家的技术虽有差别但差距不明显，而且发达国家均属于"资本丰裕"的国家，上述理论无法解释日益增长的发达国家之间的国际贸易，需要其他理论支持。

1. 理论的核心思想

传统国际贸易理论已经无法解释国际贸易中的许多现象，因此新国际贸易理论在不完全竞争假设的基础上展开研究。随着第二次世界大战后经济不断发展，各国制造业逐渐成为国家经济的重要组成部分，差异化的制造品贸易逐渐成为国际贸易中的主要部分。并且制造业生产商开始拥有市场势力。以美国的汽车行业为例，行业中的企业数量较少，通用、福特和克莱斯勒三大公司几乎占据了美国全部的汽车市场，它们不是市场价格的接受者，其汽车产量也会对市场价格产生重要影响。

1980年，美国经济学家保罗·克鲁格曼发表了《规模经济、产品差异化与贸易方式》，利用规模经济模型与垄断竞争模型，打破了之前理论的一系列假设条件，指出规模经济、垄断竞争对国际贸易进程的重大意义，为后人研究国际贸易开辟了一条新道路。克鲁格曼的规模经济理论的基本假设与传统贸易理论相比，主要有以下三点不同：

第一，假设存在内部规模经济。假设成本函数为线性的，劳动是投入要素，且是唯一的生产要素。这里的规模经济来源于固定劳动投入成本，即线性成本函数的常数项。当产量不断增加时，由于固定成本的存在，平均成本将会呈递减趋势。

第二，假设存在垄断竞争市场。规模经济理论一改以往完全竞争的假设，允许企业在商品市场上有差异化产品的定价权。不同企业生产的产品不具有同质性，而是具有可替代性的差异性产品。

第三，假设消费者的偏好具有多样性。假设消费者都是独立的个体，且有独立的效用函数，对任何产品的需求都是对称的。假设消费的产品种类越多，效用增加越多；任何产品消费的增加都会引起效用的增加。

克鲁格曼的规模经济理论成功地解释了产业内的贸易，解释了相似国家特别是发达国家之间的贸易行为。克鲁格曼认为，即使国家间不存在技术或要素禀赋差异，也可以产生贸易，贸易的基础是规模经济和产品差异化。

2. 理论局限性

克鲁格曼的规模经济理论最大的贡献在于更贴近当今国际贸易模式与国际化分工模式，对现代贸易实践具有更强的解释力。同时，该理论也明确指出，某个国家生产哪种产品是由其政策、历史等因素决定的，并没有十分固定的模式。虽然克鲁格曼模式表达相对简单明了，思路清晰，又为其后的国际贸易理论发展提供了分析框架，但以数字贸易为背景，规模经济理论也具有一些明显的局限性。

首先，克鲁格曼的规模经济模型是假设所有企业具有同质性，没有考虑到企业的异质性。实际上，不同企业由于其规模、生产技术、劳动力数量、劳动生产率等方面存在差异，异质性是无法忽视的因素。企业的规模越大、生产率越高，越有可能在市场竞争中获益。而在数字贸易领域，随着消费者个性化需求受到越来越高的重视，C2B商业模式正在成为一种趋势。同时，在数字贸易发展的进程中，信息不对称的现象被淡化，企业更容易进入国际市场从而进行国际贸易。在此背景下，众多的中小企业作为传统国际贸易中的弱势群体，也能够更加广泛地参与国际贸易并从中获益，因此在数字贸易背景下，企业同质性的假设是不成立的。

其次，克鲁格曼的规模经济理论也有"劳动为唯一生产要素""要素密集度不发生逆转"等类似的假设，规模经济同样假设劳动是同质的，但是在数字贸易中，由于教育背景、成长环境等差异，劳动者掌握的数据资源不同，所以在数字贸易的研究中，劳动同质的假设不再成立。

最后，克鲁格曼的规模经济理论假设的规模经济基于企业生产的固定成本，即企业投资建厂的成本以及采购机器设备的费用等。虽然数字贸易也存在明显的规模经济效应，在企业生产中也存在固定成本投入，但这里的固定成本一般是建立企业内部专家团队的固定成本支出，与克鲁格曼假设的规模经济基础有很大不同。在数字贸易中，规模经济的另外一个基础是数量庞大且高质量的数据要素。

（二）异质性企业贸易理论

传统国际贸易理论的主要关注点是产业间贸易，并未对单个企业的贸易原因和贸易行为进行研究。新古典贸易理论中的大多数研究假定规模报酬不变，而一般均衡模型也只对企业所属产业的规模做出了限定，并未涉及企业规模。相比之下，新贸易理论建立在规模报酬递增和不完全竞争的假设条件下，并将研究对象转向产业内贸易。克鲁格曼虽然从规模报酬递增的角度讨论了国际贸易产生的原因，但并未更多地关注企业间的差异。而新新贸易理论[①]弥补了这一缺憾，通过

---

① 新新贸易理论的概念最先是由Baldwin（鲍德温）于2004年提出，不过最早研究新新贸易理论的代表文献当属Melitz（2003）和Antras（2003），以及Bernard et al.（2003）。只不过这些文献还没有真正将其称作新新贸易理论。该理论用来解释最新的国际贸易和投资现象，以微观的企业为研究对象，研究企业的全球生产组织行为和贸易、投资行为。其最突出的特征在于假设企业是异质的，异质性主要体现在生产率的差异（李春顶，2010）。

假设规模报酬递增和企业生产率存在差异，考虑到企业层面的异质性，可以用来解释更多新的企业层面的贸易现象和投资现象。新新贸易理论有两个分支：一是以梅里茨（Melitz）为代表的学者提出的异质企业贸易模型，主要解释企业选择是否从事国际贸易的原因；二是以安特拉斯（Antras）为代表的学者提出的企业内生边界模型，主要研究企业是选择企业内贸易还是进行市场交易抑或选择外包生产等形式在国家间配置资源的决定因素。无论是异质性企业贸易模型还是内生边界模型，二者均研究了何种因素会决定企业选择以出口方式或者以对外直接投资方式进入海外市场。以下主要介绍梅里茨的异质性企业贸易理论。

1. 理论的核心思想

异质性企业贸易理论的代表人物是马克·梅里茨。梅里茨企业异质性模型的提出基于以下事实：首先，在经济背景方面，欧美国家间的经济差距在20世纪80年代后逐步拉大，美国的生产率高于欧洲主要国家。正如多勒尔（Dollar）和沃尔夫（Wolff）指出的，生产率在经济发展中的作用不容忽视，即使很低的生产率也可以引起经济方面的巨大差异，因此政策研究的重点之一是如何提高生产率。其次，在经验研究方面，关于企业生产率研究的文献大量涌现。例如，基于1976—1987年美国的企业数据，伯纳德（Bernard）和杰森（Jensen）发现美国仅有少数企业从事出口活动。通常出口企业的生产规模更大、工资更高、生产率水平也更高，并且出口企业的这些特征在其从事出口活动之前便已存在。另外，大量学者研究了不同国家（如哥伦比亚、法国、墨西哥、摩洛哥、西班牙、德国、加拿大等）企业的生产率、生产规模与企业出口之间的关系。研究结论表明，出口企业只占生产企业的一小部分，且出口企业的生产规模和生产率都高于非出口企业。这一发现与传统贸易理论和新贸易理论的企业是同质性的这一假设相违背。最后，在理论研究方面，没有简明的模型将企业异质性纳入国际贸易模型中。

基于以上事实，梅里茨（2003）以迪克西特（Dixit）和斯蒂格利茨（Stiglitz）垄断竞争模型为背景，在克鲁格曼（1980）规模经济贸易模型的基础上，引入霍彭哈恩（Hopenhayn）企业生产率差异，建立了一个异质性企业的动态模型，解释国际贸易中企业的差异和出口决策行为。由于模型的简明性和可扩展性，梅里茨模型成为影响力最大、被广泛接受的异质性企业贸易模型[1]。梅里茨模型主要解释了贸易开放会导致企业进入或退出出口市场，即最不具有生产率的企业退出

---

[1] 崔凡, 邓兴华. 异质性企业贸易理论的发展综述 [J]. 世界经济, 2014, 37 (6): 138-160.

市场，生产率比较低的企业只在国内市场进行生产，生产率较高的企业进军海外市场。梅里茨模型也揭示了贸易开放对贸易收益和社会资源重新分配的影响，即促进资源由低效率企业转向高效率企业，从而提高行业整体生产率和改进社会福利。虽然贸易开放之后一国企业数量减少，但是由于贸易开放，消费者可以选择更多种类的商品，因此消费者福利提高，这与克鲁格曼（1980）的结论一致。

2. 理论局限性

第一，数字贸易多为产业内贸易，异质性企业贸易理论部分适用。它假设每个企业出口需要相同的固定成本，且每个企业的边际成本为不变的常数，但是广义数字贸易既包括基于数字交换技术的实体贸易，又包括数字化产品本身的国际交付。对于前者，出口固定成本和边际成本大为降低；对于后者，出口固定成本的组成更为复杂，计算也更为困难，数字化产品的边际成本甚至可降至零，使得梅里茨异质性企业贸易模型适用受限。

第二，梅里茨排除了贸易通过其他潜在的重要渠道——进口竞争渠道产生的影响。垄断竞争不变替代弹性消费者偏好的假设使得异质性企业贸易理论在解释贸易影响企业生产率分布时只能通过要素市场来实现，而产品市场竞争加剧了这一渠道失效。数字贸易中最重要的生产要素是数据，数据很值钱，但也很廉价，因为数据可以通过开放式的网络平台来获取，并且可以通过计算机设备批量产生。数字贸易由于产品边际生产成本低，因此最主要的竞争体现在客户数量方面，例如搜索引擎，增加一位客户使用的成本几乎为零，因此数字贸易的竞争更为激烈。此时，异质性企业贸易理论失效。

第三，梅里茨忽略了企业技术升级的可能性。梅里茨仅考虑了总体变量保持不变时稳定状态均衡，企业的生产率水平并不随时间变化，忽略了现实中企业可以进行技术投资提升生产率的情形。数字贸易依托互联网、大数据、云计算，可以大大提高企业的生产率水平，在考虑企业生产率水平动态变化方面，异质性企业贸易模型失效。

第四，梅里茨不能解释"生产率之谜"现象。梅里茨得出的结论是出口企业生产率比非出口企业生产率更高，此结论仅适用于北北贸易（发达国家之间的贸易数据支持以上观点），而发展中国家的数据如基于中国企业数据进行的经验研究却不能支持其观点。学者们分别从加工贸易和忽略产品质量等方面进行了解释。数字贸易中，同样存在大量生产率较低的企业从事出口贸易，因为这些企业可以通过互联网平台降低进入国际市场的门槛，同时借助大数据分析技术，通过"自选择效应""学习效应""再分配效应"等发掘新的出口驱动因素。

三、数字贸易对传统贸易假设条件的冲击

(一) 数字贸易对市场结构假定的冲击

传统贸易理论采用完全竞争的市场结构有一定的道理。第一，历史环境使然。李嘉图所处的时期，英国产业革命尚未完成，制造业发展迅速却仍然是农业经济，即使是最早发展起来的毛纺织业也较为粗糙，产品差异化现象并不是很普遍，产品同一性很高，并且未形成较大规模的产业，产业集中度很低。第二，李嘉图假设市场完全竞争主要强调供给因素，用成本因素来解释交换问题。在完全竞争的市场环境下，产品的交换价格等于其生产成本，各国的技术比较优势可以直接决定国际分工模式。因此，采用完全竞争的市场结构符合当时的情况。而现代贸易理论假设垄断竞争市场结构，产业集中度较低，不同企业生产的产品在质量、外观以及商标等方面具有差异。克鲁格曼认为，市场中的不完全竞争市场是普遍现象，完全竞争市场只是特例，现实情形中，农产品市场比较接近完全竞争市场结构。

虽然传统贸易理论关于市场完全竞争的假设有其时代适用性，但是并不符合现实经济状况。完全竞争市场最具代表性的是农产品市场，但是实证检验研究一般将视线聚焦在制造业，制造业也更加偏向垄断竞争的市场结构。同时，世界上大规模企业、巨型经济集团的存在和发展，使得相关市场结构成为寡头垄断形式。例如，从国际来看，美国波音公司和欧洲空客公司都是寡头企业。2017年，波音占据宽体客机市场高达75%的份额，空客公司占据商用飞机市场55%的份额。从国家层面来看，许多国家的汽车、钢铁、有色金属、石油化工、电子设备和计算机行业都是寡头垄断市场结构。例如钢铁行业，世界钢铁巨头安赛乐米塔尔2018年的粗钢产量达到9 642万吨，占世界粗钢产量的5.33%；另外，在全球粗钢产量前10名的钢铁企业中，中国企业共有6家，粗钢产量占全球份额的13.68%，占中国粗钢产量的26.66%[1]。电子商务方面，亚马逊、阿里巴巴集团、苏宁云商集团股份有限公司、苹果公司、沃尔玛百货公司、戴尔科技是世界前六大电子商务企业；2018年上半年，中国网易考拉、天猫国际、京东全球购3家企业就占据中国电商平台的62%[2]。在数字化产品本身的国际化交付方面，

---

[1] 《世界钢铁统计数据2019》，中国的6家企业分别为：宝武集团、河钢集团、沙钢集团、鞍钢集团、建龙集团、首钢集团。

[2] 中商情报网，http://www.askri.com/news/chanye/20180827/1747371130167.shtml.

全球数字内容市场包含了游戏、视频点播（VOD）、数字音乐和电子出版物，主要以B2C模式运营。音乐产业中，瑞典的Spotify和美国的Apple Music公司在2016年底便拥有全球约65%的用户；搜索引擎中，谷歌（Google）、雅虎（Yahoo）和必应（Bing）是顶级服务商[①]。

以上数据表明，以互联网技术和云计算为依托，数字贸易行业更加趋向用寡头垄断来解释数字贸易产生的原因、贸易模式和贸易利得等现象，需要改变关于市场结构的假设，运用寡头垄断的相关理论进行解释。

（二）数字贸易对交易成本假定的冲击

为了将关注点聚焦在技术差别和要素禀赋差异导致的比较优势，传统贸易理论假设贸易无摩擦，两国消费者可以无成本交换产品。克鲁格曼（1980）通过设置生产的固定成本将规模经济引入模型，并假设贸易存在冰山固定成本，以此来分析冰山运输成本降低导致的更大的市场规模效应。梅里茨（2003）在克鲁格曼的基础上增加了企业进入本国市场和国际市场的固定成本，以此来观察不同生产率的企业进入退出决策，解释了现实情况中同一行业内规模更大、生产率更高的企业出口更多、市场份额更大的现象。相比之下，现代贸易理论的假设更加符合现实情况。大量事实证明，企业出口不但面临出口的单位成本（如运输成本和关税），而且面临与贸易量无关的固定成本。企业在出口之前需要寻找和告知外国进口商其商品信息，了解外国市场的营商环境与相关政策规制，建立国外销售网络，维持客户关系，调研当地消费者的风俗习惯，与当地政府建立良好关系，以规避非关税壁垒等，这些都需要大量的国外市场进入成本。

数字贸易企业利用互联网和数字技术，可以解决传统贸易存在的信息不对称、搜寻成本以及签订合同等交易成本高昂的问题，数字贸易的成本越来越接近国内贸易成本，因此挑战了新新贸易理论关于国际贸易成本远高于国内贸易成本的假设；另外，数字服务贸易中不存在标准的冰山贸易成本，传统贸易中商品集中在目的地市场以节约冰山成本，因此空间地理对于传统贸易具有重要影响。相比之下，数字贸易依托互联网、云计算等高科技，并不会由于冰山贸易成本而集聚。相反，数字贸易经济中会形成两种现象：一是有更多的中小企业在世界各地从事数字贸易，数字贸易企业更加分散，我国有众多的电子商务企业分散在乡镇甚至农村，形成遍地开花的局面；二是资金雄厚的企业更愿意把总部设置在科技

[①] 2017年8月，美国国际贸易委员会发布的《全球数字贸易的市场机遇与主要贸易限制》研究报告。

人才密集的区域，比如美国硅谷、印度班加罗尔、北京中关村、广东深圳、浙江杭州等地，甚至有企业直接将研发中心建设在科学家居住地，改变了人才移动的传统局面。

虽然现代贸易理论有关交易成本的假设对于传统的货物贸易具有很强的解释能力，但是在解释数字贸易方面无法令人满意。美国贸易代表办公室的分析表明，数字贸易可以提高生产率，大幅降低贸易成本，促进沟通和交易的产生，改善信息获取的渠道，增加中小企业的市场机会。同时，正如马述忠等（2018）所述，数字贸易中跨境电子商务出口贸易的风险将有所改善。随着技术创新和基础设施的发展，可以建立数字贸易客户信用评价体系，从而降低数字贸易风险。数字贸易依托互联网、人工智能技术，更多的客户将产生更多的数据，这些数据反过来又可以吸引更多的客户，从而实现客户爆发式增长，而这些并不需要额外的成本。数字贸易可以降低谈判成本、合同成本和通关成本。与现代贸易理论中交易成本主要来源于运输和不同关税，数字贸易中交易成本更可能来源于数据本地化、知识产权保护[①]和隐私政策的限制。

（三）数字贸易对规模经济假定的冲击

在古典与新古典贸易理论中，常常假设完全竞争市场，不同企业的产品是无差别的、同质的，并且产品生产具有规模报酬不变的技术，贸易的动因是国家或者区域间技术水平的绝对（相对）差异产生的绝对（相对）成本的差异。新贸易理论则认为，市场是不完全竞争的，且存在规模经济，贸易的动因是产品差异化和规模经济。

规模经济理论最早是亚当·斯密提出的，他以大头针这一产品为切入点，说明了劳动工人在某一项任务中投入的时间很多会提高专业化水平，即劳动分工和专业化，从而获得生产率优势。企业之所以能在专业化分工中提高生产率，是因为专业化分工提高了工人的劳动技能和熟练程度，避免了由变换任务而导致的固定成本的增加（如改变工具或者重新建厂的固定成本），并且促进了由简单任务的机械化生产引起的劳动节约型的创新。由于亚当·斯密的理论对规模经济的描述并不明显，一般认为真正意义上的规模经济理论源于美国经济学家所揭示的大规模生产中的规模经济性。马歇尔将规模经济分为内部规模经济和外部规模经

---

① 数字贸易时代下，信息的流动更加快捷、隐秘和频繁，数字化的产品和服务，比如电影、音乐、搜索引擎等数字化产品，更加容易出现盗版侵权的情况。源自《世界与中国数字贸易发展蓝皮书（2018）》。

济，分析得出规模报酬可分为三个阶段：递增阶段、不变阶段、递减阶段，并且这三个阶段是按上述顺序依次发生的。此外，规模经济与市场垄断之间存在矛盾关系，这一矛盾关系就是著名的"马歇尔冲突"（Marshall's dilemma）。此后，罗宾逊和张伯伦对传统规模经济理论进行补充，针对市场中存在的"马歇尔冲突"提出了垄断竞争的理论观点。

马述忠（2018）认为，数字贸易中的产品，例如数字音乐、搜索引擎等，具有虚拟性、可复制性等特点，边际成本非常小，可以认为是零。而在固定成本方面，由于互联网技术和数字技术的飞速发展，数字贸易蓬勃发展，企业进入国际市场的门槛较低，随着数字贸易的进行，各企业固定成本呈现递减的趋势，最终递减为国内贸易的固定成本。但是，数字贸易中规模经济并非来源于机器、设备以及投资建厂等产生的固定成本，而是来源于数据的数量和质量以及在公司内部建立专家团队的固定成本。以搜索引擎服务为例，谷歌和微软都是搜索引擎服务的运营商。虽然微软拥有数十亿的搜索数据，但其很多搜索查询很罕见，甚至可能只有两三条数据，而谷歌拥有比微软更多的数据，可以更好地满足这些罕见的搜索查询。如果人们根据罕见搜索的质量来选择搜索引擎的话，那么谷歌更多更好的数据将产生更大的市场份额。更大的市场份额就意味着更多的数据，从而提高搜索的质量，吸引更多的客户，如此循环往复。搜索引擎服务的技术含量较高，在企业内部建立专家团队就会产生巨大的固定成本，这主要是指对科技人才的固定成本支出。

（四）数字贸易对要素流动假定的冲击

在以往的国际贸易理论中，生产要素大多为劳动、资本等要素投入，且受限于当时的历史环境，交通运输尚不发达，因而常常假设生产要素可以在部门间流动，但在国家间不能自由流动。李嘉图提出的比较优势理论是基于劳动是唯一的要素投入的，但是随着资本主义的流行，资本在企业的生产活动中变得越来越重要，因而赫克歇尔和俄林将资本与劳动同时纳入研究框架，研究了由国家间的要素禀赋差异以及生产中生产要素使用的比例差异决定的国家间的比较优势。

第一，在已有的国际贸易理论研究中，最多只有劳动和资本这两个生产要素，然而在数字贸易中，数据正在成为相对劳动和资本而言更为重要的生产要素。这对传统贸易理论是个不小的冲击。在数字贸易中，数据是稀缺资源，企业为了获得数据、电子信息等重要生产要素，会通过各种途径来收集、分析并加以利用，从而满足消费者需求，以在信息产品的异质性方面领先对手，最终增强企业在贸易进程中的核心竞争力。在此过程中，企业的内部化会进一步提升企业的竞争力。

第二，在数字贸易中，数据是极其重要的生产要素，掌握数据就可以掌握国际贸易的主动权。因此，核心数据就变成了企业赖以生存的"法宝"，企业必然会限制它的自由流动。除此之外，数字贸易中跨国公司也会强调母公司对核心数据的控制，而非分公司、子公司，这样看来，核心数据的流动甚至在部门内部都会受到限制，各部门之间的流动难度会更大。因此，这对已有的国际贸易理论中要素自由流动的假设也是巨大的挑战。

（五）数字贸易对范围经济假定的冲击

无论是传统贸易理论还是经典的现代贸易理论，一般假设不存在范围经济。传统贸易理论没有厂商的概念，而经典的现代贸易理论虽然假设企业存在内部规模经济，但其强调范围经济来源于生产的固定成本，因而排除了企业范围经济对贸易模式和贸易利得产生影响的可能性。无论是克鲁格曼（1980）还是梅里茨（2003），都假设每一家厂商只生产一种差异化产品，因此每家企业都可以忽视其行为对其他企业行为的影响。由于生产每种产品都需要投入固定成本，因此两家企业分别生产单一种类的商品的经济效益要高于一家企业同时生产两种商品，从而消除了范围经济的可能性。

现代贸易理论的假设有一定的道理。举例来说，一家生产服装的企业需要投入生产服装的缝纫机设备作为其固定成本，而一家纺织企业需要投入纺纱机作为其固定成本，两家企业生产的边际成本可以看作每个生产工人的工资，因此，产量越多越容易实现范围经济。同时，由于固定资产的专用性，缝纫机不能用来纺纱，因此一家从事服装生产的企业若想要从事纺纱生产，必定要重新进行纺纱机的固定资产投资，而这对于服装企业是不划算的，因为它本可以将固定资产投资用来扩大服装生产规模，产生更大的范围经济，同理，纺织企业也不会同时从事服装生产。此时，不存在范围经济是因为生产资产的独占性。而在数字贸易领域，无论是在电子商务平台上交易的传统实体货物、通过互联网等数字化手段传输的数字产品与服务，还是作为重要生产要素的数字化知识与信息，均可实现范围经济。

数字贸易的虚拟化、平台化、集约化、普惠化、个性化和生态化的特点，使得数据资源的共享和共同的价值创造成为可能，范围经济效应可能更加明显。例如，数字贸易时代依托的人工智能技术的建设成本是范围经济产生的源泉。许多人工智能公司是多产品公司，例如谷歌的母公司 Alphabet 同时经营搜索引擎（Google）、在线视频服务（YouTube）、移动设备操作系统（Android）、自动驾驶（Waymo）以及其他业务。传统商品生产所需的设备专用性和独占性高，与传统商品很难实现范围经济不同，数字经济时代人工智能技术的共享式利用，使得范围经济成为可能。同时，各应用程序间的共享数据也是范围经济的来源。在 IP（Intellectual Property，IP）产业，虽然中国的公司起步较晚，但是其发展速度较快，通过对热门 IP 的多元化开发和多渠道推广，可以使其价值得到充分体现。例如，百度利用搜索引擎的优势发展 IP 产业，其旗下的爱奇艺虽然是视频行业，但是积极利用 IP 衍生为电视剧、电影、游戏以及动漫等形式，同时嵌入文学作品推广等，利用一个平台，实现了集视频、音乐、文学等于一体的范围经济。因此，传统和现代贸易理论忽略了数字贸易中更多范围经济的特征，可能不适用于解释数字贸易产生的原因以及贸易分工形式。

第三节　数字贸易与数字经济

一、数字经济的内涵

20 世纪 80、90 年代互联网技术日趋成熟，随着互联网的广泛接入，数字技术与网络技术相融合，数字经济特征发生了新的变化，全球范围的网络连接生成的海量数据，超出之前分散的终端所能处理的能力，云计算、大数据等数字技术快速发展。20 世纪 90 年代数字技术快速从信息产业外溢，在加快传统部门信息化的同时，不断产生新生产要素，形成新商业模式，电子商务成为最为典型的应用。电子商务等新业态新模式甚至超越了波拉特提出的"第一信息部门"和"第二信息部门"，这时需要一个新的概念来描绘数字经济发展模式的新变化。正是在这样的技术背景和应用背景下，随着尼古拉·尼葛洛庞帝（Nicholas Negroponte）《数字化生存》（*Being Digital*）一书的热销，数字化概念首先兴起。1996 年，美国学者唐·泰普斯科特（Don Tapscott）在《数字经济：网络智能时代的前景与风险》（*The Digital Economy: Promise and Peril in the Age of Networked Intelligence*）中正式提出数字经济这一概念，1998 年、1999 年、2000 年美国商务部先后出版了研究报告《浮现中的数字经济Ⅰ，Ⅱ》（*The Emerging Digital Economy* Ⅰ，Ⅱ）和

《数字经济 2000》（Digital Economy 2000）①。世纪之交数字经济概念的出现、传播并被广泛接受，是数字经济快速发展与广泛应用的背景下，数字技术经济范式朝着更广泛、更深入、更高级的形式发展，将带来经济社会面貌更为深刻的巨变。

2016年9月，G20杭州峰会通过了《二十国集团数字经济发展与合作倡议》②，提出了数字经济的权威解释："数字经济是指以使用数字化的知识和信息作为关键生产要素、以现代信息网络作为重要载体、以信息通信技术的有效使用作为效率提升和经济结构优化的重要推动力的一系列经济活动。"G20对数字经济的界定，得到了各方广泛认同。

数字经济是继农业经济、工业经济之后的更高级经济阶段。数字经济是以数字化的知识和信息为关键生产要素，以数字技术创新为核心驱动力，以现代信息网络为重要载体，通过数字技术与实体经济深度融合，不断提高传统产业数字化、智能化水平，加速重构经济发展与政府治理模式的新型经济形态。

数字经济的概念蕴含丰富内涵，需从多方面深刻理解。

第一，数字经济包括数字产业化和产业数字化两大部分。数字产业化也称为数字经济基础部分，即信息产业，具体业态包括电子信息制造业、信息通信业、软件服务业等；产业数字化即生产资料使用部门因此而带来的产出增加和效率提升，也称为数字经济融合部分，包括传统产业由于应用数字技术所带来的生产数量和生产效率提升，其新增产出构成数字经济的重要组成部分。

第二，数字经济超越了信息产业的业务范围。20世纪六七十年代以来，数字技术飞速进步促使信息产业崛起为经济中创新活跃、成长迅速的战略性新兴产业部门。应充分认识到，数字技术作为一种通用目的技术，可以成为重要的生产要素，广泛应用到经济社会各行各业，促进全要素生产率的提升，开辟经济增长新空间，这种数字技术的深入融合应用全面改造经济面貌，塑造整个经济新形态，因此不应将数字经济只看作信息产业。

第三，数字经济是一种技术经济范式。数字技术具有基础性、广泛性、外溢性、互补性特征，将引发经济社会新一轮阶跃式发展和变迁，推动经济效率大幅提升，影响基础设施、关键投入、主导产业、管理方式、国家调节体制等经济社会最佳惯行方式的变革。伴随互联网与电信技术的快速发展与融合，互联网企

---

① 美国商务部，https：//www.commerce.gov，后续还发布了《数字经济2002》和《数字经济2003》等报告。

② 二十国集团数字经济发展与合作倡议，http：//www.cac.gov.cn/2016-09/29/c_1119648520.htm.

业、电信运营商和手机终端设备产业出现跨界竞争现象，移动互联网使互联网不再被办公场所限制，深刻改变了人类的工作方式。数字经济技术范式具有三大特征：数字化的知识和信息是最重要的经济要素，数字技术有非常强烈的网络化特征，数字技术重塑了经济与社会。

第四，数字经济是一种经济社会形态。数字经济在基本特征、运行规律等维度出现根本性变革。对数字经济的认识，需要拓展范围、边界和视野，将它视为一种与工业经济、农业经济并列的经济社会形态；需要将其置于人类经济社会形态演化的历史长河中，全面审视数字经济对经济社会的革命性、系统性影响。

第五，数字经济是信息经济、信息化发展的高级阶段。信息经济包括以数字化的知识和信息驱动的经济，以及非数字化的知识和信息驱动的经济两大类，未来非实物生产要素的数字化是不可逆转的历史趋势，数字经济既是信息经济的子集，又是未来发展的方向。信息化是经济发展的一种重要手段，数字经济除了包括信息化，还包括在信息化基础上所产生的经济和社会形态的变革，是信息化发展的结果[1]。

二、数字贸易与数字经济的关系

（一）数字经济是数字贸易发展的基础

数字贸易源于数字经济，是数字经济发展超越国界而自然形成的现代化贸易形式。数字贸易的雏形，可追溯至互联网诞生之初的收发电子邮件。20 世纪 90 年代，产业界开始利用互联网开展贸易活动，从 B2B（business-to-business，企业对企业）发展到 B2C（business-to-consumer，企业对消费者），进一步到 C2C（consumer-to-consumer，消费者对消费者）、C2B（consumer-to-business，消费者对企业）。近年来，随着大数据、物联网、移动互联、云计算、人工智能等新一代信息技术的创新应用和推广普及，许多原来不可贸易的服务成为可数字化可贸易的服务，原来需交付货物才能完成的贸易发展为交付数据信息即可完成。数字贸易在提高贸易效率、降低贸易成本方面展示出显著的竞争优势，发展速度远高于传统的货物贸易和服务贸易，已成为当前国际贸易中的重要形式。

（二）数字贸易深化数字经济的发展

数字贸易拓展了数字经济的地域边界，是数字经济未来发展的重要方向。由于数据信息能以接近于零的成本快速复制并以接近光速通过互联网传输，可在短

---

[1] 中国信息通信研究院，中国数字经济发展白皮书，2017.7：2-5.

期内形成巨大的规模效应，内在发展要求各国间信息互联互通和广泛共享。数字贸易使数字经济的发展突破了国家和地区的物理界限，使数字技术的成果得到更大规模的普及应用，提升数字经济的经济效益和社会效益。因此，发展数字经济客观上必然要求加快发展数字贸易，在更广泛的网络空间中实现更大利益[1]。同时，数字贸易成为数字经济发展的新趋势。物流、技术发展水平、贸易潜力等因素都会影响到数字贸易的发展质量。随着数字经济的快速发展，数字贸易正在成为拉动经济复苏的强劲引擎。未来要提升数字技术水平，打造数字人才高地，强化企业间联动创新，形成区域数字贸易体系，催生数字贸易新动能[2]。

不论是数字经济还是数字贸易，它们所强调的核心内容都是作为生产要素的知识和信息，数字化的知识和信息被提升到了关键生产要素的地位。这也意味着数字经济和数字贸易，都不是一种独立的经济形式，而都是以经济活动的效率提升和结构优化为目的的生产性现代服务业。数字贸易作为与数字经济时代经济活动相适应的新形式，数字经济的这些内涵与特点也同样适用于数字贸易[3]。

综上分析，数字贸易是跨越国境交易数据资源的数字经济，是数字经济的重要组成部分，既是信息社会全球化发展的必然要求，也是数字经济发展的重要趋势。数字贸易和数字经济的发展相辅相成，相互促进。发展数字贸易需依托本国数字经济的产业基础，又可进一步强化数字经济的产业优势[4]。

第四节 数字贸易学习的整体架构

数字贸易学习的整体框架按照数字贸易的发展基础、现状以及未来展望的思维脉络构建，共有十二章，并可分为四个部分，详见图1-1。

第一部分包括第一章至第三章，主要分析为什么学习数字贸易，并重点阐述数字贸易发展的基础。从两个层面分析数字贸易发展的基础：第一个层面是数字经济的发展部分，具体是以电子商务和跨境电商的微观主体和数字政府的公共主体，以及两者结合的以国家为主体的三个不同视角进行阐述；第二个层面是分析支撑数字贸易发展的数字技术基础、数字技术变迁对数字贸易的影响等。

---

[1] 敬艳辉，李玮. 基于数字经济视角理解加快发展数字贸易[J]. 全球化，2020，107（6）：63-71，135.
[2] 找准数字贸易发展着力点，中国服务贸易协会专家委员会公众号，2023-03-12.
[3] 孙杰. 从数字经济到数字贸易：内涵、特征、规则与影响[J]. 国际经贸探索，2020，36（5）：87-98.
[4] 敬艳辉，李玮. 基于数字经济视角理解加快发展数字贸易[J]. 全球化，2020，107（6）：63-71，135.

数字贸易

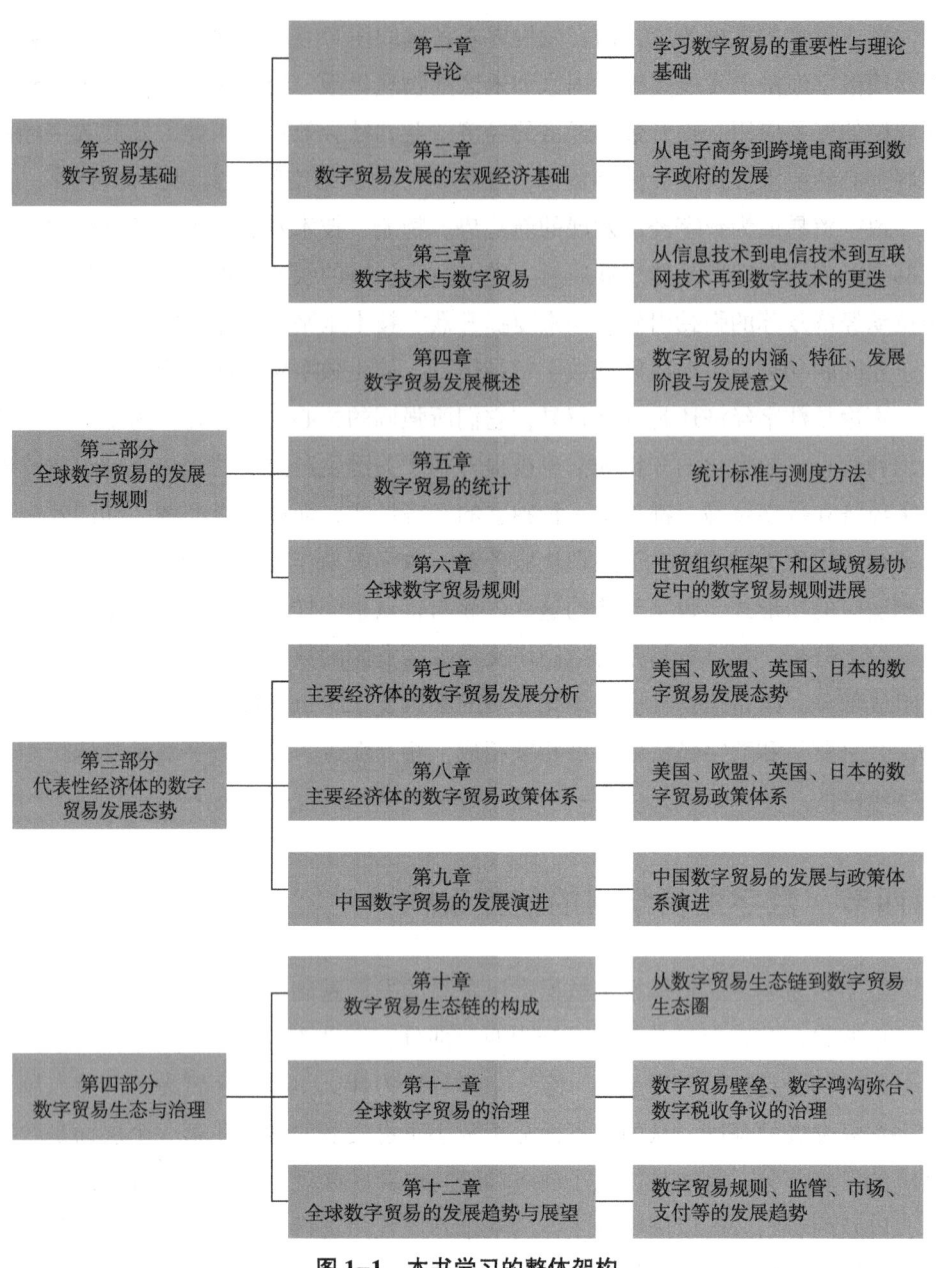

```
第一部分          第一章              学习数字贸易的重要性与理论
数字贸易基础       导论                基础

                 第二章              从电子商务到跨境电商再到数
                 数字贸易发展的宏观经济基础   字政府的发展

                 第三章              从信息技术到电信技术到互联
                 数字技术与数字贸易    网技术再到数字技术的更迭

第二部分          第四章              数字贸易的内涵、特征、发展
全球数字贸易的发展    数字贸易发展概述    阶段与发展意义
与规则
                 第五章              统计标准与测度方法
                 数字贸易的统计

                 第六章              世贸组织框架下和区域贸易协
                 全球数字贸易规则     定中的数字贸易规则进展

第三部分          第七章              美国、欧盟、英国、日本的数字
代表性经济体的数字   主要经济体的数字贸易发展分析   贸易发展态势
贸易发展态势
                 第八章              美国、欧盟、英国、日本的数
                 主要经济体的数字贸易政策体系   字贸易政策体系

                 第九章              中国数字贸易的发展与政策体
                 中国数字贸易的发展演进   系演进

第四部分          第十章              从数字贸易生态链到数字贸易
数字贸易生态与治理   数字贸易生态链的构成   生态圈

                 第十一章            数字贸易壁垒、数字鸿沟弥合、
                 全球数字贸易的治理    数字税收争议的治理

                 第十二章            数字贸易规则、监管、市场、
                 全球数字贸易的发展趋势与展望   支付等的发展趋势
```

图 1-1 本书学习的整体架构

第二部分包括第四章到第六章，介绍数字贸易的界定及统计，阐释备受关注的全球数字贸易规则的演进，是数字贸易发展进程中的重要研究领域和热点问题。

第三部分包括第七章到第九章，主要阐述几个代表性经济体的数字贸易发展状况及其政策体系，并以中国作为一个独立章节，分析上述经济体的规模，总结其政策体系，并对比数字贸易规则中分歧较大的领域，体现中国在数字贸易中的地位和话语权等。

第四部分包括第十章到第十二章，从全球视角，将数字贸易置于整个经济体系当中，阐述其影响、面临的问题及未来发展趋势等问题。

案　例

中国政府高度重视数字贸易的发展。2019年11月，中共中央、国务院下发了《关于推进贸易高质量发展的指导意见》，明确提出加快数字贸易发展，并提升贸易数字化水平。2020年8月，国务院印发了《全面深化服务贸易创新发展试点总体方案》，强调拓展新业态新模式，大力发展数字贸易，完善数字贸易政策，优化数字贸易包容审慎监管，探索数字贸易管理和促进制度。探索构建数字贸易国内国际双循环相互促进的新发展格局，积极组建国家数字贸易专家工作组机制，为试点地区创新发展提供咨询指导。党的二十大报告提出推进高水平对外开放，将发展数字贸易作为加快建设贸易强国的重要部分之一。

根据上述资料，分析国家相关政策及举措对发展数字贸易的作用，以及数字贸易对中国经济高质量发展的深远意义。

小　结

伴随数字经济的发展，数字贸易在经济中发挥的作用越发凸显，已经受到国际社会的高度关注。迎合数字时代的要求，深入了解数字贸易发展的作用，把握全球发展态势和培养数字贸易人才是学习数字贸易的重要意义所在。数字贸易实践一方面以传统贸易理论和一些新贸易理论作为指导，另一方面也对已有贸易理论的假设条件提出了众多挑战。数字经济本身具有丰富的内涵，数字贸易是数字经济的重要组成部分，它以数字经济的发展为基础，同时也是数字经济的发展动力，两者相互促进。

习　题

1. 在数字贸易蓬勃发展的当下，你是否已经参与其中？如何看待学习数字贸易相关知识的必要性和重要性？

2. 根据相关理论，并联系中国数字贸易的发展现状，请分析中国发展数字贸易的比较优势是什么？中国不同地区发展数字贸易的比较优势有何不同？与发达经济体相比，新兴经济体发展数字贸易的后发优势是什么？

3. 数字贸易会在哪些方面为数字经济的发展做出贡献？请以中国作为研究对象进行较为详细的个案分析。

第二章
数字贸易发展的宏观经济基础

数字贸易作为贸易新形态，正成为中国加快建设贸易强国、驱动经济增长的新引擎，也为世界经济复苏与全球贸易增长注入了新动能。习近平总书记指出，数字经济"正在成为重组全球要素资源、重塑全球经济结构、改变全球竞争格局的关键力量"。数字贸易在助推经济全球化发展方面大有可为[①]。传统贸易正处于向数字贸易转型的关键时期，抓住数字贸易的发展机会才能掌握新经济时代的主动权。

本章主要介绍数字贸易发展的宏观经济基础。本章分别梳理了电子商务、跨境电子商务和数字政府的发展历程，并介绍了数字竞争力的测算方法，并对全球数字经济国家竞争力、全球主要城市数字经济竞争力和全球主要企业数字竞争力进行了比较。

第一节 电子商务阶段

电子商务是利用微电脑技术和网络技术进行的商务活动。各国政府、学者、企业界人士根据商务贸易中所处的地位和对电子商务参与的角度和程度的不同，给出了许多不同的定义。

首先，电子商务可以分为广义和狭义两种定义。广义的电子商务定义为，使用各种电子工具从事商务活动；狭义的电子商务定义为，主要利用互联网从事商务活动。狭义上讲，电子商务（Electronic Commerce，EC）是指通过使用互联网

---

① 黄先开. 推动数字贸易开放发展 加快建设贸易强国［R/OL］.（2023-05-16）［2023-12-18］. http://theory.people.com.cn/n1/2023/0516/c40531-32686881.html.

等电子工具（这些工具包括电报、电话、广播、电视、传真、计算机、计算机网络、移动通信等）在全球范围内进行的商务贸易活动，包括商品和服务的提供者、广告商、消费者、中介商等有关各方行为的总和。人们一般理解的电子商务是指狭义上的电子商务。

联合国国际贸易程序简化工作组对电子商务的定义是：采用电子形式开展商务活动，它包括在供应商、客户、政府及其他参与方之间通过任何电子工具，如EDI、Web技术、电子邮件等共享非结构化商务信息，并管理和完成在商务活动、管理活动和消费活动中的各种交易。

电子商务是一个不断发展的概念。IBM公司于1996年提出了Electronic Commerce的概念，到了1997年，该公司又提出了Electronic Business的概念。E-Commerce集中于电子交易，强调企业与外部的交易与合作，而E-Business则把涵盖范围扩大了很多。E-Business广义上指使用各种电子工具从事商务或活动，狭义上指利用Internet从事商务的活动[①]。

一、电子商务萌芽期

第二次世界大战后，全球经济开始复苏，以美国为代表的战胜国进入了经济发展的快车道。20世纪60年代，企业间贸易活动日益频繁，以纸张为载体的合同、证明和票据等商务文件数量激增，而传统的人工处理文件方式需要耗费大量的人力、物力和财力，已经无法满足此时的贸易需求。此外传统的贸易模式交易流程复杂、交易手续烦琐、交易时间地点受限，严重限制了贸易规模的进一步扩大。1968年，EDI（电子数据交换，商务或行政事务处理按照一个公认的标准，形成结构化的事务处理或报文数据格式，从计算机到计算机的电子传输方法）技术首次被成功应用，美国的部分大型企业开始尝试使用EDI实现"无纸贸易"，电子商务应运而生。电子商务是贸易发展的客观要求，也是技术发展的必然结果。

这个时期的电子商务主要有以下特点：

首先，数据实现自动交换。受益于EDI技术的发展，企业间的数据实现了自动交换的功能，显著提升了交易的效率。相比传统的电报和传真，EDI具有自动性、便捷性和无纸化三大优势，被广泛应用于贸易的询价、报价等环节。

其次，商品交易仍依靠线下。交易双方通过EDI技术实现数据的自动交换，

---

① https：//baike.baidu.com/item/%E7%94%B5%E5%AD%90%E5%95%86%E5%8A%A1/98106？fr=ge_ala.

但仅限于标准格式的商务文件,其他的贸易环节如商品展示、贸易磋商、贸易结算等仍然需要线下进行。商务信息的电子化传递向企业展示了基于电子方式进行商务活动模式的可行性,并能大幅度提升交易的效率,为后续电子商务成长期的到来奠定了基础。

最后,应用范围非常有限。电子商务在萌芽期的应用范围受到了电子设备等固定成本的限制,使用电子商务的主要是大型企业。EDI 系统的建立需要较高的固定成本投入,同时 VAN(增值网络,网络自身具有附加值的,进行信息分配和加工的结构)的使用费用也非常昂贵,多数中小企业无力承担,因而严重限制了基于 EDI 的电子商务模式的应用范围。

二、电子商务成长期

由于电子商务萌芽期基于 EDI 的电子商务提升了贸易信息交换的效率,越来越多的企业意识到运用电子商务的方式开展实体货物的交易更加高效和便捷。但由于 EDI 的建设费用和 VAN 的使用成本高昂,仅大型企业才有可能应用,因此中小型企业迫切希望能够建立一种成本低、效率高的新信息共享系统。20 世纪 90 年代中期,互联网迅速普及,计算机也从实验室走向了千家万户。凭借价格低廉、覆盖面广、功能丰富和使用灵活这四大优势,互联网迅速替代 EDI 系统成为电子商务企业青睐的对象。电子商务企业借助互联网逐渐实现了交易线上化和静态内容展示的功能,并吸引了中小企业的广泛参与。基于互联网的电子商务活动完全摆脱了传统商务活动的时空限制,电子商务进入快速发展的成长期。

此阶段的电子商务具有以下特点:

首先,交易实现了网上结算。与电子商务萌芽期不同,交易线上化是电子商务成长期的里程碑事件。交易结算环节在指定的在线平台完成,相对于传统的支付方式而言,线上支付更高效、更安全、更便利,吸引了更多的企业和消费者选择该方式进行交易结算。1995 年,电子商务平台企业亚马逊在美国正式登记注册,开展纸质书籍网络售卖业务,客户在平台上通过银行卡或信用卡实现线上支付。此后,电子商务快速发展的大幕被正式揭开。

其次,静态网页内容展示。企业开始使用基于 HTML(超文本置标语言,包括一系列标签,通过这些标签可以将网络上的文档格式统一,使分散的网络资源链接为一个逻辑整体)的静态网页向客户展示产品的参数、价格和图片等信息,方便客户随时随地查看。电子商务发展至 1997 年,部分企业开始探索将前端的网页展示和后端的订货系统结合起来，实现商品交易订单的实时查询。尽管这一阶段受多种技术限制，网页展示的内容较少、交互性较差，却为企业提供了向全球展示产品的窗口，拓宽了传统企业的贸易渠道。

再次，参与主体覆盖面广。一方面，与 EDI 系统不同，互联网的覆盖范围不断扩大，用户以几何倍数增长。基于互联网的电子商务能够实现远距离、全覆盖、大规模的贸易活动，同时打破了时间和空间的限制，让贸易双方随时随地进行交易。另一方面，互联网的固定成本和变动成本相对 EDI 大幅降低，性价比凸显，成为企业拓宽贸易渠道的绝佳选择。由此大型企业、中小企业、个体工商户和个人消费者等多种主体相继参与到电子商务活动中。

最后，企业兼并趋势凸显。一方面，电子商务企业进入快速成长期后，马太效应即两极分化现象日益显现，部分优秀企业无论在市场占有率、用户规模还是营业收入等方面均处于领先地位，很快脱颖而出，它们通过并购的方式可以快速获取其他弱势企业的优质资产并实现优势互补，增强其核心竞争力。另一方面，电子商务规模的快速增长所带来的市场机会也吸引了资本的注意，资本开始大规模进入电子商务领域，这促进了电子商务平台间的收购合并，行业发展开始进入成熟期。

三、电子商务成熟期

随着电子商务逐渐成为贸易的主要方式，其业务模式、业务对象和业务需求也日益复杂，而成长期的电子商务模式过于单一，发展局限性日益凸显。电子商务成长期主要以 B2B 为主，几乎不涉及 B2C、C2C 和 B2B2C（business-to-business-to-consumer，企业与消费者通过交易平台开展交易活动的电子商务模式）等模式，模式的单一性导致了一系列问题。如客户增长乏力和收入来源受限等，在一定程度上阻碍了电子商务的进一步发展。伴随着数字技术和贸易的深度融合，部分企业一边致力于提质增效、优化体验，一边探索和实践多元化的电子商务模式，实现了营收的稳定增长，并在资本的推动下进行市场整合，提高市场集中度。电子商务进入了平稳发展的成熟期，成熟期的电子商务具有以下特点：

首先，已完成了提质增效优化体验。电子商务成熟期，B2C 电子商务模式得到了长足的发展，个人消费者对于产品质量、服务效率和体验提出了更高的要求。一方面，平台间的同质化竞争激烈，越来越多的企业开始关注客户黏性和忠诚度。由于消费者可选的电子商务平台越来越多，转换成本降低，企业必须改变传统的以贸易本身为核心的陈旧思维，转向以服务客户为重心。如电子商务平台京东制定了"体验为本、技术驱动、效率制胜"的核心经营战略，并推出了"211限时达"服务，大幅提升质量、效率和体验。另一方面，电子商务相关法律法规的完善，倒逼平台关注质量、效率和体验。在电子商务成熟期，行业规模不断扩大，全球主要国家相继颁布电子商务相关的法律法规，完善市场监管。消费者权益得到进一步明确，当消费者对电子商务平台提供的服务不满意时，可通过退款退货甚至投诉的方式维护自身合法权益，消费者维权意识的增强倒逼企业更关注产品质量、服务效率和体验，以提升客户满意度。

其次，行业市场集中度提高。电子商务行业的供给能力过剩，产品利润率呈下降趋势，行业内竞争激烈，两极分化趋势凸显。具备规模经济效应的大企业具有资源、产量、人才、品牌等多方面的优势。根据马太效应，即使在投资回报率相同的情况下，大企业能更轻易地获得比中小企业更多的收益，因而部分中小企业逐渐走向衰败或者被吞并，行业市场集中度进一步提高。作为全球最大的电子商务市场，2019年中国电子商务因经营不佳破产倒闭的占全部的11.4%，市场的CR4（行业前四名份额集中度指标）达到54%，集中度较高。

最后，多元化发展。电子商务成熟期后期增长逐步放缓，电子商务平台开始探索经营多元化业务，以寻找未来新的利润增长点，具体有两大发展方向：一是开辟新业务，电子商务企业在经营稳定好传统电子商务业务的同时，积极探索社交电商、社区团购、直播带货、短视频营销、内容平台等新业态。二是线上线下相结合发展传统业务。在线上红利逐渐减少的背景下，电子商务平台开始探索线上线下相结合的消费场景，如利用线下引流、线上消费的新零售模式。

四、电子商务新时期

在电子商务成熟期，市场集中度提高，利润率下降，电子商务企业急需寻找新的利润增长点以实现进一步扩张和发展。传统电子商务的交易标的是实体货物，随着人工智能、大数据、云计算等数字技术的发展，贸易数字化进程加速，衍生出了一系列数字化产品和服务如智慧医疗、智慧政务等。数字化产品与服务的出现和发展为传统电子商务的发展注入了新活力，丰富了交易标的，加速了电子商务与服务贸易的融合，促使电子商务朝着虚拟化、平台化、数字化的方向发展，逐步进入数字贸易阶段。数字贸易是以现代信息网络为载体，利用通信技术实现对传统实体货物、数字产品和服务、数字化知识和信息的高效交换，进而推动消费互联网向产业互联网转型,并最终实现制造业智能化的新型贸易活动。

电子商务发展的新阶段即数字贸易阶段具有以下特点:

首先,中间环节大幅减少是大势所趋。从贸易的不同获利方式,中间商可分为佣金中间商和加价销售中间商。数字贸易能有效减少因佣金中间商对贸易参与主体资质审查所需的征信、审查等中间环节,从而提高贸易效率。数字贸易还能有效促进企业与消费者直接进行沟通,达成交易,从而弱化了加价中间商在贸易中所起的中介作用,缩减了中间环节。在未来,数字贸易的中间环节会大幅减少。

其次,生态系统智能互联的趋势日益凸显。随着数字贸易的广泛应用,数字贸易平台将成为协调和配置资源的基本经济组织,是价值创造和价值汇聚的核心。在数字贸易平台上,价值创造不再强调竞争,而是充分利用互联网技术,通过整合供应链环节,促成相关贸易参与主体的交易协作和适度竞争。未来,以数字贸易平台为核心、各贸易环节智能联动、各贸易参与主体互利共赢的数字贸易有机生态系统将会逐渐形成。

最后,个性偏好会被充分体现。随着网络信息技术的迅猛发展,消费者对产品和服务的个性化需求被进一步激发。数字贸易在消费和生产流通环节之间搭建起了一条高效的交流渠道,使消费者的个性需求能够得到满足。在数字贸易中,分散的贸易流量和消费者偏好等信息通过平台汇集成一个整体,这为数字贸易中的产品差异化生产和个性化服务定制提供了支持,消费者的个性偏好和需求将因此得到充分体现。

第二节　跨境电子商务阶段

跨境电子商务发展历程不长。不同的机构以及学者对跨境电子商务表达了不同的看法,以下列举一些代表性的观点。

海关总署将跨境电子商务定义为收货人在关境内通过电子支付完成关境外货物所有权的转移。其中关境亦称为"关税国境",是执行统一海关法令的领土范围。

王建认为,跨境电子商务有广义和狭义之分。广义的跨境电子商务是指分属不同关境的交易主体,通过电子商务手段从事各种商业活动的跨境进出口贸易活动。狭义的跨境电子商务又称在线国际贸易,特指分属不同关境的交易主体,通过电子商务手段达成交易并完成跨境支付结算、办理跨境物流等一系列流程的国际或地区间新型商品交换活动。

阿里研究院认为对跨境电子商务的概念有广义和狭义之分。广义的跨境电子商务是指分属不同关境的交易主体通过电子商务手段达成交易的跨境进出口贸易活动。狭义的跨境电子商务特指跨境网络零售，指分属不同关境的交易主体通过电子商务平台达成交易，进行跨境支付结算，通过跨境物流送达商品，完成交易的一种国际贸易新业态。跨境网络零售是互联网发展到一定阶段所产生的新型贸易形态。

艾瑞咨询也从广义和狭义上分别对跨境电子商务进行了划分。从广义上讲，跨境电子商务基本等同于外贸电商，是指分属于不同关境的交易主体，通过电子商务的手段将传统进出口贸易中的展示、洽谈和成交等环节电子化，并通过跨境物流送达商品、完成交易的一种国际商业活动。从更广义来看，跨境电子商务指电子商务在进出口贸易中的应用，是传统国际贸易商务流程的电子化、数字化和网络化。它涉及许多环节的活动，包括货物的电子贸易、在线数据传递、电子资金划拨、电子货运单证等内容，在这个意义上，国际贸易环节中涉及电子商务应用的都可以纳入这个统计范畴。从狭义上讲，跨境电子商务实际上等同于跨境零售。跨境零售指的是分属于不同关境的交易主体，借助计算机网络达成交易、进行支付结算，并采用快件、小包等行邮的方式通过跨境物流将商品送达消费者手中的交易过程。

一、跨境电子商务发展历程

（一）出口跨境电子商务的发展历程

1999年阿里巴巴的成立，标志着我国国内供应商通过互联网与海外买家实现了对接，迈出了我国出口贸易互联网转型、探索跨境电子商务的第一步。在20年的发展中，国内跨境电子商务经历了从信息服务到在线交易，再到全产业链服务的三个主要阶段。

1. 起步与准备期（1990—1998年）

1990—1998年是电子数据交换时代，是中国电子商务的起步与准备期。1993—1998年政府领导组织开展"三金工程"，为电子商务发展打下了坚实基础。1993年成立了国民经济信息化联席会议及其办公室（简称"信息办"），相继组织了金关、金卡、金税等"三金工程"，取得了重大进展。其中"金关工程"的提出，标志着中国外贸电子商务开始发展。"金关工程"的目标是要建设现代化的外贸电子信息网，将海关、商检、税务等部门实现计算机联网，用 EDI 方式实现无纸贸易，并于 2001 年正式启动。1996 年 1 月，国务院国家信息化工作领导小组成立，统一领导组织中国信息化建设；1996 年，金桥网与因特网正式开通；1997 年，信息办组织有关部门起草编制中国信息化规划；1997 年 4 月，全国信息化工作会议在深圳召开，各省市区相继成立信息化领导小组及其办公室，开始制订包含电子商务在内的信息化建设规划；1997 年，企业广告主开始使用网络广告；1997 年 4 月，中国商品订货系统（CGOS）开始运行。这些措施也初步奠定了我国传统外贸互联网化转型的基础。1998 年 3 月 18 日，浙江电视台播送中心的王珂平先生通过互联网向世纪互联通信技术有限公司支付了 100 元人民币，标志着中国第一笔互联网的网上交易成功；1998 年 10 月，国家经贸委与信息产业部联合宣布启动以电子贸易为主要内容的"金贸工程"，这是一项推广网络化应用、开发电子商务在经贸流通领域的大型应用试点工程。

2. 出口跨境电子商务 1.0 时代（1998—2003 年）

跨境电子商务 1.0 时代的主要商业模式是网上展示、线下交易的外贸信息服务（针对外贸领域的交易平台）。跨境电子商务 1.0 阶段第三方平台的主要功能是为企业信息以及产品提供网络展示平台，并不涉及在网络上任何交易环节。此时的盈利模式主要是跨境电子商务平台向进行信息展示的企业收取会员费（如年服务费）。跨境电子商务 1.0 阶段发展过程中，也逐渐衍生出竞价推广、咨询服务等为供应商提供一条龙的信息增值服务，本质上是一种广告创收模式。

在跨境电子商务 1.0 阶段，阿里巴巴国际站、环球资源网是典型的代表平台。在此期间还出现了中国制造网、韩国 EC21 网、KellySearch 等大量以供需信息交易为主的跨境电子商务平台。跨境电子商务 1.0 阶段虽然通过互联网解决了中国发布贸易信息面向世界买家的难题，但是买卖双方依然无法完成在线交易，对于外贸电子商务产业链的整合仅完成了信息流整合环节。

3. 出口跨境电子商务 2.0 阶段（2004—2012 年）

2004 年，以敦煌网上线为标志，跨境电子商务 2.0 阶段来临。这个阶段，跨境电子商务平台开始摆脱纯信息黄页的展示行为，将线下交易、支付、物流等流程电子化，逐步实现了跨境贸易的在线交易。与第一阶段相比，跨境电子商务 2.0 更能体现电子商务的本质，借助电子商务平台，通过服务、资源整合有效打通上下游供应链，包括 B2B（平台对企业小额交易）平台模式和 B2C（平台对用户）平台模式。B2B 平台模式为主流模式，通过直接对接中小企业商户实现对供应链的进一步优化，提升了商品销售利润空间。

在跨境电子商务2.0阶段，第三方平台实现了营收的多元化，同时实现了后向收费模式，将"会员收费"改为以收取"交易佣金"为主，即按交易成交效果来收取百分点佣金。此外，第三方平台还通过平台上营销推广、支付服务、物流服务等获得增值收益。

4. 出口跨境电子商务3.0阶段（2013—2018年）

2013年是跨境电子商务重要转型年，跨境电子商务随着互联网发展的深化以及电子商务整体业态的成熟完善，全产业链都发生了商业模式的变化，跨境电子商务3.0"大时代"随之到来。

首先，参与主体多样化。2012年以前，跨境电子商务的参与者以小微企业、个体商户为主；从2013年开始，卖家群体向主流的工厂、外贸公司和品牌商家转变。其次，随着具有很强的生产、设计和管理能力的公司的参与，平台销售产品由二手货源向一手货源转变。大量企业开始考虑走规模化、品牌化、当地化等运营之路，不断提升自己在跨境电子商务中的地位。最后，跨境电子商务、数字贸易与传统外贸的融合已越来越深入，在网上交易产生的订单只是一部分。在各个跨境贸易的环节，数字革命始于交易领域，正延展到营销、供应链、金融服务各个领域，平台化的趋势日渐凸显。

"外贸3.0"也被称为"新外贸"。新外贸一方面实现了线上线下、数字经济和实体经济、交易达成和交易完成的分工和专业化，另一方面又促进它们的整合和合作，从而大大提高了外贸效率。新外贸涵盖了国际贸易的方方面面，包括交易、物流、通关报检、货币支付、金融贷款、信用保险、生活服务等全部外贸流程和外贸业务。如果说"外贸2.0"冲击了传统贸易和商业的业态，尚未形成完整的贸易模式的话，那么，新外贸则实现了对传统贸易的改造和整合。这样一来，线上和线下、数字经济和实体经济、交易达成和交易完成就变得一体化、便捷化了，能够真正实现"全球买、全球卖"。

5. 出口跨境电子商务4.0阶段（2019年至今）

自2019年后，出口跨境电商进入了一个全新的阶段——跨境电子商务4.0阶段。这一阶段是疫情助推了全球跨境电商高速发展，跨境电商全产业链生态融合日趋完善，配套服务日益专业化，内容营销和直播经济风起云涌，以及企业品牌意识不断增强。

在全球疫情暴发的背景下，展会、商务会谈等线下贸易活动几乎停滞，业务量急剧下降，传统外贸遭受巨大冲击。人们不愿意外出，提升了在线购物的需求和接受度。跨境电商业绩在此期间逆市上扬。同时，跨境电商平台也快速升级和发展，为消费者提供了更多、更好、更便捷的购物选择。在这个阶段，跨境电商平台、卖家和服务商紧密结合，打破了行业单一环节的限制，构建了全供应链生态圈。这种生态圈的建立使得每个环节都能得到优化和提升，从产品的研发、采购、仓储，到营销、支付、物流，再到客户服务等，形成了一个良性的循环。

与此同时，内容营销和直播经济的崛起，也在这个阶段起到了关键的作用。通过高质量的内容和直播，电商平台能够更好地展示产品，极大提升了消费者的参与度和购买意愿。内容营销也使得电商平台能够更好地与消费者建立联系，增加品牌影响力。

此外，这一阶段也见证了企业品牌意识的增强。过去，许多企业可能更注重短期的销售，而现在，它们更加注重长期的品牌建设。它们通过提升产品质量、优化客户服务、参与社区活动等方式，积极塑造和提升自身的品牌形象。

（二）进口跨境电子商务的发展历程

进口跨境电子商务经历了探索阶段、起步阶段、发展阶段以及成熟阶段。2007年之前，随着留学生人数的激增，以留学生为代表的第一批个人代购兴起，这个阶段主要表现为熟人推荐的海外个人代购模式。所谓代购，是指通过身在国外的个人从当地购买所需要的商品，以国际邮政包裹、快递等方式递送到买方所在国，或者随人直接携带回国。随着网络购物的发展和我国消费水平的提高，又出现了"海淘"现象。所谓海淘，是指通过互联网搜索国外商品信息，并以电子订单形式发出购物需求，通过国外购物网站由国际快递或转运公司代收货物，再转寄到买方所在国。

2007年，淘宝上线"全球购"，随后一些专注代购的网站不断涌现，海外代购行业发展壮大。特别是2008年席卷全国的奶制品污染事件进一步刺激了海外代购和转运服务的发展。2010年后，中国消费者从美国亚马逊、易贝（eBay）等国外网站购买商品，海淘的品类也从母婴商品扩展到保健品、电子产品、服装鞋帽、化妆品、奢侈品等。

在多种因素刺激下，进口跨境电子商务的形式也不再拘泥于个人代购，逐渐实现了规模化、企业化发展。传统国内电子商务企业、外贸企业等相继涌入进口跨境电子商务市场，逐渐取代了海淘与个人代购，成为进口跨境电子商务的主力军。

2010年9月，我国调整了进出境个人邮寄物品管理政策，规范海淘与代购市场，海淘与代购的成本和风险剧增。随后，我国启动了跨境电子商务服务试点城市，跨境电子商务发展进入快车道。自2014年7月起，包括海关总署《关于跨境贸易电子商务进出境货物、物品有关监管事宜的公告》《关于增列海关监管方式代码的公告》在内，各类政策不断出台，涉及海关、商检、物流、支付等环节，刺激并规范了进口跨境电子商务的发展，使跨境电子商务步入了正常发展的轨道。

二、全球跨境电子商务的发展状况及趋势

（一）全球跨境电子商务的发展状况

全球电子商务保持着强劲的发展势头，根据联合国贸易和发展会议公布的统计数据，2015年全球电子商务销售总额已经达到了25万亿美元，2019年这一数据跃升至26.7万亿美元，较2018年上升了4%。其中B2B销售额21.8万亿美元，占比81.7%；B2C销售额4.9万亿元，占比18.3%。

2020年，受新冠疫情的影响，全球在线零售额大幅上升，它在零售总额中的占比跃升至19%，较2019年的16%有明显增长。其中，韩国在线零售额占零售总额比例增幅最高，达25.9%；中国、英国该项占比同样增幅明显，分别为24.9%和23.3%。[1]在全球零售整体增长速度逐渐趋缓的大背景下，网络零售的快速发展对于拉动全球零售市场持续增长意义重大。

发达国家市场由于起步较早，网络零售额基数较大，在近几年整体呈现出上升的趋势。相比较而言，拉丁美洲市场以及中东、北非市场规模要小很多，一方面与其自身的经济体量相关；另一方面这些地区的电子商务市场起步较晚，相关配套基础设施以及上下游产业发展并不完善。但这些地区电子商务市场整体发展态势良好，有较大的增长潜力[2]。在电子商务整体蓬勃发展的同时，跨境电子商务尤其是跨境B2C电子商务市场规模增长显著。

（二）全球跨境电子商务发展的新趋势

进入成熟期后，跨境电子商务发展面临诸多瓶颈。一方面，平台企业增长趋势放缓。由于各大跨境电子商务平台的流量格局已定，线上红利逐渐减少，新用户获取成为困扰各大跨境电商的难题。此外，全球的跨境电子商务产业经过多年

---

[1] 联合国贸易和发展会议 https：//unctad.org/press-material/global-e-commerce-jumps-267-trillion-covid-19-boosts-online-retail-sales.

[2] 宋旭. 马克思资本流通理论视角下河北省农村电子商务发展研究［D］. 石家庄：河北科技大学，2018.

的发展，其运营模式已经相对成型，市场格局也基本确定。在跨境电子商务发展相对成熟的国家产生了行业龙头企业，这些企业市场份额相对稳定，增长趋缓。如较早开始探索跨境电子商务模式的美国亚马逊在2016年收入规模首次突破1 000亿美元后，增速已经连续四年放缓。另一方面，生态化程度不足。贸易双方及其所处的贸易环境所构成的生态系统对于实现价值创造具有重要影响，跨境电子商务更多关注平台自身的建设和发展，而忽视了搭建互利共赢的生态系统。伴随着数字技术和贸易的深度融合，跨境电子商务在持续量变积累下实现质变，蜕变为"全球数字贸易"。全球数字贸易阶段具有以下特点：

1. 全球化贸易趋势明显

全球数字贸易供应链服务跨国化逐渐成为常态，平台国别属性被进一步削弱，实现了平台全球化。一方面，面向世界各国的买家和卖家，贸易平台以"全球买、全球卖"为主要愿景，有利于整合开发全球数字贸易资源；另一方面，多边贸易平台能够提供广阔的全球市场和便利的贸易服务，吸引来自世界各国的卖家，有助于"全球买、全球卖"愿景早日实现。

2. 国际贸易弱势群体广泛参与

国际贸易弱势群体指的是相对于规模庞大的企业而言，在传统国际贸易中容易被忽视的贸易群体，如中小企业。尽管部分贸易弱势群体的产品和服务质量很高，但其产品却因信息不对称、贸易成本过高等问题难以进入国际市场。数字贸易的发展则为贸易弱势群体进入国际市场开辟了新渠道。数字贸易能有效弱化信息不对称，降低贸易弱势群体进入国际市场的门槛，进而使得各国贸易弱势群体能够广泛地参与国际贸易并从中获利。

3. 贸易模式的复合化、扁平化

一方面，贸易模式呈现复合化。伴随全球数字贸易的发展，为了充分满足消费者的个性化需求和制造业的智能化转型需要，B2B2C模式日益凸显，成为一种重要的线上复合贸易形态。既能匹配贸易成本降低的诉求，又能契合碎片化订单集聚的趋势。另一方面，贸易模式呈现扁平化。全球数字贸易使国际贸易各环节之间信息流动频率加快，中间环节逐渐消失，呈现高度扁平化趋势。

三、中国跨境电子商务的发展状况

（一）跨境电子商务交易规模持续扩大

全球化趋势与中国电子商务行业迅猛发展给跨境电子商务带来机遇，近年来受政策扶持、行业发展环境逐步完善的影响，中国出口跨境电子商务取得了长足的发展，主要表现为跨境电子商务在传统外贸转型升级的过程中扮演着重要角色，而且其规模占进出口总值比例逐步提高。

根据网经社①数据资料，2013年中国跨境电子商务交易规模约为3.2万亿元人民币，2019年这一规模首次突破10万亿元人民币。跨境电商持续保持增长，2018—2021年跨境电子商务市场规模（增速）分别为9万亿元（11.66%）、10.5万亿元（16.66%）、12.5万亿元（19.04%）、14.2万亿元（13.60%）。截至2022年底，中国跨境电子商务交易规模达15.7万亿元，占我国货物贸易进出口总值42.07万亿元的37.32%，较2021年的14.2万亿元同比增长10.56%。

据网经社《2023年（上）中国跨境电商市场数据报告》，2023上半年中国跨境电商市场规模达8.2万亿元，占我国货物贸易进出口总值20.1万亿元的40.79%。跨境电商行业渗透率稳步提升，2018—2022年跨境电商行业渗透率分别为29.5%、33.29%、38.86%、36.32%、37.32%。

（二）出口跨境电子商务占主导地位

作为新兴贸易业态的跨境电商近年来飞速发展，特别是在疫情期间，对中国外贸转型升级影响深远。从跨境电子商务进出口结构来看，中国跨境电子商务出口占比接近80%，从2013年至今，尽管中国出口占比持续下降，但仍占据主导地位。2022年出口占比达到77.25%，进口占比22.75%。从最新统计来看，2023上半年中国跨境电商的进出口结构上，出口占比达到75.6%，进口占比24.4%，中国跨境电商进口占比逐年扩大这一趋势还将持续。

进口跨境电子商务的规模也在不断扩大，占总交易规模的比重从2013年的14.30%上升到2022年的22.75%。其规模扩大原因主要是我国居民收入水平的提高和消费观念的转变带来了新一轮消费升级，此外在更为积极开放的政策支持下，进口电商市场仍具有巨大的发展空间。

（三）B2C跨境模式逐渐兴起

按照交易模式，跨境电子商务可分为跨境B2B和跨境零售（B2C、C2C）。其中，外贸B2B在跨境电子商务中居于主导地位，这是因为外贸B2B单笔交易金额较高，同时长期稳定订单较多。而零售跨境电子商务直面终端客户，目

---

① 网经社 http：//www.100ec.cn/，本节跨境电商相关数据如无特殊说明均来自该平台。

前在跨境电子商务中比重较低，但是发展逐渐加快，所占比重逐年增加。中国出口跨境电子商务中 B2B 模式占比从 2013 年的 85.7% 下降到 2022 年的 77.25%，与此相对应的 B2C 模式占比从 2013 年的 14.3% 上升到 2022 年的 24.4%。

总体而言，中国在跨境电商进出口结构方面，出口额占比约为四分之三，居主要地位，而进口额比例不断提高。当前中国的跨境电商市场在政策鼓励、税收优惠等助推下已初步成熟，市场核心驱动力是需求及生产端相对海外的领先。

在跨境电商模式结构方面，中国跨境电商 B2B 交易占比近八成，B2C 占比增速较快。目前出口 B2B 在线采购已逐步成为全球采购主流趋势，出口 B2C 销售正在向更多国家渗透，从欧美日韩发达市场逐步渗透到东南亚新兴市场。

第三节 数字政府的构建

一、数字政府的内涵

"数字政府"这一概念始于信息网络蓬勃发展的 21 世纪初。1998 年 1 月，美国前副总统戈尔在加利福尼亚科学中心发表的"数字地球——新世纪人类星球之认识"讲话中提出"数字地球"这一概念，此后不断被各行业各领域的专家借鉴和使用，出现了如"数字国家"、"数字政府"和"数字城市"等诸多相近概念。

"数字政府"这一概念自提出以来，国内外学者从不同层面、不同维度探讨了数字政府的内涵意义，然而目前尚未形成统一的概念界定和完整的理论架构。国内学术界最早由梁木生提出"数字政府"这一概念，他认为数字政府是一种具备科学性、客观性、程序性、确定性等特点的技术规制手段。有学者认为，数字政府是以信息和通信技术为手段，提高公众参与度和公共服务质量的过程；另一些学者则认为，数字政府是一种新型的政府治理模式，通过跨部门、跨系统的灵活运作和统一的服务渠道和移动客户端等方式为公众提供数字化、个性化服务，最终形成互联互通、协同联动的治理模式。学者也从不同角度探讨了数字政府与其他概念的区别和联系；一些学者认为数字政府和电子政务是同义词，而另一些学者则认为数字政府是电子政务的升级版。

数字政府的建设和发展，得益于计算技术和网络技术与政府治理的深度融合。在这个过程中，信息技术在政府治理的各个阶段和各个领域都得到了广泛应用。数字政府的核心要以政府治理现代化为目标，通过建设多层次的公共平台，实现智慧治理，从而为企业、社会和公民等多元主体提供精准、高效的公共服务。由此，有学者认为应从核心目标、治理架构、技术基础和服务对象四个方面定义数字政府的建设。

首先，数字政府建设的核心目标是促进治理现代化。这不仅包括政府职能的转变，还涉及政府机构决策的科学化、政府治理的高效化和政务服务的便捷化等方面。这些是治理能力提升的重要表现，而政府职责体系的转变和行政管理制度规则的优化则是治理能力提升的重要保障。其次，数字政府的治理架构以平台化为导向。通过建立专门的综合管理平台，可以实现 IT 治理架构的资源集中、人员集中、技术集中和能力集中。这样做可以有效应对传统电子政务建设中开发运行成本较高、服务监管效率较低、数字鸿沟等固有问题。再次，数字政府的建设技术基础是智能化的信息技术。随着工业互联网的稳步推进，虚拟的网络信息交换空间已成为新兴的公共领域实践场所。数字政府理念也在不断发展，以提升数字化智能水平等方面的建设内容。智能化的信息技术赋予了政府通过量化视角模拟和预测政策环境和政策效果的治理现代化方式。最后，数字政府主要进行整体化的服务供给。数字化技术的进步和发展，在一定程度上推动了政府在经济调节、社会管理、公共服务和市场监管等领域的管理与服务方式改革创新。借助强大的数据支撑，数字政府可以实现公共服务供给的个性化、精准化和便捷化[1]。

二、发达国家数字政府的发展历程

纵观世界各国数字政府建设历程，根据 2019—2021 年经济合作与发展组织发布的"数字政府评价指数"和日本早稻田大学数字政府研究中心发布的《国际数字政府评估排名报告》，以及联合国发布的《2020 联合国电子政务调查报告》，英国、美国、韩国是数字政府起步早、基础实、排名前、势头强的三个国家，它们始终走在发达国家的前列，代表着建设数字政府的前进方向，从 20 世纪 80 年代开始至今，大致经历了孕育期、萌芽期、成长期、壮大期和转型期等五个阶段。

---

[1] 吴磊. 需求锚定、结构赋能与平台耦合：数字政府建设的实践逻辑 [D]. 长春：吉林大学，2022.

（一）孕育期

20世纪70年代后期至80年代初期，信息化手段开始在政府管理中运用。1980年前后，发达国家开启了办公自动化革命，开始利用信息通信技术进行处理文件制作、传送和贮存等一系列内部业务。韩国在内部政治体制发生变化、公民意识提升、政府官僚体系影响力日益下降的背景下，率先认识到政府要行政改革是发展的必然选择，而外部经济全球化和信息化进一步加快了其发展电子政务建设"顾客导向型政府"的步伐。为此，韩国于1979年制定《关于行政业务电算化的规定》，标志着韩国政务信息化的开启。美国于20世纪80年代初应民众要求通过削减预算提高效率，开始着手以政务信息化削减行政成本。这种信息化手段在政府管理中的运用，加强了政府管理职能，满足了政府对适时、准确、相关信息的需求，为数字政府的真正萌芽奠定了基础。

（二）萌芽期

20世纪80年代中期至90年代初期，数字政府的发展步入了IT时代。随着信息革命的不断推进，计算机逐渐渗入日常生活并改变了人们的生活方式，将整个世界推向IT时代，政府建设也不例外，建立电子政府成为世界各国顺应历史浪潮谋求发展和突破的必然选择。韩国于20世纪80年代中期投入2亿美元启动"国家基础信息系统工程"，全面加强了信息化基础，覆盖行政、国防、财政金融、教育研究等多个领域；全面简化了办事流程，满足公众随时随地获取各类文件的需求，提升了政府办事效率，为国家的数字化转型发展打下了坚实基础。美国于1992年宣布建立电子政府的意向，1993年美国绩效评估委员会对政府行政过程与效率、行政措施与服务质量进行全面评估，分别在1993年、1994年出台《信息基础设施任务推进计划》、《以客户为导向的电子政务战略》等。为响应"电子欧洲"计划，英国于1994年发布《政府信息服务计划》政令，适时提出"电子英国"的战略计划。1994年，内阁办公室负责建立中央政府网站"open.gov.UK"，开通"英国政府信息中心"，正式拉开了英国电子政府建设的序幕。由此，欧美国家率先开启了电子政府建设计划与实践，并稳步有序且高效地推进其电子政府建设进程。

（三）成长期

20世纪90年代中后期至2000年前后，此阶段数字政府的主要特点是以法治化和集成化推进电子政府平台的建设。20世纪90年代中后期，发达国家深入推进电子政府相关建设计划，着力从法律体系的构建与信息系统的集成两个方面入手，夯实本国电子政府发展基础。前者旨在以明晰的法律政策为电子政府的快速发展提供制度支撑。如美国分别于1995年和2000年出台《促进信息化基本法》和《政府纸张消除法案》；韩国于1996年至2000年先后出台《促进信息化基本法》《公共机关情报公开法》，对107项与电子政务有关的法律法规进行制定或修改。韩国旨在提供制度执行的技术支持，实现从IT化改进业务流程阶段步入构建信息整合和协同共享的"一站式"网站阶段。如英国政府于1999年出台《现代化政府行动计划》，提出开辟"一站式"单一电子门户，次年便建立UK-online.gov.UK，提供一站式在线公共服务。美国政府于2000年建立开通"一站式"电子政务门户网站——"第一政府"网站，公众可以在同一网站完成竞标合同和申请贷款等多项业务。自此以后，IT技术不再简单地辅助政府工作，而是被深度拓展且被全面升级为IT化改造，逐步实现了政府前台和后台工作的全面数字化。

（四）壮大期

2001年至2011年，此阶段数字政府的主要特点是以实施方案的精细化为特点来不断优化电子政务系统。进入21世纪后，发达国家基本完成了全国电子政府基础平台建设，"电子化"意识日益深入人心，电子政务随着信息技术的快速发展从E-服务、E-民主、E-商务、E-管理四大方面对政府治理进行了更全面、更细致、更深刻的变革。发达国家在不断探索和实践的过程中，根据自身情况不断地调整、修正和补充战略规划。美国白宫管理及预算办公室于2003年制定了更加细化的电子政务战略，主要包括实现公民及联邦政府的互动、提高行政效率和绩效水平以及增强政府对公众的回应能力等三个方面。英国政府于2005年出台"以技术推动政府变革"战略，次年提出"以技术推动政府变革实施"计划，建设以满足公众需求为核心、提供高效服务的"变革型政府"，大幅减少中央政府网站数量，将信息资源主要集中于Direct-gov和business link.gov.UK两个门户网站，杜绝了信息重复繁多、执行程序冗长复杂等问题。韩国在这一时期的改革力度更大，经历了"数字政府1.0时代"（2001—2007年）并开启了"数字政府2.0时代"（2008—2012年）。在"数字政府1.0时代"，韩国为拓宽政府与公众之间的沟通渠道，不仅建立了全面覆盖生活和工作领域的"一站式"电子政务门户网站，向公众提供在线服务，还与Facebook（脸书）、Twitter（推特）、me2day等三个社交平台合作，提供多元化的公众与政府沟通渠道；进入"数字政府2.0时代",韩国重点于2009年发布《国家信息化实施规则（2009—2012）》，努力创造可持续发展的信息化产业，具体部署了电子政务实施计划，限制性地公开信息以及参与公众互动。调整细化建设计划和优化电子平台成为这一时期各国政府公共管理和服务的主要任务，这样不仅降低了行政成本，而且提高了行政效率和服务质量。

（五）转型期

2012年至今，数字政府的发展进入了转型期，其主要特点是DT（数据技术）时代开启了电子政府向数字政府的转型。英国"数据权"运动、美国"大数据"战略、联合国"数据脉动计划"等共同开启了2012年的大数据元年，世界从IT时代步入DT时代：在数据量呈现爆发式增长和数据开放共享不断增强的背景下，经济管理、社会治理、公共服务的新变化层出不穷，各国政府都洞察到数据资源的巨大价值，开始主导实施国家大数据战略，推进数字政府建设计划。英国在2010年提出引导电子政务向数字化转型意向后，于2012年开始践行"数字政府战略"，并于2015年首创性提出了"政府即平台"，不断强化公众在数字政府中的主体地位。美国于2012年颁布"大数据"战略——《数字政府：构建一个21世纪平台以更好地服务美国人民》，明确以公众需求为导向是政府数字化转型的核心。韩国于2013年启动全新的"吉咖计划"，主要通过推行5.0技术为公众提供更高效的公共服务，这也标志着韩国正式进入"数字政府3.0时代"。可见，DT时代的到来让发达国家找到跳出电子政府发展因地域数据资源分割而导致信息共享和交换度低、部门间协调不畅的局限性，开启并引导世界各国集中力量推进数字政府的建设进程。

在四十余年的发展历程中，以美国、英国、韩国为代表的发达国家数字政府建设取得了长足的进展和明显的成效，不仅促进了其国内政府治理模式的不断创新和公共服务水平的不断提升，也给其他国家提供了学习和借鉴的经验[1]。

三、中国数字政府的发展历程

从中国数字政府建设的发展历程上看，数字政府的最初形态是20世纪80—90年代政府的"电子化"办公，以无纸化、自动化等形式为代表，指政府

---

[1] 陈朝东，张伟. 国外电子政务：发展沿革、研究趋势及对中国的启示[J]. 上海行政学院学报，2022，23（6）：31-43.

部门在发布政务信息、提供公共服务、进行市场监管和回应民意等方面使用各类信息技术的电子政务模式。此后，伴随着信息技术的迭代，数字政府经历了较长一段时间的发展，不同学者或机构基于不同的评估模型对其发展阶段的划分不尽相同。如美国学者韦斯特在《数字政府：技术与公共领域绩效》中提出，可以将数字政府分为"信息公告板"、"提供部分服务"、"门户网站"和"互动式民主"四个渐优的层次或发展阶段。本书基于我国政府数字化转型历程，大致划分为信息化阶段、电子政务阶段和数字政府阶段。

（一）信息化阶段

20世纪80年代至1998年是中国政府的信息化阶段。在这一时期，互联网在国内刚刚普及，谈不上以信息化支持政府管理。1984年，国家计划委员会经国务院批准，开始建设涵盖经济、金融、电力等有关部委的信息加工和处理系统，初衷是为了通过建设管理信息系统适应并提高政府管理者决策和履行智能的效率。随着互联网信息技术的不断发展，通过网络通信技术可有效连接政府各单位及其数据库，中国政府逐步将信息化办公列为重点关注和推进的焦点。1992年，国务院办公厅在全国政府系统推行办公自动化改革，进一步提出在全国推广建设有助于行政首脑机关办公决策的服务系统。由此可见，中国政府信息化大致经历了办公自动化、政府上网和决策能力建设并逐渐由中央到各地方政府全面推进的发展历程。

（二）电子政务阶段

1999年至2011年是中国政府的电子政务阶段。信息技术从最初的辅助行政人员办公的简单角色，迅速发展成为融入政府整个运作体系的重要治理工具。2001年，国务院办公厅制定了全国政府系统政府信息化建设"五年规划"，从指导思想、方针、政策等方面对政府电子政务的建设作出了明确规定，指出了电子政务对加快政府职能转变、提高行政质量和效率的重要意义。2004年，公共管理领域专门创办了《电子政务》学术月刊，逐步推进政府利用新技术为公众、企业、公务员和机构提供服务的研究，旨在为实现政府信息化带动国家信息化、政府职能转型、政府国际化运作等治理目标提供理论支持。

（三）数字政府阶段

2012年至今是中国数字政府阶段。2012年党的十八大指出，要推进"互联网+"和数字政府建设，将数字政府列入智慧中国建设的重要组成部分。随着社交媒体、Web2.0技术、智能手机以及4G网络等智能终端的出现和普及，公共服务的供给方式以及公民和企业参与过程的执行方式受到重大影响，推动政府从电子政务发展转向数字政府建设。这一阶段政府不仅将数据信息作为治理资源和技术手段，还运用了多种实践方式，而且还着重关注了大数据作为一种治理工具在政治参与、社会预测、政策制定等公共管理领域发挥的作用。互联网、大数据、人工智能等数字技术强势赋能政府治理，成为当前最前沿和有效的政府治理工具。

第四节　世界数字竞争力

当今世界已经进入大数据时代，全球数据呈现出爆发式增长和深度融合等特点，对经济发展、国家治理、社会进步、人民生活和资源环境等各个领域产生了基础性、重塑性影响。随着数字技术的广泛融通和协同发展，未来国家竞争力的高低越来越取决于各国对数字资源的配置整合和开发利用能力。数字竞争力赋予了国家竞争力新的时代内涵，是各国未来发展的方向与国家竞争力的关键。本节依托《数字经济蓝皮书：全球数字竞争力发展报告（2022）》[1]（简称"报告"），对全球50个国家的国家竞争力、城市竞争力和企业竞争力几方面进行总结和比较，并重点分析我国的数字经济竞争力。

一、全球数字经济国家竞争力比较

全球疫情加速了数字化进程，这使得各国必须更紧迫地应对这一趋势。在数字经济领域，大国的竞争已经从科研实力的比拼转向了对技术标准和国际规则制定权的争夺，这种竞争正在重塑各国在数字经济领域的竞争力格局。数字经济已成为重新配置全球资源、改变全球经济结构和治理体系的关键力量。报告根据全新可得数据，构建了一套评估全球数字经济国家竞争力的指标体系（表2-1），并对全球50个主要国家的数字经济竞争力进行了定量评估和特征分析。

---

[1] 王振，惠志斌. 全球数字经济竞争力发展报告（2022）[R]. 北京：社会科学文献出版社，2023.

表 2-1 全球数字经济国家竞争力评价指标体系的构成

最终指标	一级指标	得分权重	二级指标	三级指标	
数字经济竞争力	数字设施竞争力	25%	网络设施	互联网普及率	国际电信联盟数据库
				移动蜂窝订阅率	国际电信联盟数据库
			通信设施	5G 基站渗透率	www.ookla.com
				电信基础设施指数	联合国-电子政务指数
			终端设备	智能手机普及率	www.statista.com
				智能家居终端市场规模	www.statista.com
	数字产业竞争力	25%	经济产出	数字产业总量	www.statista.com
			产业增速	数字产业增速	www.statista.com
			国际贸易	数字（跨境）贸易总量	世界银行 WDI 数据库
	数字创新竞争力	25%	创新产出	数字技术相关专利、期刊数量	世界知识产权组织 WIPO 数据库
				知识产权收入占贸易总额的百分比	世界银行 WDI 数据库
			人才投入	人力资本指数	联合国-电子政务指数
			研发投入	数字研发投入水平	世界银行 WDI 数据库
	数字治理竞争力	25%	安全保障	网络安全	国际电信联盟全球网络安全指数
				安全设施	世界银行 WDI 数据库
				技术支持	联合国-电子政务指数
			服务管理	政府电子服务指数	联合国-电子政务指数
				数据开放水平	联合国-电子政务指数
			市场环境	监管法规	WIPO 全球创新指数
				营商政策	WIPO 全球创新指数

资料来源：全球数字经济国家竞争力发展报告（2022）。

（一）2022 年度全球数字经济国家竞争力评价

根据表 2-1 所构建的全球数字经济国家竞争力评价指标体系，基于最新数据，定量评估全球 50 个主要国家的数字经济竞争力，最终评价结果如表 2-2 所示。

表 2-2 2022 年全球数字经济国家竞争力排名

排序	国家	数字设施竞争力	数字产业竞争力	数字创新竞争力	数字治理竞争力	总得分
1	美国	89.99	52.21	72.16	86.11	75.12
2	中国	67.80	52.25	55.59	69.25	61.22
3	瑞士	70.94	28.09	58.34	83.84	60.30
4	荷兰	75.60	14.69	59.79	88.18	59.56
5	日本	66.15	31.94	58.89	77.94	58.73
6	韩国	79.97	22.36	55.26	75.45	58.26
7	丹麦	70.49	21.00	44.37	93.30	57.29
8	爱尔兰	58.53	50.62	42.18	76.36	56.92
9	瑞典	61.61	31.13	54.34	78.41	56.37
10	以色列	60.61	39.63	51.00	68.93	55.04
11	德国	63.35	29.53	46.70	80.57	55.04
12	芬兰	65.77	24.06	48.94	80.93	54.92
13	英国	67.33	25.92	40.34	76.01	52.40
14	新加坡	63.45	17.29	36.08	89.58	51.60
15	法国	59.29	29.58	40.32	76.46	51.41
16	挪威	61.81	28.96	35.30	78.04	51.03
17	奥地利	58.97	22.99	39.40	79.04	50.10
18	加拿大	64.34	20.21	35.21	78.75	49.63
19	澳大利亚	65.60	19.83	34.46	78.08	49.49
20	比利时	57.03	26.19	43.01	68.49	48.68
21	西班牙	62.79	24.42	31.45	74.54	48.30
22	爱沙尼亚	59.29	13.98	31.65	85.13	47.51
23	捷克	56.65	21.06	33.26	70.15	45.28
24	意大利	53.39	25.66	31.29	70.75	45.27
25	斯洛文尼亚	56.71	17.54	34.12	71.60	44.99
26	泰国	61.93	29.22	25.28	61.59	44.50
27	沙特阿拉伯	67.35	10.09	24.07	74.30	43.96

续表

排序	国家	数字设施竞争力	数字产业竞争力	数字创新竞争力	数字治理竞争力	总得分
28	阿根廷	53.26	33.80	28.28	59.94	43.82
29	立陶宛	55.98	15.21	28.77	74.70	43.66
30	马来西亚	58.50	23.34	23.90	67.94	43.42
31	塞尔维亚	51.48	28.31	25.65	68.16	43.40
32	俄罗斯	60.94	17.14	28.81	66.25	43.29
33	波兰	54.82	22.35	29.97	64.94	43.02
34	葡萄牙	51.89	16.01	29.44	70.50	41.96
35	匈牙利	52.17	19.68	32.16	63.15	41.79
36	拉脱维亚	53.58	13.55	26.78	71.25	41.29
37	保加利亚	58.46	16.52	25.46	63.86	41.07
38	格鲁吉亚	49.95	22.18	23.84	65.93	40.48
39	罗马尼亚	53.89	21.49	22.72	61.28	39.84
40	巴西	48.86	17.99	26.42	64.77	39.51
41	斯洛伐克	55.88	16.14	25.61	60.24	39.46
42	克罗地亚	50.71	15.32	27.64	63.14	39.20
43	土耳其	48.36	13.76	27.17	65.64	38.73
44	越南	50.93	21.98	19.70	59.93	38.13
45	南非	53.93	16.02	22.49	59.88	38.08
46	印度	35.82	29.90	18.26	67.61	37.90
47	菲律宾	48.96	27.36	20.56	53.00	37.47
48	印度尼西亚	46.59	19.73	19.89	62.63	37.21
49	墨西哥	45.72	19.01	21.07	62.79	37.15
50	哥伦比亚	48.16	15.16	21.64	59.88	36.21

资料来源：全球数字经济国家竞争力发展报告（2022）。

从评价结果来看，美国是全球数字经济综合竞争力最强的国家，位居第1，且连续6年排在榜首，美国数字经济优势地位稳固，遥遥领先。从四个数字经济分项指标来看，美国在数字设施和数字创新方面位居世界第1，数字产业竞争力位居第2，且分值较其他三个分项指标得分偏低，数字治理竞争力位居第4，但

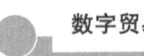

与前三位差距不大。整体而言，美国各项指标均位居前列，数字经济发展相对均衡，体现了较强的全球竞争力。中国位居全球数字经济国家竞争力第2，且与美国的差距较大，相较于2021年4.25分的差距，2022年差距扩大了3.3倍。从背景分析来看，美国已将中国列为最重要的战略竞争对手，出台的一系列竞争法案均将打压中国经济和科技发展作为重点，这极大地限制了中国数字经济的正常发展，致使中国数字经济整体竞争力得分有所下降。从分项指标看，中国在数字产业、数字创新和数字设施方面均位居前6，其中数字产业竞争力延续上年优势，位居榜单第1，但与美国的数字产业竞争力仅有0.04分的微弱差距。并且中国数字治理竞争力得分相对落后，处于中游水平，严重影响了中国数字经济国家竞争力的整体得分。

瑞士和荷兰分别位居榜单第3、第4，两者在数字设施、数字治理方面的得分均位居前6，但由于市场规模较小且增速不高，荷兰的数字产业竞争力位居末端。日本和韩国位居第5、第6，两国的数字设施和数字创新竞争力均位居前10名，数字治理竞争力与瑞士和荷兰有10分左右的差距，在全球位居中上游水平，日本的数字产业竞争力得分较高，位居全球第6。

丹麦、爱尔兰、瑞典和以色列位居榜单第7到第10，这些国家在四个分项指标上往往只有两项能够位居世界前列，数字经济发展相对不平衡。其中丹麦的数字治理竞争力位居世界第1，数字设施竞争力位居第5，而数字设施竞争力是其他三个国家的短板，均处于中游水平。从总得分情况来看，除美国得分超过75分，中国和瑞士略超60分，第4至第10位的国家得分均在55~60分，彼此差距并不大，这一方面说明美国的数字经济竞争力短期内难以超越，另一方面也说明数字经济是当前竞争最为激烈的领域，未来的数字经济竞争格局仍将处在剧烈变动之中。

从榜单后10位来看，哥伦比亚依然位居末尾，克罗地亚、越南、南非、菲律宾、印尼、墨西哥依然位居此列，在数字技术加速迭代、数字新业态大量涌现的背景下，数字经济基础落后的国家呈现出明显的"马太效应"。

(二) 全球数字经济国家竞争力历年排名及变动趋势

报告从2017年开始对全球50个国家（地区）的数字经济综合竞争力进行评价和排名。自2018年越南加入榜单后，参与评估的国家便固定下来。世界各国历年排名及位次变动趋势如表2-3所示。

表 2-3 2017—2022 年全球数字经济国家竞争力排名

国家	2017 年	2018 年	2019 年	2020 年	2021 年	2022 年
美国	1	1	1	1	1	1
中国	2	2	3	3	2	2
瑞士	17	16	18	18	17	3
荷兰	10	5	8	10	15	4
日本	5	8	7	6	7	5
韩国	6	9	6	4	8	6
丹麦	15	12	12	13	18	7
爱尔兰	24	24	22	23	5	8
瑞典	9	10	11	8	10	9
以色列	16	18	15	12	12	10
德国	8	7	10	11	3	11
芬兰	7	6	5	7	16	12
英国	4	4	4	5	4	13
新加坡	3	3	2	2	6	14
法国	11	11	16	17	9	15
挪威	12	15	13	14	13	16
奥地利	14	17	17	16	19	17
加拿大	18	13	14	15	14	18
澳大利亚	13	14	9	9	11	19
比利时	19	21	21	21	21	20
西班牙	20	20	19	20	20	21
爱沙尼亚	23	23	23	26	25	22
捷克	26	27	29	30	24	23
意大利	22	25	24	25	26	24
斯洛文尼亚	45	38	37	40	41	25
泰国	31	31	30	24	40	26

续表

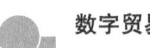

国家	2017年	2018年	2019年	2020年	2021年	2022年
沙特阿拉伯	32	32	32	34	39	27
阿根廷	38	39	40	37	47	28
立陶宛	42	42	41	45	27	29
马来西亚	21	19	20	19	22	30
塞尔维亚	50	50	50	50	36	31
俄罗斯	29	29	26	27	23	32
波兰	27	28	28	32	31	33
葡萄牙	25	26	27	33	37	34
匈牙利	35	33	31	29	30	35
拉脱维亚	34	45	43	48	38	36
保加利亚	44	44	45	42	29	37
格鲁吉亚	49	41	44	31	42	38
罗马尼亚	46	49	49	47	28	39
巴西	33	34	36	39	33	40
斯洛伐克	37	48	47	49	35	41
克罗地亚	43	46	46	46	43	42
土耳其	30	30	34	28	34	43
越南	—	43	42	44	45	44
南非	36	36	35	41	48	45
印度	28	22	25	22	32	46
菲律宾	39	37	39	36	44	47
印度尼西亚	40	47	48	43	49	48
墨西哥	47	35	33	35	46	49
哥伦比亚	48	40	38	38	50	50

资料来源：全球数字经济国家竞争力发展报告（2022）。

从整体排名来看，美国一直位居榜单第1，除美国之外，没有哪个国家的数字经济综合竞争力水平可以如此稳固。中国、日本、韩国、瑞典、挪威、奥地利、比利时、西班牙、爱沙尼亚、捷克、意大利等国的位次变动不大且处在排行榜的中上游位置，说明这些国家的数字经济发展已步入正轨，有了一定的数字经济规模，也形成了相对完善的治理体系，且抵御外部冲击的韧性较强。荷兰、爱尔兰、新加坡等国，虽然数字经济综合实力较强，但数字经济整体体量较小，数字经济严重依靠国际市场，极易受到大国竞争等外部环境的影响，综合竞争力位次难以稳固。印度尼西亚、墨西哥、哥伦比亚等国的位次虽然稳固，但长期位居榜单末尾，葡萄牙、巴西等国的位次长期来看呈下降趋势。从背景分析来看，世界主要经济体为发展数字经济密集出台了一系列法规和战略文件，长期位居榜单末尾或位次持续下滑的国家亟须出台相应的战略规划，带动数字经济发展。从整体格局来看，美国和中国是数字经济领域的主要竞争者，虽然两者存在一定差距，但只有中国具备一定经济体量和实力追赶美国。日韩和部分欧洲国家长期位居榜单中上游，这些国家是全球数字经济的主要参与者，也是中国在数字经济领域的主要竞争者。

二、全球数字经济城市竞争力比较

城市数字竞争力是指城市在数字经济的基础、应用和产出等方面的综合绩效，对外表现出的竞争力。城市数字竞争力是国家数字竞争力的重要组成部分，也是城市竞争力的最新关注点。与数字产业竞争力相比，城市数字经济发展排名提供了一个表面的观察结果，它不仅涉及数字相关产业的发展，还涉及城市治理、社会发展，如数字鸿沟和包容性问题。

城市竞争力是一个相对的概念，各城市可以纵向与自身相比，也可以横向与其他城市相比。对于数字经济这样的新经济形态而言，很多纵向数据没有太大的参考性，更加适合横向比较。近年来，各国的城市明显加快了数字经济发展的步伐，因此探讨城市数字竞争力具有非常强的实践意义。越来越多的学者和研究机构加强了对城市数字经济的发展和研究。

国际智库经济学影响力（Economist Impact）在 2022 年首次发布《数字城市指数 2022》，考虑了连通性、服务、文化和可持续性四个关键支柱，基于 48 个定性和定量指标构建动态基准模型，评估全球 30 个城市的数字化程度和影响力。智慧城市是与城市数字经济竞争力关系最为密切的概念之一。在联合国公共行政网的支持下，上海社会科学院与复旦大学研究团队持续对全球智慧城市进行跟踪排名，2021 年第 6 次排名结果显示，伦敦、纽约、新加坡排名前三，上海和北京在智慧经济和智慧服务方面表现突出。

除了这些以数字经济为对象的排名，还有以科学创新、可持续、安全等专项指标为对象的排名，它们与数字经济发展关系密切。根据《数字经济蓝皮书：全球数字竞争力发展报告（2022）》中关于城市数字竞争力的评价方法，其指标构建思路（如表2-4所示）及排名结果（如表2-5所示）如下。

表2-4 全球城市数字经济竞争力评价指标体系

二级指标	权重	指标意义	三级指标	权重	数据来源
经济与基础设施竞争力（M_1）	1/3	软硬件发展基础	城市经济活跃度	1/3	世界城市综合实力排名
			ICT普及度	1/3	全球人才竞争力指数报告
			数据开放度	1/3	全球数字开放报告
数字人才竞争力（M_2）	1/3	人力资源基础	主要大学指数	1/3	QS排名
			高等教育入学率	1/3	世界银行
			人口高等教育比例	1/3	OECD教育概览
数字创新竞争力（M_3）	1/3	数字应用和产出	城市研发强度	1/3	世界城市综合实力排名
			专利申请数量	1/3	世界城市综合实力排名
			典型数字应用深度	1/3	智慧城市报告

资料来源：全球数字经济城市竞争力发展报告（2022）。

此外，在统一量纲方面，将三级指标原始数据折算成百分制，具体折算方法是：

$$F_{i,j} = \frac{X_{i,j}}{X_{\max,j}} \times 100 \quad (i = 1, 2, \cdots, 30; j = 1, 2, 3) \qquad (式2.1)$$

式中，i表示城市，j表示特定指标，$X_{i,j}$表示城市i的j指标的实际数值，$X_{\max,j}$表示j指标上所有城市数值中的最大值。通过这一转换，表现最优的城市得分为100分，其他城市以其为标杆，分别得到100分以内的分值。

进一步可以得到三个二级指标的加权分值（λ为权重）：

$$M_{i,j} = \frac{1}{3} \sum_{j=1}^{3} \lambda_{i,j} F_{i,j} (j = 1, 2, 3) \qquad (式2.2)$$

城市数字经济竞争力加权得分（μ为权重）：

$$D_i = \frac{1}{3} \sum_{k=1}^{3} \mu_{i,k} M_{i,k} (k = 1, 2, 3) \qquad (式2.3)$$

对于一些城市存在个别数据欠缺的情况，利用其余可获得指标的数据进行加权平均计算。

目标城市选取了全球30个代表性城市。欧洲选取伦敦、巴黎、斯德哥尔摩、哥本哈根、阿姆斯特丹、柏林、马德里、维也纳、法兰克福、米兰和莫斯科等11个城市。亚洲选取了新加坡、北京、上海、首尔、迪拜、雅加达、香港和孟买9个城市。北美洲选取了纽约、波士顿、旧金山、洛杉矶、芝加哥、墨西哥城和多伦多7个城市。南美洲选取了圣保罗1个城市,非洲和大洋洲分别选取了约翰内斯堡和悉尼。表2-5显示了30个城市数字经济竞争力的整体排名情况。纽约、首尔、伦敦、洛杉矶和波士顿处于领先地位。其中纽约得分最高,首尔、洛杉矶和波士顿进步较大,新加坡和东京的排名下滑。前十名有11个城市,北京排名有所进步,美国城市在前十名中占据了五个席位,保持着较强的竞争力。排名靠后的几个城市均分布在亚非拉等发展中国家,中国两大龙头城市北京、上海分别排名第9和第13位,较2021年有所提升。

表2-5 全球主要城市数字经济竞争力总体排名

排名	城市	经济与基础设施竞争力	数字人才竞争力	数字创新竞争力	总得分	上年排名	国家
1	纽约	93.2	67.5	84.8	81.8	1	美国
2	首尔	79.7	78.2	67.3	75.1	5	韩国
3	伦敦	75.8	70.3	75.7	73.9	2	英国
4	洛杉矶	82.0	63.0	74.1	73.0	8	美国
5	波士顿	80.7	64.1	70.8	71.9	6	美国
6	新加坡	89.5	58.2	66.7	71.5	3	新加坡
7	东京	80.3	55.7	76.8	70.9	4	日本
8	旧金山	84.7	60.8	66.7	70.7	7	美国
9	北京	81.4	52.7	74.8	69.6	12	中国
10	芝加哥	80.7	63.0	62.0	68.6	11	美国
11	香港	86.8	57.5	61.6	68.6	9	中国
12	悉尼	63.6	84.8	54.0	67.5	10	澳大利亚
13	巴黎	82.2	53.5	62.5	66.1	13	法国
14	上海	77.9	50.5	69.8	66.1	14	中国
15	马德里	74.3	57.6	47.9	59.9	18	西班牙
16	多伦多	77.1	48.6	53.3	59.7	15	加拿大

续表

排名	城市	经济与基础设施竞争力	数字人才竞争力	数字创新竞争力	总得分	上年排名	国家
17	阿姆斯特丹	76.6	50.1	50.5	59.1	19	荷兰
18	哥本哈根	81.4	47.1	46.4	58.3	17	丹麦
19	斯德哥尔摩	75.6	46.9	51.3	57.9	16	瑞典
20	莫斯科	52.2	65.8	52.7	56.9	21	俄罗斯
21	维也纳	59.6	63.0	47.3	56.6	20	奥地利
22	柏林	68.1	49.6	50.6	56.1	22	德国
23	法兰克福	68.7	44.0	41.9	51.5	24	德国
24	迪拜	75.9	29.4	44.8	50.0	25	阿联酋
25	米兰	57.6	44.8	46.9	49.8	23	意大利
26	圣保罗	51.6	34.9	38.6	41.7	26	巴西
27	孟买	36.2	29.3	46.1	37.2	28	印度
28	墨西哥城	40.7	26.7	33.8	33.8	27	墨西哥
29	雅加达	40.3	26.5	33.3	33.4	29	印度尼西亚
30	约翰内斯堡	40.1	17.2	33.2	30.2	30	南非

资料来源：全球数字经济城市竞争力发展报告（2022）。

三、全球数字经济企业竞争力比较

数字经济企业简称"数字企业"。根据《数字经济蓝皮书：全球数字竞争力发展报告（2022）》中的定义，数字企业处于与数字技术高度融合的行业，是能够把数字技术与企业生产经营融合在一起、创造竞争力的企业，它们构成当代数字经济发展的基础或主战场，能够反映全球或一国的数字经济发展水平。数字企业遍布国民经济多个行业，不同的机构或组织对此有不同的界定。本书对数字企业的界定主要参照全球上市公司数据库的全球行业分类标准（GICS），归纳为以下几个行业：①软件与服务；②技术硬件与设备；③半导体产品与设备；④消费电子产品；⑤互联网与直销零售；⑥电信业务；⑦公用事业（电力等）；⑧电气设备与机械制造。这些行业集中了大部分的数字企业，很直观地反映了数字技术的进步和数字产业的升级。

根据哈佛大学教授、战略管理专家迈克尔·波特的"钻石五力模型",该报告将企业竞争力定义为"能让企业超越竞争对手、带来竞争优势的能力"。该报告遵循科学性、系统性和可行性的原则,从四个方面构建了全球数字企业竞争力评价指标体系,这个指标体系包括4个一级指标、9个二级指标和15个三级指标(表2-6)。

表2-6 数字企业竞争力评价指标体系

一级指标	权重	二级指标	三级指标
规模竞争力	25%	市场规模	市值
		企业规模	主营业务收入
			净利润
			员工数量
效率竞争力	25%	企业效率	总资产回报率
			净资产回报率
		人员效率	销售利润率
			劳动生产率
创新竞争力	25%	创新规模	研发投入总量
		创新强度	专利总量
			研发投入强度
			研发费用增长率
成长竞争力	25%	营收增长	营业收入增长率
		资产增长	总资产增长率
		销售增长	销售增长率

资料来源:全球数字经济企业竞争力发展报告(2022)。

该报告主要采用综合指数评价和专家咨询相结合的方法。首先将各个企业的三级指标数值进行标准化,消除量纲影响;然后按照一定的权重进行分级加权综合;最后得出各个数字企业竞争力的综合评价指数。考虑到100强都是非常优秀的企业以及数据的可比较性,报告将各指数得分区间调整为60~100分。在权重设置上,采取了专家咨询法。专家的一致意见是从"规模竞争力""效率竞争力""创新竞争力""成长竞争力"四个方面平均分配权重,即各占25%。每个二级指标内的权重分配,除了规模竞争力的两个二级指标(市场规模占40%,企业规模占60%)之外,其他指标均按照平均原则确定。数字企业的样本库主要是基于《财富》五百强、《福布斯》全球上市公司 2 000 强以及欧盟工业研发投资 2500 强。企业的具体指标数据主要来源于全球上市公司数据库（BVD-OSIRIS），非上市公司的数据则来源于其公司年度报告以及其网站公开资料。

按照上述方法，计算得出 2021 年全球数字企业综合竞争力排名一百强，如表 2-7 所示。

表 2-7　2021 年全球数字企业综合竞争力一百强

排名	公司名称	地区	行业	综合竞争力	规模竞争力	效率竞争力	创新竞争力	成长竞争力
1	苹果公司	美国	技术硬件与设备	77.65	91.24	84.51	71.93	62.93
2	微软	美国	软件与服务	76.93	90.41	81.94	71.64	63.74
3	亚马逊	美国	互联网与直销零售	76.39	92.06	74.29	73.89	65.32
4	FORTUM	芬兰	公用事业	74.87	62.09	82.41	61.53	93.44
5	脸书	美国	电信业务	73.89	71.62	82.88	76.94	64.13
6	ALPHABET	美国	电信业务	73.07	73.46	80.47	74.57	63.77
7	三星公司	韩国	技术硬件与设备	72.61	72.34	76.30	78.17	63.62
8	ZOOM 公司	美国	软件与服务	71.51	61.39	77.51	65.20	81.95
9	腾讯	中国	电信业务	70.42	71.61	79.49	65.00	65.57
10	阿里巴巴集团	中国	互联网与直销零售	70.10	71.76	76.38	66.66	65.62
11	英特尔	美国	半导体产品与设备	70.04	66.44	79.23	70.97	63.52
12	任天堂公司	日本	电信业务	70.01	61.98	87.38	66.09	64.58
13	英伟达	美国	半导体产品与设备	69.97	64.49	79.08	69.82	66.49
14	华为	中国	技术硬件与设备	69.72	65.78	74.97	75.62	62.51
15	NETFLIX	美国	电信业务	69.72	63.62	82.65	68.51	64.08
16	富途控股	中国	软件与服务	69.46	60.58	76.16	64.73	76.36
17	思摩尔国际	中国	互联网与直销零售	69.43	61.10	77.88	62.74	75.99
18	DOORDASH	美国	互联网与直销零售	69.25	60.97	70.83	67.47	77.74
19	VERISIGN	美国	软件与服务	69.09	60.87	88.04	64.60	62.84
20	台积电	中国台湾	半导体产品与设备	69.06	68.06	81.67	61.80	64.73
21	SQUARE 公司	美国	软件与服务	68.99	61.54	77.41	67.56	69.47

续表

排名	公司名称	地区	行业	综合竞争力	规模竞争力	效率竞争力	创新竞争力	成长竞争力
22	高通公司	美国	半导体产品与设备	68.99	62.90	79.34	70.25	63.47
23	Lam ResearchCorp.	美国	半导体产品与设备	68.81	62.15	82.83	65.79	64.49
24	甲骨文	美国	软件与服务	68.78	65.41	80.88	65.41	63.44
25	MATCHGROUP	美国	电信业务	68.45	60.87	84.12	64.64	64.19
26	AMD 半导体公司	美国	半导体产品与设备	68.28	62.09	77.44	67.87	65.72
27	德州仪器	美国	半导体产品与设备	68.21	62.93	82.41	64.33	63.15
28	博通	美国	半导体产品与设备	68.19	62.67	76.30	70.33	63.46
29	INTUIT	美国	软件与服务	68.11	62.39	78.74	66.38	64.95
30	思科系统	美国	技术硬件与设备	68.10	65.07	78.09	66.22	63.02
31	东方财富	中国	软件与服务	68.07	60.98	77.41	63.97	69.93
32	ADOBE	美国	软件与服务	68.06	63.63	78.96	65.79	63.87
33	贝宝控股	美国	软件与服务	68.01	64.13	77.22	66.04	64.66
34	威讯通讯	美国	电信业务	67.94	67.37	77.62	63.69	63.10
35	格力电器	中国	消费电子产品	67.92	62.21	75.30	71.37	62.80
36	ARISTANET-WORKS	美国	技术硬件与设备	67.83	60.86	79.50	67.75	63.21
37	拼多多	中国	互联网与直销零售	67.76	60.76	72.82	67.50	69.95
38	小米	中国	技术硬件与设备	67.76	62.48	79.09	64.25	65.20
39	东京电子	日本	半导体产品与设备	67.74	61.68	80.05	65.39	63.83
40	ASML 控股	荷兰	半导体产品与设备	67.70	63.41	78.39	64.28	64.72
41	应用材料	美国	半导体产品与设备	67.68	61.82	79.20	65.75	63.96
42	海力士	韩国	半导体产品与设备	67.67	62.38	77.59	66.56	64.15
43	EBAY	美国	互联网与直销零售	67.61	61.62	80.97	64.65	63.19
44	京东	中国	互联网与直销零售	67.57	66.00	75.26	62.69	66.31
45	动视暴雪	美国	电信业务	67.56	61.63	78.59	65.92	64.12
46	软银集团	日本	电信业务	67.54	67.84	77.09	62.88	62.37
47	唯品会	中国	互联网与直销零售	67.52	61.04	80.80	63.91	64.33
48	特斯拉	美国	消费电子产品	67.39	68.11	73.27	62.82	65.35

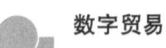

续表

排名	公司名称	地区	行业	综合竞争力	规模竞争力	效率竞争力	创新竞争力	成长竞争力
49	索尼	日本	消费电子产品	67.33	64.72	75.66	65.49	63.44
50	美光科技	美国	半导体产品与设备	67.31	62.44	76.97	65.79	64.04
51	思爱普	德国	软件与服务	67.29	63.77	76.73	65.33	63.34
52	联发科	中国台湾	半导体产品与设备	67.28	61.35	75.8	67.26	64.71
53	中国移动	中国	电信业务	67.25	67.24	74.97	63.19	63.61
54	CDW 公司	美国	技术硬件与设备	67.23	61.16	80.79	63.48	63.50
55	NAVER 公司	韩国	电信业务	67.22	61.15	79.28	63.22	65.23
56	海尔智家	中国	消费电子产品	67.22	61.93	74.13	69.05	63.76
57	神州数码	中国	软件与服务	67.13	60.81	81.97	62.10	63.65
58	埃森哲公司	爱尔兰	软件与服务	67.08	65.99	76.39	62.20	63.75
59	SK 电讯	韩国	电信业务	67.08	61.11	80.55	63.45	63.21
60	韦尔股份	中国	半导体产品与设备	66.99	60.91	77.98	63.37	65.70
61	康卡斯特	美国	电信业务	66.92	66.49	75.29	63.01	62.89
62	NETAPP	美国	技术硬件与设备	66.92	60.91	78.44	64.47	63.85
63	中联重科	中国	电气设备与机械制造	66.88	61.02	75.09	65.62	65.78
64	美的集团	中国	消费电子产品	66.85	63.40	74.85	65.13	64.04
65	鸿海精密	中国台湾	技术硬件与设备	66.81	67.94	72.89	62.80	63.60
66	网易	中国	电信业务	66.76	61.68	76.13	64.25	64.95
67	KEYENCE	日本	技术硬件与设备	66.72	61.96	79.78	62.12	63.02
68	KDDI	日本	电信业务	66.69	62.83	77.93	62.86	63.15
69	SALESFORCE.COM	美国	软件与服务	66.69	63.63	73.99	64.91	64.24
70	德国电信	德国	电信业务	66.68	64.98	74.32	61.25	66.18
71	日立	日本	电气设备与机械制造	66.64	64.38	74.11	64.60	63.45
72	ENEL	意大利	公用事业	66.61	63.61	76.68	63.00	63.17
73	CHECK POINT SOFTWARE TECHNOLOGIES	以色列	软件与服务	66.61	60.85	79.33	63.21	63.05

续表

排名	公司名称	地区	行业	综合竞争力	规模竞争力	效率竞争力	创新竞争力	成长竞争力
74	分众传媒	中国	电信业务	66.58	60.86	79.67	61.96	63.82
75	希捷科技	爱尔兰	技术硬件与设备	66.57	61.22	79.57	62.62	62.86
76	传音控股	中国	技术硬件与设备	66.52	60.88	75.65	63.15	66.40
77	百度	中国	电信业务	66.52	61.84	75.44	65.13	63.66
78	LARGANPRECISION COMPANY	中国台湾	技术硬件与设备	66.51	60.83	79.64	62.20	63.38
79	韩国电力公司	韩国	公用事业	66.51	61.88	79.15	61.67	63.35
80	立讯精密	中国	技术硬件与设备	66.50	62.43	74.49	62.90	66.19
81	日本电信电话公司	日本	电信业务	66.48	65.58	74.82	62.71	62.80
82	爱立信	瑞典	技术硬件与设备	66.47	62.01	75.20	64.94	63.74
83	VMWARE	美国	软件与服务	66.47	61.24	75.65	65.49	63.48
84	印孚瑟斯	印度	软件与服务	66.46	61.91	78.10	61.91	63.91
85	DISH 网络公司	美国	电信业务	66.46	61.12	77.58	63.15	63.98
86	NEXON	日本	电信业务	66.45	60.92	77.80	62.67	64.42
87	沙特电信公司	沙特阿拉伯	电信业务	66.45	61.72	77.64	63.21	63.23
88	AT&T	美国	电信业务	66.41	65.80	73.24	63.98	62.61
89	软银公司	日本	电信业务	66.38	62.59	77.32	61.85	63.76
90	汇川技术	中国	电气设备与机械制造	66.34	60.86	75.60	63.06	65.86
91	海康威视	中国	技术硬件与设备	66.31	61.71	77.11	62.18	64.23
92	浪潮信息	中国	技术硬件与设备	66.27	60.80	76.65	62.62	65.01
93	思佳讯	美国	半导体产品与设备	66.27	60.95	77.60	63.46	63.06
94	联想集团	中国	技术硬件与设备	66.26	62.17	75.77	63.08	64.04
95	IBERDROLA	西班牙	公用事业	66.25	62.73	76.91	62.19	63.19
96	纳斯帕斯	南非	互联网与直销零售	66.24	61.57	80.38	61.04	61.98
97	京东方	中国	技术硬件与设备	66.23	61.28	72.60	66.38	64.65

续表

排名	公司名称	地区	行业	综合竞争力	规模竞争力	效率竞争力	创新竞争力	成长竞争力
98	歌尔股份	中国	技术硬件与设备	66.22	61.28	73.25	63.65	66.72
99	瑞典 RVICE-NOW	美国	软件与服务	66.20	61.74	72.83	65.06	65.18
100	惠普	美国	技术硬件与设备	66.19	62.23	76.74	62.86	62.92

资料来源：全球数字经济企业竞争力发展报告（2022）。

在综合竞争力一百强企业中，苹果公司以综合竞争力得分77.65分排名第1。苹果曾是全球首个市值突破1万亿美元的公司，目前苹果的市值已突破2万亿美元。排在第2名的是微软公司，它也有较强的规模竞争力和效率竞争力，分别得分90.41分和81.94分。排在第3名的是亚马逊公司，其规模竞争力得分较高，为92.06分。受疫情影响，近几年电商行业呈现爆发式增长。2021年亚马逊公司净销售额为4698亿美元。排名第4的是芬兰的FORTUM（富腾公司），其成长竞争力得分突出，达到93.44分，可见该公司成长性良好。排名第5的是脸书公司，2021年10月改名为Meta。脸书公司的效率竞争力得分较高，为82.88分。2021年Meta用户数量持续增长，且用户活跃度不减，可见其效率和成长性都不错。排名第6的是ALPHABET，它是谷歌的控股母公司，谷歌则是其下属全资子公司。ALPHABET在2021年股价全年上涨68%，成为涨幅最大的科技巨头。排名第7的是韩国的三星公司。排在第8~10位的分别是美国的ZOOM公司、中国的腾讯公司以及阿里巴巴集团，中国的华为公司仅排在第14位。在榜单前10名企业当中，有6家是美国企业，有2家是中国企业，另有1家韩国企业和1家芬兰企业。可见，美国企业不仅在百强企业中占据份额的绝对优势，而且在百强企业前10名榜单中也占了绝大多数席位。

四、中国数字经济发展指数分析

党的十八大以来，党中央高度重视发展数字经济，将发展数字经济上升为国家战略。中国数字经济规模已经连续多年位居世界第二。近年来，数字经济、数字技术在国民经济发展方面发挥着越来越重要的作用。因此构建中国数字经济指标体系具有深刻的理论意义和实践价值。本书根据《中国数字经济发展指数报告（2022）》中的核算方法和结果，客观评价中国数字经济的发展水平及其竞争力。

基于数字经济的内涵，融合国家统计局《数字经济及其核心产业统计分类

（2021）》对数字经济的类型划分，综合考虑数字经济代表性和数据的可获得性，中国数字经济发展报告从数字产业化、产业数字化、数字基础设施、数字技术、数字人才五个方面构建了中国数字经济发展指标体系，具体如表2-8所示。

表2-8 数字经济发展指数体系

一级指标	二级指标	三级指标	原始指标
数字经济发展指数	数字产业化	信息产业	国产计算机CPU生产企业数量 国产操作系统生产企业数量 国产数据库管理系统生产企业数量 其他国产基础软硬件生产企业数量 软件行业平均工资软件业务收入
		通信产业	光缆线路长度 移动电话交换机 移动电话普及率 互联网宽带用户数 软硬件企业数量 电信业务总量
	产业数字化	数字化广度	期末计算机台数 域名数 网页数 有电子商务的企业数量 电子商务采购额 电子商务销售额
		数字化深度	数字化第一产业企业数量 数字化第一产业企业占比 数字化第二产业企业数量 数字化第二产业企业占比 数字化第三产业企业数量 数字化第三产业企业占比
	数字基础设施	新基建	超算中心数量 数据中心数量 数据交易所数量
		数据要素	数据要素企业数量 数据要素企业占比
		辅助企业	辅助企业数量 辅助企业占比

续表

一级指标	二级指标	三级指标	原始指标
数字经济发展指数	数字技术	数字科技企业	数字科技企业投入 数字科技企业运营 数字科技企业产出
		数字科技创新	数字科技创新热情 数字科技创新实效
	数字人才	传统数字人才	传统数字人才培养高校数量 传统数字人才培养专业数量
		新兴数字人才	新兴数字人才培养高校数量 新兴数字人才培养专业数量

资料来源：中国数字经济发展报告（2022）。

中国数字经济发展报告部分指标参考了国家统计局《数字经济及其核心产业统计分类（2021）》设计，具体如下：

数字化第一产业企业数量是指经营范围中包含数字化设施种植、数字林业、自动化养殖、其他智慧农业等关键词的企业数量。数字化第二产业企业数量是指经营范围中包含数字化运输设备制造、智能铁路运输、智慧仓储、智慧配送、数字采矿等关键词的企业数量。数字化第三产业企业数量是指经营范围中包含数字资本市场服务、互联网保险、数字化批发、数字化零售等关键词的企业数量。数据要素企业数量是指经营范围中包含互联网、数字内容出版、数字广告、数据资源、数字技术研究和试验发展等关键词的企业数量。辅助企业数量是指经营范围中包含工业机器人制造、工业自动控制系统装置制造、其他智能消费设备制造、计算器及货币专用设备制造等关键词的企业数量。

指标权重的确定有客观赋权法和主观赋权法两大类方法。客观赋权法可排除主观干扰，应用相对广泛。熵权法、标准离差法和CRITIC法是主要的客观赋权法，三种方法均用变量的变异确定权重。CRITIC法考虑了变量之间的冲突，确定的权重更为精准，为此报告在对各指数数据进行标准化的基础上，选择CRITIC法确定指标权重。报告数据来源于国家统计局、教育部和中国证券投资基金业协会、智慧芽、企业预警通。基于上述设计评价，中国数字经济发展指数的具体情况如图2-1所示。

2013—2021年，中国数字经济发展指数呈快速发展增长态势。以2013年为基准1 000进行标准化，2021年中国数字经济发展指数增长至5 610.60，八年间增长了 4.61 倍，年复合增长率为 24.06%。同期 GDP 指数增长了 64.27%，年复合增长率 6.4%；人均 GDP 指数增长了 58.55%，年复合增长率 5.93%。经检验，数字经济发展指数表现出与 GDP 指数、人均 GDP 指数具有高度相关性。

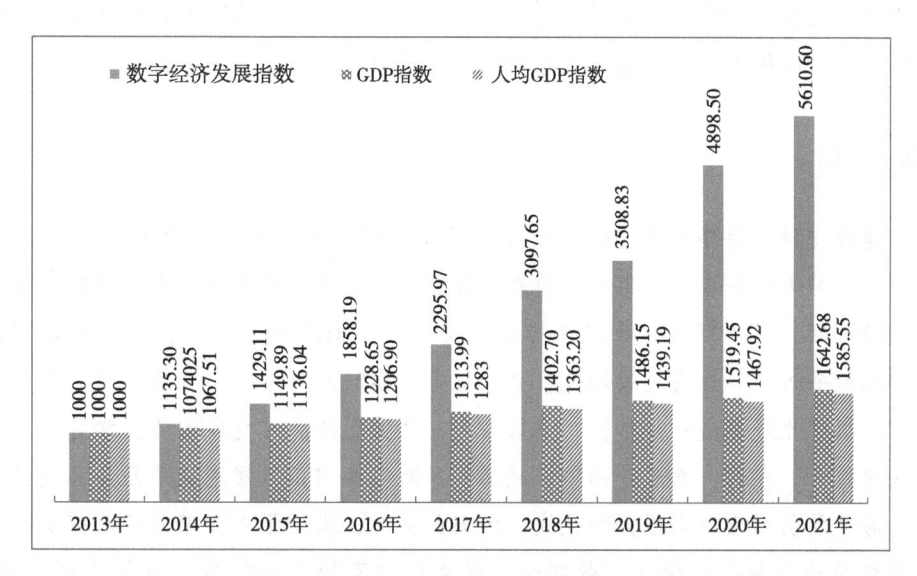

图 2-1　2013—2021 年中国（不含港澳台）数字经济发展指数、GDP 指数及人均 GDP 指数

资料来源：中国数字经济发展报告（2022）。

中国数字经济能高速增长，原因众多。国家层面的数字经济政策是重要原因之一。2005 年国务院办公厅发布《关于加快电子商务发展的若干意见》，规范电子商务发展。2015 年中国提出"国家大数据战略"。2017 年"数字经济"一词首次出现在《政府工作报告》中。此后，有关数字经济发展的相关政策不断深化和落地。2021 年，数字经济政策持续发力，《中华人民共和国国民经济和社会发展第十四个五年规划和 2035 年远景目标纲要》和《"十四五"数字经济发展规划》均在大力推动数字经济的发展。2023 年《政府工作报告》也提出要大力发展数字经济，提升常态化监管水平，支持平台经济发展。

在政策的不断发力和大力扶持下，未来几年，中国数字经济会得到进一步发展。首先，数字经济政策仍将不断出台。目前，数字经济已经被纳入国家"十四五"规划，各地区也纷纷出台政策支持本地数字经济的发展，产业数字化是数字经济发展的主战场，未来几年，各地区还可能针对产业数字化出台更加精准的支持政策。其次，信息技术应用创新（以下简称"信创"）产业将继续扮演数字产业化的重要角色。近年来，信创一直是数字产业化的热门话题，随着中国数字经济的深入发展，国产核心软硬件的重要性将更加突出，信创产业将继续在数字产业化领域扮演重要角色。最后，数字人才培养必将受到更多重视。数字人才是数字经济发展的关键，2013—2021年全国数字人才指数增长了5.44倍。不管是在中国还是放眼全球，数字经济还处于早期发展阶段，对数字人才的需求仍将持续增长。可以预见，未来数字人才培养会得到更多支持。

案 例

跨境支付、海外留学、通信服务、环境工程……在我们生活当中，"无形"的服务贸易无处不在。近年来，随着大数据、云计算、物联网和人工智能等技术的加速创新，服务贸易的数字化转型步伐加快。2023年上半年，我国可数字化交付的服务进出口规模继续增长，高出服务进出口总体增速为3.8个百分点。服务贸易数字化进程进一步加快。不仅如此，我国服务贸易发展的质量和竞争力也进一步提升。当前，随着外部需求减弱、风险挑战增多、规则竞争凸显，我国服务贸易发展仍面临一定压力和挑战。但与此同时，我国服务业基础不断夯实，服务领域对外开放持续深化，数字化、绿色化"双轮驱动"服务贸易创新发展，有利因素在不断积累[①]。

根据上述资料，试分析我国服务贸易数字化发展面临的挑战和压力主要有哪些？发展的前景如何？

小 结

国际贸易的发展经历了传统贸易、电子商务、跨境电商三个阶段，随着数字技术的不断创新和飞速发展，国际贸易进入数字贸易发展阶段，数字贸易将对国际贸易格局产生深远影响。抓住数字贸易发展机遇，提高国际地位成为世界各国关注的焦点。近年来，数字经济在我国国民经济的发展方面也发挥着越来越重要的作用。中国数字经济发展指数呈快速发展增长态势，在政策的不断发力和大力扶持下，未来几年，中国数字经济还将持续快速发展。

习 题

1. 中国跨境电子商务发展的主要特点是什么？发展过程中面临的主要问题

---

① https://finance.sina.com.cn/jjxw/2023-08-22/doc-imzhzexp1991954.shtml? cref=cj.

是什么？

2. 全球跨境电子商务发展会有怎样的新趋势？

3. 中国数字经济发展在全球数字经济发展中的优势和劣势分别是什么？

4. SHEIN 是一家国际 B2C 快时尚电子商务公司，主要经营女装，但也提供男装、童装、饰品、鞋、包等时尚用品。根据胡润研究院发布的《2022 年中全球独角兽榜》，来自广州的 SHEIN 以 4 000 亿元人民币成为全球第五大独角兽企业。请通过查阅相关资料，总结该企业是如何抓住数字贸易发展的黄金机遇，实现快速发展的。

第三章
数字技术与数字贸易

数字技术是信息技术的核心，它已经深入到社会的各个领域，对我们的工作和学习产生了深远的影响。数字技术的发展历程是一个从小到大、从简单到复杂的过程。习近平总书记指出，"数字技术正以新理念、新业态、新模式全面融入人类经济、政治、文化、社会、生态文明建设各领域和全过程，给人类生产生活带来广泛而深刻的影响"。数字技术已成为新一轮科技革命的主导技术，并赋予了生产力新的内涵，新质生产力这一概念就反映了新一轮技术创新引领经济社会变革与发展的趋势[1]。

本章第一节详细阐述数字技术的发展历程，探讨数字技术对社会、经济和科学等方面的影响，并展望其未来发展趋势。随着数字技术的飞速发展，数字贸易也逐渐成为全球贸易领域的重要力量，数字技术和数字贸易之间的关系日益密切，相互促进，共同推动着全球经济的发展。本章第二节将深入探讨数字技术与数字贸易的关系。

第一节 信息技术和服务

一、信息技术的含义及特征

（一）信息技术的含义

根据 MBA 智库的定义，信息技术是指在信息科学的基本原理和方法的指导

---

[1] 戚聿东，徐凯歌．加强数字技术创新与应用 加快发展新质生产力．求是网 http：//www. qstheory. cn/qshyjx/2023-10/08/c_1129904171. htm.

下扩展人类信息功能的技术。一般来说，信息技术是以电子计算机和现代通信为主要手段实现信息的获取、加工、传递和利用等功能的技术总和。人的信息功能包括感觉器官承担的信息获取功能、神经网络承担的信息传递功能、思维器官承担的信息认知功能和信息再生功能，以及效应器官承担的信息执行功能。

人们对信息技术的定义，根据其使用的目的、范围、层次不同而有不同的表述：

（1）信息技术就是获取、存储、传递、处理分析以及使信息标准化的技术。

（2）信息技术包含通信、计算机与计算机语言、计算机游戏、电子技术、光纤技术等。

（3）现代信息技术以计算机技术、微电子技术和通信技术为特征。

（4）信息技术是指在计算机和通信技术支持下用以获取、加工、存储、变换、显示和传输文字、数值、图像以及声音信息，包括提供设备和提供信息服务两大方面的方法与设备的总称。

（5）信息技术是人类在生产斗争和科学实验中认识自然和改造自然过程中所积累起来的获取信息、传递信息、存储信息、处理信息以及使信息标准化的经验、知识、技能和体现这些经验、知识、技能的劳动资料有目的的结合过程。

（6）信息技术是管理、开发和利用信息资源的有关方法、手段与操作程序的总称。

（7）信息技术是指能够扩展人类信息器官功能的一类技术的总称。

（8）信息技术指应用在信息加工和处理中的科学、技术与工程的训练方法和管理技巧；上述方法和技巧的应用；计算机及其与人、机的相互作用，与人相应的社会、经济和文化等诸多事物。

（9）信息技术包括信息传递过程中的各个方面，即信息的产生、收集、交换、存储、传输、显示、识别、提取、控制、加工和利用等技术。

（二）信息技术的分类

1. 按表现形态分类

信息技术可分为硬技术（物化技术）与软技术（非物化技术）。前者指各种信息设备及其功能，如显微镜、电话机、通信卫星、多媒体电脑。后者指有关信息获取与处理的各种知识、方法与技能，如语言文字技术、数据统计分析技术、规划决策技术、计算机软件技术等。

2. 按工作流程中基本环节分类

信息技术可分为信息获取技术（对各种信息进行测量、存储、感知和采集的技术，特别是直接获取重要信息的技术）、信息传递技术（通过传输媒介实现信息转移的一种技术）、信息存储技术（将获得的或加工后的信息保存起来，以备将来应用）、信息加工技术（对信息进行描述、分类、排序、转换、浓缩、扩充、创新等的技术）及信息标准化技术（指提高信息交换共享能力，使信息的获取、传递、存储、加工各个环节有机衔接的技术）。

信息获取技术包括对信息的搜索、感知、接收、过滤等，如显微镜、望远镜、气象卫星、温度计、钟表、Internet搜索器中的技术等。信息传递技术指跨越空间共享信息的技术，又可分为不同类型，如单向传递与双向传递技术，单通道传递、多通道传递与广播传递技术。信息存储技术指跨越时间保存信息的技术，如照相术、录像术、录音术、缩微术、磁盘术、光盘术等。信息加工技术是对信息进行描述、分类、排序、转换、浓缩、扩充、创新等的技术。信息加工技术的发展已有两次突破：从人脑信息加工到使用机械设备（如算盘、标尺等）进行信息加工，再发展为使用电子计算机与网络进行信息加工。信息标准化技术是指使信息的获取、传递、存储、加工各环节有机衔接，与提高信息交换共享能力的技术，如信息管理标准、字符编码标准、语言文字的规范化等。

3. 按使用的信息设备分类

在日常使用中，根据使用的信息设备不同，把信息技术分为电话技术、电报技术、广播技术、电视技术、复印技术、缩微技术、卫星技术、计算机技术、网络技术等。也有人根据信息的传播模式，将信息技术分为传者信息处理技术、信息通道技术、受者信息处理技术、信息抗干扰技术等。

4. 按技术的功能层次分类

可将信息技术体系分为基础层次的信息技术（如新材料技术、新能源技术），支撑层次的信息技术（如机械技术、电子技术、激光技术、生物技术、空间技术等），主体层次的信息技术（如传感技术、通信技术、计算机技术、控制技术），应用层次的信息技术（如文化教育、商业贸易、工农业生产、社会管理中用以提高效率和效益的各种自动化、智能化、信息化应用软件与设备）。

传感技术、通信技术、计算机技术和控制技术是信息技术的四大基本技术，其主要支柱是通信技术、计算机技术和控制技术，即"3C"技术。信息技术是实现信息化的核心手段。信息技术是一门多学科交叉综合的技术，计算机技术、通信技术和多媒体技术、网络技术互相渗透、互相作用、互相融合，将形成以智能多媒体信息服务为特征的时空的大规模信息网。信息科学、生命科学和材料科学一起构成了当代三种前沿科学,信息技术是当代世界范围内新的技术革命的核心。信息科学和技术是现代科学技术的先导,是人类进行高效率、高效益、高速度社会活动的理论、方法与技术,是国家现代化的一个重要标志[1]。

(三) 信息技术的特征

1. 高速化

计算机和通信的发展追求的是高速度、大容量。例如,每秒能运算千万次的计算机已经进入了普通家庭。在现代技术中,迫切需要解决的信息技术高速化的问题是在宽带"瓶颈"上取得突破,加快建设具有大容量、高速率、智能化及多媒体等基本特征的新一代高速带宽信息网络,发展深亚微米集成电路、高性能计算机等。

2. 网络化

信息网络分为电信网、广电网和计算机网。三者有各自的形成过程,其服务对象、发展模式和功能等有所交叉,又互为补充。信息网络的发展异常迅速。从局域网到广域网,再到国际互联网及有"信息高速公路"之称的高速信息传输网络,计算机网络在现代信息社会中扮演了重要的角色。

3. 数字化

数字化就是将信息用电磁介质或半导体存储器按二进制编码的方法加以处理和传输。在信息处理和传输领域,广泛采用的只用 0 和 1 两个基本符号组成的二进制编码,二进制数字信号是现实世界中最容易被表达、物理状态最稳定的信号。

4. 个人化

信息技术将实现以个人为目标的通信方式,充分体现可移动性和全球性。实现个人化通信需要全球性的、大规模的网络容量和智能化的网络功能。

5. 智能化

在面向 21 世纪的技术变革中,信息技术的发展方向之一将是智能化。智能化的应用体现在利用计算机模拟人的智能,例如机器人、医疗诊断专家系统及推理证明等方面。例如,智能化的 CAI 教学软件、自动考核与评价系统、视听教学媒体以及仿真试验等[2]。

---

[1] https://wiki.mbalib.com/wiki/%E4%BF%A1%E6%81%AF%E6%8A%80%E6%9C%AF.

[2] https://wiki.mbalib.com/wiki/%E4%BF%A1%E6%81%AF%E6%8A%80%E6%9C%AF.

二、信息技术的功能和影响

（一）信息技术的功能

信息技术的功能是多方面的，从宏观上看，主要体现在以下几个方面。

1. 辅人功能

信息技术能够提高或增强人们的信息获取、存储、处理、传输和控制能力，使人们的素质、生产技能管理水平与决策能力得到提升。

2. 开发功能

利用信息技术能够充分开发信息资源，它的应用不仅推动了科技文献大规模的生产，而且大大加快了信息的传递速度。

3. 协同功能

人们通过信息技术的应用，可以共享资源、协同工作，如电子商务和远程教育等。

4. 增效功能

信息技术的应用使得现代社会的生产效率和经济效益大大提高。例如，通过卫星照相、遥感遥测，人们可以更快地获得地理信息。

5. 先导功能

信息技术是现代文明的技术基础，是高技术群体发展的核心，也是信息化、信息社会、信息产业的关键，它推动了世界性的新技术革命。大力普及与应用新技术可实现对整个国民经济技术基础的改造，优先发展信息产业可带动各行各业的发展[1]。

（二）信息技术的影响

信息技术对人类社会的影响主要体现在以下几个方面。

1. 对经济的影响

信息技术有助于个人和社会更好地利用资源，使其充分发挥潜力，缩小国际社会中的信息与知识差距；有助于减少物质资源和能源的消耗；有助于提高劳动生产率，增加产品知识含量，降低生产成本，提高竞争力；提高国民经济宏观调控管理水平、经济运行质量和经济效益。

2. 对教育的影响

随着科学技术的飞速发展、素质教育的全面实施和教育信息化的快速推进，

---

[1] https://wiki.mbalib.com/wiki/%E4%BF%A1%E6%81%AF%E6%8A%80%E6%9C%AF.

信息技术已逐渐成为服务于教育事业的一项重要技术。信息技术有助于教学手段的改革，如实施电化教学和远程教育等。信息技术能够打破时间和空间的限制，使教育向学习者全面开放并实现资源共享，大大提高学习者的积极性、主动性和创造性。

3. 对管理的影响

信息技术有助于更新管理理念、改变管理组织，使管理结构由金字塔变为矩阵型；有助于完善管理方法，以适应虚拟办公、电子商务等新的运作方式。例如，政府通过网络互联逐渐建立网络政府，开启了政府管理的全新时代，树立了各级政府的高效办公、透明管理的新时代形象，同时为广大人民群众提供了极大的便利。进入20世纪90年代后，美、日、欧盟等纷纷制定了自己的信息基础设施发展计划，即信息高速公路计划，并投入了巨额资金。新兴工业化国家和地区也不甘落后，投入大量资金发展网络技术和通信技术。例如，新加坡政府决定投资12.5亿美元开发和兴建信息工程，以便把新加坡建成亚洲的"智能岛"。企业通过内外网络的建设，大力发展电子商务，充分利用政府管理及市场两方面的信息资源，促进虚拟企业的成长，实现企业经营方式的革命性转变。

4. 对科研的影响

应用信息技术有助于科学研究前期工作的顺利开展，有助于提高科研工作效率，有助于科学研究成果的及时发表。

5. 对文化的影响

信息技术促进了不同国家、不同民族之间的文化交流与学习，使文化更加开放化和大众化。

6. 对生活的影响

信息技术给人们的生活带来了巨大的变化，电脑、因特网、信息高速公路、纳米技术等在生产活动中的广泛应用，使人类社会向着个性化、休闲化方向发展。在信息社会里，人们的行为方式、思维方式甚至社会形态都发生了显著的变化。例如，"虚拟社会""虚拟演播室"等诸多社会现象将给思想家、哲学家提出新的理论挑战，并将不断促进人类在思想方面产生新的见解。

三、信息技术的发展历程和新趋势

（一）信息技术的发展历程

信息技术的发展经历了一个漫长的时期，大致可以按以下三个模块来进行阐述，一是计算机通信技术，二是微电子技术，三是网络技术。

1. 第一阶段：从通信技术到计算机通信技术的发展阶段

通信技术和计算机技术起步较早，萌芽于19世纪上半叶，当时美国的莫尔斯发明了电报，成为通信技术的开山鼻祖。20世纪下半叶初期，美国人成功研制出世界上第一部程控交换机。随着数字程控交换机的应用和推广，通信技术开始向着数字化的方向发展。之后，人类成功开拓了卫星通信技术领域，进一步拓展了通信技术的应用领域。到了1946年，美国宾夕法尼亚大学成功研制出世界上第一台计算机设备，意味着计算机通信技术的问世。当然，这部名为"埃尼阿克"的计算机有着庞大而笨重的外形和居高不下的功率能耗。随着计算机集成电路的发展和软件技术的进步，计算机设备的存储容量、运算速度以及数据处理能力都不断提高，计算机的功能也从最初单一计算功能演变为具备数字处理、语言文字、图像视频等多种信息处理功能，计算机的应用范围也涵盖了社会的方方面面。

2. 第二阶段：从晶体管到以集成电路为基础的微电子技术的发展阶段

微电子技术始于晶体管的问世：人类于1948年发明了第一个晶体管，又于1958年研制出第一块集成电路，短短十年时间，便引发了一场波及全球的微电子技术革命。微电子技术能够将日益复杂的电子信息系统集成在一个小小的硅片上，使电子设备向着微型化发展，使计算机系统的能耗越来越低。微电子技术促进集成电路的发展，中、小规模集成电路逐步发展为大规模集成电路和超大规模集成电路，同时让每一个集成电路芯片上所能集成的电子器件越来越多，而集成电路的整体价格却保持不变或者下降，从而带动以集成电路为基础的微电子信息技术的迅速发展。

3. 第三阶段：网络技术发展阶段

美国在1969年成功建成了ARPANET网络，这是世界上首个采用分组交换技术组建的计算机网络，也是今天计算机因特网的前身。到了1986年，美国又成功建成了国家科学基金网NSFNET，并于1991年促成因特网进入商业应用领域，从而使得互联网得到了飞跃性的发展，给整个信息技术产业以及人类社会的进步带来了重大影响。随后，网络技术经历了电子会议、网络传真到网络电话、网络冲浪到网络购物等一系列的变革，为个人和企业参与全球范围的竞争提供了有利条件，带动了一大批互联网新兴服务行业的崛起和发展[1]。

---

[1] 赵中绵. 浅谈信息技术的发展及运用[J]. 中国科技信息，2014（9）：125-126.

（二）信息技术的发展新趋势

在当前互联网时代背景下，信息技术的快速发展已成为推动社会进步的关键力量。信息技术发展正呈现以下新趋势：

（1）高速化与大容量：信息技术正朝着处理速度更快、存储容量更大的方向发展。无论是网络通信还是数据处理，都在追求更高的效率和更大的空间，以应对日益增长的数据量。

（2）集成化：信息技术的业务和服务正在实现更深层次的融合。网络、软件、硬件等不同层面的技术相互结合，为用户提供一站式的解决方案。

（3）智能化：随着人工智能技术的发展，信息技术正变得更加智能。智能算法和机器学习正在被广泛应用于数据分析、预测和自动化决策过程中。

（4）个性化与移动化：信息技术正变得更加个性化，满足用户随时随地接入网络、获取信息和服务的需求。移动设备和云服务的发展让用户能够在全球任何角落享受到定制化的信息服务。

（5）互联化：物联网技术的发展使得更多的设备和系统能够相互连接和交流。这种互联互通不仅提高了效率，也为智能城市和智能家居等新兴领域的发展奠定了基础。

（6）安全性：随着信息技术的普及，数据安全和隐私保护成为了重要议题。加密技术、网络安全协议和法规正在不断完善，以应对日益复杂的网络安全挑战。

（7）可持续性：信息技术的发展也越来越注重环境影响和能源效率。绿色计算和节能技术被广泛应用于减少能耗和碳足迹，推动可持续发展。

四、信息技术的应用及信息服务的发展

信息技术提供的信息服务在企业管理中主要应用于以下五大领域：

（1）策略咨询系统。策略咨询系统是指能支持或改变企业竞争策略的信息系统。支持或改变企业竞争策略可从内、外两个方面着手。对外，如向顾客或供货商提供新产品或者服务；对内，如提高员工生产力，整合企业内部作业流程等。策略咨询系统能透过信息系统而创造公司的策略性优势。

（2）办公自动化。办公自动化是指办公人员利用现代科学技术的最新成果，借助先进的办公设备，实现办公活动科学化、自动化，其目的是通过实现办公处理业务的自动化，最大限度地提高办公效率，改进办公质量，改善办公环境和条

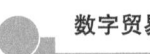

件，辅助决策，减少或避免各种差错，缩短办公流程，并用先进的管理方法，借助各种先进技术，提高管理和决策的科学化水平。借助信息技术，通过电子邮件可以有效提高企业日常管理的自动化处理水平，从而达到"无纸化"的境界。

（3）生产自动化。生产自动化即产品开发、制造和经营的全过程借助信息技术和服务实现电脑化。强化物料管理，有效执行操作控制自动化系统，并保证产品质量体系的完善。

（4）电讯与配销系统。通过高速及宽频的电讯传输系统，提高配销资料处理效率，目前最普遍使用的系统就是实时销售 POS 系统和电子数据交换 EDI 系统。

（5）人工智慧系统。以精密、高速的电脑为基础，开发能模拟人类智慧的系统，使用此系统可以解决复杂而没有固定模式的问题并做出相关决策[1]。

信息技术的发展及其在企业管理中的应用，使得西方发达国家流行了一百多年的企业管理模式正在面临或者已经发生了彻底的改变。在新型的管理模式中，信息是管理的核心，获取信息的方式是决定管理组织形式的重要因素之一。所以在基于知识和信息的全球化信息经济中，企业管理离不开信息技术的支持。网络化的信息技术，使企业内部信息传递环节减少，速度加快，能对内外环境做出快速反应。

总之，随着信息技术的不断发展，信息服务对企业的影响体现在多个方面。首先，降低了企业的成本。现今世界上广泛使用的 POS 系统、EDI 系统等，不仅能确保工作的准确性和及时性，而且能改善产品库存，而制造业普遍使用的 MRP—Ⅱ系统能合理安排生产，提高零部件配套率，缩短生产周期，加速资金周转。其次，缩短新产品的开发周期。如在汽车制造业中，日本和美国由于运用了 CAD 设计新车型，将原来的开发周期由 5 年缩短至 1 年，效率之高显而易见。再次，提高产品和服务的差异化。企业运用信息技术进行产品服务的创新，一般是不容易被同行效仿的，从而提高了产品服务的差异化，提升了竞争优势。最后，信息服务还提高了转换成本，改善了企业与客户、供应商的关系。信息技术的引入和应用，使得企业能在同行中做到"人无我有，人有我优"，不仅能锁定原有市场，还能不断吸引新客户、开拓新市场[2]。

---

[1] 邓英欣，张洪铭．信息技术发展对企业信息管理的影响［J］．企业导报，2011（4）：195.
[2] https://wiki.mbalib.com/wiki/%E4%BF%A1%E6%81%AF%E6%8A%80%E6%9C%AF.

第二节　移动通信技术服务的演进

"1946 年，美国电话电报公司（AT&T）开发出的无线电话是无线通信技术历史上重要的里程碑。"自此，无线通信技术得到长足的发展。从消费者的角度来看，最初的 1G 和 2G 无线网络为用户提供了基础的通信能力。而 3G 和 4G 无线网络，为用户提供了更多的移动业务和更高的宽带体验。1G 到 3G 的范式演进是在克服技术局限性的基础上，不断满足便捷、快速的移动交流需求。从 3G 到 4G，再到现在的 5G，这两阶段的技术进步是根植于技术融合与需求拓展背景下的技术推动作用。特别是现在的 5G 无线网络有望广泛提升用户体验，融合新技术，全方面满足用户在新时代背景下不断提升网速的需求。

一、1G 模拟技术时代

1G 是世界上最初的模拟、仅限语音传输的蜂窝电话标准。1G 时代开始到来的标志是 1876 年 2 月 14 日，美国的贝尔发明了电话并在美国专利局申请电话专利权。1G 技术最开始主要是摩托罗拉公司应用于军事通信方面而发明的，比如，在 1940 年就出现了战地移动通信电话，在 1960 年的 SCR－300，直到 1980 年出现了我们众所周知的 1G 技术产品——大哥大，大哥大也是摩托罗拉公司旗下的产品。1G 时代只有 A 网与 B 网，这两者之后的主宰分别是爱立信和摩托罗拉，这二者占了 1G 产品的半壁江山。1G 技术大部分给人留下的是它的缺点：保密性差、成本高、频率使用资源低等。1G 产品采用的是特高频，运行于 0.3~3GHz 的频率，是一种分米波。国际上许多国家都采用这一频率，一个频率中许多国家占用，很少的资源会被利用到，速度也就越来越慢。通过无线电波传输的方式进行声音传播，易被窃听，安全性低，几乎只要你想就能窃取别人的隐私。1G 宽带比较窄，无线电波虽然传播远，但是仅局限于一个区域，不可以长途漫游。1987 年，中国才刚刚踏入 1G 时代，即大哥大进入中国，比其他国家晚一步。

二、2G 数字通信技术时代

1G 技术越来越不能满足人们的需求，由此 2G 开始进入我们的生活里。美国专注于研发 CDMA 技术，为什么呢？在所有的国家中使用 TDMA 的时候，在只靠压缩其带宽的时候,很多人对其弊端已经极不满意。因为 CDMA 比 TDMA 有更多好的资源可利用,它的容量更大,频率可利用率高,抗干扰能力也更强大。这就是为什么 2G 比 1G 有更强大的保密性、更多的兼容量。在这场争夺 2G 技术的时代中,芬兰的诺基亚公司抢先夺下这一块巨大的蛋糕。诺基亚 7110 的发布,可以说标志着手机上网时代的来临,这款手机不仅可以进行简单的文字传输,还可以玩手机小游戏、浏览网页等。这样,诺基亚产品占据了 2G 时代。1994 年中国联通建立起来了,但直至 1995 年,中国才算是真正进入了 2G 时代,由此 BB 机进入人们的生活。

三、3G 图文技术时代

FDMA 技术逐渐显露出其局限性,这促使一些通信运营商开始探索 3G 技术。3G 技术寻求利用新的频率资源,并在这些频率上制定新的通信标准,同时致力于提高数据传输效率。CDMA 技术因此得到了重新关注,它以其丰富的频率资源、高利用率、大容量和高质量的通信而著称。3G 技术标志着移动通信技术的一个重大转折点。与 1G 和 2G 时代的技术相比,3G 技术不仅支持国际标准,还允许用户进行长途漫游,具备更大的网络容量、高效的服务功能和严密的保密措施,为移动通信技术开启了一个新时代。

在 3G 时代,日本是最早起步的国家之一,于 2000 年颁发了 3G 牌照。这个时代见证了苹果、三星等智能手机的诞生,以及平板电脑等移动设备的流行,这些设备极大地改变了人们的日常生活。2008 年,美国苹果公司的联合创始人史蒂夫·乔布斯发布了革命性的 iPhone,这是第一部支持 3G 网络的手机。它不仅能够进行移动通话,还能发送文字、图片和彩信,甚至允许用户浏览互联网上的基本网页。

2009 年,中国正式颁发 3G 牌照,将牌照授予了中国移动、中国联通和中国电信三大运营商。在 3G 国际标准的制定过程中,中国积极发声,提出了具有里程碑意义的 TD-SCDMA 标准。这一标准由中国移动自主研发,尽管存在一些劣势,但它标志着中国成为全球通信领域的重要推动者。然而,中国的 3G 发展并没有达到世界领先水平,未能成为 3G 时代的主导者。自 3G 时代起,公众开始广泛接触 3G 设备,并享受到了 3G 技术带来的便利。3G 设备的普及推动了移动宽带和数字网络的发展,使网络连接更加便捷,极大地方便了人们的日常生活。

四、4G 视频技术时代

3G 技术尚未完全普及之时，4G 技术的研发已在紧锣密鼓地进行。相较于 3G 技术，4G 技术取得了显著进步：它提供了更快的网络速度、更高质量的通信、更高的智能化水平以及更灵活的使用体验，同时成本也相对降低，这些优势极大地提升了人们对高速网络的需求并实现了其价值。2011 年，韩国率先部署了 4G 网络，走在了全球前列。然而，尽管 4G 基站覆盖广泛，基本满足了人们的需求，但随着许多国家转向使用高频段，类似于高速公路上车辆过多导致拥堵，这也限制了频率资源的有效利用。在 4G 技术的推广过程中，美国凭借其在计算机革命中的领先地位，继续在 4G 领域保持领先。

2013 年底，中国移动、中国联通、中国电信获得了 4G 牌照，标志着中国正式迈入了 4G 时代。

五、5G 物联网时代

5G 技术是在 2G、3G 和 4G 之后通信领域的又一次重大飞跃。5G 技术的性能目标包括实现超高的数据传输速度（峰值速度可达 20Gbps，平均速度约为 4G 的 10 倍）、超低的网络延迟（4G 的延迟约为 50 毫秒，而 5G 的目标是降低到 1 毫秒）、广泛的设备连接能力（4G 可支持每平方公里 1 万个设备连接，5G 则可达到 100 万个）、以及降低设备功耗等。5G 技术还旨在减轻基站的负担，提高资源利用效率，并降低运营成本。5G 技术的引入将在一定程度上缓解人们对美好生活需要与当前发展不平衡、不充分之间的矛盾。然而，要彻底解决这一社会矛盾，还需要从多方面综合施策和努力。

（一）5G 的特点

4G 技术传输视频的缺点是网速慢、网络卡等，5G 技术的到来极大地改善了这个问题，满足了人们各方面的大数据运输需求（峰值 4.5Gbps，均值为 1.4Gps）。4G 延时高，在人潮拥挤的情况下，手机基本用不了。5G 延时低，基本上为 1 毫秒。5G 的超低延时提高了手机的使用速率，更好地满足了需求。5G 技术拥有网络容量超级大，足以容纳上千万、上亿万的设备，甚至可以面对面传输，满足了物联网的通信。频谱采用极高频，波段为毫米波，波长较短，比分米波速率高几倍；具有移动性，极大地满足了用户各种需求。5G 技术每一平方公里就有一百万个端（端即传感器），比 4G 技术每一平方公里只有一万个端多了一百倍。

(二) 5G 技术的关键要素

（1）超高频。相较之前的低频、高频等，5G 运用超高频，频率为 30～300GHz，波段为移动毫米波。现如今世界的频谱资源拥挤，超高频的频谱资源丰富，极大地解决了人们使用频谱的需求，解决了移动数据流量增多、密度变大的问题。超高频将会是未来 5G 发展的核心技术之一。

（2）设备到设备通信技术（Device-to-Device，D2D）。D2D 不需要经过基站这一中介运输，是一种在基站允许的情况下的短距离运输，因为距离短可直接运输而且质量高，D2D 具有数据运输速率高、时延低和功耗低等优点。面对面可以高效地利用频谱，面对面运输提高了网络的灵活性和网络的可靠性。基站因为其不能移动的缺点，导致灵活度低，D2D 将极大地改善这一缺点。这样可以减少基站压力，节约空中资源。

（3）微基站。5G 的基站小，不再是以前巨大的基站。但是其网络密度会增大，因为其波长短，所以 1~300 米大概就需要安装一个。5G 基站的维修成本会减低，工人的人身安全得到保障。

（4）同时同频双全工技术。实现全双工技术，就好像在高速公路上，来的来，去的去，互不干扰彼此。与之前的 TDD 和 FDD 双工相比较，效率可以提高 1 倍，提高资源使用率。同时 5G 技术的抗干扰能力也得到极大的提高，解决了同频干扰这一问题。

（5）阵列天线。5G 技术将采用 128 根阵列天线，可以有效地辐射和接受无线电波，无线电传播将会得到巨大的提高。运输效率提高，人们的生活得到极大的便利。阵列天线将会极大地提高人们的通信环境，给人们的通信质量带来极大的影响。

（6）波束赋形。目前世界上的 5G 天线的主流技术仍是 8T8R，但是中国华为已经将其技术推到了 64T64R。华为的技术突破，为我国 5G 技术的发展打下了坚实的基础。

（7）自组织网络。在传统的移动通信网络之中，我们要消耗大量的人力资源和运行成本来完成网络部署和运维，尽管这样优化网络，但效果还是很不理想。5G 网络出现后，网络中的无线接入技术、网络的关系等错综复杂，将会面临巨大的挑战。5G 的发展必须解决的一个问题就是自组织问题。走向 5G 时代，我们还有很大的攻坚战要打。

（三）5G 技术的发展

5G 技术会给人类生活的一点一滴都带来巨大改变，它将引领一场新的革命。中国超越美国在 5G 产业上取得巨大成果，处于世界第一，这将会对世界格局有所影响。当前中国面临的是移动毫米波的覆盖、干扰等问题，我们应该报有持之以恒的心态，抓紧研究5G技术的各方面的应用问题。

（1）技术方面。5G较之前的4G、3G等，拥有更多的全新技术、更多的优点。5G技术提供了更快的网络数据传输速率，与4G相比，5G的峰值速度提高了100倍，达到了10Gbps，这意味着5G可以更快地传输大量数据，从而加快了互联网连接速度和响应时间。此外，5G技术还具有更低的延迟、更大的网络容量、更多的设备连接数、更高的安全性和隐私保护等诸多优点。这些都将更好地支持智能家居、智能制造和智慧城市等应用，更好地满足现代社会和产业的新发展需要。

（2）运营商方面。中国虽然在5G技术上小有成就，但未来还有很长的路要走。5G技术已经开始在中国城市试点运营了，运营商也积极参与5G基站的建立。在5G基站的建立上，运营商都是以NSA为第一步，它们之间的竞争将会给以用户为核心的环境带来巨大的好处，降低了大量的成本，同时减少了用户的费用。

（3）终端方面。华为推出第一款5G手机，更多的手机品牌也在积极研发并推出各自的5G手机。5G将会颠覆产业结构。5G将会倾尽全力在VR方面有所建树。它将会应用在各个行业之中，增强人们生活的体验感，以后躺在床上，任何东西都可以唾手可得。

六、展望未来6G

5G技术已经真正融入我们的日常生活。与此同时，中国已经开始着手进行6G技术的研发，并成立了专门的推进工作组和总体专家组。通信技术的持续迭代和创新是确保未来在全球通信领域拥有话语权的关键。中国正致力于推动6G技术的发展，旨在为全人类的福祉做出贡献。6G技术预计将引入包括太赫兹频段和空间复用技术在内的多项创新技术，预计其数据传输速度将远超5G。6G技术不再局限于容量的大小、频率的传输率上，它的终极目标是为了实现万物互联。未来10年，6G技术将开启更为广阔的发展空间。

第三节 互联网技术和服务

一、互联网的含义与特征

（一）互联网的含义

互联网是指以传输控制协议、国际协议（TCP/IP）等为基础，连接处于不同地理位置、具备相互独立功能的计算机系统的网络。互联网是一种独特的公共信息技术载体，是重要的传播媒介，在当前的现代信息网络传播与媒体运作中，互联网已成为最重要的技术形式。得益于信息传播的灵活性、方便性和快捷性等技术优势，互联网从诞生之初就得到了广泛关注，并逐渐随着技术的不断完善而得到应用和普及。互联网的主要载体是计算机网络，包含客户端、服务端、计算机终端等多个应用模块，通过这些模块的互通来实现网络互联，不同用户之间得以突破时间和空间的限制，实现沟通交流、信息传输和资源共享，丰富了娱乐的形式，提高了生活质量。短短数十年，互联网技术就得到了迅速地推广，是人类在科学技术发展的历程中最显著的成就之一。

（二）互联网的特征

从互联网技术在使用过程中的表现来看，它主要具备以下几个方面的特点：

1. 虚拟性

互联网打破了传统的实物环境和现实场景，通过人为设计的程序化应用软件，使用数字化处理后的信息，构建了一个虚拟的空间，提供了一个基于网络的平台，在这个平台中，人们可以开展工作、学习等多项活动。在这个虚拟的空间里，人们打破了时间和空间的限制，可以与任何人实现信息的互通、网络的互联、数据的传输等活动，即使彼此远隔重洋，也可以快速建立连接。

2. 自由开放性

相较于现实场景，互联网构建出的社交平台具有更大的开放性和更高的自由度。围绕着人们五花八门的个性化需求，互联网技术不断进行升级和创新，诸多新型的开放性程序和社交软件被开发出来。不论是设计开发还是推广应用，这些创新都更加彰显用户的个性化需求。此外，人们基于个人喜好，在各种社交软件中实现互联互通、交流互动、信息分享等社交，也比现实生活中的社交活动更具自由度。

3. 信息资源共享性

互联网是一个信息的集大成者，搜集和汇聚了不同来源、不同种类的众多数据信息资源，并经过信息整合后对用户提供。对用户来说，仅用极低的成本即可获得海量的信息资源，而凭借互联网强大、高效的信息数据传播功能，人们获取信息的时间成本也大大缩减，一方面工作和学习的效率得到显著提高，另一方面，最大程度地满足人们信息分享和传播的需求。

4. 实时交互性

随着互联网信息技术的不断优化和升级，新型的互联网技术不断被开发出来，信息传播的速度也在不断加快，信息的体量也持续呈现指数级增长，网络用户逐渐拥有了一个数字化和网络化的信息传播环境，在这个环境当中，人们可以精准获取所需信息，并高效地展开即时的交流和沟通；网络数据信息资源随着数据的不断充实和完善而实时更新，帮助用户快速定位所需信息的精确区间，使用户能够以最快的速度获取最新的信息，同时，用户可根据自身的实际需要，随时随地选择不同的信息资源，实现信息的实时交互。

二、现代互联网新技术

(一) 物联网技术

物联网技术为提升人类生活质量和工作效率做出了突出的贡献，被认为是现代社会最不可或缺的互联网技术。随着现代社会的快速发展，各种新型产业层出不穷，人们多样化和个性化的需求日益显现，对跨地域的产品需求不断增加，加大了产品的跨地区流通运输量，因此，迫切需要对传统物流进行变革，对物流管理技术进行革新，所以随着社会和人们的发展需求，物联网（Internet of things）技术应运而生。物联网帮助用户实现了与"物"之间的互联，其技术具体是指按照约定的协议，通过各种信息传感设备，如射频识别设备、激光扫描器设备、红外感应器设备、GPS设备等，在互联网和实物之间形成一个巨大的网络。基于物联网技术所具有的优势，通过在物体之上安装感应装置，将该技术应用到大型基建工程，或防空爆破、深海探测、资源运输等活动之中，整合物联网技术，能够对融合网络中的人、机、设备和基础设施进行实时管理和控制，提高了资源的利用效率和生产力水平。此外，使用物联网技术，也能够使物流运输行业的管理调度更加科学，使运输派送工作更加精准，通过加强信息的交换，实现对现代物流运输的精准定位追踪和监督。

(二) 大数据技术

大数据（Big Data）实际上是一种大量复杂数据的集合，这些数据的内容在一定的时间范围内，难以通过传统数据库和常规软件工具来获取、存储、管理和分析，大数据技术应运而生。大数据通过对海量的数据加以搜集、存储、整合、分析、管理等，已经在各种领域被人们广泛应用。不同人、事、物的活动轨迹可以通过各种随身设备、信息网络以及云存储等技术的应用而被记录下来，甚至重现，而伴随这些活动，也进一步产生了海量数据。大数据时代最明显的特征，就是数据的庞大性。而随着大数据技术越来越趋于成熟，其使用范围也越来越广

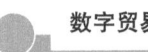

泛。更多新事物不断出现，数字化发展程度进一步被深化，移动智能设备、数字电视、智能交通、共享单车、网络购物、电子银行、移动在线支付等新兴行业，都受大数据技术的深刻影响。在新冠疫情暴发期间，大数据充分展示和发挥了其价值，通过卓越的数据统计、分析和处理能力，针对不同地区具体感染人数，快速及时地进行数据采集和统计，帮助人们有效判断某地区疫情的严重程度，为预防和控制疫情发挥了重要作用，也最大程度地发挥了大数据应用技术的优势。

（三）云计算技术

云计算（Cloud Computing）技术是分布式计算的一种，基于互联网相关服务的增加、使用和交互模式，通过网络"云"将一个完整的数据计算处理程序拆分成多个小程序，然后通过多部服务器组成的系统，逐一对这些小程序进行处理和分析。云计算提升了大数据技术的数据运算和数据处理能力，有力地推动了大数据技术的发展。云计算技术借助互联网的高速传输能力和数据处理能力，实现了超级运算，成为一种新诞生的超级运算技术模式。相对于一般的计算机运算功能，云计算具有非常强大的通用性、可靠性和高扩展性。随着科技的发展，人们对计算的需求不断提高，而云计算技术通过其巨大的运算能力，可以满足这些需求，甚至可以对天气和金融发展趋势进行模拟。此外，通过收集、加工资料，大大方便了居民出行、生活，使资料加工更加科学、准确。现代互联网技术的飞速发展与广泛普及，云计算技术的发展和应用，顺应了人们对数据信息精确高效的运算需求，云计算技术已经融入当代人们日常工作和生活之中，为人们提供了丰富的数据资源和便捷的服务，也在潜移默化中影响了人的思维方式，以及人们的生产和生活方式。

（四）人工智能技术

人工智能（Artificial Intelligence）技术是与人的自然智能（Natural Intelligence）相对的现代科学技术之一，在快速发展的计算机和现代互联网技术的基础上，人工智能进一步涵盖了社会学、心理学、控制学、神经学和数学等诸多学科知识，涵盖领域更宽，内容更为广泛。人工智能的研究对象是人类，主要通过模拟人的逻辑推理、判断、分析、思考，来实现对人力的替代。一般来说，人工智能有强弱之分。弱人工智能理论认为，机器可以对人的智能进行模拟、测试，但不能像人那样思考问题；强人工智能理论认为，包括理智和意识在内，机器都可以有和人一样的属性。通过现代计算机和互联网信息技术，对人的思维活动、行为方式进行模拟和重现，创造机器人，并将机器人投入诸多领域，使其代替人类完成工作任务。这些工作任务往往繁重复杂，或机械单调，让机器人代替人类工作，能够使更多的人从冗杂繁复或危险的工作中脱离出来，投入技术水平更高的生产活动中去，从而创造更多的价值，同时也能保障人身安全，提高了人们工作、学习和生活的幸福感。

（五）移动通信技术

相较于传统通信技术，得益于现代互联网技术的不断创新和推动，现代移动通信技术已经有了质的飞跃，并且逐渐进入应用的成熟阶段，成为应用最广泛的现代互联网技术形态之一。当前，在第五代移动通信技术的引领下，5G网络快速普及，移动互联网设备也受技术变革与创新的带动，不断实现换代升级，逐渐出现更先进、更智能的现代智能移动设备，如智能手机、平板电脑、智能手表、可穿戴的移动电子设备、无人机等，并被广泛应用于当代人们的生活、工作、学习和休闲娱乐之中。5G技术突破了传统的人与人之间的简单通信，将通信延伸至人与物之间，也为物联网的发展提供了重要的技术支撑。

三、互联网技术服务的发展

互联网技术服务（Internet Technology Service）是指以互联网技术为核心，提供信息交换、数据处理、应用服务等线上服务的互联网技术服务，其市场随着互联网技术的发展和普及呈现出迅猛的增长态势。互联网技术服务的发展可以分为以下几个阶段：

第一阶段：以门户网站为核心。20世纪90年代，门户网站成为主要的互联网技术服务形态。门户网站提供了一系列的信息服务和交流渠道，其核心是搜索、新闻、邮箱和论坛。现阶段，行业竞争的核心要素是门户的用户规模和流量。

第二阶段：以社交网络为核心。2000年以后，社交网络的兴起成为互联网技术服务的新趋势。以人脉为核心的社交网络，实现了社交活动的便利，比如在线上与人交流、交友、分享信息。现阶段，行业竞争的核心要素是社交网络的用户黏性。

第三阶段：移动互联网成为互联网技术服务新动力。2010年以后，以移动互联网为核心，手机网民的数量和使用频次持续增长。移动互联网成为智能手机和平板电脑普及后，互联网技术服务新的突破点。

四、互联网服务行业的发展现状

全球互联网技术服务市场产业格局分散，主要竞争企业包括谷歌、亚马逊、腾讯、阿里巴巴等。这些企业在云计算、人工智能、大数据等领域具有一定的技术积累和领先地位。与此同时，互联网技术服务行业的格局也在不断变化。

（一）用户规模及渗透率

从全球互联网产业来看，Statista 数据显示，2021 年全球网民为 49.01 亿人，全球互联网普及率为 62.5%。从全球区域分布来看，互联网在欧美拥有更高的普及率，在非洲拥有更大的提升空间。Statista 数据显示，截至 2022 年 7 月，全球互联网普及率最高的五个地区分别是北欧、西欧、北美洲、南欧和东欧，其中北欧的互联网普及率达到 98%。

从国内网民规模看，CNNIC 数据显示截至 2022 年 6 月，中国网民规模为 10.51 亿，较 21 年末增长 1.9%，网民互联网普及率为 74.4%。移动互联网方面，自 4G 牌照发放后，移动互联网进入高速发展期，截至 2022 年 6 月，手机网民达 10.47 亿人，手机网民普及率达 74.0%，基本接近互联网普及率水平。

（二）中国企业竞争格局

从互联网头部企业来看，QuestMobile 数据显示，腾讯、阿里、百度三大巨头的 App 矩阵，是截至 2022 年 6 月的企业去重用户数 TOP3，去重用户分别为 11.2 亿人、10.45 亿人、9.84 亿人。具体来看，App 月度活跃用户方面，腾讯的 App 用户规模 TOP1 为微信（10.16 亿人），阿里的 App 用户规模 TOP1 为淘宝（8.75 亿人），百度旗下位居 TOP1 的 App 为百度（6.09 亿人）。大部分头部 App 的用户规模都比较稳定，抖音极速版的用户规模更是涨势凶猛，增长到了 2.19 亿人。

（三）互联网行业发展趋势

在加快网络强国建设的大背景下，中国互联网企业正在大力发展数据中心，加强对大型云计算数据中心和边缘计算数据中心的统筹规划建设，以新基建为契机，促进工业互联网加快发展，为新产业夯实发展基础，助力产业升级提质增效；加快数字化、网络化、智能化实体经济发展，充分运用信息技术融合创新。互联网企业在产业数字化发展的机遇下，瞄准产业前沿，在推进信息技术原创性研发与集成创新的同时，加大相关领域引领性、关键性、基础性核心技术研发力度；境外业务持续拓展，助推国际化布局迈上新台阶，互联网出海浪潮仍方兴未艾。

第四节 数字技术的更迭与数字贸易

一、数字技术的更迭及其发展

（一）数字技术的更迭

在数字技术的早期，人们使用的是机械式计算机和电动计算机，这些计算机非常庞大且计算能力有限。随着电子管的发明，电子计算机开始出现，这标志着数字技术的诞生。电子管的发明使得计算机可以处理和转换数字信号，从而实现了计算机的普及和应用。

随着技术的发展，晶体管和集成电路的出现进一步推动了数字技术的更迭。晶体管是一种更为小巧、高效的电子器件，它的发明使得数字技术的升级更加迅速。集成电路的发明则使得数字技术开始向小型化、高效化和实用化方向发展。大规模集成电路的发明更是推动了数字技术的创新，使得数字技术能够应用于更多的领域。

数字技术的更迭是一个不断发展和创新的过程。随着技术的不断发展，数字技术将会更加高效、智能和安全。未来，数字技术将会与更多的领域融合，推动各行业的数字化转型。同时，数字技术也将更加注重用户体验，会更加人性化、便捷化。未来数字技术的发展将是一个充满挑战和机遇的过程，我们期待着数字技术的未来发展。

（二）数字技术的发展

数字技术是为满足不断扩大的市场需求而诞生的。随着互联网技术不断变化，随即产生的市场需求越来越大，数字科技发展的基础和条件不断完善。数字技术（Digital Technology），是伴随电子计算机而生的一种科学技术，是指借助一定的设备将各种信息，包括图、文、声、像等转化为电子计算机所能识别的运算、加工、存储、传输、传播、还原的二进制数字0和1后的技术。数字技术也称数码技术、计算机数字技术、数字控制技术等。从应用层面来讲，数字技术包括大数据、云计算、人工智能、物联网、区块链、5G技术等等。同时，作为承载数字技术的底层IT基础架构也在不断适应数字技术的发展和延伸进行优化，相互融合，并赋能各个行业。数字技术的诞生给全球各行业和产业链都带来了颠覆性的影响，主要在于业务模式的转变和管理结构优化两方面，一方面提高生产力和降低人力成本，另一方面有助于预防不良事件发生和降低风险。

国际分析机构 Forrester 发布 2023 年十大中国市场预测时指出，亚太区数字产业平台的采用率将提高 30%，其中，采用行业特定云解决方案的占比 43%。为全球工业增加值贡献 45% 的企业，来自亚太区的制造业、建筑业、公用事业等行业。这些企业将创造可持续的客户价值，并通过采用数字产业平台引领行业云技术的发展。

近年来中国数字技术创新能力快速提升，人工智能、云计算、大数据、区块链、量子信息等新兴技术快速发展，推动大数据、云计算、智慧城市等领域建设蓬勃发展。根据中国信息通信研究院在 2022 年 12 月发布的《全球数字经济白皮书（2022）》，全球数字经济发展的中美欧三极格局已经形成。2021 年，中国数字经济规模为 7.1 万亿美元，位居全球第二。凭借全球最大的数码市场、领先全球的数据资源、活跃的数码产业创新，属于中国的数字经济时代已经到来。

在推动数字经济不断向前的过程中，政府和企业数字化转型的高质量发展，有力地支撑数字工业化和产业数字化两大核心业态的快速发展。为满足在加快数字化转型的过程中，如创建数字商业战略、设计 IT 运维模型、打造数字化的企业文化等环节所产生的需求，先进的数字化基础平台也在不断创新完善。数字经济发展背后的"源动力"，在于我国数字技术人才队伍的发展和壮大。一批数字产业的创新者和引领者，在数字产业创新的道路上顺势而为，艰苦奋斗，数年如一日深耕研发，引领数字经济产业潮流；以大数据、云计算、物联网、区块链、人工智能为基础，以核心技术为支点，构建数字技术体系。

二、数字技术与数字贸易的关系

随着大数据、云计算、人工智能等新兴技术的快速发展，数字经济日益发展，数字贸易也成为世界贸易发展的重要模式和热点。作为数字经济规模全球第二大国，我国现在正处在经济结构全面转型升级的重要阶段，数字化程度在我国外贸发展中占比和地位不断提高，农业、工业、服务业数字化比重不断提高，三大产业的数字渗透率不断刷新纪录。数字经济的蓬勃发展，为数字贸易的兴起和转型提供了条件。数字贸易是在对传统交易进行数字化升级后出现的。在数字贸易中，数据成为一种新的生产要素，在现代的信息技术的基础上，将其作为发展的保证。数字贸易的发展，促使我国产业结构进一步优化和提升，从而给我国的现代工业体系带来巨大的冲击，为中国经济的稳定发展带来新的活力。数字技术与数字贸易的关系有以下几方面。

（一）数字技术是数字贸易的基础

数字技术的发展为数字贸易提供了强有力的技术支持。数字贸易在咨询、订购、支付、交付、监管等流程中，都需要数字技术作为支撑，可也说数字技术是数字贸易得以开展的先决条件和基础驱动力。互联网、移动支付、大数据、云计算、物联网等技术手段使得商品和服务的跨境交易和交付变得更加便捷、高效。以区块链为代表的数据加密和安全传输技术，可以保护贸易数据的安全性和保密性，防止数据泄露或被恶意攻击，还能用以记录交易过程、验证交易真实性和防止欺诈行为，提高数字贸易的安全性和可信度。

（二）数字技术与数字贸易相互促进

数字技术和数字贸易相互促进，共同推动着全球经济的发展。数字技术的发展为数字贸易提供了强有力的支持，互联网、移动支付、大数据、人工智能等数字技术的应用，使得商品和服务的跨境交易在交易方式、交易效率、交易范围、交易安全等方面得到了极大的提升，推动了数字贸易的快速发展。

数字贸易的发展也反过来推动了数字技术的进步。数字贸易的兴起使得跨国企业在全球范围内实现数字化转型，促进了互联网、大数据、云计算等技术的进一步发展和应用。数字贸易也使得跨国企业需要更加高效、安全、可靠的技术手段来保障交易的安全和便捷，这进一步促进了技术的创新和发展。

数字技术和数字贸易的结合也催生了许多新的商业模式和服务模式，例如跨境电商、在线教育、远程医疗等，这些新的商业模式和服务模式也进一步推动了数字技术和数字贸易的发展。

（三）数字技术降低数字贸易交易成本[①]

数字贸易的交易成本主要由搜索成本、信息成本、合同成本、监督成本和数据存储成本构成。随着数字技术的不断进步，这些成本将得到进一步降低。

第一，数字技术的应用降低了搜索成本。消费者可以利用平台实时查询商品的详细信息，包括价格、型号、生产日期等静态数据，以及物流进度、交易状态等动态数据。企业也可以通过数字技术获取目标客户的历史交易信息，提高了交

---

① 马述忠，濮方清. 数字贸易学［M］. 北京：高等教育出版社，2022.

易的便捷性和效率。

第二，降低了信息成本。通过搭建信息平台，贸易双方可以实现贸易信息的汇总和共享，减少了信息获取和传递的成本。这有助于提高数字贸易的透明度和效率，促进贸易的发展。

第三，降低了监督成本。传统的贸易监管方式需要耗费大量的人力、物力和财力，而且往往难以取得理想的效果。而基于数字技术搭建的监督平台可以实现对贸易交易过程的跟踪、监控和反馈，提高了监督的效率和透明度。这有助于减少贸易欺诈和非法行为的发生，保障数字贸易的合法性和规范性。

第四，降低了合同成本。传统的合同签署需要采用纸质合同且线下完成，这不仅耗时费力，而且存在安全风险。而借助区块链技术，合同可以在线上快速便捷地签署，不仅提高了合同签署的效率，而且提高了安全性。这有助于减少合同纠纷和诉讼的发生，保障数字贸易的正常进行。

第五，降低了数据存储成本。通过整合存储资源集中存储的方式，数字技术实现了对数据的云存储。这有助于降低数据存储的成本和风险，保障贸易数据的安全性和可靠性。

（四）数字技术加强了数字贸易监管和服务能力

数字技术的不断进步为在线监管和服务提供了更丰富的手段和方式，使得贸易监管和服务能力得到了进一步加强。通过互联网等电子手段进行监管和服务，可以更加及时、准确地掌握贸易活动的信息，更好地保障贸易活动的合法性和规范性。例如，通过大数据和人工智能等技术手段对贸易活动进行智能监控和服务，可以实现精准、高效的监管，提高监管的时效性和针对性。数字技术的应用还可以提高监控和服务的效率和质量。通过自动化和智能化的监控系统，可以增加监控和服务的时长和深度，实现对贸易活动的实时监控和预警，及时发现和解决问题。这不仅提高了监管效率，也降低了监管成本和监管风险。此外，数字技术的不断革新还可以提高服务的个性化和精准度，更好地满足消费者的需求。例如，通过人工智能等技术手段对消费者进行个性化推荐和服务，可以提高消费者的满意度和忠诚度。

总之，数字技术和数字贸易的关系是密切的、相互促进的。随着数字技术的不断发展，数字贸易也将成为全球经济的重要组成部分。未来，随着人工智能、区块链等新技术的不断发展，数字技术和数字贸易也将不断创新和发展，为全球经济带来更多的机遇。

案 例

数字技术是推动数字经济发展的基础，也是实体经济发展的强劲动力，对于建设网络强国、科技强国都具有非常重要的意义。2023年4月3日，在国务院新闻办公室举行的新闻发布会上，国家发展改革委创新和高技术发展司负责人孙伟认为，数字经济影响广泛、发展深远，改变了人们的生活和生产方式。目前，我国数字经济取得了举世瞩目的成就，数字基础设施实现了跨越式发展，数字产业创新能力加快提升，数字技术与实体经济融合提档加速，公共服务数字化深入推进。

根据上述资料，试从政策层面和企业层面分析，我国应从哪方面发力，不断做优做强数字经济？

小 结

近年来，区块链、人工智能、云计算和物联网等新兴技术催生大量数字贸易业态，信息化、数字化、智能化成为全球经济重要发展趋势，数字贸易的发展和规则也成为各国博弈的焦点。数字贸易的创新发展面临重要机遇，数字贸易是促进高水平开放、构建开放型世界经济的重要引擎。数字技术的应用降低了通信和物流成本，电子商务更加普遍，从而有效降低了贸易整体成本。同时，数字贸易对全球贸易的布局也会产生巨大影响，数字技术的应用使得发展中国家的贸易成本显著降低，生产和贸易继续呈现全球分工合作的特点，数字技术为发展中国家参与全球价值链创造了更多机会。

习 题

1. 数字技术对数字贸易的产生和发展有何影响？
2. 数字技术的发展给发展中国家参与全球贸易带来了怎样的机遇和挑战？
3. 数字贸易的发展会给全球贸易格局带来怎样的影响？
4. 当前5G技术已经得到了广泛应用，它提供了更快的网络数据传输速率。相较于4G技术，5G技术的网络传输峰值速度提高了100倍，5G技术所具备更低的网络延迟仅为1毫秒，相比4G技术的10毫秒大幅降低，同时5G技术还有更高的可靠性和隐私保护能力。未来，6G技术还将进一步推动网络技术的革新，提供更快、更可靠、更智能的网络服务。请思考，数字技术的迭代与应用将为数字贸易带来哪些影响？

第四章
数字贸易发展概述

众所周知，以信息技术为代表的第三次科技革命以及以智能化和生物技术等为代表的第四次科技革命成为世界经济增长的重要引擎。作为经济活动中资源配置的关键环节，无论是国内贸易还是国际贸易都受到两次科技革命的深远影响，此时正经历着数字化的深刻变革。以跨境电商的发展为代表，数字贸易已经展现出了蓬勃的生机。但与其迅速发展的势头不相称的是，学界和业界对数字贸易的概念还没有形成统一的认识。这可能会在一定程度上阻碍全新国际贸易的有效开展，也使得学界的相关理论研究和探讨都滞后于实践。

本章详细梳理了国内外各界对数字贸易的解释，提出了概念框架；比较与传统贸易的异同，总结数字贸易的特征；划分数字贸易的发展阶段，并阐述数字贸易发展的重要意义。本章的学习内容是承上启下，在充分了解数字贸易发展基础的前提下，理解数字贸易本身的内涵和意义等，为后续章节学习打下良好的基础。

第一节　数字贸易的内涵

国内外学术界对数字贸易的研究方兴未艾，目前还没有一个被广泛认可和接受的数字贸易的定义。美国是数字经济、数字贸易研究的先行者，因此也是数字贸易概念的最早提出者。随着时间的推移，数字贸易的内涵不断发生变化，国际社会对数字贸易的认识也不尽相同，虽然还没有形成一个统一的定义，但国际社会各界正在积极探索并逐步迈向共识。

一、美国官方对数字贸易的相关定义

美国国际贸易委员会（USITC）发布的《美国和全球经济中的数字贸易（第

一部分）》（Digital Trade in the U. S. and Global Economies, Part 1），第一次对数字贸易做了界定，认为数字贸易是指通过固定线路或无线数字网络对产品和服务的交付。当时的界定既包括国际贸易，也包括美国国内的商业活动，但不包括大多数实体商品交易，比如线上订购的货物以及诸如书籍和以 CD 或者 DVD 等实物商品进行售卖的软件、音乐和电影等数字对应物[1]。业界普遍认为这是对数字贸易的首次定义。几乎在发布该报告的同时，USITC 发起了问卷调查，目的是完善对数字贸易的界定，使其定义与实际经济活动更加吻合。在充分吸收了调查反馈意见后，2014 年 8 月，USITC 发布了《美国和全球经济中的数字贸易（第二部分）》（Digital Trade in the U. S. and Global Economies, Part 2）。在该报告中，USITC 明显修改了对数字贸易的含义，它是指在订购、生产或者交付产品和服务中，互联网和基于互联网的技术发挥极为重要作用的美国国内交易和国际贸易[2]。相比而言，报告第一部分对数字贸易的界定相对狭义，而第二部分中对其界定囊括了互联网便利化的和通过互联网发生的范围更加广泛的经济活动。然而，2017 年 8 月，USITC 发布的《全球数字贸易 1：市场机会和主要外贸限制》（Global Digital Trade 1：Market Opportunities and Key Foreign Trade Restrictions）再次将网络订购的实体产品排除在数字贸易的范畴之外，报告认为数字贸易是指任何行业的企业通过互联网进行产品和服务的交付，以及如智能手机和互联网传感器等相关产品的交付，包括电商平台提供的相关产品和服务，但不包括网络订购的实体产品及其数字附属品，比如书籍、电影、音乐和 CD 或 DVD 上销售的软件等[3]，这与其 2013 年发布报告中的界定非常相似。此后，美国国会研究服务部在其 2019 年发布的《数字贸易与美国的贸易政策》中引用并重申了上述定义[4]。从美国国际贸易委员会对数字贸易的解读来看，经历了从"窄"到"宽"再到"窄"的反复过程，究其原因是美国出于自身在数字技术和数字服务贸易领域的比较优势，从窄口径理解数字贸易更有利于提高美国在全球数字贸易规则，特别是数据跨境流动领域等的话语权。

经济分析局（Bureau of Economic Analysis, BEA）是美国商务部的重要部门之一，它并没有直接提出数字贸易的定义，但围绕与其相关的内容并结合 BEA 的实际统计提出了如下概念：信息通信技术（ICT）服务，是指用于使得信息处

---

[1] 美国贸易委员会，http：//www.usitc.gov/publications/332/pub4415.pdf.
[2] 美国贸易委员会，http：//www.usitc.gov/publications/332/pub4485.pdf.
[3] 美国贸易委员会，https：//www.usitc.gov/publications/332/pub4716.pdf.
[4] 美国国会研究服务部，https：//fas.org/sgp/crs/misc/R44565.pdf.

理和交流便利的服务；潜在 ICT 赋能的服务（potentially ICT-enabled services），是指主要依靠 ICT 网络远距离交付的服务。BEA 统计的就是潜在 ICT 赋能的服务而不是 ICT 赋能的服务（ICT-enabled services），因为许多类型服务的真正交付方式还无法准确获知。潜在 ICT 赋能的服务包括 ICT 服务和其他潜在 ICT 赋能的服务（other potentially ICT-enabled services）[1]。这些解释也是基于联合国贸易与发展会议（UNCTAD，以下简称"联合国贸发会议"）最初对 ICT 赋能服务的定义[2]。这些概念在当时也被文献描述为"数字赋能的服务"（digitally-enabled service），虽然叫法多样，但界定的范围都着重考虑到了与国际货币基金组织（IMF）发布的第六版国际收支平衡表包含的项目相对应[3]，而这些概念与关于数字贸易概念界定的主要部分直接相关。

美国贸易代表办公室（USTR）在其发布的《数字贸易的主要壁垒》（Key Barriers to Digital Trade）中描述道：数字贸易是一个宽泛的概念，不仅仅囊括互联网上销售消费品和在线服务的供应，还有启动全球价值链的数据流动、启动智能制造的服务和各种其他平台和应用[4]。

二、国际组织对数字贸易的相关阐述

世界贸易组织（WTO）近年来通过各种多边形式推进数字贸易发展便利化，但在 WTO 公布的正式文件中，至今并未直接采用"数字贸易"的提法，也没有做出解释，而是一直使用"电子商务"一词。在 1998 年通过的世界贸易组织电子商务工作方案中，电子商务被描述为："通过电子方式实现生产、分销、营销、销售或交付货物和服务[5]"。2019 年以来，尽管有 80 多个成员先后参加了电子商务议题的数次商讨，但进展比较缓慢，WTO 成员尚未就电子商务或者数字贸易的多边机制达成一致。

---

[1] 美国商务部经济分析局，https：//www.bea.gov/data/special-topics/digital-economy；Alexis N. Grimm（2016-05-01）. Trends in U.S. Trade in Information and Communications Technology（ICT）Services and in ICT-Enabled Services，Survey of Current Business. BEA Publishing. https：//apps.bea.gov/scb/toc/0516cont.htm.

[2] UNCTAD，Information Economy Report 2007-2008：Science and Technology for Development：the New Paradigm of ICT），P120.

[3] Maria Borga and Jennifer Koncz-Bruner（2012-09）. Trends in Digitally Enabled Trade in Services，BEA Publishing. https：//www.bea.gov/research/meet-the-researchers/jennifer-bruner.

[4] 美国贸易代表办公室，https：//ustr.gov/about-us/policy-offices/press-office/fact-sheets/2016/march/key-barriers-digital-trade.

[5] World Trade Organization，Work Programme on Electronic Commerce，30 September，1998.

经济合作与发展组织（OECD）官网对数字贸易的解释是：数字贸易囊括数字赋能的货物和服务贸易交易，这些货物和服务既可能数字化交付，也有可能实物交付；并且这些货物和服务涉及消费者、厂商和政府这些参与主体。也就是说，虽然数字贸易的所有形式都由数字技术加以实现，但并不意味着所有的数字贸易都是数字化交付的，数字贸易也包括数字化发起但实物交付的货物和服务贸易，比如，在线购买一本书或者通过 App 预定住宿等[①]。实际上，这个解释是采纳了《数字贸易：发展框架分析》一文的观点[②]，OECD 官网发布的很多工作论文也援引了该文章的解释。

2018 年 10 月，IMF 发布一份报告《通往衡量数字贸易的手册：状态更新》，将数字贸易定义为所有通过数字订购（即跨境电子商务）、数字便利（依托平台）或数字交付的跨境交易[③]。

2020 年初，OECD、WTO 和 IMF 联合发布了《数字贸易测度手册（第一版）》（*Handbook on Measuring Digital Trade*，Version 1），该手册对数字贸易的定义更为宽泛：数字贸易包含数字化订购贸易（digitally ordered trade）和（或）数字化交付贸易（digitally delivered trade）。其中，数字化订购贸易是指通过为发出或接受订购而专门设计的方式而在计算机网络上进行货物和服务的国际交易[④]；数字化交付贸易是指使用专门设计的计算机网络，以电子格式进行远距离交付的国际交易。这两个概念都强调必须通过计算机网络，也就是全球广域网（web）或者互联网，包括经由移动装置、外部网或者电子数据交换，但是不包括电话、传真或者人工打字的电子邮件这些设备装置。另外还特别提到，数字贸易的统计并不把是否通过在线结算支付以及货物和服务的最终数字化交付作为必要条件。

2023 年 7 月，OECD、WTO、IMF 和 UNCTAD 共同发布了测度手册第二版，再次强调了两部分的定义，将数字化订购贸易解释为"通过计算机网络，通过专门为接收或下订单而设计的方法进行的商品或服务的国际销售或购买"，仍然与经合组织 2011 年对电子商务的定义相呼应；同时将仅涵盖服务的数字化交付贸易定义修订为"通过计算机网络远程交付的所有国际贸易交易"，并建立在 TGServ（UNCTAD，2015）开发的 ICT 赋能服务交易概念的基础上。数字化交付贸易的

---

① OECD, https://www.oecd.org/trade/topics/digital-trade/.
② López González, J. and M. Jouanjean（2017-07-27）. Digital Trade：Developing a Framework for Analysis. OECD Trade Policy Papers, No. 205, OECD Publishing, Paris, P4, 12-13.
③ IMF Committee on Balance of Payment Statistics, Towards a Handbook on Measuring Digital Trade：Status Update, October 2018.
④ 数字化订购贸易采用的是 2011 年 OECD 对电子商务的定义。

界定比第一版中更广泛,此次涵盖了任何形式的数字交付,而不仅仅是交付方法"专门为提供服务而设计"。因此,该定义更易于解释数字贸易以及其付诸实施。

三、中国对数字贸易的界定

2019年以来,国内一些科研院所相继发布了有关数字贸易的研究成果,对数字贸易的内涵加以界定,均认为数字技术等是开展数字贸易的重要依托,但对数字贸易具体范畴的认识有所不同。中国信息通信研究院(CAICT,以下简称"信通院")作为国家数字贸易专家组成员单位之一,已经发布了两份关于数字贸易的研究报告。2019年12月发布的《数字贸易发展与影响白皮书》认为,数字贸易是指信息通信技术发挥重要作用的贸易形式,它不仅包括基于信息通信技术开展的线上宣传、交易、结算等促成的实物商品贸易,还包括通过信息通信网络(语音和数据网络等)传输的数字服务贸易,如数据、数字产品、数字化服务等贸易[1]。2020年12月发布的《数字贸易发展白皮书:驱动变革的数字服务贸易》对数字贸易的界定进行了修订,认为数字贸易是指数字技术发挥重要作用的贸易形式,其与传统贸易最大的区别在于贸易方式数字化和贸易对象数字化。其中,贸易方式数字化是指数字技术与国际贸易开展过程深度融合,带来贸易中的数字对接、数字订购、数字交付、数字结算等变化;贸易对象数字化是指以数据形式存在的要素、产品和服务为重要的贸易标的,令国际分工从物理世界延伸至数字世界[2]。2020年10月,商务部国际贸易经济合作研究院(CAITEC)发布的《中国数字贸易发展报告2020》认为,数字贸易是依托信息网络和数字技术,在跨境、研发、生产、交易、消费活动中产生的,能够以数字订购或数字交付方式实现的货物贸易、服务贸易和跨境数据流动贸易的总和。同样在2020年10月,作为工业安全智库研究系列成果之一,国家工业信息安全发展研究中心(CiC)发布了《2020年我国数字贸易发展报告》。该报告认为,数字贸易是以数字技术为内在驱动力,以信息通信网络为主要交付形式,以服务和数据为主要标的跨境交易活动,不仅包括传统服务贸易的数字化转型,而且涵盖了数字技术催生的新模式新业态。

近年来,数字贸易也逐渐成为国内学者的热议话题。李忠民(2014)较早述

---

[1] 中国信息通信研究院. 数字贸易发展与影响白皮书 [R]. 2019.12:3-4.
[2] 中国信息通信研究院. 数字贸易发展白皮书:驱动变革的数字服务贸易 [R]. 2020.12:1.

及数字贸易问题，对数字贸易含义采用的是美国 ITC（Part 1）的解释①。周念利（2016—2020）主要围绕数字贸易规则的"美式模板""欧式模板"，以及在参与数字贸易治理中与中国的主要分歧等问题进行较为深刻的阐述，但极少提及数字贸易的概念，只是简单引用了美国 BEA 的相关解释②。马述忠（2018—2020）梳理了美国 BEA（2012）、美国 ITC（Part 1，Part 2）和美国贸易代表办公室（USTR，2017）等提出的概念，将数字贸易的含义按狭义到广义划分了两个阶段。他认为，数字贸易是以数字化平台为载体，通过人工智能、大数据和云计算等数字技术的有效使用实现实体货物、数字化产品与服务、数字化知识与信息的精准交换，进而推动消费互联网向产业互联网转型并最终实现制造业智能化的新型贸易活动，是传统贸易在数字经济时代的拓展、延伸和迭代③。蓝庆新（2019）对数字贸易的定义为：依托互联网为基础，利用数字交换技术为手段，实现传统实体货物、数字化产品与服务、数字化知识和信息的高效交换的商业活动，是数字货物贸易和数字服务贸易的有机统一。其内容具体包含两大部分：一是通过数字化方式跨境交易的实体货物，即通过跨境电子商务交易的实体货物；二是基于互联网技术实现数字化产品和服务、数字化产品和信息的交换互动④。可见，国内学者对数字贸易的定义大多是在吸收美国提出的概念基础上进一步细化而来。

四、其他主要经济体对数字贸易的相关表述或援引

除上述经济体和一些代表性学者对数字贸易的解释以外，还有一些主要经济体也通过官方网站或者颁布的相关文件表述数字贸易的含义或者援引已有解释作为国内制定政策文件的依据。

欧盟委员会（European Commission）认为，数字贸易是指通过电信和（或）信息通信技术服务等电子手段实现的商业，包括货物和服务贸易。数字贸易贯穿

---

① 李忠民，周维颖，田仲他. 数字贸易：发展态势、影响及对策[J]. 国际经济评论，2014（6）：131-144，8.
② 周念利，陈寰琦. 基于《美墨加协定》分析数字贸易规则"美式模板"的深化及扩展[J]. 国际贸易问题，2019（9）：1-11.
③ 马述忠，潘钢健. 从跨境电子商务到全球数字贸易：新冠肺炎疫情全球大流行下的再审视[J]. 湖北大学学报（哲学社会科学版），2020，47（5）：119-132，169.
④ 蓝庆新，窦凯. 美欧日数字贸易的内涵演变、发展趋势及中国策略[J]. 国际贸易，2019（6）：48-54.

于经济体内的所有部门，对欧盟产业相当重要①。

英国官方认为，数字贸易是指以数字方式实现或交付的商品和服务贸易。这种交易涉及数据的流动②。

日本官方目前还没有提出数字贸易的代表性解释，但随着全球数字贸易的快速发展，日本官方对数字贸易的含义也越发关注。2018年以来，日本经济产业省（METI）和贸易振兴机构（JETRO）相继在各自发布的报告中专门设置了关于数字贸易的章节，从这个侧面也可以反映日本政府对数字贸易问题的高度重视。比如，经济产业省发布的《通商白皮书（2018）》首次在其第二部分第一节专门介绍了包括日本在内的全球数字贸易情况，在提及数字贸易的定义时，引用了OECD（2017）以及美国USITC（2014，Part 2）中的界定③；日本贸易振兴机构发布的《世界贸易投资报告（2020年版）》也同样采用了OECD（2017）的解释④。

澳大利亚政府颁布的《数字贸易战略》认为数字贸易包括三个部分：一是通过互联网和电子商务平台销售的商品、数字内容（软件、书籍、音乐、电影和应用程序）和数字化服务（法律、金融、教育和咨询）的进出口；二是贸易的电子便利化，例如接受电子贸易文件，并可能随着技术的发展采用"监管科技"（Reg Tech）⑤解决方案；三是作为一项商业活动或者支持其他业务活动的数据跨境传输。数字贸易依赖于使用数字技术来促进贸易和提高生产力⑥。

新西兰官方援引了OECD官网对于数字贸易的阐述，并进一步解释数字贸易就是指通过数字技术实现的任何交易，无论是数字还是实物交付。例如，数字贸易包括通过在线市场购买和实物交付纸质书籍，以及购买和数字交付电子书。新西兰官方认为"数字贸易"和"电子商务"可经常互换使用⑦。

数字贸易概念内涵丰富，须从多方面进行理解。第一，数字贸易的产生源于

---

① 欧盟委员会官网在服务贸易板块下设置了数字贸易分栏目，欧盟对数字贸易的理解与OECD的界定是较为接近的。https：//trade.ec.europa.eu/access-to-markets/en/content/digital-trade-0#toc_0。
② 英国议会，https：//www.parliament.uk/。
③ 日本经济产业省，https：//www.meti.go.jp/report/tsuhaku2018/whitepaper_2018.html。
④ 日本贸易振兴机构，https：//www.jetro.go.jp/world/gtir/2020.html。
⑤ 监管科技（Regulatory Technology，RegTech），本质上是科技与金融监管相融合的产物，最早出现在英国。根据英国金融行为监管局（Financial Conduct Authority，FCA）的定义，监管科技是金融科技企业为金融机构提供的自动化解决方案，旨在通过新技术的应用有效解决金融机构监管合规和降低合规成本等问题。监管科技是金融科技（FinTech）的一个分支，二者发展的内在动因不同，从而存有差异。
⑥ 澳大利亚外交贸易部，https：//www.dfat.gov.au/trade/services-and-digital-trade。
⑦ 新西兰外交贸易部，https：//www.mfat.govt.nz。

全球化分工和数字经济的发展。新一代信息通信技术不断发展，强化了不同经济体之间的联系，逐步形成更频繁、更高效的共享、协同和分工关系。物理商品交易变得更加广泛、有序、高效，中小企业获得了更多参与贸易的机会；数字商品的可交易程度大幅提升，催生出一系列新业态和新模式。第二，数字贸易会打破传统的全球贸易格局，并对国际贸易监管模式提出新的挑战。与传统贸易相比，数字贸易的关键技术不仅包括交通物流技术、生产制造技术，还包括信息通信技术。信息通信技术的应用又引起贸易商品、贸易方式等贸易基础条件革新。一方面，以往全球产业分工、要素分配部署面临挑战，对各国人民生活、产业发展具有显著影响，国际贸易规则亟须重构；另一方面，日渐复杂的数字服务和碎片化的小单货物贸易对传统贸易监管部门和新兴数字产业监管部门都形成了巨大冲击。第三，根据贸易商品类别，数字贸易可分为三个层次。目前国际上对数字贸易缺乏统一的理解，数字贸易的议题时常出现在数字经济、电子商务等会议中。比如，2019 年 76 个 WTO 成员方宣布启动电子商务议题谈判，其中就包括大量数字贸易的内容。同时，鉴于各国数字贸易、数字经济发展水平存在差异，对数字贸易商品范围的认可度也不同。按照认可度，数字贸易涵盖的商品分为三个层次：第一层，以货物商品为主；第二层，加入软件、影音、图书等常见数字产品，逐步涉及服务贸易领域；第三层，加入数字赋能服务，如云计算、电信、大数据、互联网等数字经济时代的新兴产业。

综合上述各经济体和国际组织等对数字贸易的解释，可将其分为广义和狭义两个层次来界定。以美国为代表的一些经济体强调数字贸易是基于互联网的服务提供，这是从其比较优势、保护国家利益角度做出的狭义解释。而 WTO、OECD 等国际组织和英国、新西兰等国家采用了对数字贸易广义的界定，尤其是国际组织更加认识到从广义上界定数字贸易的重要性。数字贸易不仅涉及数字交付的服务贸易，还涉及通过增加的数字连接性所能实现的传统货物贸易和服务贸易，也就是说，非数字交付贸易也应该包含其中。本书是从广义层次来界定数字贸易的内涵。

第二节　数字贸易的特征

在传统贸易的开展过程中，不断更新的信息通信技术、数字技术与之相互融合，逐渐渗透于传统贸易的各个环节，从而引发和推动了数字贸易的产生和发展。数字贸易与传统贸易相比，同异并存。作为新型贸易形态，数字贸易在诸多方面具有自身的属性和特征。

一、数字贸易与传统贸易的比较

数字贸易是由数字技术赋能传统贸易，两者相互融合发展而来。从多个层面进行考察，二者既有相同之处，也有不同之处。

（一）二者相同之处

1. 开展贸易的行为本质相同

贸易的本质是交易对象在不同主体之间的交换。在原始社会末期，随着生产技术的提高，开始有了剩余产品，人们在满足了自身的需要后，会通过物物交换的方式满足对其他物品的需求，逐渐形成分工的专业化和商品的多样化。即使在数万年后的今天，贸易的交换本质仍然没有发生变化，只是交换对象涉及范围更广，种类更加丰富，货物、服务和生产要素等都包含其中。而对数字贸易而言，还包括数字化产品、数字化服务与数字化生产要素的时空转移。尽管实现的方式途径发生了变化，但这并没有改变贸易作为交换活动的本质。

2. 开展贸易的理论基础相同

以绝对优势理论、比较优势理论等为代表的古典贸易理论是开展贸易的理论基础。其中，比较优势理论诠释了在不具备绝对优势的情况下，通过专业性分工进行生产贸易也能从中获利的经济现象。这一理论诠释了贸易发生的动因，并将这一动因归结为各个国家或者地区具备比较成本优势。因而，专业化的生产和劳动分工以及由此产生的规模经济效应，可以提高国际贸易或者区域贸易参与方的社会福利水平，这既是传统贸易产生的内在动因，也是数字贸易产生的动因。

3. 贸易对社会资源有效配置的积极作用相同

贸易可直接或间接地促进资源在全球范围内的大流通。通过价格机制，贸易可有效配置流动性资源，并通过资源的流动平衡国家或者地区的供求关系。贸易可以通过加强各经济主体的联系，进而促进信息共享。贸易可大大削弱信息来源与传递过程中的不对称现象，进而实现信息的有效传播与利用，并保证了信息的即时性与准确性。贸易还可以推动产业发展。一方面有利于产业的技术进步，使得交易主体更为便利地获取技术；另一方面，促进资源合理利用。产业的发展需要高密度的资源流，通过资源流动，产业可以及时获取外部支持，推动产业创新，提高生产效率和经济效益。

（二）二者不同之处

1. 贸易产生的时代背景不同

重商主义的发展以及工业革命的前期孕育了传统贸易。经过第一次、第二次和第三次科技革命，交通运输方式的改变以及新的生产方式的出现大大促进了劳动分工，正是在这种情况下，传统贸易得以大发展、大繁荣。而第三次科技革命带来的计算机技术普及，尤其是第四次科技革命带来了信息通信技术和互联网技术的普遍应用，加之当下数字技术突飞猛进的发展，使得生产生活方式进一步发生变革，生产资料涉及范围更加丰富，数据逐渐成为重要且关键的生产要素。传统产业逐渐走向数字化和智能化，在此背景下，数字贸易应运而生。

2. 开展贸易的过程有所不同

第一，贸易的完成周期不同。传统贸易受价格波动的影响较为强烈，抵御汇率风险的能力也有限，空间限制也是影响交易顺利完成的重要因素。数字技术的应用可大大降低数字贸易的时间不确定性，同时还可突破空间限制，使其不再成为制约贸易的主要因素，从而可以大大缩短贸易周期。第二，贸易的行为主体不同。传统贸易的主要参与者除了生产者与消费者以外，往往还有代理商、批发商、零售商等诸多中间人的参与，供需双方直接交易的情况并不多见。而数字贸易借助第三方交易平台，使得供需主体可以即时沟通，信息传递更加准确有效。尤其是随着电子商务、跨境电商的发展，消费者在交易过程中扮演的角色越发凸显，消费者的多样化需求得到最大程度的满足。第三，贸易的交易标的不同。实物商品、服务和生产要素是传统贸易的主要交易对象。数字技术的应用使得数字贸易的交易对象范围更加广泛，不仅包括传统货物贸易和数字化的传统贸易标的，还包含通过互联网等数字化手段传输的数字产品与服务，以及数字化知识和信息等重要生产要素。第四，贸易的交易方式不同。传统贸易往往需要在固定场所进行，主要采用陆海空等运输方式，且伴随业务处理会产生大量纸质凭证，因而确保交易准确性及凭证交接均面临一定困难，过程复杂。数字贸易凭借电商交易平台，可实现小批量、多频次的交易行为，并通过邮政、快递等方式寄送，数字产品和服务则可数字化传输完成交易过程，全程无纸化已成为现实。海外仓、保税仓的运营模式也得到很多跨境电子商务企业的青睐。第五，贸易的监管体系发生变革。传统贸易主要处于世界贸易组织框架下的贸易协定以及各国国内海关、商务部门的监管之下，而数字贸易还需强调数据本身流动的监管。目前在世界贸易组织框架下还没有达成一致意见，各国和地区的监管理念和制度差异较大。

3. 贸易带来的经济影响不同

传统贸易促进世界各国利用自身比较优势进行专业化分工,同时利用规模经济效应与范围经济效应等扩大生产规模,这在一定程度上是通过降低成本的方式推动了世界经济的发展。但是,传统贸易模式容易产生价值链锁定效应,导致贸易主体地位的禁锢。数字贸易将改变目前的全球分工体系和供应链。数字贸易中的专业化分工打破了原有的价值链布局,使得世界各国在新的贸易浪潮下重新定位,从而重构全球范围的贸易结构,同时还可提升供应链的效率。

表4-1总结了数字贸易和传统贸易的异同。

表4-1 数字贸易与传统贸易的比较

表现		传统贸易	数字贸易
相同之处			
贸易的行为本质相同		货物、服务和生产要素在不同交易主体间的转移	
贸易的理论基础相同		国际分工理论:劳动分工、专业化生产	
对资源有效配置的作用相同		促进资源流动,削弱信息不对称,激发创新	
不同之处			
贸易产生的时代背景不同		第一次至第三次科技革命带来生产生活方式的改变	第三次尤其是第四次科技革命,以及数字技术的发展
贸易开展的过程有所不同	贸易周期	影响因素较多,周期长	周期缩短
	贸易主体	除了供需双方,还有诸多中间商	供需双方为主,凸显消费者地位
	贸易标的	传统的货物、服务和生产要素	传统标的、可数字化传输的商品和数字产品
	贸易方式	固定场所,物理运输,有形文件	电商第三方平台,无纸化,网络传输和邮政快递,海外仓等
	监管体系	WTO多边协议以及国内海关、商务等部门监管	WTO框架下尚未达成多边协议,目前受多双边协议以及国内监管
贸易带来的经济影响不同		国际分工较为稳定	产业结构、价值链和供应链等重构

二、数字贸易的属性与特征

(一) 数字贸易的属性

1. 内部属性

(1) 交易过程的虚拟化。数字贸易交易过程的虚拟化表现在三个方面：首先，无论在生产过程还是在交易过程中，都使用数字化知识与信息作为传输介质，实现了无纸化交易承载物的非实物化，即介质要素的非实物化；其次，相比传统贸易的面对面交易，数字交易在虚拟化的互联网平台上进行，平台负责交易的运作以及保障交易的安全，即交易平台的非实物化；最后，不同于传统贸易中的纸币交易，数字贸易的交易通常使用电子支付的方式，即交易方式的非实物化。

(2) 交易资源的集中化。数字贸易交易资源的集中化表现在两个方面：一方面，交易资源的组织化。在数字贸易中，交易资源通过交易平台形成集聚，降低了信息的找寻成本。互联网企业常常采用平台化的运行模式，淘宝即为典型代表。不仅如此，传统企业也会借助平台吸收外部资源，提高自己的创新能力。另一方面，交易资源的集约化。数字交易的便利性，使得生产要素比较容易集聚，从而实现要素节约型技术进步，带动要素的集约型投入。互联网平台有效地减少了交易中的信息不对称，提升了交易效率。

(3) 交易个体的广泛化。数字贸易交易个体的广泛化表现在两个方面：一方面，市场进入门槛降低。数字贸易使得传统贸易中的空间限制、准入门槛等不再成为阻碍贸易的因素。数字贸易可以转变贸易弱势群体的地位，使其广泛地参与贸易活动并且从中获利。另一方面，市场标准化程度降低。数字贸易拉近了消费者与生产者的距离，使得个性化的需求得以在贸易中获得满足。单一标准的产品很难在市场中获利，定制化产品与服务可能是新一轮数字贸易竞争的决定因素。之前的长尾产品①可能成为数字贸易的重要标的。

(4) 交易参与者的体系化。在传统贸易的背景下，只有生产者与消费者之间才需要订立合同，完成契约。在数字贸易的背景下，因为中介方的加入，平台、交易双方都需要遵守一定的规章。在这一体系下，彼此之间的联系加强了，形成一个互利共赢的生态体系。例如，将产品链与资金链进行整合，为产品生

---

① 长尾产品主要指原来不受重视的销量小但种类多的产品或服务。

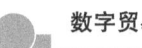

产、融资与销售提供一站式服务，使得贸易能够融入电子商务数据服务合作体系。

2. 外部属性

（1）交易技术的前瞻化。数字贸易以信息通信技术、数字交换技术以及互联网技术作为技术支撑。大数据、云技术与移动互联网不但扩大了数字贸易的范围，而且降低了成本。交易技术的进步，数字贸易得以产生，也使得数字化的传统贸易变得更加便捷。例如，交易技术的演进拓展了传统贸易的采购方式，使得原先面对面的采购逐渐被网上的企业采购所取代。原先需要手工操作的工序通过制造智能化实现劳动力的解放。同时，交易技术使得过往的交易数据得以保存，有利于企业依据过往的数据进行交易判断，大大降低了交易过程中的道德风险与逆向选择。随着数据基础设施的不断完善，数字服务提供商为数字贸易的诞生奠定了现实基础，无论是电子捕获还是形成传送数据的中心，交易技术都使得消费者可以直接接触这些数据，并通过一定的数据分析比较不同产品之间的差异。此外，个人终端与数据基础设施的对接也大大降低了商业使用成本，扩大了贸易的范围。

（2）交易运用的普适化。首先，数字贸易用于传统制造行业。制造行业的智能化是数字贸易带来的重要历史变革。制造行业的智能化不仅是指诸如汽车行业、高端设备制造业等资本密集型行业从生产到销售的智能化，还应该包括诸如纺织行业等劳动密集型行业的智能化。在传统产业数字化转型的背景下，数字贸易不只是实现商品的交换，而更应该承担起智能制造的重任。产品的数字化传递可以为产品的研发提供更多的外部智力支持，为产品的销售提供多样化的渠道，对生产工艺进行柔性化改造，最终实现全社会生产的智能化升级。其次，数字贸易拓展了供应链。当今的供应链是通过市场营销、产品开发、制造和分销，并最终落到客户手中的一系列离散的、孤立的步骤。数字化打通了这些壁垒，形成一根链条，变成一个完全集成的生态系统，所有参与者，包括原材料零部件供应商、供应品和成品的运输商以及最终客户的需求都得到满足。这个系统运行取决于一些关键技术：综合规划和执行系统，物流可视性，自主物流，智能采购和仓储，备件管理和高级分析。

（二）数字贸易的特征

1. 以平台和平台服务体系为支撑

2010—2020 年，全球范围内出现众多基于数据驱动模式的数字平台，成为推动数字经济快速扩张的重要原因。平台服务范围不仅限于平台企业所在国，而是几乎所有超大型平台企业都在开展跨国业务，如脸书（Facebook）、亚马逊（Amazon）、阿里巴巴（Alibaba）、腾讯（Tencent）、苹果（Apple）、谷歌（Google）、微软（Microsoft）。平台企业借助业务拓展至尽可能多的国家，获取更多的用户流量和数据资源，进而深化平台在生态建设和资源整合方面的作用。平台企业克服跨境业务障碍，提高与数字贸易紧密程度。一方面，跨境平台服务本身属于数字服务贸易，客户是进口方，平台企业是出口方；另一方面，交易平台为不同经济主体间的进出口贸易营造了良好的环境，双方可以通过平台更好、更快地开展贸易。此外，创新平台增进了全球数字服务分工，各国技术、软件等服务提供商深度融入平台构建的国际分工环境，相互补充、相互配合。

2. 以安全有序跨境数据流动为驱动

自2008年国际金融危机爆发以来，传统的资本流动、服务贸易和商品贸易增长已趋于平缓，而跨境数据流动却在飞速增长，促进和支撑了几乎所有其他类型的跨境流动，对世界经济增长的推动作用超过传统货物贸易。跨境数据流动不仅为世界各国信息传递提供支撑，促进全球价值链高效协同、配置，加快资金流、服务流、货物流等向更个性化、更高效率、更低的成本转变，还激励数字服务贸易蓬勃发展，引导社交媒体、搜索引擎、云计算等基于数据流动的新业态、新模式融入国际贸易。然而，个人隐私、国家安全、商业秘密等问题与数据相伴，只有建立可信、有序、安全的跨境数据流动国际制度，才能更好地推动世界各国减弱对跨境数据流动的限制，保障数字贸易长期稳定发展。

3. 以跨界融合的全球数字生态为发展方向

由于物流、咨询、金融、信息技术等生产性服务业线上服务能力不断增强，以及农业、制造业数字化转型引起的分工细化和服务外包需求，跨界融合的数字生态正逐步成形，且由单一市场向全球延展。其一，"供应链+研发+生产"的数字化产业链构建使物资链与数据供应链融合，加强产业链协同，实现全链条、全渠道供需精准匹配。其二，"金融服务+商业模式+生产服务"的数字化产业生态日趋完善，推动生产性服务业与工业跨界融合。

4. 以服务数字化和经济服务化为基础

由于全球分工不断细化，农业、制造业发展呈现服务化趋势，服务在生产中的贡献逐渐增多。产业发展从单纯生产制造或单纯出售产品向"生产+服务"或"产品+服务"转变。基于此，数字技术进一步改善了服务的生产和提供方式，服务内容与范畴快速拓展，服务的边际成本趋于零，部分服务转变为可存储、可复制、可线上交付，出现了"一点接入，全网服务"的可能。在国际贸易领域，服务数字化、经济服务化极大地改变了民众对服务贸易和传统服务业的理解，扩大了数字服务贸易的范围。

5. 以需求个性化和多样化为目标

基于数字贸易会迅速吸纳庞大的消费群体，个性化的需求逐渐得到重视。生产经营企业已越来越难以凭借标准化的服务与产品获取利润，因而，按照消费者的个性化需求提供定制化服务与产品成为增强全球竞争力的重点。亚马逊海外购的分析报告指出，消费者的选择非常多样化，长尾产品的销量增长显著。

第三节 数字贸易的发展阶段

数字贸易的发展并不是一蹴而就，而是渐进的演化过程。数字贸易在电子商务、跨境电子商务的基础上发展而来，从数字贸易的实际运行情况看，数字贸易有的内容属于全新的贸易模式，比如和数字贸易相关的数据传递与交换、社交媒体等。但是也有部分内容已经存在了较长时间，如电子音乐、游戏、电信服务等数字化产品或服务的贸易。电子商务尤其是当前的跨境电子商务，是数字贸易的重要组成部分，数字贸易是跨境电子商务未来发展的高级形态。

如果以数字贸易内涵的提出为时间节点，到目前为止也可将其发展划分为三个主要阶段。第一阶段是在 2013 年之前，即数字贸易的概念被正式提出来之前，这一阶段被界定为数字贸易的启蒙阶段；第二个阶段是 2013—2017 年，是数字贸易发展界定和新内涵出现的阶段，这一阶段被界定为数字贸易的起步阶段；第三阶段，2017 年之后数字贸易的各种形式纷纷涌现，发展较为迅速，这一阶段被界定为数字贸易的高速发展阶段。

一、数字贸易的启蒙阶段

2013 年之前，数字贸易这个概念鲜有提及，但是数字贸易的初始形式已经存在。这一阶段主要表现为跨境电子商务成为国际贸易的重要交易形式，跨境电子商务交易额不断提升，数字平台、搜索引擎不断成长，数字基础设施初步建立。根据贝宝（PayPal）与尼尔森（Nielsen）在 2013 年发布的报告数据，2013 年全球跨境电子商务交易额为 1 050 亿美元。

作为数字贸易的重要社交媒介,数字平台已经诞生并在全球范围被广泛使用。2004年,脸书在美国成立;截至2012年5月,脸书在全球拥有约9亿用户;截至2013年11月,脸书每天上传约35亿张照片。照片墙(Instagram)公司也在2010年正式登陆苹果应用程序商店(Appstore)。在中国,1999年2月,腾讯正式推出第一个即时通信软件腾讯QQ。2013年,腾讯QQ的最高同时在线账户数量达到了18亿户。2011年,腾讯公司正式推出微信,到2013年年底,微信的全球用户达到4亿人。成立于2009年的美国移动互联网公司WhatsApp,在2013年12月全球用户也达到了4亿人。作为欧洲第二大社交网站,俄罗斯社交平台VK①创立于2006年,截至2014年1月,VK至少拥有2.39亿个用户。2006年推特成立,到2013年年底,其活跃用户数量达到2.41亿。

谷歌、雅虎(Yahoo)、百度等知名搜索引擎已发展成熟,逐渐占领全球市场。全球最大的搜索引擎谷歌公司于1998年就成立了,并于2004年在美国纳斯达克上市。2013年,每天的搜索量达到33亿次。雅虎公司1994年成立,到2013年,用户数量达到30亿人。2000年1月,百度公司成立,到2013年,每天的搜索量达到50亿次。

数字基础设施初步建立,互联网普及率不断提升。2005年经合组织国家中只有不到60%的成人是互联网用户,但到2013年已经增长为约80%。根据中国互联网络信息中心发布的《中国互联网络发展状况统计报告》,截至2013年12月,中国网民规模达6.18亿人,全年共计新增网民5 358万人;互联网普及率为45.8%,较2012年年底提升37个百分点。截至2013年12月,中国IPv4地址数量为3.30亿个,拥有IPv6地址16 670块/32;中国域名总数为1 844万个,其中".CN"域名总数较2012年同期增长44.2%,达到1 083万个,在中国域名总数中占比达58.7%;中国网站总数为320万个,较2012年同期增长19.4%;国际出口带宽为3 406 824 Mbps。

二、数字贸易的起步阶段

2013年以后,数字贸易进入了发展快车道。这一时期,尽管美国国际贸易委员会尚未将跨境电商纳入数字贸易的定义范畴,但在跨境电商、数字平台等领域,各国都得到快速发展。这一阶段的主要表现为跨境电商进一步增长,数字平

---

① VK,VKontakte的简写,俄语的原意即为"保持联系"。VK是俄罗斯最大的社交网站,致力于打造简洁便捷的交流工具,联通生产、生活和服务。

台进入快速发展期,搜索引擎用户数量不断增多,数字贸易基础设施不断完善。

在此阶段,跨境电商进一步增长,全球电商交易额突破两万亿美元。根据《中国电子商务报告》相关年份数据的整合与核算,2013—2017年中国跨境电商保持了30%以上的年均增长率。2014—2017年,全球电商零售额从1.336万亿美元增长到2.304万亿美元。

数字平台进入快速发展期。2017年,脸书总裁扎克伯格在第二季度公司财务会议上宣布,脸书的月活跃用户达到了20亿人;WhatsApp日活跃用户数量突破了10亿;推特月活跃用户达到3.3亿人;到2017年7月,VK月活跃用户超过1亿人。根据微信团队发布的《2017微信数据报告》,2017年9月,微信日活跃用户为9.02亿人。

搜索引擎用户数量不断增多。2017年月独立访问用户数量前三名为谷歌、必应以及雅虎,用户数量分别为18亿、5亿以及4.9亿;百度的月独立访问用户数量为4.8亿。

数字贸易基础设施进一步完善。根据中国互联网络信息中心发布的《中国互联网络发展状况统计报告》,截至2017年6月,中国网民规模达到7.51亿人,占全球网民总数的1/5。中国互联网普及率为54.3%,超过全球平均水平4.6个百分点,手机网民规模达7.24亿人。截至2017年12月,中国域名总数为3 848万个,".CN"域名总数达到2 085万个,在域名总数中占比提升至54.2%。国际出口带宽为7 320 180 Mbps,年均增长10.2%。

三、数字贸易的高速发展阶段

2017年之后,数字贸易蓬勃发展,中国数字贸易的发展也进入快车道。这一阶段主要表现为跨境电子商务保持高速增长,数字平台用户数量持续攀升,谷歌成为占据全球搜索市场份额第一的搜索引擎,数字基础设施进一步完善,数据交易展现出巨大潜力。

跨境电子商务保持高速增长。据网经社"电数宝"电商大数据库监测数据,2019年中国出口跨境电商网络零售市场交易规模为1.73万亿元,同比上年增长23.57%。2019年中国出口跨境电商中B2B市场交易规模为6.3万亿元,同比上年增长10.5%。新冠疫情暴发之后,因为中国的产业链完整和有效控制了疫情,根据网经社的监测数据,2020年中国出口跨境电商市场规模达9.7万亿元,较2019年的8.03万亿元同比增长20.79%。据海关初步统计,2023年上半年跨境电商在"买全球、卖全球"方面的优势和潜力继续释放,进出口1.1万亿元,同比增长16%。其中,出口8 210亿元,增长19.9%,进口2 760亿元,增长5.7%,继续保持良好发展势头,有助于外贸的稳规模优结构①。

数字平台用户数量持续攀升。截至2020年12月,脸书产品的月度活跃人数为33.0亿人,推特月活跃用户为1.45亿人,VK的活跃用户也突破了1亿人。截至2020年2月,WhatsApp用户数量突破20亿,比过去两年增加5亿。

谷歌成为占据搜索市场份额第一的搜索引擎。2019年谷歌的搜索排名全球第一,占据78.23%的搜索市场份额,必应以8.04%的市场份额占据第二位,百度占据了7.34%的市场份额,雅虎占据了3.39%的市场份额,Yandex②占据了1.53%的份额。

数字基础设施进一步完善。以中国为例,互联网上网的效率和覆盖面显著提升。根据中国互联网络信息中心发布的《中国互联网络发展状况统计报告》,截至2021年6月,中国IPv6地址数量达62 023块/32,较2020年底增长7.6%;移动电话基站总数达948万个,较2020年12月净增17万个。中国网民规模达10.11亿,互联网普及率达71.6%。中国IPv4地址数量为39 319万个。中国域名总数为3 136万个,其中,".CN"域名数量为1 509万个,占全部域名的48.1%;".COM"域名数量为1 134万个,占全部域名的36.2%。到2021年4月,中国光纤宽带用户占比提升至94%,固定宽带端到端用户体验速度达到512Mbp,移动网络速率在全球139个国家和地区中排名第四位。

数据交易展现出巨大潜力。据高德纳公司(Gartner)统计,截至2019年底,全球数据中心共计42.9万个。美国市场研究机构协力研究集团(Synergy Research Group)的统计数据显示,截至2021年第三季度末,由大型供应商运营的大型数据中心数量已增至700家,美国占这些数据中心容量的49%,中国占容量总量的15%,位居全球第二。根据国际数据公司(IDC)发布的《数据时代2025》,2025年全球每年产生的数据将从2018年的33ZB(1ZB=10万亿亿字节)增长到175ZB,相当于每天产生491EB的数据。On Audience统计显示,2017—2019年全球最大的五个数据市场的市场交易值增长率均在20%以上,规模最大的美国市场交易值在2019年已达152.09亿美元。根据中国信息通信研究院发布的《数据价值和数据要素市场发展报告2021》,中国数据市场发展迅

---

① 根据国务院新闻办公室举行2023年上半年进出口情况新闻发布会情况整理。
② Yandex是俄罗斯重要网络服务门户之一,也是俄罗斯拥有用户最多的网站。https://yandex.com/。

速，交易值增速在全球遥遥领先。2017年、2018年连续两年的数据交易值均接近翻番，2019也在60%以上，达23.93亿美元，超过英国的23.55亿美元。2020年，全球数据量达到了60ZB，其中中国数据量增速迅猛，预计2025年将增至48.6ZB，占全球数据量的27.8%。值得注意的是，伴随着数据量的增加，数据背后可被挖掘的信息也日渐增加，政府和企业开始逐渐意识到数据泄露的严重后果，对数据安全的重视程度与日俱增。

第四节　数字贸易发展的意义

数字贸易是数字经济的重要组成部分，在数字技术的驱动下，数字贸易蓬勃兴起，成为国际贸易发展的新趋势，为全球经济活动运行注入了新动能。数字贸易的发展引起各国高度重视，其意义重大而且深远。

一、数字贸易加速全球产业链和供应链重塑

全球产业链已成为世界经济的典型特征，是全球生产循环的最本质内容。改革开放以来，中国积极主动地融入全球价值链，"中国制造"畅销全球，中国成为"世界工厂"。

由于全球贸易受到新冠疫情的冲击，产业链和供应链处于中断的状态，而数字经济和数字贸易则逆势发展。数字化已经成为引领国际贸易蓬勃发展的强劲动力，数字贸易的发展将迎来崭新的发展机遇，将成为未来全球经济的重要风向标，也是重塑全球产业链供应链的关键力量。

新冠疫情防控隔离以及传统行业的停工停产等给全球经济造成了巨大的损失，而数字化技术的应用和万物互联的发展则起到了稳定产业链运行的重要作用。疫情期间，在线办公、在线教育、线上化金融服务等一系列数字经济的应用场景得到了快速发展，以大数据、云计算和人工智能等为核心的"新基建"带动了消费、贸易的稳步发展，数字化产业聚集，产业链运行稳定，给人们的生活生产带来了新的希望，也产生了新的业务场景和生态。数字化产品和服务的出口额快速增长，跨境电商、在线交易、数据贸易等形式的出口愈加成熟，国际市场占有率大幅度提升，填补了传统产业链"断裂"的鸿沟，催生了新的产业链。数字贸易的产业链逐步完善，传统的产业链供应链体系与工业互联网、人工智能和现代物流体系融合，助推中国高水平对外开放，融入国际大循环。

同时，数字贸易改变了传统生产组织的形式。就生产组织而言，数字化平台为企业提供了充分的需求供给信息，将传统生产模式以企业为中心转变为以产品为中心。对于全球生产，数字化生产能使产品制造突破企业的边界，使产品内分工更为细化，进一步降低生产的交易成本和提高生产效率。数字化平台可以将全球各地的参与者聚集起来，提高跨境搜寻和协调的效率，并能让小企业参与进来，电子商务市场通过汇集大量的选择机会，使竞价更加透明。全球业务的成本和风险都在转移，知识和无形资产的重要性日益提升，加大了培养数字能力和劳动力技能的力度，生产自动化降低了劳动力成本套利的价值，并使基于靠近客户的地理位置决策成为可能。因此，数字经济正在全方位影响着全球分工格局。根据世界贸易组织发布的《2018年世界贸易报告》，目前全球服务贸易中超过一半的比例、跨境货物贸易中有12%以上的比例都已实现数字化；同时预测，在数字技术的带动下，2016—2030年全球贸易每年将额外增加2个百分点。[1] 中国需要进一步推动数字贸易的技术创新，推动中国的价值链转变为数字化价值链，抓住新科技革命的发展机遇期，构建以中国为核心的数字贸易产业链。[2]

二、数字贸易的发展推动国际贸易方式变革

数字技术积极助力国际贸易方式变革创新，进一步强化对外贸易纽带，助推形成新发展格局。数字经济中各技术模块的融合、集成应用，有利于优化贸易各环节运行，促进实现内需和外需、供给和需求的联动发展，降低了贸易成本，提高了贸易效率，为国内国际双循环相互促进奠定良好基础。比如，通过对贸易数据的实时抓取与深度挖掘，可以降低信息搜集的费用、时间及风险，有利于打破贸易信息壁垒；数字技术与物流服务融合，实现货物仓储、分拣运输智能化，可以降低运输空载率以及运输成本。又如，通过实时分析贸易数据实现决策处理自动化，可以提高出口企业运行效率；推动公共服务信息化进程，可以缩短贸易时间、提高贸易效率。再如，发展数字经济不仅可以促进国内供给能力提升，而且可以通过数字经济平台扩大进口规模，强化对外贸易纽带，推动国际经济循环。进口规模扩大，又可以促进国内消费升级，进而加速产品更新迭代、促进国内产

---

[1] 倪红福，田野. 新发展格局下的中国产业链升级和价值链重构 [J]. China Economist, 2021, 16 (5)：72-102.

[2] 邓宇. 数字贸易："双循环"发展新格局下的经济风向标 [J]. 现代商业银行, 2020 (19)：46-49.

业升级，为出口贸易创造条件，推动国内国际双循环相互促进[1]。2020年新冠疫情暴发之后，以数字技术为基础的远程办公、视频会议、在线教育、远程医疗、跨境电商、网上展会等新业态新模式异军突起，对国际贸易循环畅通发挥了重要促进作用。

可以看到，新技术加速拓展服务外包领域。2020年，我国数字化程度较高的集成电路和电子电路设计业务离岸执行额490.9亿元，同比增长41%；知识密集型的医药和生物技术研发业务离岸执行额488.1亿元，同比增长25%[2]。人工智能的迅速发展，对服务外包产业发展规模的影响既有替代效应，也有增量效应。替代效应体现在人工智能代替人力的服务外包，尤其是对于简单、高频的服务内容，人工智能无论是在成本还是服务质量上都表现得更加出色。增量效应体现在人工智能拓宽服务外包领域，在上游人工智能芯片领域，人工智能芯片衍生出对人工智能芯片设计的需求。根据中商产业研究院数据，2017年全球人工智能芯片市场规模达44.7亿美元；在下游人工智能应用领域，更加智能的服务吸引更多市场主体发包，比如政府发包构建"智慧城市"，制造业企业发包构建"智能工厂"，农业企业发包构建"精准农业"等[3]。

再如，云计算成为信息技术外包增长的重要动力。2016—2018年，全球云计算市场规模从874亿美元增长至1 883亿美元，年均增速高达29.2%。根据服务外包的定义，2019年全球云计算服务外包规模达788亿美元，同比增长31.3%。随着更多的企业和政府上云，云计算服务外包仍将处于高速发展阶段，预计到2023年，全球云计算服务外包规模将达到1 720亿美元，年均增速达21.5%。中国云计算服务外包保持高速增长。2015—2019年，中国云计算服务外包规模从47.2亿元增长至494.5亿元，增长近9.5倍，年均增速高达79.9%[4]。从近两年的大额服务外包合同额来看，云计算服务外包合同额也在持续上升，2019年至2021年分别为219亿美元、332亿美元和513亿美元[5]。

---

[1] 赵春明，班元浩. 推动形成新发展格局［J］. 国企管理，2020，No.65 (21)：18.
[2] 商务部，《2020年中国服务外包情况》，http://www.mofcom.gov.cn/artical/iyil//202102/20210203038253.shtml.
[3] 商务部，《中国服务外包发展报告2019》，http://images.mofcom.gov.cn/ fms/202101/20210104191758688.pdf.
[4] 商务部，《中国服务外包发展报告2019》，http://images.mofcom.gov.cn/ fms/202101/20210104191758688.pdf.
[5] 商务部，《中国服务外包发展报告2019》《中国服务外包发展报告2020》《中国服务外包发展报告2021》，http://www.coi.org.cn/article/bt/bs/.

三、壮大数字贸易是中国贸易高质量发展的重要力量

数字贸易是畅通内外循环的有效牵引。作为发展外向型数字经济的主要载体，数字贸易将成为国内国际双循环相互结合、相互促进的一个综合性业态。发展数字贸易，既有利于促进国内经济大循环的畅通，也有利于国际经济循环的畅通，是推动形成国内国际双循环相互促进的新发展格局的"加速器"。发展数字贸易可以推动高水平开放型经济新体制，可以有效应对国际经贸新形势。数字贸易是国内大循环的延伸方向。国内大循环为数字贸易发展提供了扎实基础，而数字贸易繁荣也有利于提升中国供给体系的适配性。数字技术和数字贸易的发展，可以为供求双方提供更丰富的商品信息，使供应商更容易实现个性化产品设计和定制，从而推动消费品供给向多样化、定制化转变，提升供给体系对国内需求的适配性。发展数字贸易可以吸引全球创新要素流入中国市场，弥补国内数字经济的发展短板；发展数字贸易进一步丰富了中国企业参与国际竞争的机会，拓展中国在全球数字经济领域的影响力，进一步推动数字经济提质增效。数字贸易是促进国际经济循环的关键枢纽。习近平总书记指出："构建新发展格局的关键在于经济循环的畅通无阻，就像人们讲的要调理好统摄全身阴阳气血的任督二脉。"[①]"十三五"时期，随着数字技术与国际贸易加速融合，中国数字贸易保持高速增长，规模持续扩大，比重逐步提高，展现出亮眼的发展潜力，不但有效联结国内市场与国外市场，而且也成为各地区实现贸易突破发展的有力抓手。

数字贸易是新时期中国经贸合作的主攻方向。纵观历史，贸易强国的崛起往往伴随着技术体系的变革。当前数字技术正在改变全球贸易图景，应用数字技术提高国家的技术竞争力和产业竞争力是成为贸易强国的关键。各国纷纷推进贸易数字化转型，加快数字贸易发展。对于中国而言，数字贸易更是展示中国对外合作积极形象的新窗口。中国紧抓数字贸易发展机遇，加快打造更加开放、透明、包容的全球数字贸易发展新生态，积极推进数字贸易领域的国际合作。"十三五"时期，中国出台了一系列政策措施，从宏观部署、行业促进、先行先试等多维度形成了推动数字贸易发展的政策框架。"十四五"时期，数字贸易已成为中国对外开放向格局更优、层次更深、水平更高方向发展的重要抓手。近年来，中国积极推动数字贸易开放发展与互利合作。不断放宽相关领域的市场准入，有序

[①] 习近平. 论把握新发展阶段、贯彻新发展理念、构建新发展格局 [M]. 北京：中央文献出版社，2021：484.

推进电信、互联网、教育、文化、医疗等领域的相关业务开放。有效提高跨境服务贸易开放水平,建立健全跨境服务贸易负面清单管理制度,促进资金、信息、数据、技术、人才等要素跨境流动便利化。各业务方向的国际合作也不断拓展,例如,区块链技术国际合作方面,随着"一带一路"建设深入推进,中国与马来西亚、印度尼西亚、哈萨克斯坦、新加坡等沿线国家加强区块链技术在跨境贸易、数字货币、资格认证等方面的应用,区块链技术与跨境贸易深度融合,生态体系逐步完善。北斗系统卫星导航全球服务能力增强。目前,北斗相关产品已出口一百二十余个国家和地区,与全球137个国家签订了北斗合作协议,向"一带一路"沿线国家和地区亿级以上用户提供服务。

案 例

近年来,随着信息通信技术的快速发展,全球产业结构、组织生产方式和产品内容等发生了深刻变化,这些变化催生了新的贸易形式,即数字贸易。联合国贸易和发展会议贸易与商品司的高级经济事务官张丽萍表示,"数字贸易和跨境电商具有很好的发展前景,尤其是一些发展中国家具有较大的发展空间"。

数字技术正在通过多方面影响全球贸易构成。商务部与世界贸易组织秘书处联合发布的《2018年世界贸易报告》指出,数字技术最重要的影响就是显著降低了贸易成本。同时,技术变革提升了全球贸易尤其是服务贸易的增长,发展中国家在全球贸易中有获取更大份额的机会。报告预计,全球服务贸易占比将由目前的21%增至2030年的25%,发展中国家贸易占比将由2015年的46%增至2030年的57%。世界贸易组织前总干事罗伯特·阿泽维多指出,数字技术不仅对货物贸易有利,还促进了服务贸易的便利化、催生了新的服务业态。如物联网、人工智能、3D打印和区块链可能深刻改变贸易模式、贸易主体和贸易对象。全国政协常委、九三学社中央副主席赵雯表示,"中国一直高度重视服务贸易开放与服务贸易发展,数字贸易已成为我国服务贸易发展的新趋势,并呈现出高质量发展的态势"。2020年8月,国务院印发了《全面深化服务贸易创新发展试点总体方案》,明确指出要大力发展数字贸易,完善数字贸易政策,优化数字贸易包容审慎监管,探索数字贸易管理和促进制度。

根据上述资料,试分析数字贸易产生的时代背景,以及数字贸易的发展对全球各经济体乃至全球贸易架构可能带来的深远影响。

小　　结

自从数字贸易这一术语被首次提出，国际社会至今尚未对其概念形成共识，但随着数字贸易实践的发展，国际社会对数字贸易的认识越发深刻。数字贸易在数字经济发展大环境下，凭借数字技术蓬勃发展，具有自身的属性和特征，与传统贸易相比既有区别又有联系。数字贸易发展至今，大致可以划分为各具特点的三个阶段。中国发展数字贸易具有重要的时代意义，不仅对全球经贸合作、全球价值链重塑起到重要的推动作用，而且是中国高水平对外开放的关键环节。

习　　题

1. 数字贸易尚未形成统一的概念，通过梳理国内外各界对其内涵的理解，你认为目前主要的分歧是什么？你如何认识数字贸易？

2. 数字贸易与传统贸易相比，在哪些方面是相同的？在哪些方面存在较为明显的区别？

3. 习近平总书记在党的二十大报告中指出："依托我国超大规模市场优势，以国内大循环吸引全球资源要素，增强国内国际两个市场两种资源联动效应，提升贸易投资合作质量和水平。稳步扩大规则、规制、管理、标准等制度型开放。推动货物贸易优化升级，创新服务贸易发展机制，发展数字贸易，加快建设贸易强国。"你认为数字贸易对我国高水平对外开放有何重要意义？

第五章 数字贸易的统计

虽然国际社会对数字贸易的概念还没有达成共识,但对如何统计数字贸易很早就已开始讨论。如何搭建数字贸易的统计框架,数字贸易统计应该囊括哪些范围,数据如何获取,数字平台应用对数字贸易的影响,数据流动对数字贸易的影响,诸如此类问题都是做好数字贸易统计需要解决的问题。目前,我国对数字贸易的统计尚处于探索阶段,要最大程度利用现有统计途径呈现数字贸易的发展情况,并从全球视角进行统计对比,这对未来发展具有重要的指导意义。

本章主要依据国际机构对数字贸易的界定,以及构建的数字贸易基本测度框架为基础,阐述国内外研究机构和研究团队对数字贸易统计的探索和实践;为了更好地展示全球数字贸易的规模,专门就数字服务贸易进行解析;在此基础上,借用国际机构现有的统计数据和估计数据,分析全球数字贸易的发展情况。

第一节 数字贸易测度的基本概念

一、数字贸易测度的基本框架

数字贸易主要以数据资源的跨国交换为核心特征,所涉及的领域突破了行业限制和地域限制,其统计测度与传统贸易统计测度具有一定的交叉性,但又存在显著的差异性。至今,对于数字贸易的科学统计仍处于不断探索和完善的阶段。

2017年10月,国际货币基金组织和经济合作与发展组织,发布了一份联合盘点调查报告，其中提出了数字贸易测度的概念性框架①。该报告确定了数字贸易的三个维度：交易的性质（"如何"，how）、产品（是"什么"，what）和参与者（是"谁"，who）。该报告提出，在当前数字贸易的统计工作定义中，数字贸易的特征是所有跨境贸易交易，无论是数字订购、数字便利还是数字交付，尤其是交易的性质决定了哪些交易部分被视为数字交易，如图5-1所示。

本书采用该报告的阐述，将上述三个维度称为数字贸易的本质、数字贸易的标的和数字贸易的主体。首先，数字贸易的本质主要用来界定数字贸易的范畴，即数字订购的跨国交易、平台促成的跨国交易或数字交付的跨国交易，这些均可称为数字贸易。其次，数字贸易的标的主要说明数字贸易的产品类型，即不同于传统的货物贸易和服务贸易，数字贸易还将信息或数据作为单独的交易产品，扩大了贸易统计测度的范围。最后，数字贸易的主体为数字贸易的主要参与者，包括企业、消费者、政府、非营利组织等。

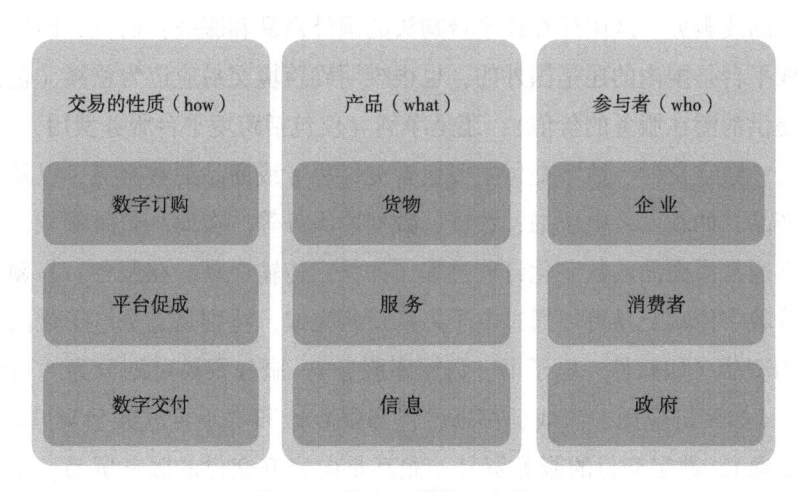

图 5-1 数字贸易的三个维度

交易的性质（how）	产品（what）	参与者（who）
数字订购	货物	企业
平台促成	服务	消费者
数字交付	信息	政府

资料来源：OECD（2017），"Measuring Digital Trade: Towards a Conceptual Framework".

（一）数字贸易的本质

科学合理地对数字贸易进行统计测度，首先需要明确数字贸易的本质内容。根据 OECD（2017）的研究分析，数字贸易主要包括数字订购的跨境交易、平台

---

① IMF，https://www.imf.org/external/pubs/ft/bop/2017/pdf/17-07.pdf；OECD（2017），"Measuring Digital Trade: Towards a Conceptual Framework"，OECD unclassified document，STD/CSSP/WPTGS（2017）3，http://www.oecd.org/officialdocuments/publicdisplaydocumentpdf/?cote=STD/CSSP/WPTGS（2017）3&docLanguage=En.

促成的跨境交易和数字交付的跨境交易。

第一，数字订购。数字订购是指可以纳入跨境电子商务范畴的商品贸易和服务贸易。具体而言，数字订购是指通过专门设计的电脑网络（即在该网络上接单或下单）而跨境从事商品或服务交易。数字订购必须是通过网络、外联网或电子数据交换网完成的订单，不包括通过电话、传真或电子邮件完成的订单。然而，这些商品和服务的最终支付和配送可以不通过线上操作。数字订购可以在企业、家庭或个人、政府和其他公共组织或私人组织之间进行。

第二，平台促成。跨境交易平台，如亚马逊、阿里巴巴等的快速发展加速了国际贸易数字化的进程。虽然并不是所有的数字贸易都会使用跨境交易平台，但是跨境交易平台的广泛参与为数字贸易统计带来了诸多的挑战。例如，很难规范统计跨境交易平台的具体类型；很难准确界定潜在的交易应记为跨境贸易还是收入流，这其中包括从国外在线平台购买的国内商品或服务，从国内在线平台购买的国外商品或服务，从国外在线平台购买的国外商品和服务；而且，即使能确定交易在线平台是国内的还是国外的，也很难明确跨境交易应记为总额（包括消费者之间提供的潜在服务的价值），还是净额（仅包括跨境平台服务费用）。

第三，数字交付。数字交付主要包含交付服务或商品的数据流，以及交付可下载的产品，如软件、电子书、数据、数据库服务等。在商品贸易领域，数字贸易的概念通常指商品的数字化订购过程，如数字传输交易。在服务贸易领域，很大一部分数字传输交易可以通过电子订购过程完成，特别是完全电子化的产品或可下载的产品（如软件、电子书、数据库服务）。服务贸易可划分为"可以数字交付的"（如手机应用、游戏、音乐、咨询服务）和"不可以数字交付的"（如建筑、交通）。数字交付的服务贸易，尤其是向家庭交付的服务贸易，使得数字贸易统计测度面临严峻挑战，这一般会导致大多数国家的数字贸易数额被低估。另外，涉及家庭的交易需要以家庭调查数据作为支撑，但大部分国家并没有进行这方面的统计。

（二）数字贸易的标的

不同于传统的货物贸易和服务贸易，数字贸易还将信息或数据作为单独的交易产品，从而扩大了贸易统计测度的商品类型及商品范围。这种区别可以区分正在交易的产品类型，包括数字赋能的商品、数字赋能的服务、数字化交付的服务和数字化交付的信息（或数据流），并决定了所面临的贸易政策环境（如关贸总协定或服务贸易总协定，但也可能包括其他协议）。

数字赋能的商品是实体货物，特指通过以平台为代表的数字化技术订购的实体货物，比如通过电子商务平台购买的书籍，以及通过跨境电子商务平台购买的食品等。在线下书店购买书籍，可能会通过扫码支付等数字化手段进行结账，但这并不属于数字贸易的范畴；在线上平台下单，然后到线下实体店提货，则属于数字贸易的范畴。即实体货物这一类贸易标的必须是通过数字化手段完成订购的，除此之外，其标的和传统贸易中的实体货物并没有本质的区别。

数字化交付主要是指通过数字化的手段传输的服务和产品，包括视频、音乐、软件、教育等。这一类贸易标的全部是虚拟标的而不包括实体标的，具体标的属于产品还是服务则需要更深入地分析。传统意义上，产品和服务的区别主要在于：第一，产品是有形的，而服务是无形的；第二，产品的生产和消费是分离的，而服务的生产和消费是同时的；第三，产品是可以储存的，而服务是不可以储存的。由于数字产品通过比特的方式传输和存储，并没有具体的、固定的空间形态，无法通过第一条标准来区分数字产品和数字服务。第二、第三条标准，特别是第二条，可以作为区分数字产品和数字服务的主要标准。举例来说，电子书的交易中，电子书的创作和电子书的消费是完全分离的（第二条标准），电子书储存于服务器中（第三条标准），因而电子书属于数字产品的范畴。其他数字产品还包括电子音乐、网络视频、数字游戏等。直播课堂则是典型的数字化交付的服务，在线课堂中老师对知识的生产和学生对知识的消费是同时进行的（第二条标准）。其他数字化交付的服务还包括即时通信服务、社交媒体服务、搜索引擎服务等。

（三）数字贸易的主体

在传统贸易的框架中，国际贸易主要发生在企业和企业之间（B2B模式），而较少发生在企业和个人之间（B2C模式）。传统贸易的参与主体包括三类：出口方（生产企业、出口代理商）、进口方（进口代理商、零售商、最终消费者）以及连接出口方和进口方的其他中间组织。在传统贸易模式中，虽然最终消费者也会参与国际贸易，但是参与程度相对较低，消费者主要还是从进口商或零售商处购买国外的产品。

不同于传统贸易的框架，在数字贸易的框架中，大量的最终消费者会直接参与国际贸易。B2C模式的跨境电子商务业务迅速发展，在消费者之间开展的跨境交易业务（C2C模式）也逐步兴起。一方面，数字贸易的B2C模式主要涉及不同国家的企业和最终消费者，企业绕过中间商而直接向消费者销售产品或服务，

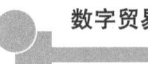

最终消费者成为大量直接参与国际贸易的主体。互联网及科学技术的快速发展使得个人消费者能够从国外供应商手中直接购买商品或服务（B2C 模式），电子商务或在线销售显著降低了出口壁垒，使小企业也能够较为便捷地向海外市场销售它们的产品或服务。另一方面，数字贸易的 C2C 模式主要指不同国家的两个消费者（家庭）之间发生交易，如支持房屋租赁的"爱彼迎"（Airbnb）。随着信息通信技术的快速发展，数字贸易的 C2C 模式日益流行。由此可见，与传统贸易相比，数字贸易的参与主体更为庞杂，这给数字贸易的统计带来了巨大挑战。

二、数字贸易测度的基本原则

对数字贸易进行测度，需要紧紧围绕上述的概念框架展开，同时应当严格遵循以下四条基本原则：

第一，遵守国际标准。为了提升指标的国际可比性，在对我国数字贸易进行测度时，应当综合考虑各国和国际组织现有的测度方案。例如，OECD、WTO 和 IMF 联合发布的《数字贸易测度手册（第一版）》（以下简称《手册（第一版）》），2023 年 7 月，由 WTO、OECD、IFM 和 UNCTAD 联合发布的《数字贸易测度手册（第二版）》（以下简称《手册（第二版）》）[1]。

第二，采用多源数据。由于数字贸易标的多样、内容庞杂，在测度时应当综合使用多种不同的技术手段，包括直接对企业和家庭进行调查，从海关、税务等政府部门获取数据，通过数字化平台采集数据，通过大数据交易所获取数据等。

第三，做到分类明确。为了提高统计数据的可比性，在对采集到的数据进行分类汇总时，应当尽可能采取已有的分类标准，比如 2017 版《商品名称及编码协调制度》（以下简称《协调制度》，HS）、2010 版《扩大的国际收支服务分类》（EBOPS 2010）、2017 版《国民经济行业分类》以及《数字经济及其核心产业统计分类（2021）》等。

表 5-1 所示的是《手册（第一版）》中设计的测度数字贸易的报告模板，表 5-2 所示的是《手册（第二版）》中设计的测度数字贸易的报告模板，相比之下，第二版的报告模板更简洁清晰，而且通过附录项目将数字贸易包含的范围进一步细化，为各国数字贸易统计提供了有价值的参考。

---

[1] OECD, WTO, IMF. Handbook on Measuring Digital Trade（Version 1）[R/OL]. 2019. https：//www.wto.org/e_com_e_lib/en/information#taxonomy－11；WTO, OECD, IFM, UN. Handbook on Measuring Digital Trade（second edition）[R/OL]. 2023. https：//www.wto.org/english/news_e/news23_e/dtech_28jul23_e.htm.

表 5-1 OECD、WTO 和 IFM 发布的数字贸易报告简易模板一

类别		出口			进口		
		通过机构部门			通过机构部门		
		按行业划分的公司	政府	居民	按行业划分的公司	政府	居民
数字订购	货物						
	服务（不包含数字交付）						
数字交付服务	数字订购						
	非数字订购						
数字贸易总额							
通过数字平台的交易	数字订购的货物						
	数字订购的服务（包括数字交付和非数字交付）						

资料来源：OECD、WTO 和 IFM 发布的《数字贸易测度手册（第一版）》，2020 年 3 月。

中国数字贸易的发展在国际范围内具有领先优势，在数字经济分类、电子商务统计、跨境电商进出口统计、大数据交易统计等方面有很多成熟的发展经验。中国在确定数字贸易测度的细则时应充分借鉴国际组织发布的测度手册，并为其他国家测度数字贸易提供可参考的中式模板。《手册（第二版）》专门以中国海关总署对跨境电商的统计以及中国商务部对服务外包的统计为典型案例，介绍中国的数字贸易统计做法和经验，并分析了面临的挑战和改进方向。

表 5-2 WTO、OECD、IFM 和 UN 发布的数字贸易报告模板二

编号			出口总额	进口总额
1	数字贸易总额 2+3-4			
2	数字订购贸易 2.1+2.2	2.1 货物		
		2.1.a 其中：通过数字贸易平台		
		2.2 服务		
		2.2.a 其中：通过数字贸易平台		

续表

编号			出口总额	进口总额
3	数字交付贸易			
		其中：通过数字贸易平台 3.a		
4	数字订购和数字交付贸易			
		其中：数字中介服务		
	附录项目			
	数字服务贸易 2.2+3-4			
	可数字化交付的服务 >3			

注：交易应按相关产品分组进行细分，比如 EBOPS 2010 适用于服务，WTO 的《商品名称及编码协调制度》（The Harmonized Commodity Description and Coding system，HS）或者联合国中心产品分类（Central Product Classification，CPC）适用于货物。

资料来源：WTO、OECD、IFM 和 UNCTAD 联合发布的《数字贸易测度手册（第二版）》。

三、数字贸易测度面临的主要挑战

由于数字贸易的兴起时间较短、发展速度较快、发展模式多样，现阶段各国对数字贸易的定义和统计尚未达成共识。目前，数字贸易统计测度处于不断完善的阶段，在说明数字贸易基本框架的同时也谈及数字贸易统计面临的一些挑战，这里再进行总结。

（一）数字贸易规模明显存在被低估现象

近些年来，跨境 B2C 模式的贸易量、数字促成的贸易量逐年增加，但在贸易统计时，通常假定这些交易的规模较小，一般不纳入统计范畴。同时，"最低免税额"制度也使得小额交易很难被有效记录。这种简化的统计方法已不能反映真实的数字贸易规模。另外，许多公司内部的数据流也可能并未记录在常规的贸易统计中。

（二）数字贸易的统计缺乏统一口径

数字贸易活动分类无明确标准，且不同种类服务提供者的分类在各个国家可能会有所不同，这导致了统计口径偏差。数字贸易可以被归类为不同的部门，但是这些不同部门对交易分类可能并没有统一标准，如拼车交易可以划分为交通服务或者中介服务。当交易分类界限模糊时,如何准确统计就面临很大困难。而且,由于不同种类服务提供者的分类在各个国家可能会有所不同,这会造成数字贸易统计在不同国家之间并无可比性。

(三) 非货币经济活动难以被纳入统计范围

在数字贸易中,对非货币的经济活动进行统计十分困难。许多互联网企业为消费者提供免费服务的活动,其运营要通过广告获得收益,或者通过向第三方售卖调查消费者信息的方式获取收入。虽然数据流并不直接产生金钱交易,但数据流构成了收入的基础,这增加了数字贸易统计测度的难度。理论上,所有以数据为基础的广告服务或销售收入都应该记录在统计系统中,然而当消费者剩余出现时,就出现了统计上的困难。例如,社交网络推特、搜索引擎谷歌为用户提供免费的相关服务,但是在这个过程中,用户需要提供自身的数据。推特和谷歌与其用户之间并没有直接的金钱交易(以现存的国际标准来评判,其中不存在贸易),然而推特和谷歌可以依靠其用户的数据获得广告收入。虽然广告收入统计在贸易数据中,但是数据流没有被统计到贸易数据中,这为科学合理地统计测度数字贸易带来了严峻挑战。

(四) 识别和统计数字促成的交易难度较大

数字促成的交易存在识别困难,这会造成数字贸易统计数据不精确。很难识别企业(尤其是中小企业)在多大程度上使用数字渠道来销售其产品和服务。传统的跨国公司和数字平台在实际操作层面也存在很多灰色地带,其记录的服务收入或主要销售收入的能力取决于其如何交付服务给第三方或公司内部。而识别通过使用数字工具促成的销售的会计框架并没有建立起来,导致这些数据难以被统计者所知晓,进而会造成统计数据和统计结果不精确。

(五) 跨境数据流动测度依然面临统计困难

数字贸易统计中,跨境数据流测度面临两个难题:一是如何将这些数据纳入总的会计框架中;二是国际上没有公认的数据价值评估和数据分类的方法。美国商务部给出了测度跨境数据流价值的建议,具体可归纳为:对服务部门的官方统计,要扩大覆盖面,提高质量;对与跨境数据流相关的概念建立起一个标准属性或标准定义,区分数字经济、数字密集型、数字促成的经济和信息与通信技术等名词的内涵;更好地理解公司如何利用跨境数据流,数据流能提供什么经济价值;开发更先进、更连续的宏观经济统计体系,以测度跨境数据流的价值和数字经济,如测度数据流和数字经济对 GDP 的贡献;继续和私营企业对接,以促进

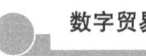

数据共享,将公共数据和私人数据连接,使之在法律上和逻辑上可行,同时要保护企业的隐私;继续与国际组织合作,确保跨境数据流和数字经济测度可以为世界各国所用。

第二节 数字贸易测度的实践

一、数字贸易测度的尝试

(一) 国际组织开展的数字贸易统计尝试

在统计数字贸易之前,国际组织首先尝试统计与测度跨境电子商务交易。2016年,万国邮政联盟、联合国贸易与发展会议、经济合作与发展组织和世界贸易组织联合开展了一个合作项目,对跨境电子商务交易进行测度;联合国贸易与发展会议与信息和通信技术部门合作,希望找出ICT服务和ICT促成的服务之间的区别;世界海关组织通过商务合作小组,开始开发工具和系统来识别商品贸易中的电子商务交易。

2017年,国际组织在数字贸易统计架构设计上取得突破性进展。如前所述,2017年3月,OECD发布研究报告《测度数字贸易:走向概念性框架》,对测度数字贸易建立了一个概念架构。2017年10月,国际货币基金组织国际收支委员会发布研究报告《测度数字贸易:OECD/IMF的盘点调查》,再次强调了数字贸易测度的必要性和重要性,并再次转述了OECD报告内的概念框架。

此外,2019年,欧洲国际政治经济中心发布了"全球数字贸易限制指数"(Digital Trade Restriction Index,DTRI)。该指数侧重衡量各国对数字贸易的限制政策和监管环境,相关结果显示,中国、俄罗斯、印度、巴西、越南等新兴经济体对数字贸易的限制指数是最高的。事实上,鉴于经济发展阶段的差异,发展中经济体对数字贸易的监管往往会远高于发达经济体。就数字贸易这种新型贸易业态而言,更为务实的是创造有利于数字贸易发展的综合环境(包括基础设施、商业环境等),在发展过程中促使政策制定者意识到监管上存在的不足并不断优化综合政策环境,对发展中经济体而言尤其重要。

(二) 国内机构开展的数字贸易统计尝试

国家统计局率先尝试和探索数字经济的统计。目前,传统生产及消费方式发生了深刻的变化,新的经济统计监测体系亟待建立。2017年7月,国家统计局印发了《中国国民经济核算体系（2016）》，该核算体系已涉及关于数字经济统计的部分说明。2018年11月，国家信息中心相关研究人员通过回顾数字经济的理论体系和测度方法的相关研究，对比评述了国际和国内数字经济相关指标体系的优缺点和参考价值，给出了用对比法测度数字经济发展水平指标体系的构建思路：第一，强化数字经济测度和评估的理论研究，提出建立在坚实的统计理论基础之上、契合中国实际发展情境的测度框架；第二，建立跨部门、跨层级的数据调查、指数研究及评估工作机制，系统构建关键指标统计调查框架，保障一手数据、核心数据的长期采集；第三，创新性地探寻数据来源，加强具有国际可比性的指标体系构建[①]。

一些科研团队也在数字贸易统计相关领域取得一定的进展。2018年11月，上海社会科学院科研团队发布了研究成果《全球数字贸易促进指数报告（2018）》。与欧洲国际政治经济中心（ECIPE）发布的"全球数字贸易限制指数"（DTRI）将重心集中于数字贸易的限制相比，上海社会科学院所发布的数字贸易促进指数侧重于分析各经济体在发展数字贸易方面的基础水平、综合环境和发展潜力，主要测度全球主要经济体在市场准入、基础设施、法律政策环境和商业环境等四个层面的数字产品（服务和货物）在跨国界流动和到达目的地过程中的自由化程度和便利化程度（成本和效率）。该报告在数字贸易促进指数指标框架的基础上，结合国际组织发布的权威数据，采用标准统计分析方法，对全球74个主要经济体的数字贸易总指数和分项指数的得分和排名进行分析。首先，从数字贸易促进指数排名来看，芬兰、卢森堡和瑞士的得分位列全球前三位；总体来看，发达国家数字贸易促进指数明显高于发展中国家；主要新兴经济体中，俄罗斯的表现相对较好，位列全球第39位，随后为南非和中国，并列全球第51位，印度表现相对较差，位列全球第64位。其次，进一步采用聚类分析方法进行分析，结果表明：全球74个主要经济体中，有12个国家处于数字贸易发展的领先阶段，这其中包括8个欧洲国家，1个大洋洲国家（新西兰），其余3个国家为美国、日本和韩国。有12个国家处于数字贸易发展的成熟阶段，其中10个为欧洲国家，其余2个国家为澳大利亚和新加坡。处在数字贸易发展阶段的国家最多，共有39个国家，中国、俄罗斯、南非等新兴经济体处于这个阶段。此外，有11个国家尚处于数字贸易发展的起步阶段，这些国家以非洲、

[①] 徐清源，单志广，马潮江．国内外数字经济测度指标体系研究综述［J］．调研世界，2018，No. 302（11）：52-58.

南美洲和南亚国家为主。截至目前,该上海社会科学院科研团队已连续发布三份报告,在《全球数字贸易促进指数报告(2020)》中说明了数字贸易的测度情况,该部分内容在后面单独阐述。浙江大学中国数字贸易研究院研究团队通过构建数字贸易发展水平的评价指标体系,从发展环境、市场潜力两个方面对其他国家与中国各省份的数字贸易发展现状进行客观评估,该研究表明:第一,以美国、德国、英国为代表的发达国家是数字贸易的领跑者,而中国数字贸易的综合发展水平也处于世界前列,这主要是源于中国数字贸易的巨大市场潜力,但是中国在数字贸易发展环境方面与发达国家相比存在一定差距;第二,从中国各省份来看,中国数字贸易发展存在区域不平衡现象,表现为东部较强、西部较弱,南方较强、北方较弱的态势,东南沿海地区的数字贸易发展较为良好,中西部地区发展则较为滞后[①]。

二、现有代表性的测度实践

正如对数字贸易进行标准化定义比较困难一样,对于数字贸易的测度本身也充满了挑战。根据 OECD 关于数字贸易的界定,数字贸易的测度至少包含三个层面:一是对于数字订购贸易的统计;二是关于数字交付贸易的统计;三是关于数字中介平台的统计。特别是,随着越来越多的数字贸易通过大型数字中介平台(如亚马逊、阿里巴巴、腾讯、eBay 和 Uber 等)达成,数字贸易统计的重要性日益凸显。

(一) 数字订购贸易的测度

现有关于数字订购贸易(digitally ordered trade)的测度方法主要包括企业调查、用户调查、信用卡数据、其他支付公司的数据、基于海关统计数据获取数字订购的商品贸易、微观数据链接和专用数据源等。现有关于数字订购贸易的统计,主要是度量数字订购贸易(经常与"电子商务"混用)在一国或者全球经济中的规模和占比,分产业、产品领域的统计相对比较困难。其中,最大的挑战来自统计对象(不论是企业还是住户),通常难以分辨其业务是国内贸易还是跨境贸易,尤其是在出现第三方数字中介平台的背景下,很难知晓最终用户和原始供应商的信息。鉴于此,OECD、IMF 和 WTO(2020)提出了 11 个优化数字订购贸易统计的建议,详见表 5-3。

---

① SHUZHONG M, JIWEN G, HONGSHENG Z. Policy analysis and development evaluation of digital trade: an international comparison [J]. China & World Economy, Vol. 27, No. 3, 2019: 49-75.

表 5-3 《手册（第一版）》关于数字订购贸易统计的 11 个建议

领域	序号	建议
企业调查	1	电子商务调查有两种新方法：①按以下四个产品类别细分：数字订购的信息通信技术产品、其他数字订购的产品、数字交付产品中的数字订购服务（也可能在没有数据的情况下）以及其他数字订购服务；②通过将数字订购产品的总出口结果与基本的商业统计和贸易登记册联系起来，估算通过数字订购出口的产品所占的份额
	2	对于数字中介平台，以数字方式订购的营业额（销售额）的估计值应该仅反映与其提供的中介服务相关的收入，而不包括中间产品的价值。在明确收取中介服务费后，应将中介服务记录为居民生产者和消费者中的一方或双方支付，具体取决于谁支付了相关费用。如果没有明确收费，应将中介服务记录成作为中间产品的生产者支付
	3	为了提供企业进口数字订购服务的信息范围，各国应按伙伴国编制出口数据，以此作为其他国家进口统计的基础
	4	由于可以使用专门的家庭调查来得出家庭的单独进口估计数的范围，有关数字订购的出口（按进口伙伴国家和地区细分）的问题应区分消费者的类型（家庭和企业、政府）。在短期内，各国应利用整个经济体的可用信息，以此得出家庭和企业之间的出口数据
	5	基于企业的调查应包括通过数字订购所占份额的问题，并单独估算通过电子数据交换进行的交易。估算数据应将这些交易细分为是进口还是国内生产的产品
	6	基于企业的调查中，如果问题还区分了非居民和居民数字中介平台（DIPs）的销售，则可以使用这些问题来估算生产商进口的基础中介服务费的价值。平均中介服务费可以用国内经济中的数字中介平台收取的费率来确定，进口中介服务的价值是费率乘以出口产品的价值
	7	应努力探索将问题纳入标准商业调查的可行性，这些调查要求公司提供以下与数字订购相关的信息：通过自有网站获得的总销售额份额；通过互联网或应用程序（除自有网站外）获得的总销售额份额；通过电子数据交换的总销售额份额；通过自有网站的总出口份额；通过互联网或应用程序（除自有网站外）的总出口份额；通过电子数据交换的总出口份额；通过互联网或应用程序购买的总份额；通过电子数据交换购买的总份额；通过电子数据交换的进口总额份额
住户调查	8	对家庭和/或国际旅行调查应包括这些问题：要求受访者确定住宿占居民消费支出的份额，以及其他与数字订购相关的国外旅行服务所占的支出份额。在国际旅行调查中，非居民游客也可能被要求从居民那里购买类似的（数字订购的）物品

续表

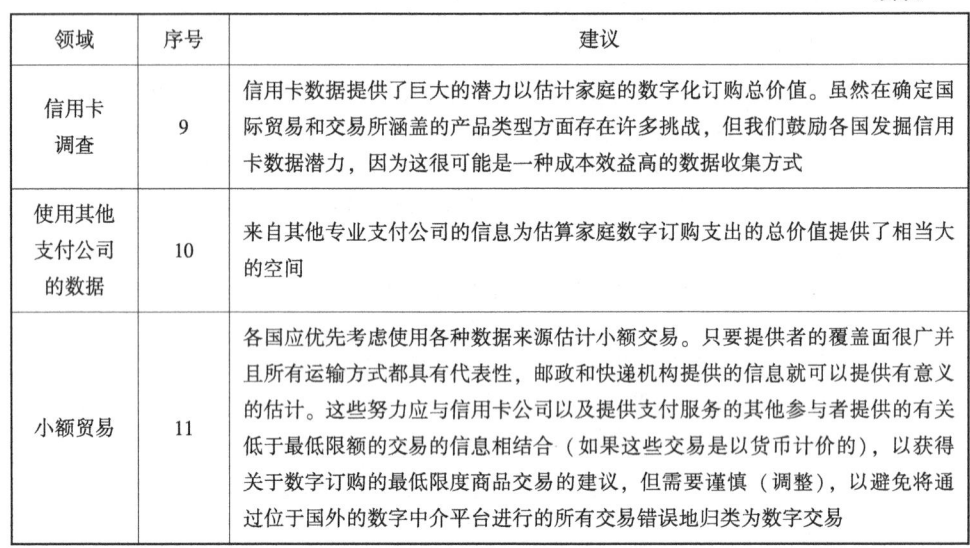

领域	序号	建议
信用卡调查	9	信用卡数据提供了巨大的潜力以估计家庭的数字化订购总价值。虽然在确定国际贸易和交易所涵盖的产品类型方面存在许多挑战，但我们鼓励各国发掘信用卡数据潜力，因为这很可能是一种成本效益高的数据收集方式
使用其他支付公司的数据	10	来自其他专业支付公司的信息为估算家庭数字订购支出的总价值提供了相当大的空间
小额贸易	11	各国应优先考虑使用各种数据来源估计小额交易。只要提供者的覆盖面很广并且所有运输方式都具有代表性，邮政和快递机构提供的信息就可以提供有意义的估计。这些努力应与信用卡公司以及提供支付服务的其他参与者提供的有关低于最低限额的交易的信息相结合（如果这些交易是以货币计价的），以获得关于数字订购的最低限度商品交易的建议，但需要谨慎（调整），以避免将通过位于国外的数字中介平台进行的所有交易错误地归类为数字交易

资料来源：OECD、IMF 和 WTO 联合发布的《数字贸易测度手册（第一版）》。

（二）数字交付贸易的测度

美国经济分析局（BEA，2012，2016，2018）在全球范围内率先发布了数字贸易的统计方式和统计数据，将数字贸易定位于潜在 ICT 赋能的服务贸易（potentially ICT enabled services，PICTE）。OECD（2017，2018）则基于企业的商业模式将数字贸易划分为 16 种类型，OECD、IMF 和 WTO（2020）进一步提出了基于《国际收支服务扩展分类》中的关于数字交付贸易（digitally delivered trade）的统计方法，并基于企业的商业模式将数字贸易的类型从 16 种扩大至 20 种。

1. BEA 对数字服务出口的测度

美国经济分析局（2012，2016，2018）指出，尽管美国的数字贸易在当前国际服务贸易数据中无法提供精确的价值估算，但却可以大致估算潜在的基于 ICT 服务贸易的价值。PICTE 服务是"主要通过 ICT 网络远程交付的服务，其中一部分实际上通过该方式提供"（Grimm，2016），如提供保险服务、金融服务和工程服务不要求提供商和客户在同一地点，而是可以通过数字网络提供服务。PICTE 服务还包括 ICT 服务，这些服务有助于信息处理和通信传输；与其他 PICTE 服务不同，BEA 可以精确测量 ICT 服务，因为 ICT 服务被定义为一组服务类型，而不是交付方式。基于以上理解，美国的数字贸易可以通过潜在 ICT 赋能的服务贸易来体现，PICTE 具体包括两个部分：一是 ICT 服务，二是其他潜在 ICT 赋能的服务。如表 5-4 所示。

表 5-4　美国经济分析局对数字贸易的统计分类

全部服务英文名称	全部服务中文名称	类别
Potentially ICT-enabled services	潜在 ICT 赋能的服务	数字贸易
ICTservices	ICT 服务	ICT 服务
Other potentially ICT-enabled services	其他潜在 ICT 赋能的服务	其他 PICTE 服务
Not potentially ICT-enabled services	非潜在 ICT 赋能的服务	传统服务
Maintenance and repair services n. i. e.	维护和维修服务	传统服务
Transport	运输	传统服务
Travel (for all purposes includingeducation)	旅行（含教育在内的所有目的）	传统服务
Insurance services	保险服务	其他 PICTE 服务
Financial services	金融服务	其他 PICTE 服务
Charges for the use of intellectual property n. i. e.	知识产权使用费用	其他 PICTE 服务
Industrial processes	工业流程	其他 PICTE 服务
Computer software	计算机软件	ICT 服务
Trademarks	商标	其他 PICTE 服务
Franchise fees	特许经营费	其他 PICTE 服务
Audio-visual and related products	视听及相关产品	其他 PICTE 服务
Other intellectual property	其他知识产权	其他 PICTE 服务
Telecommunications, computer, and information services	电信、计算机和信息服务	—
Telecommunications services	电信服务	ICT 服务
Computer services	计算机服务	ICT 服务
Information services	信息服务	其他 PICTE 服务
Other business services	其他商业服务	—
Research and development services	研发服务	其他 PICTE 服务
Professional and management consulting services	专业和管理咨询服务	其他 PICTE 服务
Technical, traderelated, and other business services	技术、贸易相关和其他商业服务	—

续表

全部服务英文名称	全部服务中文名称	类别
Architectural and engineering services	建筑和工程服务	其他 PICTE 服务
Construction	施工	传统服务
Industrial engineering	工业设计	其他 PICTE 服务
Mining	矿业	传统服务
Operating leasing services	经营租赁服务	传统服务
Trade related services	与贸易有关的服务	传统服务
Sports and performing arts	体育和表演艺术	传统服务
Training services	培训服务	其他 PICTE 服务
Other business services n. i. e.	其他商业服务	其他 PICTE 服务
Government goods and services n. i. e.	政府商品和服务	传统服务

资料来源：U. S. Department of Commerce Economics and Statistics Administration, Office of the Chief Economist, Digital Trade in North America, 2018；Grimm, Alexis, Trends in U. S. Trade in Information and Communications Technology (ICT) Services and in ICT-Enabled Services 2016；Maria Borga and Jennifer Koncz-Bruner. Trends in Digitally Enabled Trade in Services (1998-2010), 2012.

2. OECD、IMF 和 WTO 关于数字交付贸易的测度

OECD、IMF 和 WTO（2020）在《手册（第一版）》中认为，只有服务可以被数字传递。为此，该手册以服务范围为起点，认为数字交付贸易应涵盖与 ICT 密切相关的服务贸易，具体来说共包括十二个部门：保险和养老金服务，金融服务，知识产权使用费，电信、计算机和信息服务，研发服务，专业和管理咨询服务，建筑、工程、科学和其他技术服务，其他商务服务，视听及相关服务，健康服务，教育服务，遗产和文娱服务。此外，该手册还建议对运输、旅行、贸易和金融服务等基于 EBOPS 的各部门所涵盖的数字中介服务进出口的估计也应包括在内，详见表 5-5。

表 5-5 《手册（第一版）》与美国 BEA 关于数字交付贸易分类的比较

序号	《手册（第一版）》关于数字交付贸易的分类	BEA 关于数字交付贸易的分类
1	保险和养老金服务（EBOPS 6）	保险服务
2	金融服务（EBOPS 7）	金融服务
3	知识产权使用费（EBOPS 8）	知识产权使用费

续表

序号	《手册（第一版）》关于数字交付贸易的分类	BEA 关于数字交付贸易的分类
4	电信、计算机和信息服务（EBOPS 9）	电信、计算机和信息服务
5	研发服务（EBOPS 10.1）	研发服务
6	专业和管理咨询服务（EBOPS 10.2）	专业和管理咨询服务
7	建筑、工程、科学和其他技术服务（EBOPS 10.3.1）	建筑工程、科学和其他技术服务 工程设计 培训服务
8	其他商业服务（EBOPS 10.3.5）	—
9	视听及相关服务（EBOPS 11.1）	—
10	健康服务（EBOPS 11.2.1）	—
11	教育服务（EBOPS 11.2.2）	—
12	遗产和文娱服务（EBOPS 11.2.3）	—

资料来源：OECD、IMF 和 WTO（2020）以及 BEA（2012；2016；2018）发布的相关资料。

可见，《手册（第一版）》中的数字交付贸易所涉及的服务部门分类口径，与美国 BEA 的数字服务出口涉及部门有很大的重叠。但总体上看，前者所涉服务贸易的部门范围比后者更广，如视听及相关服务（audio-visual and related services）、健康服务（health services）、教育服务（education services）、遗产和文娱服务（heritage and recreational services）等 4 个服务部门被纳入《手册（第一版）》的数字交付贸易范围中，但没有出现在美国 BEA 的数字服务出口的部门范围中。不过，美国 BEA 数字服务出口中的子类"培训服务"（training services），也未出现在《手册（第一版）》的数字交付贸易范围中。

OECD、IMF 和 WTO（2020）关于数字交付贸易的测量方法不仅大致明确了基于 EBOP 分类的服务贸易部门范围，而且为了便于统计工作的开展，将数字服务贸易方式从 OECD 和 IMF（2017）报告中的 16 种拓展到 20 种，详见表 5-6。根据是否采用数字方式订购服务，在其 20 种类型中，绝大部分类型采用数字方式订购服务；根据是否通过数字贸易平台交易，有 12 种是通过数字贸易平台交易；根据产品提供服务，以货物为载体的有 7 种，其他都以服务为载体；在所涉及主体的商业模式中，B2B 有 8 种商业模式，B2C 有 7 种商业模式，而 C2C 有 5 种商业模式。

表 5-6 OECD、IMF 和 WTO（2020）关于数字贸易的分类举例（20 种模式）

如何（how）			产品	主体	描述
是否数字方式订购	是否使用平台	是否采用数字方式交付			
是	否	否	货物	B2B	位于 A 国的企业直接向位于 B 国的供应商购买货物。例如，一家企业通过"电子数据交换"（EDI）在线购买生产中使用的组件
是	否	否	货物	B2C	位于 A 国的消费者（为了最终消费）直接向位于 B 国的供应商购买货物。例如，消费者通过该供应商的网店在线购买货物（如衣服）
是	是	否	货物	B2B	位于 A 国的企业通过位于 A 国 B 国或其他任何地点的在线平台向位于 B 国的供应商购买货物。例如，通过 eBay 订购办公室家具
是	是	否	货物	B2B	*位于 A 国的企业通过位于 B 国的在线平台，向位于 A 国的供应商购买货物。例如一家企业通过非居民企业平台从另外一家居民企业购买电脑，由于通过数字中介平台（DIP）交易，只有卖方向在线平台支付的中介费被记录
是	是	否	货物	B2C	位于 A 国的消费者（为了最终消费）通过位于 A 国、B 国或其他任何地点的在线平台，向位于 B 国的供应商购买货物。例如在亚马逊订购一本书
是	是	否	货物	C2C	位于 A 国的消费者（为了最终消费）通过位于 A 国、B 国或其他任何地点的在线平台，向位于 B 国的另一消费者购买货物。例如通过 eBay 购买二手货物
是	是	否	货物	C2C	*位于 A 国的消费者（为了最终消费）通过位于 B 国在线平台，向位于 A 国的另一消费者购买货物。例如，消费者通过非居民企业平台向另一居民购买二手手机。由于交易通过数字中介平台（DIP）方式，只有卖方向平台支付的中介费用被记录
是	否	否	服务	B2B	位于 A 国的企业向供应商直接在线购买服务，该服务要以现实方式交付。例如，通过网站购买运输服务

续表

如何（how）			产品	主体	描述
是否数字方式订购	是否使用平台	是否采用数字方式交付			
是	否	否	服务	B2C	位于 A 国的消费者直接向位于 B 国的供应商购买服务。该服务要以现实方式交付。例如，通过宾馆自身的线上预订系统在线预订宾馆客房
是	是	否	服务	B2B	位于 A 国的企业通过位于 A 国、B 国或其他任何地点的在线平台，向位于 B 国的供应商购买服务，该服务要以现实方式交付。例如，标准化的维护与修理服务
是	是	否	服务	B2C	位于 A 国的消费者通过位于 A 国、B 国或其他任何地点的在线平台向位于 B 国的供应商购买服务，该服务随后以现实方式交付。例如，旅游者预订的共享驾驶服务（优步）
是	是	否	服务	C2C	位于 A 国的消费者通过位于 A 国、B 国或其他任何地点的在线平台，向位于 B 国的另一消费者购买服务，该服务随后以现实方式交付。例如，分享住宿（爱彼迎）
是	是	否	服务	C2C	*位于 A 国的消费者通过位于 B 国的在线平台，向位于 A 国的另一消费者购买服务。例如，消费者通过优步向居民预订共享驾驶服务。只有中介服务作为国际贸易被记录
是	否	是	服务	B2B	位于 A 国的企业直接向位于 B 国的供应商在线购买服务，该服务随后以数字方式交付。例如，企业购买标准化计算机服务
是	否	是	服务	B2C	位于 A 国的消费者直接向位于 B 国的供应商购买服务，该服务随后以数字方式交付。例如，消费者购买一份人寿保险
是	是	是	服务	B2B	位于 A 国的企业通过位于 A 国、B 国或其他任何地点的在线平台，向位于 B 国的供应商购买服务，该服务以数字方式交付。例如，一家公司通讨图形设计师平台订购关于标志（logo）的设计

续表

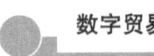

如何（how）			产品	主体	描述
是否数字方式订购	是否使用平台	是否采用数字方式交付			
是	是	是	服务	B2C	位于 A 国的消费者通过位于 A 国、B 国或其他任何地点的在线平台，向位于 B 国的供应商购买服务，该服务以数字方式交付。例如，订购音乐流媒体（music streaming）
是	是	是	服务	C2C	*位于 A 国的消费者通过位于 A 国、B 国或其他任何地点的在线平台，向位于 B 国的消费者购买服务，该服务以数字方式交付。例如，消费者通过 RAvery 向另一消费者订购针织图案
否	否	是	服务	B2B	位于 A 国的企业向位于 B 国的供应商进行线下订购，所购买的服务以数字方式交付。例如，企业定制咨询服务、业务流程外包（BPO）服务
否	否	是	服务	B2C	位于 A 国的消费者向位于 B 国的供应商线下购买服务，该服务以数字方式交付。例如，外国学生购买在线讲座教育服务

注："*"表示与 OECD/IMF（2017）报告相比增加的 4 种模式。

资料来源：OECD, WTO and IMF, Handbook on Measuring Digital Trade（Version 1），https：//www.wto.org/e_com_e_lib/en/information#taxonomy-11.

（三）数字中介平台贸易的测度

随着数字中介平台（digital intermediation platforms，DIPs）在国际贸易中的作用日益增强，OECD、IMF 和 WTO（2020）专门讨论了数字中介平台的贸易测度，报告对"基于收费的数字中介平台及其提供的服务"分别定义如下：①在线界面，以收费方式促进多个买方和多个卖方之间的直接互动，而中介平台不获取所售商品的经济所有权或提供所售服务（中介）；②基于收费的在线中介服务，使多个买家和多个卖家之间可以进行交易，而中介平台不获取所售商品的经济所有权或提供所售服务（中介）。现实中存在不收取费用的 DIPs（涉及非货币交易），但这超出了当前数字贸易衡量标准的范围，故不在此讨论。

数字中介平台主要提供匹配（match-making services）等中介服务，并收取佣金或服务费，但因为数字中介平台上的交易模式多样化，交易主体可能来自不同国家，所以在对数字中介平台涉及的数字贸易进行统计时，需采用交易净值的方式统计，避免重复。例如，居民生产的商品或服务可以通过非居民数字中介平台或国内（居民）数字中介平台。与此同时，居民从居民卖家那里购买的商品或服务——传统上不被视为国际贸易交易——可能会得到非居民数字中介平台的帮助。《手册（第一版）》列举了"如果卖方支付了中介费或者没有向最终消费者收取明确的中介费"、"如果买方支付明确的中介费"和"如果买卖双方都支付了明确的中介费"等几种情况下涉及数字中介平台的交易记录统计，详见表 5-7。

表 5-7　涉及数字中介平台的交易记录统计

卖家	DIP	买家	交易产品的处理	中介服务的处理
如果卖方支付了中介费或者没有向最终消费者收取明确的中介费					
国家 A	国家 A	国家 B	B 国从 A 国进口	无（国内贸易）
国家 A	国家 B	国家 B	B 国从 A 国进口	A 国从 B 国进口
国家 A	国家 B	国家 A	无（国内贸易）	A 国从 B 国进口
国家 A	国家 B	国家 C	C 国从 A 国进口	A 国从 B 国进口
如果买方支付明确的中介费					
国家 A	国家 A	国家 B	B 国从 A 国进口	B 国从 A 国进口
国家 A	国家 B	国家 B	B 国从 A 国进口	无（国内贸易）
国家 A	国家 B	国家 A	无（国内贸易）	A 国从 B 国进口
国家 A	国家 B	国家 C	C 国从 A 国进口	C 国从 B 国进口
如果买卖双方都支付了明确的中介费					
国家 A	国家 A	国家 B	B 国从 A 国进口	B 国从 A 国进口（部分中介服务）（其余中介服务反映国内交易）
国家 A	国家 B	国家 B	B 国从 A 国进口	A 国从 B 国进口（部分中介服务）（其余中介服务反映国内交易）
国家 A	国家 B	国家 A	无（国内贸易）	A 国从 B 国进口
国家 A	国家 B	国家 C	C 国从 A 国进口	C 国从 B 国进口（部分中介服务），A 国从 B 国进口（其余中介服务）

资料来源：OECD，WTO and IMF，Handbook on Measuring Digital Trade（Version 1），https：//www.wto.org/e_com_e_lib/en/information#taxonomy-11。

第三节　数字服务贸易的界定和统计

虽然对数字贸易的定义尚未达成共识，但国际社会很早就开始讨论关于数字服务贸易的问题。数字技术的加持促进了跨境数据的流动，贸易方式也随着信息共享的成本的降低出现了很大的改变。数字贸易连接了服务价值链上不同参与者的同时也极大地改变了服务贸易的商品生产方式和交付形态，从而推动了服务贸易数字化的发展。迄今为止，不同机构、不同研究成果对其称呼还有多种表述，比如数字服务贸易、数字赋能的服务贸易[①]（trade in digitally enabled service）、潜在信息通信技术赋能的服务贸易（trade in potential ICT-enabled services）、数字交付贸易（digitally delivered trade）[②]、可数字化交付服务贸易（trade in digitally-deliverable services）[③]，等等。本节采用"数字服务贸易"的表述，从较为笼统的视角进行分析说明。

一、数字服务贸易的内涵和特征

（一）数字服务贸易的内涵

商务部发布的《中国数字服务贸易发展报告2018》[④]认为，数字服务贸易包含在数字贸易中，数字服务贸易可以说是剔除了货物贸易数字化的数字贸易，也可认为是狭义的数字贸易。数字技术是数字服务贸易赖以实现的载体。数字技术的涌现和渗透，将传统服务嵌入不同的数字化载体实现了交付和销售，同时，无形的数据流也有了贸易价值。因此，数字服务贸易既包括传统服务产业的数字

[①] OECD 在其发布的一份报告中使用了"digitally enabled service"一词，并构建了数字服务贸易限制指数体系。参见 Ferencz, J. (2019-01-23), "The OECD Digital Services Trade Restrictiveness Index", OECD Trade Policy Papers, No. 221, OECD Publishing, Paris. http://dx.doi.org/10.1787/16ed2d78-en.

[②] 2020年3月，WTO、IMF和OECD联合发布的《数字贸易测度手册（第一版）》中称其为数字交付贸易。

[③] 联合国贸发会议发布的一份报告中认为，潜在信息通信技术赋能的服务贸易和可数字化交付服务贸易两个名词相当，是指可通过信息和通信技术网络远程提供输出的服务，但不包括运输服务（涉及人员、实物、材料或电力的操纵或运输）；不包括现场或亲自服务（要求现场或亲自交付）。参见 UNCTAD Project on Measuring Exports of ICT-enabled Services (Digitally-delivered Services), Diana Korka, Economic Affairs Officer, ICT Policy Section, UNCTAD, 16 Apr 2018. https://unctad.org/system/files/non-official-document/dtl_eWeek2018p06_DianaKorka_en.pdf.

[④] 商务部，中国数字服务贸易发展报告2018，中国服务外包研究中心，http://www.coi.org.cn/article/y/gnxw/201910/20191002901732.shtml.

化，也包括技术迭代后所催生的全新经济模式或业态，也就是数字产业化。

从具体领域看，数字服务贸易类型包括以软件、社交媒体、搜索引擎、通信、云计算、卫星定位等为核心的信息技术服务贸易，以数字传媒、数字娱乐、数字学习、数字出版等为主的数字内容服务贸易，以及其他通过互联网交付的离岸服务外包这三大类。

此外，商务部、中央网信办、工业和信息化部在《关于组织申报国家数字服务出口基地的通知》（商办服贸函（2019）245号）中将数字服务界定为，"采用数字化技术进行研发、设计、生产，并通过互联网和现代信息技术手段为用户交付的产品和服务"。

《中国数字贸易发展报告 2021》进一步指出，在依据《手册（第一版）》的基础上，按交易标的将数字交付贸易细分为数字技术贸易、数字服务贸易、数字产品贸易、数据贸易，数字订购贸易分为跨境电商交易的货物和服务。其中，数字服务贸易是以全部或部分通过数字形式交付的跨境服务贸易，包括互联网平台服务、数字金融与保险、远程教育、远程医疗，以及管理与咨询等传统服务的数字交付部分。这可以作为狭义的数字服务贸易的解释，包含在数字交付贸易中的其他几类均可视为广义的数字服务贸易[1]。

中国信息通信研究院认为，数字服务贸易是指通过信息通信网络（语音和数据网络等）跨境传输交付的贸易，除数字化产品和数字化服务的贸易外还包括数据的贸易[2]。

依托数字化技术，数字服务贸易提供的服务既包括传统服务，也包括新型服务。传统服务将服务提供商和消费者限制在线下交易，而现在可以通过互联网提供服务。传统服务贸易数字化所具有最典型的特征就是新增了线上提供的方式，比如法律咨询服务如今可以通过互联网线上进行；新型服务是指依赖于互联网和数据流提供的服务，新一代服务的数字化的特征是只能线上进行。因此，数字服务贸易是以数字技术为载体实现服务的交付和提供，也就是说数字服务贸易不仅

---

[1] 数字技术贸易：指通过信息通讯网络交付应用于智能生产的信息技术服务，包括计算机软件服务、通信技术服务、大数据服务、云计算、区块链技术服务、工业互联网服务等。数字产品贸易：指以数字形式通过信息通讯网络传播和收发的数字产品贸易，包括数字游戏、数字动漫、数字内容出版、数字广告、数字音乐、数字影视等。数据贸易：目前跨境数据流动相关业务内嵌在数字产品贸易、数字服务贸易、数字技术贸易中。随着数据产权、数据确权、数据治理等相关法律法规的发展和完善，未来数据贸易或将分离，成为独立的贸易形态。商务部，中国数字服务贸易发展报告 2021, http：//images.mofcom.gov.cn/fms/202301/20230117111616854.pdf.

[2] 中国信息通信研究院. 数字贸易发展与影响白皮书（2019 年）[R]. 2019, 12.

包含在数字技术推动下传统服务贸易的数字化转型,也包括新型服务贸易形式。数字服务贸易发展得益于数字技术的支持,其内涵除了服务外还涉及数据,泛指政府、企业或个人通过互联网等数字化方式直接进行电子数据服务传输和信息交付的一种商品服务贸易[1]。

(二) 数字服务贸易的主要特征

一是虚拟化。生产过程中使用数字化知识与信息,即要素虚拟化;交易在虚拟化的互联网平台上进行,并使用虚拟化的电子支付方式,即交易虚拟化;数字产品与服务的传输通过虚拟化的方式,即流通虚拟化。

二是平台化。互联网平台是协调和配置资源的基本经济组织,不仅是汇聚各方数据的中枢,更是实现价值创造的核心。

三是普惠化。数字技术的广泛应用大大降低了贸易门槛,中小企业、个体商户和自然人都可以通过互联网平台面向全球消费者提供服务,在传统贸易中处于弱势地位的群体能够积极参与并从中获利。

四是个性化。根据消费者的个性化需求提供定制化服务成为提升竞争力的关键。

五是生态化。平台、企业、消费者遵循共同的契约精神,共享数据资源、共创价值,形成一个互利共赢的生态体系。

六是全球化。数字化颠覆了传统理论对服务业低效率、高成本、不可交易的判断,带动服务业生产效率和全球化水平显著提高,规模经济和范围经济极为显著。由数字技术搭建的全球网络空间向全球市场提供来自各国的产品和服务内容,且效益递增几乎没有边界,使服务的供给方、消费方和相关生产要素均成为服务业全球化发展的内在动力,推动服务生产全球化、消费全球化、投资全球化不断加速[2]。

数字服务贸易的范围随着新一轮科技革命的蓬勃兴起也得到了进一步的外延深化。围绕以大数据等关键因素构成的产业链各个环节为中心,此次革命主要体现在数据存储应用领域,数据存储与计算能力的融合将会直接引发企业生产管理方式的巨大变化,市场规模和效率正在逐步呈现出指数级的扩张;在计算应用领域,随着人工智能计算方法正逐步创新,数据计算的能力不断增强,算力作为云

---

[1] 马述忠. 数字贸易学 [M]. 北京:高等教育出版社,2022.6:169.
[2] 商务部,中国数字服务贸易发展报告 2018,参见中国服务外包研究中心,http://www.coi.org.cn/article/y/gnxw/201910/20191002901732.shtml.

服务、人工智能等物联网服务的重要基础，必将迈上一个崭新的台阶；在数据传输技术领域，第四代移动通信技术（4G）正在逐步迈向第五代移动通信技术（5G），这也会极大地提升数据的传输速度，未来有可能会进入量子通信的时代，连接方式也正从传统的互联网向万物通信包括物联网等全球范围内转变，区块链等全球性新技术更迭在其中创造了更加安全高效的数据连接。

新技术带来的突破和创新日益增加，充分体现在数字服务贸易的形式、规模和新兴业态等方面。第一，传统服务贸易加快数字化转型。越来越多的线下服务贸易将随着数据计算和传输的加速以数字化形式转移到线上，空间和时间的距离对于服务贸易的限制作用变得也越来越小。第二，数字服务贸易的新形式将不断涌现。在区块链技术直接推动下，数字化金融服务将会发生巨大革命，整个互联网支付系统将借助各种新型的数字货币进一步重塑，人工智能也将人们工作生活中涉及的各种活动通过数字化提供更多可交易的服务。第三，数字化技术将对传统产业产生革命性影响，具有便捷、高效的新特点。各种新业态如智能制造、工业互联网等将日益普及，成为常见生产形态。技术使得制造业和服务业的边界进一步模糊化，数据流的制造将进一步改善传统制造业，摆脱对全球采购的各种限制，全球制造业和物流产业格局都将发生深刻改变。

二、数字服务贸易发展的阶段性表现

（一）从传统服务贸易向数字服务贸易的转型

数字化技术对传统服务贸易具有两个显著影响：一方面，传统服务贸易正在逐步实现数字化升级，服务的数字化应用程度大大提升，一些原本必须依靠实物传播媒介的服务，现在能够通过这种数字贸易的形式在网上直接进行交易，数据已经成为世界各地重要的国际贸易商品与生产要素。另一方面，数字技术使得越来越多企业的服务贸易变得更加容易。一些新型的服务贸易模式、业态纷纷涌现并得到蓬勃发展，如搜索引擎、社会传播媒体、远程医疗、远程教育等。

随着全球服务贸易的快速增长，人力资源得以逐渐释放，可提供更多的服务。改进支持嵌入生产型服务业（如设计和研发）和生产型服务业（如物流和零售）推动了农业、制造业生产力的进一步提高。逐渐以服务业为基础的新兴经济体增长速度甚至快于发达经济体。1980—2018 年，所有发展中国家的服务业占 GDP 平均份额从 42% 增至 55%，在这一背景下，数字技术新进步为传统服务贸易向数字服务贸易转型提供了巨大推力。

数字服务贸易借助于数字技术的发展，显著拉动数字经济增长，也成为实现全球价值链增长的重要途径。得益于全球连通性和跨境数据流，全球价值链的发展为国际贸易创造了许多新机遇。数字服务贸易的内容一方面是传统服务贸易数字化；另一方面是新型数字产业发展，其中包含云计算以及数字内容服务等数字服务。无论是数字化推动传统服务贸易的转型，还是各类新型的服务贸易供给方式，都是借助互联网平台实现数据流动，从而产生经济价值，而核心都是数据在数字技术高速发展的加持下，数字服务贸易总量在全球各国保持了迅猛增长，甚至改变了全球产业结构。数字服务贸易所带来的新业态的机遇也正在进一步加速世界经济格局重构。

（二）数字服务贸易助力各行业快速发展

自 2008 年以来，数字服务贸易发展速度迅猛，2008—2018 年，数字服务产品贸易交付进出口加值总额占比为 3.80%，货物贸易服务进出口加值总额占比为 1.87%，在全球服务贸易进出口总额中的贸易总额规模占比从 45.66% 快速增长至 50.15%[①]。

得益于数字化的技术创新与通信技术的革命，许多过去无法交易的服务已成为交易对象，而且还衍生出一些超越地理限制的新型服务业，比如全球跨境电子商务。数字技术创新消除了地理距离的限制，使得服务贸易数字化和数据交易在全球范围内成为可能。数字化技术大幅降低了各种信息传递的成本，从而极大降低了交易费用。例如，美国奈飞公司（Netlix）等流媒体服务的普及、大规模开放式在线课程（MOOC）等电子学习平台的普及，正逐步颠覆传统的教育娱乐服务业。互联网技术的迅猛发展已经打破了传统医疗行业中的空间距离，远程医疗问诊与手术指导已经成为现实。由于新技术不仅使现有数字服务能够越来越多地被用于跨境交易，而且有助于推动数字服务新业态的增长，数字服务的全球化比预期的发展速度更快。

《中国数字贸易发展报告 2018》显示，自 2016 来，数字化服务出口额占全球服务出口额的比重稳步提升至 50% 以上，随着云计算等新业态继续保持稳步高速增长，中国数字服务贸易也正在进入一个持续健康发展的关键时期。

（三）构建全球数字服务贸易规则的话语权争夺

随着数字服务贸易如火如荼的发展，各国纷纷制定各类战略或规则试图抢占

---

① 中国信息通信研究院. 数字贸易发展与影响白皮书（2019 年）[R]. 2019, 12.

数字技术的制高点。由于各国在数字服务贸易领域的利益导向不同,发达国家倾向于消除数字服务贸易壁垒,而众多发展中国家由于要保护国内脆弱的数字服务市场,通常会抗拒市场准入以形成壁垒。因此,尽管各国在战略上高度重视数字服务贸易的发展,但在数字服务贸易的规则上却无法达成一致。

欧盟和美国以自身利益为导向,在其缔结的区域贸易协定中加入符合它们利益的数字贸易规则条款。当前全球范围内,有关数字服务贸易规则主要表现为美式和欧式两大方向。美式规则极力抵制数字服务税的征收,倡导数据自由跨境流动,最直观地体现在2020年7月1日正式生效的《美墨加协定》(USMCA)中。该贸易协定首次以数字贸易作为章节标题,试图引领数字贸易规则制定方向,同时在内容上彰显美国数字贸易规则,如推动跨境数据的自由流动、限制数据本地化措施、保护源代码等。2015年,欧盟颁布的《数字单一市场战略》涉及数字服务贸易的多个议题;2018年生效实施的《通用数据保护条例》(GDPR)[①]对欧盟数据的收集、跨境传输等作出了明确规定,对现行的数字服务贸易模式产生了重要影响。同时,法国、英国实施数字服务税的征收也在试图改变数字服务贸易的规则走向。

数字服务贸易正在逐渐成为拉动整个世界经济增长和复苏的强大推手,解决好数字服务贸易规则的分歧将有助于推动其发展。2020年新冠疫情对全球贸易和经济的严重冲击,加剧了世界贸易保护主义和单边主义倾向。世界各国从自身利益出发并采取单边主义行动,在数字服务贸易规则领域的博弈也日趋激烈,力图占据数字技术领域的有利位置[②]。

对数字服务贸易的界定尚未形成统一认识,与其直接相关的统计也处于探索阶段。由于目前只有联合国贸易与发展会议数据库较为明确地界定了类别,并公布了相关统计数据,所以本书数字服务贸易的规模以此为依据,详见第四节全球数字贸易的规模分析。

第四节　全球数字贸易的规模分析

如前所述,目前对于数字贸易的统计,一般分为可视为数字订购贸易的跨境电子商务,以及可视为数字交付贸易的数字服务贸易。但不同国际机构对于可以

---

① 《通用数据保护条例》(General Data Protection Regulation,GDPR)为欧盟的条例,其前身是欧盟在1995年制定的《计算机数据保护法》。

② 马述忠. 数字贸易学 [M]. 北京:高等教育出版社,2022:166-168.

实现数字化交付的服务贸易范围界定也存有差异,比如《手册(第一版)》称其为数字交付贸易(digitally delivered trade),范围共涉及六大类,如表 5-5 所示,包括保险和养老金服务,金融服务,知识产权使用费,电信、计算机和信息服务这四大类的全部细项,还有另外两大类有其他商业服务类下的研发服务,专业咨询和管理咨询服务,建筑、工程、科学和其他技术服务以及不包含于别处的其他商业服务;个人、文化和娱乐服务类下包括视听和相关服务、健康服务、教育服务、遗产和文娱服务。该手册认为这些种类与 ICT 赋能服务贸易(ICT-enabled service)的意义非常接近,属于可数字化交付贸易。联合国贸发会议(UNCTAD)称为可数字化交付的服务贸易(trade in digitally-deliverable services),将保险和养老金服务,金融服务,知识产权使用费,电信、计算机和信息服务,其他商业服务以及视听和相关服务列为可数字化交付的服务,这是由联合国贸发会议于 2015 年发布的一份技术备忘录中界定的潜在 ICT 赋能服务(potentially ICT-enabled services)这一概念发展而来。可见,保险和养老金服务,金融服务,知识产权使用费,电信、计算机和信息服务这四大类被视为可数字化交付已是共识,但就其他商业服务以及个人、文化和娱乐这两大类具体哪些项目应视为可数字化交付存有差异。本节对数字贸易的分析主要依据联合国贸发会议上公布的相关报告和数据库,同时采用其使用的名词表述。

一、全球可数字化交付服务贸易的发展情况

(一)可数字化交付服务贸易的规模扩大

近些年来,全球数字化交付的服务贸易稳步增长,在服务贸易中的主导地位逐步显现。在全球数字经济蓬勃发展的大背景下,基于数字技术开展的线上研发、设计、生产、交易等活动日益频繁,促进了数字服务贸易的发展。2012—2021 年,全球可数字化交付的服务贸易出口保持稳定的增长态势,其贸易额在服务贸易总出口额中所占的比重快速上升,详见图 5-2 所示。

2012 年,可数字化交付的服务贸易出口额为 22 214.9 亿美元,占服务贸易出口额的比重为 48.8%。之后的十年出口额一直处于上升状态,到 2019 年已高达 32 877.6 亿美元,占比已超过一半,为 52.3%。全球新冠疫情蔓延,加速了服务贸易数字化,可数字化交付的服务贸易出口额接连上升,2020 年为 33 385.7 亿美元,占服务出口额的比重高达 64.5%;2021 年为 38 113.8 亿美元,占比为 62.8%。根据 WTO 发布的 2023 年版《世界贸易统计报告》,2022 年,从

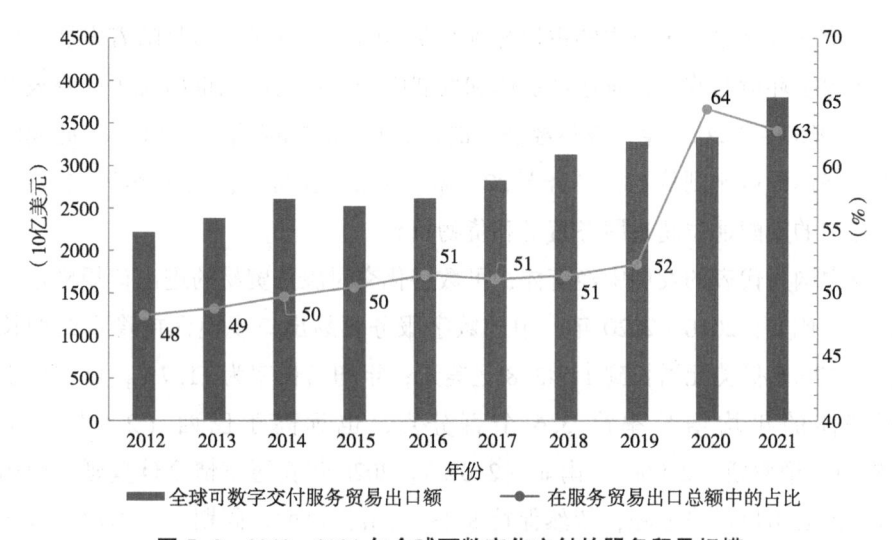

图 5-2 2012—2021年全球可数字化交付的服务贸易规模

资料来源：UNCTAD，https://unctad.org/statistics.［2023-08-10］.

流媒体游戏到远程咨询服务是新兴的服务贸易增长来源，虽占比有所下降，但依然达54%，占全球货物和服务贸易总额的12%。

全球可数字化交付服务贸易额的增长，超过了服务贸易和货物贸易，构成全球贸易新增长引擎。从短期增长来看，2020年，在全球贸易遭遇重创的背景下，同期服务贸易出口额下降了20.0%，货物贸易出口额也下降了7.4%，但可数字化交付的服务贸易出口仍然呈现正增长，较2019年上升了1.5%。由此可以看出，数字服务贸易的发展势头远好于服务贸易和货物贸易。从长期增长来看，可数字化交付的服务贸易额增速也超过服务贸易额和货物贸易额。2015—2020年，可数字化交付的服务贸易、服务贸易、货物贸易年平均增长率依次为4.8%、0.6%、1.5%。可数字化交付的服务贸易在服务贸易中的核心地位得到确立和巩固，于2015年占比首次超过50%，2015—2020年数字服务贸易在服务贸易中的占比从50.4%升至64.5%。

（二）发达经济体的可数字化交付服务贸易优势突出

发达经济体在数字服务领域具有更突出的优势。发达经济体技术、资本占优，在具有技术、资本密集型特征的数字服务产业的培育上具有非常明显的优势，而且优势一旦建立，马太效应就开始凸显，发展中经济体很难赶超。这一点从可数字化交付服务贸易的出口规模即可体现，发展中经济体与发达经济体存在相当大的差距。比如，2022年的出口额分别为26 187.5亿美元、7 198.2亿美元,在全球数字服务出口中的占比分别为 78.4%、21.6%。但是随着发展中国家和地区数字环境的改善,发达经济体和发展中经济体的占比也出现了此降彼升的局面,2005 年至 2021 年,发达经济体的占比从 86.2% 降至 77.9%,与此同时发展中经济体的占比则从 13.8% 升至 22.1%。通过对比可知,发达经济体在数字服务贸易中的支配地位超过服务贸易和货物贸易。

以中国为代表的发展中经济体,可数字化交付服务贸易的进出口规模也在不断扩大。比如,2010—2020 年,中国数字服务贸易出口规模保持稳定的增长态势,从 576.5 亿美元增长到 1 543.8 亿美元,年均增长率为 11.7%,比同期发展中经济体的年均增长率高 3.6 个百分点,也远高于巴西 (2.5%)、印度 (7.8%)、俄罗斯 (2.9%)、南非 (2.0%)。2020 年新冠疫情全球蔓延,中国数字服务贸易出口逆势上涨,依然保持 8.1% 的增长速度。同期,中国数字服务贸易进口规模长期呈现增长的趋势,从 689.6 亿美元增长到 1 396.1 亿美元,年均增长率为 8.3%,高于巴西 (3.8%)、俄罗斯 (3.2%)、南非 (0.1%),但低于印度 (8.8%)。2020 年,中国数字服务贸易进口额受新冠疫情的影响不大,依然保持 6.1% 的增长速度。据商务部预测,2025 年,我国可数字化的服务贸易进出口总额将超过 4 000 亿美元,在服务贸易总额中的占比约为 50%。未来,我国将积极推动数字技术与服务贸易深度融合,推进服务贸易数字化进程,进一步培育服务贸易的新增长点和新优势[①]。

二、全球跨境电子商务的发展情况

据联合国贸发会议公布的 press release (2021) 最新数据,近些年来,全球在线销售额不断上升。尤其是新冠疫情以来,包括中国、美国、英国、韩国等长期统计网上零售额的几个国家的数据显示,2020 年在整体零售额下降 1% 的情况下,在线销售额却上升了 22%。从 2018—2019 年全球电子商务销售总额上看,美国、日本和中国占据前三名,美国和日本的 B2B 销售额占全部电子商务销售额的比重较大,分别为 87% 和 95%,中国则为 41%。而从 B2C 销售额上看,中国、美国和英国排名前三位。

与此同时,联合国贸发会议还对跨境 B2C 电子商务销售额进行了统计,详见表 5-8,可以看到如下几个发展趋势。

---

① 加强人才培养 推动服务贸易高质量发展,第八届中国现代服务业与服务贸易人才培养论坛 (2023 年 7 月 22 日-23 日)。

表 5-8 2017—2019 年全球跨境电子商务销售情况

年份	全球电子商务销售总额（亿美元）	前 10 位电子商务销售额（亿美元）	前 20 位 B2C 电子商务销售额（亿美元）	跨境 B2C 电子商务销售额（亿美元）	前十位出口销售额（亿美元）	网购人数（亿人）
2017	293 670	193 150	—	4 120	2 700	12.7
2018	256 480	191 100	35 740	4 040	3 170	13.8
2019	266 730	202 180	40 210	4 400	3 320	14.8

资料来源：UNCTAD 公布的相关报告。

全球跨境电子商务市场规模持续扩大。通信技术推动传统货物贸易方式转型升级，跨境电商平台、智慧物流等新模式新业态为国际贸易注入了新的活力。据联合国贸发会议的统计和测算，2017—2019 年，全球 B2C 跨境电子商务销售额分别为 4 120 亿美元、4 040 亿美元和 4 400 亿美元，2019 年同比增长 9%。B2C 跨境电子商务出口以发达国家为主，其中出口额位列前十位的美国、中国、英国、日本、德国、法国、韩国等，它们在全球 B2C 跨境电子商务销售额中的占比相当高，2018 年和 2019 年分别为 78.5% 和 75.5%。

全球跨境电子商务发展前景广阔。全球网购人数的稳定增长，为跨境电商发展提供强劲动能。2015 年的网购人数约为 10.8 亿，此后不断增加，2019 年共有 14.8 亿人利用线上购物，同比增长 7%，约占全球人口的四分之一。虽然大部分网购以国内供应商为主，但随着跨境物流、跨境支付及配套措施便利性提升，从 2017 年至 2019 年，跨境网购占网购总人数的比重从 20% 上升至 25%。中国网购人数最多，2019 年网购人数为 6.39 亿，占互联网使用者的 75%。据中国互联网络信息中心 2023 年 8 月 28 日发布的第 52 次《中国互联网络发展状况统计报告》，截至 2023 年 6 月，中国网络购物用户规模已高达 8.84 亿人，占网民整体的 82.0%。

案 例

西方国家在传统贸易的发展中占据主导地位，传统贸易理论由西方学者提出，贸易测度方法由西方国家和国际组织制定，中国主要是参与者的角色。而在当今的数字贸易发展大潮中，中国无疑是重要的"弄潮儿"之一，在国际社会拥有一定话语权。中国的数字贸易统计工作还处于起步阶段，数字贸易统计体系的建设，需要完善的顶层设计，其中涉及统计口径、数字交付测度、数据颗粒度等若干问题。数字贸易测度的"中国特色"体现在：实体货物国际贸易测度，充分借鉴了中国海关总署在跨境电商进出口监管中的实践；数字产品与服务贸易测度参考了中国《生活性服务业统计分类（2019）》和《生产性服务业统计分类（2019）》中对数字产品与服务的分类方法；数字化知识与信息测度，基于中国大数据交易所的创新实践，提出数据要素流动的测度方法。

根据上述资料，试分析国际社会对数字贸易测度的尝试和特点，评价中国测度方法的理论依据与实践的适应性，并分析数字贸易测度的未来趋势。

小　　结

目前，数字贸易的测度已经在国际机构搭建的初步框架下展开，当然还存在需要逐步解决的问题。国际机构和研究团队对数字贸易已经展开统计的实践。一般来说，可将数字贸易分成数字订购贸易和数字交付贸易两个部分，数字订购贸易被视为跨境电子商务部分，而数字交付贸易以联合国贸易与发展会议统计的可数字化交付的服务贸易为主体。此外还有考虑数字平台交易或者商业存在形式的数字贸易等，但没有较为明确的数据或者统计。全球数字贸易规模处于快速发展阶段。

习　　题

1. 数字贸易统计尚处于探索阶段，根据目前数字贸易测度的现有做法，你认为还有哪些方面需要完善？

2. 跨境电子商务与数字贸易的区别什么？为什么可以将数字订购贸易视同跨境电子商务交易？

3. 中国数字贸易发展快速，在发展中国家算遥遥领先，你认为中国目前与发达国家相比，数字贸易的发展还面临什么问题？

第六章
全球数字贸易规则

当前，世界主要国家都高度重视数字经济发展，抢抓新一轮科技革命和产业变革新机遇，而数字贸易具有的虚拟性、监管难等特点对其发展的制度环境提出了更高要求。目前 WTO 框架下没有形成具有全球约束力的数字贸易规则框架，为了掌握数字时代国际贸易规则的话语权，许多国家和地区相继出台了国家层面或区域层面的数字贸易战略，并完善国内相关法律法规。数字贸易规则成为国际经济贸易中各方博弈的焦点，是国际贸易竞争的新赛道。

本章首先梳理了世贸组织框架下的电子商务规则；其次，重点分析了有代表性的经济体签署的协定中的电子商务规则以及数字贸易规则的内容和特点；最后，分若干层面阐述了数字经贸规则总体发展态势。本章的内容是当前数字贸易发展进程中备受关注的热点问题，以美国为代表的西方国家和以中国为代表的发展中国家在数字贸易规则上还存有诸多分歧。中国政府充分了解当前数字贸易规则的发展态势，才能更好地与国际规则接轨，提高中国在数字贸易规则领域的话语权。

第一节 世贸组织框架下的电子商务规则

当前，针对关键的数字贸易问题还没有形成统一的国际规则。随着数字贸易成为贸易流中一个重要且不断增长的组成部分，它在各经济体的贸易政策议程上的重要性越发凸显。虽然世贸组织没有关于数字贸易的全面协议，但已有的一些协议和正在进行的多边谈判涵盖了数字贸易的一些重要问题。目前，WTO 多边贸易体制内主要通过"电子商务工作计划"（Work Programme on Electronic commerce）系统阐释现有 WTO 规则对电子商务的适用程度，以及通过"电子商务工作倡

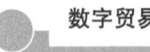

议"就与贸易有关的电子商务议题展开谈判。

一、《服务贸易总协定》

世贸组织《服务贸易总协定》（General Agreement on Trade in Services，GATS）于1995年1月生效，早于互联网的普及和全球数据流的爆炸性增长。GATS 包括关于非歧视和透明的义务，涵盖所有服务部门。然而，GATS 规定的市场准入义务是在"积极清单"的基础上制定的，其中每个缔约方都必须具体选择某一服务部门。

由于 GATS 不区分交付手段，通过电子手段进行的服务贸易属于 GATS 的范围。一些世贸组织观察员提到，需要在 GATS 内建立一种新的服务模式以更好地掌握嵌入商品中的服务，其中许多服务依赖数字技术，例如，手机软件、机动车辆内置语音助手或物联网跟踪设备等，目的是将这些服务区分开来，为进一步贸易自由化和加速数字经济发展创造机会。

虽然 GATS 中有对电子商务基础电信和金融服务的明确承诺，但没有包括数字贸易和信息流动方面的壁垒。鉴于 GATS 的正面清单方法，各成员的覆盖范围各不相同，在协议谈判时，许多新的数字产品和服务并未纳入其中。为了应对技术和服务方面的进步，特定承诺委员会（the Committee on Specific Commitments）正在研究如何在该总协定范围内对某些新的在线服务，如平台服务或数据本地化等具体条例进行分类和安排。一些分析人士建议成立一个新的数字服务贸易委员会，就数字服务问题和最佳做法进行专门讨论。

二、《全球电子商务宣言》

1996年12月，在新加坡举办的 WTO 第一次部长级会议将电子商务纳入多边贸易体制。1998年5月，日内瓦第二次部长级会议通过了《全球电子商务宣言》（Declaration on Global Electronic Commerce）；同年9月，WTO 总理事会通过了《电子商务工作计划》，以审查与全球电子商务有关的贸易问题，2020年的讨论包括审查新冠疫情对电子商务的影响，其中涉及对跨境贸易的影响。

在制定《电子商务工作计划》时，WTO 成员制定了一项已多次延长的电子传输临时关税暂停令。虽然成员同意将延缓履行期延长至2021年11月举行的第十二届部长级会议，但未来走势尚不明朗。问题是，成员对电子传输所涵盖的内容存在分歧，尤其是印度和南非因放弃潜在的收入来源，寻求修改暂停令以缩小其范围。这些国家引用了联合国的一份报告，该报告主张延缓履行电子传输临时关税，因为随着电子传输量的增加取代了实物商品贸易，各国政府正在以放弃关税的形式承受损失，发展中国家损失高达 34 亿美元[1]。相比之下，经合组织的一项研究发现，延缓履行的潜在收入可能相对较小，而付出代价将是更广泛的经济收益，包括出口竞争力和生产力[2]。

三、《信息技术协议》

1996 年 12 月达成的 WTO《信息技术协议》（Information Technology Agreement，ITA），旨在对驱动和使用互联网的商品取消关税，降低公司在价值链各环节获取技术的成本。ITA 从 2016 年 7 月开始进一步削减关税，与最初的协议一样，扩围后的 ITA 是 53 个世贸组织成员之间的多边协议，这些成员的产品贸易额占相关产品全球贸易额的 90%以上。也有一些世贸组织成员，如越南和印度，是最初的多边 ITA 的缔约方，但没有加入扩围后的协议。与最初的 ITA 一样，扩围协议的优惠措施将在最惠国待遇的基础上扩大到所有 WTO 成员。

根据扩围后的 ITA，协议各方同意在未来审查协议的范围，以便确定随着技术的发展是否有必要增加产品覆盖范围。考虑到新冠疫情期间所需的许多医疗技术，一些观察员主张进一步扩大产品范围。虽然 ITA 扩大了数字贸易所依托的技术产品贸易，但它没有解决可能造成重大限制的非关税壁垒问题。

四、《与贸易有关的知识产权协定》

自 1995 年 1 月 1 日起生效的《与贸易有关的知识产权协定》（Agreement on Trade-Related Aspects of Intellectual Property Rights，TRIPS），为 WTO 成员提供了知识产权保护和执行的最低标准。TRIPS 协定的大部分谈判都可以追溯到 20 世纪 80 年代，在互联网时代之前，该协议并没有专门关注数字环境中的知识产权问题。

TRIPS 协定涵盖版权和相关权利（表演者、录音制作者和广播组织的权利）、商标、专利、商业秘密（作为"未披露信息"类别的一部分）和其他形式的知

---

[1] Rashmi Banga, "Growing Trade in Electronic Transmissions: Implications for the SouthUNCTAD Research Paper No. 29," UNCTAD/SER. RP/2019/1.

[2] Andrenelli, A. and J. López González (2019), "Electronic transmissions and international trade-shedding new light on the moratorium debate", OECD Trade Policy Papers, No. 233, OECD Publishing, Paris, https://doi.org/10.1787/57b50a4b-en.

识产权。这些基于 19 世纪由世界知识产权组织（World Intellectual Property Organization，WIPO）管理的国际知识产权条约。TRIPS 通过引用纳入知识产权组织公约的主要实质性条款，使这些条款成为 TRIPS 协定规定的义务。大多数 WTO 成员被要求在 1996 年之前全面实施 TRIPS 协定，发展中成员（至 2000 年）和最不发达成员（至 2034 年 7 月 1 日）有过渡期。TRIPS 协定旨在平衡保护私人权利持有人的利益和确保更广泛的公共利益之间的权利和义务。TRIPS 关于版权和相关权利的条款包括关于计算机程序和数据汇编的具体条款。它要求根据知识产权组织《伯尔尼文学和艺术作品保护公约》（Berne Convention for the Protection of Literary and Artistic Works，简称《伯尔尼公约》），将计算机程序作为文学作品加以保护，无论是源代码还是目标代码。TRIPS 协定还阐明，数据库和其他数据汇编材料，无论是否以机器可读的形式呈现，即使数据库包括不受版权保护的数据，也有资格获得版权保护。

与 GATS 一样，TRIPS 协定的生效早于互联网盛行的电子商务时代。TRIPS 协定包括一项规定，要求世贸组织成员"根据可能需要修改或修正的任何相关新进展进行审查"。作为世贸组织"电子商务工作计划"的一部分，TRIPS 理事会此前参与了关于该协议与电子商务关系的讨论，重点是版权和相关权利、商标和新技术。

五、世界知识产权组织与其互联网条约

自 TRIPS 协定以来，世界知识产权组织一直是解决数字环境引发的知识产权问题的主要平台。1996 年《世界知识产权组织版权条约》（World Intellectual Property Organization Copyright Treaty，WCT）和《世界知识产权组织表演和录音制品条约》（WIPO Performances and Phonograms Treaty，WPPT）确立了在数字环境中保护知识产权的国际准则，被称为国际"互联网条约"，其中包括针对规避技术保护措施（如加密）和删除或更改权利管理信息（Rights Management Information，RMI）的法律保护和补救措施的条款，权利管理信息是识别作品或其作者的数据，是他们管理权利所必需的（如许可证和版税）。WIPO 谈判中的一个有争议的问题是处理在线服务提供商和提供互联网接入的其他通信实体的责任。最后，WIPO 的互联网条约让各国政府自行制定互联网服务提供商（Internet Service Provider，ISP）责任的法律参数。据美国贸易代表办公室称，这些条约"提高了世界各地版权保护的标准，特别是在在线交付受版权保护的内容方面"。

虽然 WIPO 互联网条约中有一些条款类似 TRIPS 协定，并建立在 TRIPS 协定的基础上，但这些条约下的义务目前不受世贸组织争端解决的约束。

截至 2021 年 11 月，WCT 有 110 个缔约方，WPPT 有 109 个缔约方。美国通过 1998 年《数字千年版权法》（Digital Millennium Copyright Act，DMCA）（P. L. 105-304）实施了 WIPO 互联网条约，其中包括在数字环境中保护和执行版权的新标准，以及 ISP 免于承担版权侵权责任的某些"安全港"。印度是最新加入这些条约的国家之一，并于 2018 年 12 月 25 日生效。

WIPO 中的知识产权和数字贸易会有一些潜在风险。例如，一些利益相关方和分析人士质疑 TRIPS 协定是否应该像对待知识产权组织的某些其他条约那样，纳入知识产权组织互联网条约。WIPO 还在探讨一些其他问题，包括人工智能以及是否应针对机器创造的作品修改现有的知识产权框架，等等。知识产权调查领域包括对实际机器创造工作的潜在保护、人工智能算法和软件，以及潜在的训练数据和数据输入。

六、当前世贸组织的多边谈判

2017 年 12 月 13 日，71 个 WTO 成员在布宜诺斯艾利斯第 11 次部长级会议上发表《电子商务联合声明》（WTO，2017），各方重申全球电子商务的重要性及其为包容性贸易和发展所创造的机会，指出 WTO 应促进开放、透明、非歧视和可预测的监管环境，以促进电子商务的发展。《电子商务联合声明》指出，71 个 WTO 成员要共同开展探索性工作，以服务于未来的 WTO 电子商务谈判。2019 年 1 月 25 日，中国、美国、欧盟、日本、俄罗斯等 76 个 WTO 成员发表《电子商务联合声明》（WTO，2019），确定各成员有意在世贸组织现有协定和框架的基础上，启动与贸易有关的电子商务议题的谈判，"寻求在现有世贸组织协议和框架的基础上，在尽可能多的世贸组织成员的参与下，实现高标准的结果"。截至 2023 年 2 月，共有 89 个 WTO 成员参与的电子商务谈判，其贸易总额占全球贸易额的 90%以上，旨在建立一个全球框架和义务，以非歧视和减少贸易限制的方式实现数字贸易。澳大利亚、日本和新加坡是电子商务联合声明倡议的共同召集国，参与者包括美国、欧盟等发达国家以及中国和巴西等发展中国家。印度表示不会加入，更愿意保持其灵活性，以支持国内公司，限制外国市场准入，并通过潜在的关税在未来增加收入。

截至 2021 年 9 月，各方已经敲定了关于未经请求的信息（垃圾邮件）、电子签名和认证、电子合同、开放政府数据和在线消费者保护的文本。很多领域仍然存在争议。例如，美国和欧盟在许多问题上的立场相似。与美国法律相比，欧盟对数据隐私的严格规定对跨境数据流施加了更多限制，这使得双方对能否协调不同的监管方法以制定共同规则尚不清楚。此外，在数据流和数据存储方面，中国建议谈判仅限于探索性讨论，而不是确定义务，并普遍支持非约束性标准。共同召集人的目标是在 2021 年 11 月的部长级会议之前有十个领域的"清洁文本"，由于新冠全球蔓延，部长级会议已推迟到 2022 年 6 月举行。《电子商务工作计划》，将电子传输临时免征关税的做法延续到下一届部长级会议。

考虑到不同的方法和政策，各经济体合作前景可能具有挑战性，尤其是在美国、欧盟和中国之间。一些分析人士认为，WTO 多边谈判代表必须在范围和深度之间做出决定，才能达成最终协议。一方面，一项范围和条款有限的狭义协议可能会保留包括中国在内的最多谈判参与者，但如果不解决数据流或新兴技术等有争议的问题，对消除数字贸易壁垒和建立非歧视性规则的影响可能较小。另一方面，无论是在隐私还是在线内容审核方面，一个标准更高、承诺更深入、可能更具影响力的协议可能会阻止那些不愿意接受义务的参与者。关于最终义务是否须经争端解决，目前尚未达成一致，这将影响参与者之间商定的承诺范围和深度潜在的可执行性。

第二节　区域贸易协定中的数字贸易规则

由于多边贸易体制长期陷入"多哈困局"，WTO 关于电子商务议题的讨论还停留在报告和书面文件中，WTO 始终无法有效回应发达经济体和跨国公司对电子商务议题展开实质性谈判的最新诉求。在此背景之下，区域和（或）自由贸易协定成为各方就电子商务议题达成协定的"次优选择"。

自 2000 年起至今，WTO 通报的包含电子商务条款的贸易协定数量占贸易协定总数的比例显著上升。据 TAPED 数据库（Trade Agreements Provisions on Electronic Commerce and Data）统计，截至 2020 年 6 月，全球共有 110 个已签署的区域贸易协定含有与电子商务相关的条款，其中 80 个含有电子商务专章[①]。近两年以来，各经济体之间达成包含相关条款或者设置专章的协定数量迅速增加，根据最新公

---

① 包含电子商务条款和电子商务专章的协定有重复。也就是说，有的协定包含电子商务专章，也就意味着其一定包含相应的条款。这个时期的统计测算还未出现"数字贸易"字样，2022 年 6 月发布的号码说明书开始明确包含"电子商务或数字贸易"条款和专章。

布的数据，截至 2022 年 11 月，包含电子商务或数字贸易相关条款的协定已达 167 个，而其中包含电子商务或者数字贸易专章的协定更是高达 109 个[1]。据 WTO 统计，截至 2022 年生效的区域贸易协定数量为 357 份。可见，包含相应条款的协定数量占比相当高，已达 46.8%。值得注意的是，2010 年后的南-南贸易协定中，"电子商务"条款开始被纳入协定实质性内容。从协定类型来看，包含电子商务议题的南-北贸易协定起步稍晚、发展最快、数量最多。从议题内容以及其长短来看，北-北贸易协定的电子商务议题的平均深度高于南-北贸易协定和南-南贸易协定。但是，从 2000 年至今，南-北贸易协定的电子商务内容议题深度显著提升，目前已向 WTO 报告的贸易协定中，CPTPP 是包含电子商务专章数量最多、内容最为完备的贸易协定[2]。

以下从几个经济体达成的多边或双边贸易协定来考察数字贸易规则的整体情况和特点。

一、美国已有协定中的电子商务及数字贸易规则情况

（一）总体情况

美国自 1985 年与以色列签署了第一个自由贸易协定（Free Trade Agreement, FTA）以来，目前美国已经与 21 个国家缔结了 16 份 FTA 并已经生效实施，这些国家包括日本、澳大利亚、韩国、加拿大、新加坡、墨西哥、巴林、智利、秘鲁、哥伦比亚、哥斯达黎加、萨尔瓦多、危地马拉、洪都拉斯、尼加拉瓜、多米尼加、以色列、约旦、摩洛哥、阿曼和巴拿马。

在美国与这些国家签署的 16 份 FTA 中，共有 14 份涉及电子商务或数字贸易规则，占比高达 87.5%。其中，有 12 份 FTA 包含了专门的电子商务章节条款，最早出现于 2000 年 10 月与约旦签署的 FTA 中，第七条款为电子商务，此后的 11 份协定中均设置的是电子商务专章。《美墨加协定》首次设置了数字贸易专章，而与日本则签署了全球首个专门的数字贸易协定。此外，2016 年 2 月，美国曾经与澳大利亚、新加坡、日本、越南、马来西亚等 11 个国家签署了《跨太平洋伙伴关系协定》（TPP），并设立了当时标准最高、条款最多的电子商务专章，

---

[1] https://www.unilu.ch/en/faculties/faculty-of-law/professorships/managing-director-internationalisation/research/taped/.

[2] 沈玉良，彭羽，陈历幸，等．全球数字贸易促进指数报告（2020）[M]．上海：复旦大学出版社，129-130.

但在唐纳德·特朗普上任总统之时，在其政策主张下美国退出了 TPP 的谈判，该协定最后无疾而终。

表 6-1 梳理了截至目前美国已有的自由贸易协定中涉及电子商务和数字贸易规则的情况。

表 6-1　美国已签署或生效的 FTA 中包含电子商务/数字贸易规则情况

序号	缔约方	协定名称（英文简写）	签署时间	电子商务/数字贸易规则形式	备注
1	约旦	The United States-Jordan FTA	2000-10-24	独立条款（ARTICLE）	第 7 条
2	新加坡	The United States-Singapore FTA	2003-5-6	电子商务专章（Chapter）	第 14 章
3	智利	The United States-Chile FTA	2003-6-6	电子商务专章	第 15 章
4	澳大利亚	The United States-Australia FTA	2004-5-18	电子商务专章	第 16 章
5	摩洛哥	The United States-Morocco FTA	2004-6-15	电子商务专章	第 14 章
6	哥斯达黎加、萨尔瓦多、危地马拉、洪都拉斯、尼加拉瓜、多米尼加	The Dominican Republic-Central America FTA（CAFTA-DR）	2004-8-5	电子商务专章	第 14 章
7	巴林	The UnitedStates-Bahrain FTA	2004-9-14	电子商务专章	第 13 章
8	阿曼	The United States-Oman FTA	2006-1-19	电子商务专章	第 14 章
9	秘鲁	The United States-Peru Trade Promotion Agreement（PTPA）	2006-4-12	电子商务专章	第 15 章
10	哥伦比亚	The United States-Colombia Trade Promotion Agreement（TPA）	2006-11-22	电子商务专章	第 15 章

续表

序号	缔约方	协定名称（英文简写）	签署时间	电子商务/数字贸易规则形式	备注
11	巴拿马	The United States-Panama Trade Promotion Agreement（TPA）	2007-6-28	电子商务专章	第14章
12	韩国	The United States-Korea FTA（KORUS FTA）	2007-6-30	电子商务专章	第15章
13	澳大利亚、文莱、加拿大、智利、日本、墨西哥、马来西亚、新西兰、秘鲁、新加坡、美国和越南	Trans-Pacific Partnership Agreement（TPP），后被CPTPP取代	2016-2-4，12国签署，2017-1-20，美国宣布退出；最终未生效	电子商务专章	第14章
14	加拿大、墨西哥（原NAFTA成员）	The United States-Mexico-Canada Agreement（USMCA）	2018-11-30	数字贸易专章（Digital Trade）	第19章
15	日本	Agreement Between the United States of America and Japan Concerning Digital Trade	2019-10-7	数字贸易协定	独立协定

资料来源：美国贸易代表办公室，https://ustr.gov/trade-agreements/free-trade-agreements.
注：按协定签署时间排序。

（二）FTA规则特点

第一，免征关税和数字产品的非歧视待遇这两条规则是美国FTA最早提出的电子商务规则，也是接受度最高的规则，美国所有自2003年后签署的FTA都引入了这两条规则。对"电子传输"免征关税是1998年WTO提出的一项规则，各国以部长宣言形式作出的一种政治性承诺，美国引用到后来签署的所有FTA中。数字产品的非歧视待遇主要是明确数字产品和有形产品一样能够享受到国民待遇和最惠国待遇。

第二，从2005年与澳大利亚达成FTA起，美国开始引入电子认证和电子签名、无纸化贸易规则,并在后来与秘鲁、韩国、哥伦比亚达成的 FTA 以及 TPP 中得到了采用,其目的是推动电子认证和签名的自决、创新和互认,推动无纸化贸易管理,提高通关效率和海关管理透明度。电子认证和电子签名规则主要要求承认电子签名的法律效力,允许电子交易各方自行决定采用其认为恰当的电子认证方法,推动两国间电子认证的互认。无纸化贸易规则的核心是要求贸易管理文件以电子形式公开,同时接受以电子形式提交的贸易管理文件,并且承认电子文件具有与纸质文件同等的法律效力。

第三,从 2010 年后,随着云计算和 App 的飞速发展,美国全面开始审视数字经济发展环境下数字贸易中出现的各类贸易障碍,并在与韩国签署的 FTA 中突破性地引入数字跨境流动和开放网络规则,在 TPP 中更是全面贯彻了美国所有数字贸易规则主张。针对美国企业在开展全球化经营过程中遇到的本地化、限制跨境数据流动、不恰当的互联网审查、分歧的数据和隐私保护要求等壁垒,美国在 TPP 中主张建立计算设施本地化、跨境数据流动、个人数据保护、接入和使用互联网原则等规则。特别是计算设施本地化和跨境数据流动这两条规则,由于对云计算等 ICT 企业以及所有开展跨国经营的企业都有重大的经济影响,成为美国当前最受关注的两个条款。

第四,在章节关系设置上,美国 FTA 中电子商务章节都存在"以电子方式提供的服务"条款,明确如果该章节措施涉及的"以电子方式提供的服务"落入投资、跨境服务贸易以及金融服务章节,则以这些章节规定的不符措施和例外为准。

此外,美国在部分 FTA 中还引入了透明度、合作、消费者保护等规则,提升相关法律、法规和措施的透明性,共同合作克服中小企业遇到的电子商务障碍,分享相关信息和经验,保护消费者免受欺骗。

第五,2020 年以来,数字贸易已经成为自贸协定中的重要组成部分。2020 年 7 月 1 日生效的《美墨加协定》更新和取代了运行 25 年的《北美自由贸易协定》(NAFTA)。《美墨加协定》是美国第一个包含数字贸易专章的自贸协定,其条款通常遵循《美墨加协定》争端解决程序。除了具体义务外,《美墨加协定》还鼓励各方在与数据隐私和安全、互操作性、私营部门和中小型企业自律相关的具体问题上进行合作。《美日数字贸易协定》作为一项行政协议于 2020 年 1 月生效,由特朗普政府谈判达成,这标志着美国与日本进入更广泛的贸易谈判的"第一阶段"。前美国贸易代表罗伯特·莱特希泽称,美日协定是与《美墨加协定》数字贸易条款类似的且就数字贸易壁垒谈判达成的"最全面、最高标准的贸易协议"。《美日数字贸易协定》中的承诺大体上反映了美国《美墨加协定》的承诺,但在某些领域存在分歧。例如，该协议排除了对亚太经合组织（APEC）"跨境隐私规则"（CBPR）和经合组织（OECD）对《关于保护隐私和个人数据跨境流动准则的建议》的明确引用，并在部门附件中纳入了密码条款，而不是《美墨加协定》中的数字贸易章节，并且与《美墨加协定》不同，该协定的承诺不受争议解决的约束。

二、欧盟已有协定中的电子商务及数字贸易规则情况

（一）总体情况

欧盟早在1973年1月与瑞士签订了第一个促进双边贸易和经济合作的协定，之后陆续与不同的国家、地区或区域组织签署了联盟协定、经济伙伴关系协定、自由贸易协定等形式各异的协定，截至2023年8月，共计42份协定生效或适用。此外，还有5份已完成谈判或者已签署等待生效，与澳大利亚、中国、印度、印度尼西亚和菲律宾等国处于谈判状态。

欧盟与智利、加勒比地区、喀麦隆、韩国、哥伦比亚、秘鲁、厄瓜多尔、中美洲国家、新加坡、乌克兰、格鲁吉亚、摩尔多瓦、加拿大、亚美尼亚、墨西哥、日本、英国、越南、新西兰等多个国家和地区的18份协定条款中包含了电子商务的章节或条款以及数字贸易专章。电子商务条款最早出现在2005年3月生效的《欧盟-智利联盟协定》（EU-Chile Association Agreement）之中，且在2022年12月双方再次达成高级框架协议，由原来的章节内条款上升到数字贸易专章。此外，设置了数字贸易专章的还有《欧盟-英国贸易与合作协议》和《欧盟-新西兰贸易协议》[①]。在重新启动的谈判中，欧盟与东部和南部非洲几个国家在原有经济伙伴关系协定基础上加入了数字贸易谈判方向；2023年7月20日，欧盟与新加坡启动了双方数字贸易协定（EU-Singapore digital trade agreement）谈判。该协定有望成为欧盟签署的首个独立的数字贸易协定。表6-2详细总结了欧盟目前签署或生效的协定中包含电子商务或数字贸易规则的情况。

表6-2 欧盟已签署或生效的FTA中包含电子商务/数字贸易规则情况

序号	缔约方	协议名称	签署时间	电子商务/数字贸易规则形式	备注
1	智利	EU-Chile Association Agreement	2002-11-18	章节内一个条款	第3篇第1章第一节第104条款

[①] 《欧盟-英国贸易与合作协议》于2020年12月签署，2021年5月生效；《欧盟-新西兰贸易协定》于2022年6月谈判达成，2023年7月签署。

续表

序号	缔约方	协议名称	签署时间	电子商务/数字贸易规则形式	备注
2	加勒比论坛国家，共计14个	CARIFORUM-EU Economic Partnership Agreement	2008-10-30	电子商务专章	第2篇第6章
3	喀麦隆	interim Economic Partnership Agreement	2008-11-20	电子商务章节	第5篇条款54-55
4	韩国	The EU-Republic of Korea free trade agreement（FTA）	2010-10-6	电子商务章节	第7章F节
5	哥伦比亚、秘鲁、厄瓜多尔	comprehensive trade agreement with Colombia and Peru	2012-6-26；2017-1-1（厄瓜多尔正式加入）	电子商务专章	第4篇第6章
6	中美洲国家，共6个	Association Agreement	2012-6-29	电子商务专章	第3篇第6章
7	乌克兰	The Association Agreement（AA）；Deep and Comprehensive Free Trade Area（DCFTA）	AA和DCFTA于2014-3-21和2014-6-27分别签署	电子商务章节	第6章第6节
8	格鲁吉亚	EU－Georgia Association Agreement the Deep and Comprehensive Free Trade Area（DCFTA）	2014-6-27	电子商务章节	第6章第6节
9	摩尔多瓦	TheAssociation Agreement between the European Union and the Republic of Moldova Deep and Comprehensive Free Trade Agreement（DCFTA）	2014-6-27	电子商务章节	第6章第6节
10	加拿大	EU-Canada Comprehensive Economic and Trade Agreement（CETA）	2016-10-30	电子商务专章	第16章
11	亚美尼亚	Comprehensive and Enhanced Partnership Agreement（CEPA）	2018-1-26	电子商务章节	第5章F节

续表

序号	缔约方	协议名称	签署时间	电子商务/数字贸易规则形式	备注
12	墨西哥	EU-Mexico Association Agreement	2018-4-21 已经谈判达成	数字贸易专章	第16章
13	日本	EU-Japan Economic Partnership Agreement	2018-7-17	电子商务章节	第8章F节
14	新加坡	EU-Singapore Free Trade Agreement and Investment Protection Agreement	2018-10-19	电子商务章节	第8章F节
15	越南	Free Trade Agreement between the European Union and the Socialist Republic of Viet Nam	2019-6-30	电子商务章节	第8章F节
16	英国	EU – United Kingdom Trade and Cooperation Agreement	2020-12-30	数字贸易专章	第3篇
17	智利	Association Agreement and Additional Protocol EU – Chile Advanced Framework Agreement	2022-12-9 高级协议谈判达成并发布了 EU-Chile Interim Trade Agreement	数字贸易专章	第19章
18	新西兰	EU-New Zealand Trade Agreement	2023-7-9	数字贸易专章	第12章

资料来源：根据欧盟委员会公布贸易协定的情况整理得出，https://commission.europa.eu/business-economy-euro/trade-non-eu-countries/trade-agreements_en.

注：按协定签署时间排序。

（二）FTA规则特点

第一，从总体数量来看，在欧盟目前已经签订的42项FTA或者其他相关协议中，仅有18项包含了"电子商务"专门条款或章节，比例不高，主要有两方面原因：一方面，由于部分FTA签订时间较早，当时的历史环境下电子商务并未有充分发展。2002年前签订的FTA都未有关于电子商务的规定。另一方面，与欧盟自身电子商务不够发达，与其他国家、地区达成电子商务条款的内在动力不足有很大关系。但 2020 年以来签署的三份协定中均设立了数字贸易专章，高度重视数字贸易规则的设置。

第二，就欧盟 FTA 中电子商务条款的具体内容而言，提及最多的要素是"各方合作机制"，但条款对合作机制的具体形式、合作内容等并未有明确规定。其次提及较多的要素包括电子传输免征关税、电子签名和电子认证、消费者保护、数据保护、非应邀商业电子信息、服务提供商责任等。这些出现频率较高的要素，与欧盟内部的立法和政策保有一致性。如欧盟 1995 年颁布的《个人数据保护指令》（data privacy directive，也称"95 指令"）以及 2016 年颁布的《通用数据保护条例》都强调对于个人数据权利的保护，多数 FTA 都规定了在数据保护方面要遵循国际最高标准；又如，欧盟 2014 年颁布的《电子身份识别与信任服务条例》（eIDAS）[①]，旨在推进欧盟内部电子身份和电子认证服务的互认与统一。多数 FTA 都提出要在遵守本国立法的基础上，推进协定各方在电子认证中的互认。

第三，欧盟与不同国家和地区签订的 FTA 在内容上各有侧重。比如，与哥伦比亚、秘鲁、厄瓜多尔等签订的 FTA 强调各方在个人数据保护、无纸化贸易、消费者保护方面的合作；与新加坡签订的 FTA 强调双方要致力于推进电子服务的发展和电子签名的互认；与格鲁吉亚、摩尔多瓦达成的 FTA "电子商务"章节中，除一般条款外，增加了关于"中间服务提供商责任"的专门规定。其中明确了传输服务提供者不对其服务过程中传输的信息负责，缓存服务提供者不对信息的自动存储负责，信息存储服务提供者不对其应接收者请求存储的信息负责等责任原则。

三、英国已有协定中的电子商务及数字贸易规则情况

（一）总体情况

英国于 1973 年加入了欧盟的前身欧共体，此后作为其成员国达成了近 40 份自贸协定。直至 2020 年 1 月 31 日，英国正式脱欧，并在 2020 年 12 月 30 日与欧盟达成《欧盟-英国贸易与合作协定》（EU-United Kingdom Trade and Cooperation

---

[①] 欧盟的《电子身份识别与信任服务条例》（Regulation (EU) No 910/2014 of the European Parliament and of the Council of 23 July 2014 on electronic identification and trust services for electronic transactions in the internal market and repealing Directive 1999/93/EC，简称 eIDAS Regulation），它针对电子身份以及信任服务的跨境法律承认及相关合作问题做出了专门性的规定。

Agreement），首次包含数字贸易专章。2019 年 1 月至 2019 年 12 月，英国与智利、毛里求斯、赞比亚、津巴布韦、瑞士、以色列、韩国、黎巴嫩、格鲁吉亚、摩洛哥、约旦、科索沃等数十个国家签署了 19 份协定；2020 年脱欧以来，陆续与乌克兰、新加坡、日本、埃及、肯尼亚、加拿大、墨西哥、摩尔多瓦、土耳其、越南、加纳、澳大利亚、新西兰等多个国家签署协议 20 余份，并在 2023 年 7 月加入 CPTPP，成为加入该协定的首个欧洲国家。表 6-3 是英国签署协定中包含电子商务/数字贸易规则情况。

表 6-3 2019 年以来英国签署协定中包含电子商务/数字贸易规则情况

序号	缔约方	协定名称（英文简写）	签署时间	电子商务/数字贸易规则形式	备注
1	加勒比论坛成员，共计 14 个	CARIFORUM-UK Economic Partnership Agreement	2019-3-22	电子商务专章	第 6 章
2	哥斯达黎加，萨尔瓦多，危地马拉，洪都拉斯，尼加拉瓜，巴拿马	UK-Central America Association Agreement	2019-7-18	修订增加电子商务专章	第 4 部分第 3 篇
3	乌克兰	UK/Ukraine：Political, Free Trade and Strategic Partnership Agreement	2020-10-8	电子商务章节	第 6 章
4	格鲁吉亚	UK-Georgia Strategic Partnership and Cooperation Agreement	2019-10-21	电子商务章节	第 6 章
5	新加坡	UK/Singapore：Free Trade Agreement	2020-10-19	电子商务章节	第 8 章
6	日本	UK－JapanComprehensive Economic Partnership Agreement	2020-10-23	电子商务章节	第 8 章
7	摩尔多瓦	UK－Moldova Strategic Partnership, Trade and Cooperation Agreement	2020-12-24	电子商务章节	第 6 章
8	越南	UK/Viet Nam：Free Trade Agreement	2020-12-29	电子商务章节	第 8 章
9	欧盟	UK/EU and EAEC：Trade and Cooperation Agreement	2020-12-30	数字贸易专章	第 3 篇

续表

序号	缔约方	协定名称（英文简写）	签署时间	电子商务/数字贸易规则形式	备注
10	澳大利亚	UK-Australia Free Trade Agreement	2021-12-16	数字贸易专章	第14章
11	新加坡	UK-Singapore Digital Economy Agreement（DEA）	2022-2-25	数字经济协定	独立协定
12	新西兰	UK-New Zealand Free Trade Agreement	2022-2-28	数字贸易专章	第15章
13	乌克兰	UK-Ukraine Digital Trade Agreement	2022-12-30	数字贸易协定	独立协定
14	CPTPP 11国	2021.2.1正式申请加入CPTPP	2023-7-16	数字贸易专章	第3篇

资料来源：根据英国政府公布的自由贸易协定整理汇总得出，https://www.gov.uk/government/collections/the-uks-trade-agreements.

注：按协定签署时间排序。

（二）FTA规则特点

这里主要总结2019年以来，也就是英国在脱欧前后单独签署协定中包含相关规则的特点。

第一，英国脱欧后对电子商务和数字贸易规则的关注度提升非常明显。从总体数量来看，英国目前已经签署和加入的协定已经高达42份。其中，英国2019年签署了19份，2020年签署了13份，2021年以来签署和加入了10份。包含"电子商务"章节或者专章的协定，以及包含数字专章的协定和独立的数字贸易协定共计14份，占总数的三分之一。2019年英国签署的19份协定中，只有3份（包括修订增补）包含电子商务章节，比例较小。正式脱欧后，英国签署的协定中明显提升了关于电子商务和数字贸易规则的关注度。比如，2020年10月英国与新加坡签署的FTA包含电子商务专章，接着在2021年6月发起了双边数字贸易协定谈判，最终在2022年2月达成《英国-新加坡数字经济协定》（UK-Singapore Digital Economy Agreement，DEA），这也是英国达成的首个独立数字贸易协定。2022年12月，英国与乌克兰签署了《英国-乌克兰数字贸易协定》（以下简称《英乌数字贸易协定》），在较短时间内达成了第二份独立的数字贸易协定。2021年2月1日，英国正式申请加入目前公认包含高水平数字贸易规则的 CPTPP，经过两年多的谈判，英国于 2023 年 7 月 16 日正式加入。

第二，英国在国际形势变化中紧抓提升数字贸易规则水平的机会。目前，英国在与欧盟、澳大利亚、新西兰、乌克兰签署的双边协定中均含有数字贸易专章，而与新加坡签署的 DEA、与乌克兰签署的《英乌数字贸易协定》，也是目前全球已签署的为数不多的独立数字贸易协定。在这些缔约方中，澳大利亚、新西兰、新加坡是 CPTPP 成员，新加坡、新西兰和 CPTPP 成员之一的智利又是 DEPA 的三个成员，英国在脱欧后的较短时间内便通过签署双边协定和申请加入各贸易协定两个途径迅速跻身全球高水平数字贸易规则领域。尤其值得一提的是，2020 年 10 月和 2022 年 12 月，英国与乌克兰相继签署了《英国-乌克兰政治、自由贸易和战略伙伴协定》（简称《英乌协定》）和《英乌数字贸易协定》。2020 年 11 月还发布了一份报告《继续英国与乌克兰贸易关系》（Continuing the United Kingdom's trade Relationship with Ukraine），详细阐明在 2017 年生效的《欧盟-乌克兰深入与全面的自贸区》（EU-Ukraine Deep and Comprehensive Free Trade Area，DCFTA）基础上，进一步推进《英乌协定》生效的重要性。《英乌协定》和《欧盟-乌克兰联盟协定》（EU-Ukraine Association Agreement）均含有电子商务章节，其实质内容大致相同。为了反映英国的外交和安全政策，对提及俄乌冲突和乌克兰加入国际机构的条款进行了一些修改。在贸易方面《英乌协定》明确承诺遵守知识产权和英国地理标志的国际标准。在当前俄乌冲突背景下，继英新 DEA 生效后，《英乌数字贸易协定》不仅是乌克兰达成的首个数字贸易协定，也代表着英国在制定数字贸易规则方面又迈出一步。

四、日本已有协定中的电子商务及数字贸易规则情况

（一）总体情况

截至 2023 年 8 月，日本已经签署或生效的双多边协定有 21 项，其中绝大多数是双边经济合作伙伴关系协定（Economic Partnership Agreement，EPA），缔约方包括新加坡、墨西哥、马来西亚、智利、泰国、印度尼西亚、文莱、东盟、菲律宾、瑞士、越南、印度、秘鲁、澳大利亚和蒙古国、欧盟、英国、中国、韩国等。近些年来，日本政府逐步深化国内数字社会的构建，拓展和修订已有的国内相关立法，还在多边和双边贸易协定谈判中高度重视与数字贸易相关的规则谈判。2009 年以来至今，日本对外签署的双边、多边 EPA 和自由贸易协定中带有明显数字贸易规则内容的共有 9 项，其中除了 TPP 签署但并未生效，其余 8 项协

定均已生效和运行①。如表 6-4 所示，2009 年 9 月生效的《日本-瑞士 EPA》、2015 年 1 月生效的《日本-澳大利亚 EPA》、2016 年 1 月生效的《日本-蒙古 EPA》、2020 年 1 月生效的《日美数字贸易协定》（Japan-United States Digital Trade Agreement）以及 2021 年 1 月生效的《日本-英国全面 EPA》都是日本签订的双边经贸协定。而由 12 个国家于 2016 年 2 月签订但最终并未生效的 TPP、最终由 11 个国家签订并于 2018 年 12 月生效的 CPTPP、2019 年 2 月生效的《日本-欧盟 EPA》，以及 2020 年包括日本在内的 15 国达成并已生效 RCEP 均是多边经贸协定。在这些协定中，《日美数字贸易协定》不仅是日本和美国首次签订的数字贸易双边协定，也是全球首个数字贸易方面的独立协定。该协定共包含 22 个条款，涉及被广泛关注的各项数字贸易规则条款②。而其他多边、双边经贸协定都是单独列示（或包含）"电子商务"专章阐述相关条款③。

表 6-4 近年来日本签订的自贸协定涉及数字贸易规则情况

相关内容	协定										
	RCEP	日-英 CEPA	日美数字贸易协定	日-欧 EPA	CPTPP	TPP	日-蒙 EPA	日-澳 EPA	日-瑞 EPA	USMCA
生效时间	2021-1-1	2021-1-1	2020-1-1	2019-2-1	2018-12-30	2016-2-4 签署，最终未生效	2016-6-7	2015-1-15	2009-9-1	2020-7
数字产品的无差别待遇	无（但含于电子商务对话）	无	有	无	有	有	有	有	有	有

---

① 2009 年之前，日本分别与新加坡、菲律宾和泰国等签署的双边 EPA 中只设置了"无纸化贸易"独立章节，这只是当前数字贸易规则中一项条款而已，不能称为较为明显的数字贸易规则。

② 美国贸易代表办公室（USTR）明确表达了《美日数字贸易协定》和 USMCA 都是"最全面和高标准的协定"，《美日数字贸易协定》的签订使得美国和日本成为数字贸易规则的"领导者"。https://ustr.gov/about-us/policy-offices/press-office/fact-sheets/2019/october/fact-sheet-us-japan-digital-trade-agreement.

③ 《日-瑞 EPA》第 8 章电子商务，《日-澳 EPA》第 13 章电子商务，《日-蒙 EPA》第 9 章电子商务，未生效的 TPP 第 14 章电子商务，CPTPP 第 14 章电子商务，《日-欧 EPA》第 8 章服务贸易、投资自由化和电子商务（Section F 为电子商务），《日-英 EPA》第 8 章服务贸易、投资便利化和电子商务（section F 为电子商务），RCEP 第 12 章电子商务。

续表

相关内容	协定									
	RCEP	日-英CEPA	日美数字贸易协定	日-欧EPA	CPTPP	TPP	日-蒙EPA	日-澳EPA	日-瑞EPA	USMCA
电子信息发送不征收关税	有	有	有	有	有	有	有	有	有	有
通过电子方式跨境传输信息	有（但有的国家例外）	有（但有例外）	有（但有例外）	无（从生效日开始三年内再评价其必要性）	有（但有例外）	有（但有例外）	无	无	无	有
个人信息保护	有	有	有	有	有	有	无	无	无	有
线上消费者保护	有	有	有	有	有	有	有	有	有	有
禁止要求计算设施的本地设置	有（但有的国家例外）	有（但有例外）	有（包含金融服务）	无	有（但有例外）	有（但有例外）	有（但有例外）	无	无	有
禁止要求源代码等公开	无（但含电子商务对话）	有（但有例外）	有（包含算法）	有	有	有	无	无	无	有（包含算法）
禁止要求特定密码等的使用	无	有	有	无	无	无	无	无	无	无
合作	有	有	无	有	有	有	有	有	有	有
公开（政府）信息	无	无	无	无	无	无	无	无	无	无
电子行政（电子签名、电子认证等）	有	有	有	有	有	有	有	有	有	有

续表

相关内容	协定									
	RCEP	日-英CEPA	日美数字贸易协定	日-欧EPA	CPTPP	TPP	日-蒙EPA	日-澳EPA	日-瑞EPA	USMCA
无纸贸易	有	无	无	无	有	有	无	有	有	有
国内监管	有	有	有	无	有	有	有	有	有	有

注：被美国特朗普政府称为"21世纪高标准协定"的《美墨加协定》（USMCA），其中的第19章是专门的数字贸易条款，相关内容在本表最后一列，作为比较的参考协定。

资料来源：根据日本外务省和内阁官房公布的相关资料整理得出，USMCA协定文本来自美国USTR，详见 https：//ustr.gov/trade-agreements/free-trade-agreements/united-states-mexico-canada-agreement.

（二）FTA规则特点

第一，日本已经逐步跻身制定数字贸易规则者的行列。进一步详细比较日本缔结的经贸协定中涉及的各项数字贸易规则，可以发现，日本签署TPP以后的各项协定，尤其是近两年来的协定中的高水平规则越来越多，比如"通过电子方式跨境转移信息""计算设施的位置""源代码""（政府）信息公开""交互式计算机服务"等规则。尤其是与美国签订的《日美数字贸易协定》几乎囊括了目前数字贸易备受关注的全部内容，且首次出现"禁止要求特定密码等的使用"等条款，对比之前的《美墨加协定》有过之而无不及。

第二，日本与不同缔约对象达成的规则存在明显差异。日本签署的几个大型多边经贸协定，比如TPP、CPTPP、RCEP等以及与美国、英国的双边协定中均包含"通过电子方式跨境转移信息"条款（都有不适用的情况），但与欧盟签署的EPA却表明要在协定生效日起三年后再进行评价和商定，这就意味着到2022年2月之前欧盟不接受利用电子方式自由跨境转移数据，日本在这个方面做出了让步；而形成鲜明对比的是，禁止"计算设施的本地设置"内容在日欧EPA里并没有涉及，但在其他多个多双边协定中都是重要条款之一。

第三，日本在缔结新的多边协定谈判时，与多个缔约方已经建立了良好的经贸关系和谈判基础。在RCEP的缔约方中，日本与其中的新加坡、文莱、越南等7个东盟国家以及澳大利亚、新西兰等一共9个国家早前就已分别达成双边EPA，在CPTPP的缔约方中同样包含上述的新加坡、澳大利亚等6个国家。但是，RCEP缔约方中还包含一些数字化发展水平不高的东盟国家，因此，RCEP

中的相关规则相比 CPTPP 总体上显得宽松一些，比如"数字产品的无差别待遇""禁止要求源代码等公开"等内容均没有涉及。另外，CPTPP 缔约国中的加拿大和墨西哥都是《美墨加协定》的缔约方，对日本而言，前有《日本-墨西哥 EPA》的基础，与加拿大也进行了 EPA 谈判（现处于搁置状态），与美国的经贸谈判更是有着深刻的历史渊源。可见，《日美数字贸易协定》也是建立在既有合作和谈判基础上的，受《美墨加协定》的影响不言而喻，详细对比两份协定的数字贸易条款，除了个别条款和某些条款的细节描述外，大部分的规则是相同的，而且《日美数字贸易协定》整体上似乎比《美墨加协定》更严格。而《日本-英国全面 EPA》与《日美数字贸易协定》相比，各项规则更是大同小异，两者规则应该堪称是目前标准最高的数字贸易协定[①]。

综上，日本制定数字贸易规则的协定数量虽不多，但规则制定的触角已经遍及亚洲、欧洲、北美洲、大洋洲的主要经济体，在国际数字贸易治理方面的参与度非常高。另外，日本还参加了亚太经济合作组织（APEC）的跨境隐私规则制度（Cross-Border Privacy Rules System，CBPR System）[②]，该制度由 APEC 成员自发制定且以责任为基础，力求在 APEC 经济体中使得尊重隐私的数据流动更加便利化。目前参加该制度的 APEC 成员还有美国、墨西哥、加拿大、韩国、新加坡、澳大利亚、中国台湾和菲律宾[③]。隐私数据流动必然也是数字贸易当中不可或缺的一部分，可以看到，加入该项制度的仍然是目前在数字贸易规则领域非常活跃的美国、日本、澳大利亚等国家，也更加表明日本重视在各个大型多边贸易框架下对数字贸易规则的制定[④]。

五、中国协定中的电子商务及数字贸易规则情况

（一）总体情况

随着改革开放的逐步深入和"一带一路"倡议的广泛推行，中国已经与多

[①] 《日美数字贸易协定》于 2020 年 1 月 1 日生效，《日本-英国全面 EPA》于 2021 年 1 月 1 日生效。日本目前签署的协定中，除了其他规则外，只有这两个协定中包含"禁止要求特定密码等的使用"和"公开政府信息"这两项内容，所以可以认为是最高标准的数字贸易协定。

[②] 日本于 2013 年 6 月 7 日向 APEC 电子商务领导小组（Electronic Commerce Steering Group，ECSG）递交了申请，2014 年 4 月 25 日被确认正式加入。日本是继美国、墨西哥之后第三个参加该制度的国家。可参见 http://cbprs.org/about-cbprs/。

[③] 菲律宾在 2019 年 8 月 19 日递交了加入申请，2020 年 3 月 9 日成功加入，是 APEC 成员中加入 CBPR 制度的第九个经济体。

[④] 王岩，高鹤，谷口洋志. 日本数字贸易发展探析及其对中国的启示 [J]. 价格月刊，2022 (4): 45-53.

个国家通过签署自由贸易协定建立了自由贸易区。自从 2002 年与东盟十国签署了《中国-东盟全面经济合作框架协议》以来[①]，中国对外商签的自由贸易协定不断增多，截至 2023 年 8 月，中国正式达成的多双边经贸协定共计 21 项，这些协定包括：①内地香港（CEPA）；②内地澳门（CEPA）；③海峡两岸经济合作框架协议（ECFA）；[②] ④中国-东盟 FTA（含"10+1"升级）；⑤中国-巴基斯坦 FTA（含第二阶段）；⑥中国-智利 FTA（含升级）；⑦中国-新西兰 FTA（含升级）；⑧中国-新加坡 FTA（含升级）；⑨中国-秘鲁 FTA；⑩中国-哥斯达黎加 FTA；⑪中国-冰岛 FTA；⑫中国-瑞士 FTA；⑬中国-韩国 FTA；⑭中国-澳大利亚 FTA；⑮中国-格鲁吉亚 FTA；⑯中国-马尔代夫 FTA；⑰中国-毛里求斯 FTA；⑱中国-柬埔寨 FTA；⑲《区域全面经济伙伴关系协定》（RCEP）；⑳中国-厄瓜多尔 FTA；㉑中国-尼加拉瓜 FTA[③]。此外，有十项处于进一步谈判中，包括中国与韩国自贸协定第二阶段谈判，以及与秘鲁自贸协定的升级谈判。

在这些协定中，签署时即包含电子商务专章的协定仅有五项。第一个被认定为纳入"21 世纪经贸议题"并设立电子商务专章的协定是《中国-韩国自由贸易协定》[④]，第二个纳入电子商务议题并单独成章的是《中国-澳大利亚自由贸易协定》[⑤]，《中国-毛里求斯自由贸易协定》的第 11 章是电子商务专章[⑥]，2022

---

① 通过签署框架协议构建的中国—东盟自贸区，是中国对外商谈的第一个自贸区，也是东盟作为整体对外商谈的第一个自贸区，2010 年已全面建成。后经过"10+1"升级谈判，签署了《中华人民共和国与东南亚国家联盟关于修订〈中国—东盟全面经济合作框架协议〉及项下部分协议的议定书》（简称《议定书》），于 2019 年 10 月 22 日生效，这也是中国对外签署的第一个升级协定，但并没有包含电子商务等相关条款。

② 2003 年签署的《关于建立更紧密经贸关系的安排》（CEPA），包括香港和澳门；2010 年签署的《海峡两岸经济合作框架协议》（ECFA），分别列示。

③ 2023 年 7 月 25 日，中国与尼加拉瓜宣布实质性完成自贸协定谈判，8 月 31 日正式签署。详见中国商务部网站，http://fta.mofcom.gov.cn

④ 《中-韩自贸协定》于 2015 年 6 月 1 日正式签署，2015 年 12 月 20 日正式生效。电子商务专章共 9 个条款：一般条款、与其他章节的关系、海关关税、电子认证和电子签名、电子商务中的个人信息保护、无纸贸易、电子商务合作、定义及争端解决不适用条款。

⑤ 《中-澳自贸协定》于 2015 年 6 月 17 日正式签署，2015 年 12 月 20 日正式生效。电子商务专章共 11 个条款，主要包括：国内监管框架、对电子交易免征关税、为在线消费者和在线数据提供保护、致力数字证书和电子签名的互认、鼓励使用数字证书、提高电子文本的接受度、鼓励双方在电子商务领域的研发合作等内容。

⑥ 《中-毛自贸协定》于 2019 年 10 月 17 日签署，2021 年 1 月 1 日正式生效，是我国对外商签的第 17 个自贸协定，也是我国与非洲国家签署的第一个自贸协定。电子商务共有 10 个条款，主要包括：关税、透明度、电子认证和数字证书、网络消费者保护、在线数据保护、无纸贸易、电子商务合作等较高水平规则。

年1月1日生效的《中国-柬埔寨自由贸易协定》第10章为电子商务专章[①]，再有就是 RCEP 中的第12章电子商务专章[②]。RCEP 之前的电子商务专章中主要包含的规则条款有：关税、电子认证和数字证书、网络消费者保护、在线数据保护、无纸贸易、合作等，虽然规则制定水平也有所上升，但对已经广受关注的源代码、计算设施的位置、通过电子方式跨境传输信息、数字产品无差别待遇等条款还没有涉及。

（二）FTA 规则特点

第一，电子商务规则较为基础，多是国际协定中常见的主要规则。这些规则包括关税税收、电子签名和电子认证、无纸化贸易、在线消费者保护、个人信息保护、国内监管框架、电子商务合作等。这些反映了中国对国际协定中电子商务规则的制定还处于起步阶段。

第二，部分规则反映了中国的关注焦点。如《中国-澳大利亚 FTA》电子商务章节中透明度规则，要求对关于或影响电子商务章节实施的普遍适用的相关措施应立即予以公布。再如，争端解决条款规定 FTA 第十五章（争端解决）的规定不得适用于电子商务章节。

第三，与国际高标准数字贸易规则逐步接轨。对于美国主导的 FTA 中新规定的数字产品的非歧视待遇等，CPTPP 中引入的数据跨境流动、计算设施本地化、源代码、接入和使用互联网的原则等条款，中国目前尚未纳入。而日本早在 2009 年与瑞士达成的 EPA 中就已经设置了电子商务独立章，并且已经与美国签署了独立的《日美数字贸易协定》，数字贸易规则达到目前最高水平。不难看出，与日美等发达国家相比，中国对数字贸易规则领域的认识更晚，规则制定还处于较低的水平，在全球数字贸易规则领域还存有差距。针对日益复杂严峻的全球经济形势，2023 年 4 月 28 日，中央政治局会议提出，要支持有条件的自贸试验区和自由贸易港对接国际高标准经贸规则，推动改革开放先行先试。国务院也于 6 月 1 日印发了《关于在有条件的自由贸易试验区和自由贸易港试点对接国际高标准推进制度型开放的若干措施》，率先在上海等五个具备条件的自由贸易试

---

① 《中-柬自贸协定》于 2020 年 10 月 12 日，并于 2022 年 1 月 1 日正式生效。协定文本的电子商务专章中包含了电子认证、电子签名和数字证书、在线个人信息保护等内容，在促进数字技术应用，鼓励新兴业态发展，提高贸易便利化水平，加强消费者权益保护，构建公平自主市场环境等方面提供了规则保障。

② RCEP 中的电子商务专章分为 5 节，共 17 个条款，主要条款见表 5。RCEP 是目前中国签署的包含最高水平数字贸易规则的协定。

验区和海南自由贸易港，试点对接相关国际高标准经贸规则，稳步扩大制度型开放。这些重要举措将加快提升中国数字贸易规则的水平。

第三节　数字经贸规则的总体发展趋势

随着全球数字化时代的到来，数字经济不仅成为推动经济发展的重要引擎，也成为各国参与新一轮科技革命和国际经贸合作的重要战略基础。近年来，数字经贸规则在组织机制、构建和演进路径、活跃区域等方面，呈现一系列新态势。

后疫情时代，数字化转型引领数字经济，成为全球经济发展新动能。在此背景下，数字经贸规则也呈现新态势，将鼓励各方参与数字贸易、激发数字经济潜能作为重要目标。近年来，部分关键的数字经贸规则在多方关注下取得一定进展，对于分歧较小的领域，各国探索规则升级扩围，服务全流程数字化转型；对于分歧较大的领域，各国展现了一定的灵活性并形成初步共识：对新兴技术和应用领域，积极推动统筹各方发展和监管方向，就创新监管模式交换最佳实践。同时，各国注重平衡自由贸易、产业发展、技术创新与安全保障之间的关系，数字经贸规则体系呈现全面性、包容性、开放性、创新性和安全性的趋势。

一、数字贸易便利化向更高标准升级

数字贸易便利化是出现较早、分歧较小、较为成熟的数字贸易规则。2000年前后，WTO部长级会议发布《全球电子商务宣言》，暂缓对电子传输征收关税；1996年12月，联合国国际贸易法委员会通过《电子商务示范法》（UNCITRAL Model Law on Electronic Commerce）、2001年7月通过《电子签名示范法》（UNCITRAL Model Law on Electronic Signature），对跨境传输和线上交易引发的程序合法性问题做出回应，在随后签署的《美国-约旦自由贸易协定》《欧盟-智利自由贸易协定》《澳大利亚-新加坡自由贸易协定》中，借鉴吸收上述监管规定，逐步形成了包含电子传输免关税、国内电子交易监管框架、无纸化贸易、电子签名、电子认证等议题的数字贸易便利化的规则基本框架。

伴随着数字贸易的蓬勃发展，数字贸易便利化规则的制定取得长足进展，各国形成广泛共识。贸易便利化逐步成为国际贸易谈判中数字贸易（电子商务）章节中普遍纳入的议题，截至目前签署的包含数字内容的自由贸易（数字经济）协定中，有超过75%的协定涉及数字贸易便利化规则。在多边框架下，联合国亚

太经济社会委员会（Economic and Social Commission for Asia and the Pacific, ESCAP）倡导发起的《亚洲及太平洋跨境无纸贸易便利化框架协定》于2021年正式生效。该协定共有25个条款，主要涵盖国家贸易便利化政策框架和有利的国内法律环境、跨境无纸贸易便利化和发展单一窗口系统、电子形式贸易数据和文件的跨境互认、电子形式贸易数据和文件交换的国际标准，以及行动计划、能力建设、试点项目和经验交流等。2021年12月，WTO电子商务谈判联合召集人澳日新三方发布声明指出，已在无纸贸易、电子签名和认证、电子合同等8个领域取得重大突破。

便利化规则是向全流程数字化升级，促进端到端贸易。2021年，移动设备的普及和使用进一步推动了B2C服务占比；跨境网购人数占网购人数的比重，从2017年的20%上升至2019年的25%；疫情和国际经贸形势对供应链弹性提出挑战，中小型电商企业期望更少库存和更低成本。在技术赋能和诉求转变背景下，数字贸易便利化规则进一步升级，呈现以下趋势：一是促进端到端贸易，鼓励更多消费者和中小企业参与跨境电商，创新升级电子身份、电子合同、电子支付、现代物流、电子发票、快速货运等规则，推动跨境贸易全流程数字化。二是降本增效，通过"单一窗口"提升报关便利性，推动设立便捷化海关程序，降低通关审查、报税成本。三是提升跨境贸易安全性，构建安全的跨境电子支付监管环境，建立可信数字身份互认及同等保护机制。四是强化系统、标准兼容性，提升单一窗口、电子记录、数据交换等系统兼容性，推动电子发票、电子支付、电子身份等标准互认。

二、市场准入变化形成新框架

市场准入是政府对市场主体、交易对象进入市场所制定的政策框架，是为了保证公共安全、维护社会稳定和合理配置资源，而对经营者的权力范围和行为能力进行约束。区别于传统货物和服务贸易，各国对于数字产品的界定尚无统一共识，同时，数字服务的准入涉及国家公共安全、技术产业发展、公民隐私保护等多重因素。因此，数字市场准入的监管目标更加多元，一些国家通过负面清单+安全审查机制，形成了更为灵活的市场准入管理框架，从而实现兼顾发展与安全。

负面清单的管理模式在全球复制推广，开放水平逐步提升。在信息化和数字化时代，应用模式、业务形态伴随技术创新而高速迭代，跨界融合特征使得不同业务相互交融，具体业务边界难以界定。传统投资和服务贸易规则体系整体采用分行业的正面清单模式，逐渐难以覆盖不断出现的"新服务"。"准入前国民待遇+负面清单""冻结条款+棘轮条款"的出价模式，被更多国家尝试接纳。在RCEP中，除日本、韩国、澳大利亚、新加坡等发达国家外，马来西亚、印度尼西亚等发展中国家也开始尝试采用负面清单的出价方式；CPTPP中，除越南保留3年过渡期外，各成员国均全面采纳棘轮机制，即被列入负面清单的不符措施或限制性措施只能减少不能增加。

针对数字技术和服务的外资安全审查制度频繁出台。WTO（2019）测算数据显示，全球约58.9%的服务贸易是通过商业存在模式提供的，尤其是涉及关键基础设施的数字服务贸易。伴随国际经贸形势的复杂变化，各国加快完善并灵活运用安全审查等机制，对数字领域的外商投资和市场准入进行限制。美国2018年8月出台《外商投资风险评估现代化法案》（The Foreign Investment Risk Review Modernization Act）；欧盟出台《建立外国直接投资的审查框架性条例》（The Regulation on Establishing A Framework for Screening of Foreign Direct Investments into the European Union）并于2019年4月生效；2021年4月，英国通过《国家安全和投资法2021》（The National Security and Investment Act 2021）；日本修订《外汇及对外贸易法》并于2023年7月23日生效，新设或授权专门主管机构，对境外主体获取本国关键设施、新兴技术、敏感信息等进行国家安全审查，并尝试在电信等敏感领域建立专门的业务许可安全审查机制。从美国外国投资委员会（Committee on Foreign Investment in the United States，CIFUS）公布的报告来看，2018年至2020年，进入申报程序的外资审查案件从20起上升至126起，排在前三名的细分领域分别为计算机系统设计、软件及数据处理相关服务。

三、跨境数据流动规则达成新共识

国际组织推动跨境数据流动规则形成共识。跨境数据流动成为驱动数字经济增长的主要力量。全球数据流动规模大幅增长。据世界银行2021年报告估算，2022年全球数据流动量将超过153 000 GB/s，是2012年的9倍。全球数据流动对经济增长有明显的拉动效应，据麦肯锡预测，数据流动量每增加10%，将带动GDP增长0.2%。预计到2025年，全球数据流动对经济增长的贡献将达到11万亿美元。近年来，多边机制和国际组织高度关注跨境数据流动的跨国协调问题。G20于2019年提出《大阪数字经济宣言》，提出"可信任的数据自由流动"，建立允许数据跨境自由流动的"数据流通圈"，强调要在更好地保护个人信息、知识产权与网络安全的基础上，推动全球数据的自由流通并制定可靠的规则。2021年10月，G7贸易部长会议发表关于数字贸易的宣言，提出了可信数据流动的若干原则，具体包括：为支持数字经济和商品与服务贸易，数据应当在可信的个人和商业机构间进行跨境流动；高度关切以保护主义和歧视为理由，损害开放社会和民主原则的数据本地化措施；在反对跨境数据流动阻碍的同时，也要保护隐私、数据、知识产权和安全；应当就政府接触企业所控制的个人信息数据的基本原则形成共识，支持OECD就此形成原则和制度蓝本；开放政府数据将在数字贸易中发挥重要作用，政府公开数据库应遵从匿名、开放、可携与无障碍使用等。G7倡议拓宽了跨境数据流动的含义和监管适用范围，将传统上属于安全的议题扩展到若干发展事项上。更值得关注的是，G20、OECD等国际组织积极响应这一倡议，利用多边机制的召集力和广泛影响力，迅速达成相关协议，推动全球跨境数据流动规则形成新共识。

区域数字协定中的跨境数据流动规则不断演进变化。一方面，跨境数据流动规则形成了"允许数据跨境自由流动+安全例外"的基本模式。协定明确规定允许成员有各自的监管模式，成员应允许数据跨境流动，可出于合法保护公共政策和基本国家安全对数据流动采取一定限制。另一方面，有关数据流动和计算设施位置条款向鼓励数据按自由流动方向发展。由于云服务的分布式业务属性，各国的数据本地化政策将大幅提高云服务等数字企业的全球运营成本，因此产生了限制各国采取"计算设施本地化"的协议内容。该条款是TPP中新增的一类规则，CPTPP承袭了TPP下的跨境数据流动与计算设施位置条款。在以上协议中仍保留了成员可以出于通信安全和保密的要求进行规制的条款，但在随后的USMCA、USJDTA中，大幅削减规制的例外条款，限制各成员政府因公共管理需要，对数据和设施位置进行管制的权力。

中国积极对接国际数字规则，推动跨境数据流动监管政策不断与国际规则接轨。2020年，中国发布《全球数据安全倡议》，阐释了汇聚全球安全共识，共享数字经济发展红利的中国主张。2021年，中国相继颁布出台《数据安全法》《个人信息保护法》，与《中华人民共和国网络安全法》（以下简称《网络安全法》）共同构成个人信息保护和跨境数据流动监管的顶层制度。通过不断完善的制度建设，对数据及个人信息在收集、处理、存储、共享、流通等各个关键环节的具体规制逐步清晰，数据跨境流动、安全评估等管理体系正在加速构建，有关地方积极开展试点、具体实施方案将进一步细化完善。我国总体上秉持促进数据安全、自由流动原则，注重参与个人信息保护的国际规则制定与规则对接。在数据流动方式上，通过立法确定了安全评估、专业机构认证、标准合同等可操作的具体措施。同时也确立了出于保护国家安全、公共利益的需要，对部分数据的跨境流动要进行适度监管的制度。

四、数字税收规则实现新突破

全球数字税制度是平衡国家间数字经济利润分配，塑造数字经济协同发展环境的重要规则。随着数字经济崛起，互联网平台的国际扩张使企业与客户之间的交易更加无国界。跨国互联网公司通过跨境方式将数字化产品和服务供应至某国并获得收入，随后通过一系列手段将收入转移至其他低税率国家的"商业存在"进行避税，以降低企业税负。用户所创造的价值经过转化形成的收入却没有被赋予来源国征税权，价值创造来源与支付来源在不同国家之间出现错位，成为全球性数字治理问题。据联合国估算，每年全球因跨国公司利润转移行为而损失的税收可达 5 000 亿~6 000 亿美元。"数字税"这一新税种的设定将确保大型跨国公司在全球各地缴纳公平份额的税费，有利于平衡数字经济背景下国际税收权益分配格局，并遏制税基侵蚀和利润转移，解决数字经济带来的税收挑战。

全球数字税制度构建历经曲折终获突破。在谈判期，OECD 国际税收改革开启。2013 年，OECD《实施税收协定相关措施以防止税基侵蚀和利润转移（BEPS）的多边公约》(Multilateral Convention to Implement Tax Treaty Related Measures to Prevent Base Erosion and Profit Shifting)（以下简称《BEPS 多边公约》）启动多方谈判。《BEPS 多边公约》是第一份在全球范围内协调跨境所得税收政策的多边法律文件，其目的在于使其签约国一揽子修订现有的税收协定网络，解决人为规避常设机构的构成等问题，构建稳定有效的全球税收体系。在倒退期，多国开征单边数字服务税。一方面，由于此前缺乏各国普遍接受的国际统一数字税收规则，且税收改革方案将对跨国经营的大型互联网企业税收利益分配产生重大改变，影响企业注册地和经营地所在国家的利益，因此谈判方在核心问题上分歧较大，谈判进展缓慢。另一方面，自 2019 年起，法国、英国、土耳其等全球超 40 个国家向大型互联网企业开征数字服务税，以单边措施维护国家财政、打击国际逃税避税与消弭税基侵蚀。比如，法国对全球年收入超 7.5 亿欧元且在法国境内超过 2 500 万欧元的数字企业，征收 3% 的数字服务税。英国对全球年收入超过 5 亿英镑且在英国收入超过 2 500 万英镑的企业，征收 2% 的数字服务税。此举引发美国的强烈不满和反制措施，2020 年一度退出谈判，并先后对法、英、印、欧盟等国家和地区的数字服务税发起301调查，更加剧了全球税收改革多边谈判的倒退。在突破期，多边框架下的数字税收规则取得重大进展。2021年6月，G7率先宣布就全球数字税收规则达成共识，将向跨国企业征税的最低门槛设为15%。2021年10月，G20/OECD第十三次全体成员发布《关于应对经济数字化税收挑战的双支柱方案的声明》（Statement on a Two-Pillar Solution to Address the Tax Challenges Arising from the Digitalisation of the Economy，简称"双支柱方案"），其中，"支柱一"设计了全新征税权分配机制，认可市场能够为价值创造做出贡献，数据与劳动力、资本、技术等其他生产要素一样应当获得利润回报。引入了"收入额"替代"实体存在"作为企业在市场辖区联结度的判断标准。满足条件的跨国企业即使在"使用或消费商品或服务"市场国没有应税实体，只要营业额与利润超过一定门槛，就需要将部分利润分配给市场国以征收所得税。"支柱二"将国际税收核心规则延伸到税基和税率等税负要素，确定了企业所得税方面的全球最低税率15%：只要跨国公司的全球整体税负低于全球最低税率，该公司所在国即有权对该笔利润补征税款。截至2021年10月，该方案已得到136个国家的支持，其中包括了百慕大群岛、开曼群岛、爱尔兰等依靠低税率吸引跨国公司在其境内开设海外分部的"避税天堂"。美国亦决定接受"双支柱方案"，同时放弃了针对单边数字税的关税报复措施。由于全球数字税收框架的统一将优化全球营商环境、增加税收确定性并降低企业为应对各国不同数字税收政策的合规成本，谷歌、亚马逊以及脸书等互联网巨头也一改此前对于单边数字税的抵触态度，对"双支柱方案"表示了支持。

单边数字税或将转冷。"双支柱方案"最新提案要求缔约方撤销数字服务税以及其他类似单边措施，并承诺未来不再引入类似措施。2021年7月，欧盟委员会表示，暂缓推出原定于7月底出台的数字税征收计划。2021年10月，美国与奥地利、法国、意大利、西班牙、英国联合宣布，在OECD推动的"双支柱方案"生效后，欧洲五国将取消征收数字服务税。2021年以来，"双支柱方案"的火热推进为单边数字税带来了一定的"降温"效果，根据其方案实施时间表，数字税收规则的制定工作计划于2022年完成、2023年实施。因此，各国单边数字税是否被顺利撤销，尚有赖于未来"双支柱方案"能否顺利落地。

五、新兴议题加快向国际经贸规则渗透

数字贸易是技术驱动的贸易形式，伴随技术更新速度和产业化周期缩短，国

际规则重心从加强技术保护，向促进产业创新协同发展延伸。

联合国贸发会《技术和创新报告（2021）》（Technology And Innovation Report 2021）将"前沿技术"定义为"充分利用数字化和连通性、结合在一起后能够产生多重倍增效应的新技术"，包含物联网、人工智能、大数据等11项重点影响未来全球经济走向的技术。新一代数字技术、应用将极大推动国际贸易数字化转型，从近期签署的数字贸易和数字经济协定来看，涉及人工智能、金融科技、数据创新等新技术、新应用、创新发展的新兴议题和规则逐步显现，这些规则呈现出创新性、开放性、包容性、透明性等趋势特征。

（一）新技术：人工智能伦理及包容性发展规则

人工智能是引领未来的战略性技术，截至2020年12月，全球已有39个国家和地区制定了提供人工智能战略政策、产业规划，力图在新一轮国际科技竞争中掌握主导权。伴随产业和应用发展，算法黑箱、决策偏见、隐私泄露等一系列安全问题逐步凸显，各个国家、行业和国际组织积极开展技术标准和伦理规范制定，OECD、G20、GPAI等国际组织先后通过制定的人工智能发展和治理的原则、准则，形成包容性增长、可持续发展和福祉、以人为本的价值观和公平、透明度和可解释性、鲁棒性[①]和安全性、问责制等基本框架。

近年来，人工智能相关原则和准则逐步向数字经贸规则渗透，基于数字经济全球化发展的特征，DEPA等协定纳入人工智能规则条款，鼓励各缔约方不断建立共识，最终确保各缔约方的框架保持统一，以尽可能推动各缔约方接受和使用人工智能技术；另一方面要求各缔约方建立可信、安全和负责任的人工智能技术开发和道德治理框架，在该框架制定中，须考虑国际公认的原则或指导方针，包括可解释性、透明度、公平性和以人为本的价值观。

（二）新应用：数字货币和金融科技规则

随着金融科技的快速发展，世界范围内出现多种形式的数字货币，主要有私人数字货币、全球稳定币和央行数字货币三类。其中，央行数字货币因与法定货币挂钩而备受关注。当前，全球多国进入央行数字货币研发阶段，专业机构和国际标准制定组织积极搭建数字货币的治理框架，围绕跨境支付、反洗钱、个人信息保护等核心问题构建规则。

在DEPA和《澳大利亚-新加坡数字经济协定》中，纳入金融科技相关规

---

① 鲁棒，是robust的音译。鲁棒性，robustness，也就是稳健性，健壮性。用于表示系统或者算法在面对各种可能出现的变化时仍能保持正常的运行状态和正确的输出结果。

则，提出促进金融科技领域公司之间的合作，加强商业领域金融科技解决方案开发，鼓励缔约方在金融科技领域进行创业人才的合作，同意通过提出非歧视、透明和促进性的规则（例如开放的应用程序接口），为金融科技的发展创造有利的环境。

(三) 新模式：探索数据开放共享新规则

随着数据要素资源禀赋逐步凸显，各国大数据战略持续推进，聚焦经贸活动中的数据价值释放，而在个人隐私保护强化、数据权属难以界定的背景下，相关规则以特定类型、应用、机制为出发点，探索各缔约方之间数据开放共享的新模式。

一是推进政府数据高质量开放，目前已有超过 80 个国家出台了政府数据开放相关立法或指导性文件，并探索国家间政府数据开放共享规则。区域框架下，USMCA、DEPA、G7 数字贸易原则先后被纳入政府数据开放规则，提出将政府信息以可机读、可检索、及时更新、附随元数据等形式予以开放；同时加强国际合作，增加数据集目录、鼓励以数据集为基础的服务产品、开放数据授权模型，以扩大公开数据的方式和范围。在诸边合作机制下，WTO 电子商务谈判中政府数据开放规则取得实质性进展，对数据开放范围、质量、重复利用以及国际合作提出相应要求。二是探索数据保护标识互认和可信数据共享，各国认识到数据的开放和共享能够进一步促进经济和社会发展、提升竞争力，但由于各国对数据的监管框架存在较大差异，国家间的数据开放共享面临诸多技术性、制度性、安全性的问题。实践中，英国、新加坡、新西兰、澳大利亚等在数据开发和保护方面，持续探索相关标准互认和国际合作的机制，在上述国家近期签署的数字经济协定中，提到了各国在探索开展数据保护可信标识认证、可信数据共享框架、开放许可框架等方面做出的尝试，着力平衡数据创新与安全。

案 例

近年来，在美国的大力推动下，新一代数字贸易规则正在迅速形成。2018 年 3 月，除美国以外，《跨太平洋伙伴关系协定》（TPP）的 11 个原成员国签署了《全面与进步跨太平洋伙伴关系协定》（CPTPP），并于 2018 年 12 月正式生效，其中电子商务专章在内容上完全继承了 TPP 的电子商务条款。2018 年 11 月，《美墨加协定》（USMCA）签署，将电子商务专章升级为数字贸易专章，进一步细化和调整了相关规则。2019 年 11 月，《美日数字贸易协定》签署，并于 2020 年 1 月正式生效，在 USMCA 的基础上再次推高了规则水平。USMCA 和《美日数字贸易协定》写入的 CPTPP+条款，都明显服务于美国数字贸易领域的产业利益，反映了美国扼制竞争对手的意图，将对我国数字贸易的发展带来深远的影响。2019 年 11 月，中共中央、国务院下发了《关于推进贸易高质量发展的指导意见》，明确提出要积极参与全球数字经济和数字贸易规则制定，推动建立各国普遍接受的国际规则。

根据上述资料，就美国近期在制定数字贸易规则方面的进展，分析"美式模板"在哪些方面试图发挥其自身的优势，从而占据数字贸易竞争优势？同时，这样的做法对包括中国在内的广大发展中国家会产生什么不利影响？

小　结

伴随数字技术的发展，国际贸易的贸易方式、贸易手段、贸易要素等各方面也正在经历深刻变化，相应地要求建立一套能够适应数字化趋势和促进数字贸易发展的新的数字贸易规则。数字贸易规则也和数字经济的发展一样，经历了从低级到高级不断递进的发展阶段。数字贸易规则是在数字贸易的发展过程中逐步形成与完善的，数字贸易规则的规范总是滞后数字贸易的实践。现行数字贸易国际规则的演进主要分为三个层面。一是在传统的多边贸易体系下开展电子商务和数字贸易规则的制定与谈判；二是在日益发展的自由贸易协定中纳入数字贸易章节；三是制定了专门的数字经济或贸易协定。总的来看，未来国家间在数字贸易规则上的竞争和融合将继续加强，全球数字贸易将迎来规则重构的关键期。

习　题

1. 你认为在 WTO 多边框架下的电子商务规则谈判进展缓慢的主要原因是什么？在最近的谈判中有哪些进展，你认为未来还会有哪些突破？

2. 你认为目前以美国为代表的西方国家主张的数字贸易规则会对中国发展数字贸易有什么影响？

3. 2021 年 9 月 16 日，中国正式提出申请加入《全面与进步跨太平洋伙伴关系协定》（CPTPP），紧接着的 2021 年 11 月 1 日，中国正式提出申请加入《数字经济伙伴关系协定》（DEPA）。力争加入高水平数字贸易规则的多边协定对中国发展数字贸易和对外开放有何重要意义？

第七章
主要经济体的数字贸易发展态势

全球数字贸易的规模与日俱增,其核心推动力主要体现为贸易方式数字化以及贸易对象数字化这两大方面。由大型科技公司主导的数字平台已成为国际贸易的重要载体,推动传统贸易方式的各类商业场景进一步数字化,而与此同时基于数据要素产生的商品和服务已成为重要的贸易标的物,新型数字商品及服务深化了全球价值链跨越地理空间的经济联系。随着云计算、大数据等数字技术的发展,数字贸易的内涵朝着更深更广的方向发展,其测度方式随之变革,其测度的对象也越来越广泛。党的二十大报告指出,要推进贸易和投资自由化便利化,推动建设开放型世界经济,增强合作机制、理念、政策的开放性和包容性,推动构建人类命运共同体。全球数字贸易是全球贸易的重要组成部分,是国际贸易发展的重要趋势和方向。数字贸易的发展有利于提高贸易效率、降低贸易成本、促进贸易便利化,也有利于促进国际贸易规则的制定和调整,推动国际贸易的公平和公正。

本章按照美国、欧盟、英国、日本的顺序,对世界主要经济体的数字贸易发展态势进行考察。考察的范围包括数字交付服务贸易、跨境电子商务、各个经济体在电子商务、社交媒体与数字平台以及数字产品领域的发展情况。数字贸易的发展改变了世界经济体的贸易方式和贸易结构,赋予了各个经济体新的竞争力。

第一节 美国数字贸易的发展

关于数字交付的服务贸易的内涵在第四章进行了详细的讨论,数字交付的服务贸易(International trade in digitally-deliverable services)是指保险和养老金服务、金融服务、知识产权使用费、电信、计算机和信息服务、其他商业服务以及视听和相关服务的集合。

通过数字连接性所能实现的传统货物贸易的内涵与跨境电子商务非常类似，因此本章采用以各经济体跨境电子商务的数据对此项指标进行考察。

通过数字连接性所能实现的服务贸易，包括位于 A 国的企业或消费者向供应商直接在线购买的服务，并且该服务以现实方式交付（例如，通过官方网站购买运输服务、通过宾馆官方网站预订客房等）。这部分服务贸易在统计上难以通过数字连接性对数字服务贸易和传统服务贸易加以区分，因此不列入本章数字贸易发展态势的考察的范围。

一、数字贸易的发展态势

美国的数字技术发展迅速，拥有 Apple、Google、Amazon、Microsoft、Uber 等众多超大型跨国通信企业、电商企业，得益于此，美国数字贸易规模迅速扩大，在全球遥遥领先。

（一）数字交付服务贸易

1. 数字交付服务贸易的全球排名

美国的数字交付服务贸易无论从贸易总额还是从出口规模来看均居全球首位，并且与第二位之间的差距逐渐拉大，从这个角度说美国引领全球数字贸易的发展并非言过其实。如表 7-1 所示，2005 年，美国的数字交付服务贸易总额为 3 291 亿美元，比排名第二的英国高出 779 亿美元，2021 年美国的数字交付服务贸易总额为 9 634 亿美元，比排名第二的爱尔兰高出 3 235 多亿美元，数据表明美国一直引领全球数字交付服务贸易的发展。

表 7-1　2005 年和 2021 年数字交付服务贸易规模全球排名前 10 位的经济体

（单位：亿美元）

排名	2005 年				2021 年			
	经济体	贸易总额	出口额	进口额	经济体	贸易总额	出口额	进口额
第 1 位	美国	3 291	2 019	1 273	美国	9 634	6 130	3 504
第 2 位	英国	2 512	1 775	736	爱尔兰	6 399	3 161	3 238
第 3 位	德国	1 622	815	807	英国	5 236	3 534	1 702
第 4 位	日本	928	439	489	德国	4 547	2 422	2 125
第 5 位	瑞士	860	468	391	中国	3 597	1 948	1 648
第 6 位	意大利	827	366	461	荷兰	3 293	1 642	1 650

续表

排名	2005 年				2021 年			
	经济体	贸易总额	出口额	进口额	经济体	贸易总额	出口额	进口额
第 7 位	加拿大	635	327	308	法国	3 124	1 637	1 488
第 8 位	印度	576	374	203	新加坡	2 836	1 484	1 352
第 9 位	卢森堡	545	325	220	日本	2 749	1 224	1 525
第 10 位	比利时	492	266	226	印度	2 732	1 852	881

资料来源：UNCTAD，https：//unctad.org/statistics.［2023-08-10］.

美国的数字交付服务贸易由出口贸易引领，且进出口规模之间的差距（也就是贸易顺差）逐步扩大。2005 年美国数字交付服务贸易出口规模为 2 019 亿美元，进口规模为 1 273 亿美元，数字交付服务贸易顺差为 746 亿美元。2021 年美国数字交付服务贸易出口规模为 6 130 亿美元，进口规模为 3 504 亿美元，数字交付服务贸易顺差为 2 626 亿美元，贸易顺差增加了 1 880 亿美元。

美国的数字交付服务出口规模占全球总额的近五分之一，如表 7-2 所示，2005 年至 2021 年美国的数字交付服务出口规模在全球占比虽然有所起伏但大致保持稳定，对世界数字交付服务贸易的增长起了稳定的支撑作用。

表 7-2　2005—2021 年美国的数字交付服务贸易出口额及其全球占比

年份	可数字交付服务贸易出口额（亿美元）	数字交付服务贸易出口全球占比（%）
2005	2 019	16.8
2006	2 333	16.7
2007	2 839	16.7
2008	3 114	16.5
2009	3 076	17.4
2010	3 379	18.0
2011	3 777	17.6
2012	3 996	18.0
2013	4 156	17.4
2014	4 430	17.0
2015	4 461	17.6
2016	4 629	17.7
2017	5 060	17.9

续表

年份	可数字交付服务贸易出口额（亿美元）	数字交付服务贸易出口全球占比（%）
2018	5 158	16.4
2019	5 441	16.5
2020	5 536	16.6
2021	6 130	16.1

资料来源：UNCTAD, https://unctad.org/statistics. [2023-08-10].

美国的数字交付服务贸易规模不断增大，增速逐渐趋缓，与货物贸易和服务贸易整体相比，数字交付服务贸易的增速更加稳定。如图7-1所示，2009年以前，美国数字交付服务贸易的增速极快，一度达到20%左右，大大超过货物贸易和服务贸易整体的增速。2009年至2019年，美国的数字交付服务贸易增速开始放缓，并呈现出上下波动。

2009年的金融危机以及2020年的新冠疫情都对美国货物贸易和服务贸易的增长产生了巨大的影响。金融危机对美国货物贸易的影响更大，2009年美国货物贸易负增长23%，而新冠疫情对美国服务贸易的影响更大，2020年美国服务贸易整体负增长19.7%。相比货物贸易和服务贸易，在金融危机和新冠疫情来临时，美国数字交付服务贸易受到的波动要小得多，2009年数字交付服务贸易增长率为-0.2%，2020年数字交付服务贸易更是保持了正增长，增长率为2.6%，考虑到美国的数字交付服务贸易增长的上下波动，可以说数字交付服务贸易的增长几乎没有受到新冠疫情的影响。

2. 数字交付服务贸易出口规模及其占比

美国数字交付服务贸易是服务贸易的重要组成部分，其规模不断扩大。如图7-2所示，2005年至2021年美国数字交付服务的贸易出口额持续增长，从2019亿美元增长至6 130亿美元，出口额扩大了三倍，年平均增长率7.2%。数字交付服务贸易出口在服务贸易出口总额中的占比从53.3%增长至77.1%，数字交付服务贸易在美国服务贸易中已经越来越重要。值得注意的是，数字交付服务贸易的出口在服务贸易出口总额中的占比并非匀速增长，在2019年以前数字交付服务贸易出口在服务贸易出口总额中的占比基本平稳保持在60%左右，而在2020年以后实现了跨越式的增长。2020年在可数字交付服务贸易出口额没有明显增长的情况下，数字交付服务贸易出口占服务贸易出口总额的比重从2019年的61.1%上涨至76.2%。新冠疫情对旅游、运输等

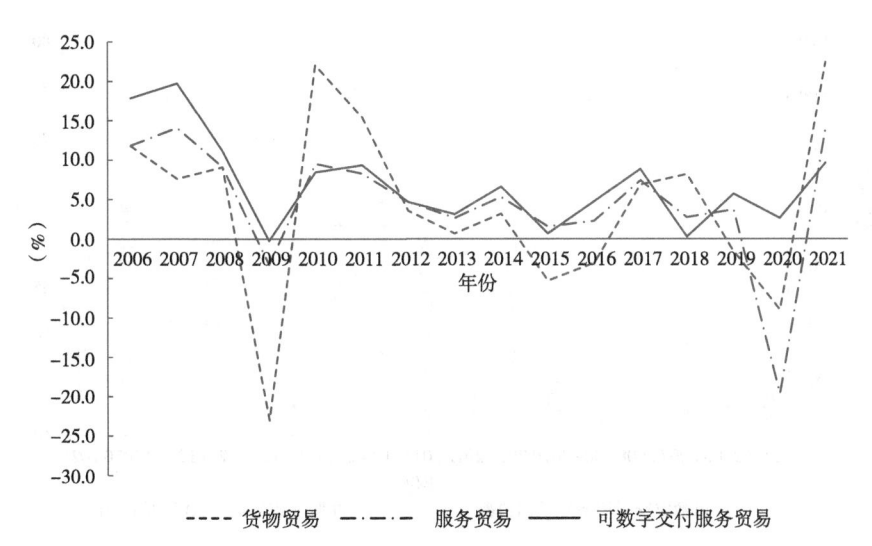

图 7-1 2006—2021 年美国货物贸易、服务贸易和可数字交付服务贸易增速

资料来源：UNCTAD，https：//unctad.org/statistics．[2023-08-10]．

传统服务贸易出口影响较大，而数字服务贸易却未受到明显影响，还对美国服务贸易的出口起到了支撑作用。以此为契机，数字交付服务贸易迅速发展，出口规模迅速增长。从 2020 年的 5 536 亿美元增长至 6 130 亿美元，出口规模扩大约 500 亿美元，即便传统服务贸易出口回暖，数字交付服务贸易出口占服务贸易出口比例依然没有下降，可见数字交付服务贸易出口已然成为美国服务贸易重要的组成部分。

3. 细分产业数字交付服务贸易

如图 7-3 所示，从美国数字交付服务贸易中各个细分产业的占比来看，占比最多的是其他商业服务，其占比仍在逐年增加，2005 年至 2021 年，其他商业服务占比从 26.9% 上升至 35.4%。其次是知识产权使用费和金融服务，2005 年知识产权使用费和金融服务的占比分别为 26.8% 和 21.0%，2021 年知识产权使用费和金融服务的占比分别为 22.6% 和 17.6%。

2005 年至 2021 年，各细分产业之中年平均增速最快的是其他商业服务，年均增长率为 8.9%，其次依次是个人、文化和娱乐服务，金融服务，电信、计算机和信息服务，保险和养老金服务，以及知识产权使用费，年均增长率分别为 8.7%、7.6%、7.5%、5.1% 和 4.3%。

新冠疫情背景下，2021 年个人、文化和娱乐服务，其他商业服务，金融服务和知识产权使用费增长迅速，2020 年至 2021 年年均增长率分别为

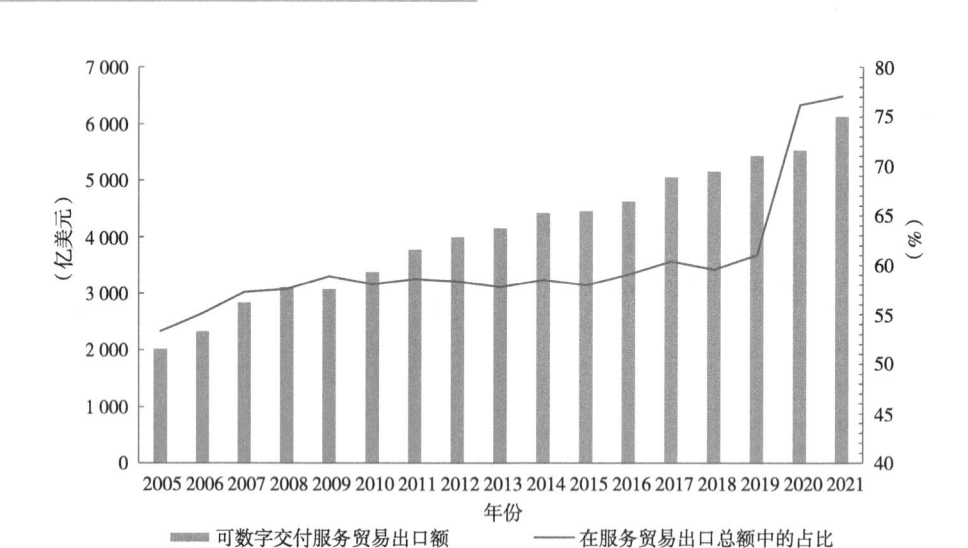

图 7-2　2005—2021 年美国数字交付服务贸易出口规模及在服务贸易出口占比

资料来源：UNCTAD，https：//unctad.org/statistics.［2023-08-10］.

16.3%、13.9%、13.7%和8.7%，大大超过2005年至2021年的年均增速，引领了美国数字交付服务贸易的发展，如图7-4所示。

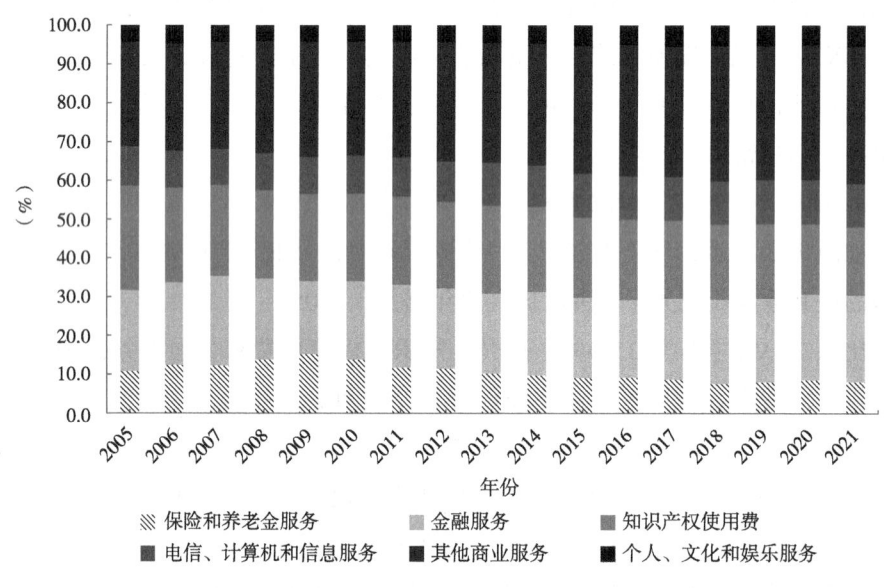

图 7-3　2005—2021 年美国数字交付服务贸易出口中细分产业占比

资料来源：UNCTAD，https：//unctad.org/statistics.［2023-08-10］.

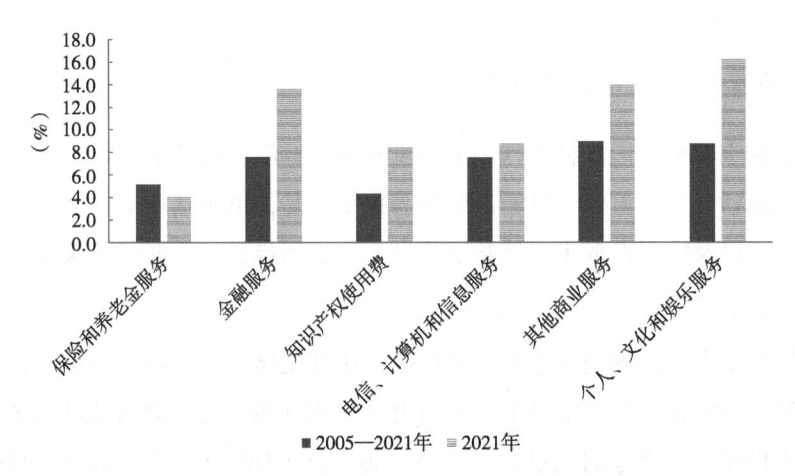

图 7-4　2005—2021 年美国数字交付服务贸易出口中细分产业增长情况

资料来源：UNCTAD，https：//unctad.org/statistics．［2023-08-10］．

（二）跨境电子商务

美国跨境电子商务发展迅速，其出口额占世界跨境电商 B2C 出口总额的五分之一左右，世界排名第二位。如表 7-3 所示，2018 年美国跨境电子商务 B2C 销售额达到 850 亿美元，占出口额的比重为 5.1%，占世界跨境电商 B2C 出口额的比重为 21.0%。2019 年美国跨境电子商务 B2C 销售额增长至 900 亿美元，占出口额的比重也进一步扩大，达 5.5%，其出口额占世界跨境电商 B2C 出口额的比重略微下降至 20.5%，跨境电子商务在美国的出口中的占比越来越大，占世界跨境电商 B2C 出口额的比重基本保持持平。与此同时，美国跨境电子商务 B2C 出口额占 B2C 销售的比重却从 2018 年的 7.8% 下降至 7.1%，美国国内电子商务 B2C 蓬勃发展，其增速略高于跨境电子商务 B2C。

表 7-3　2018—2019 年美国跨境电商 B2C 出口情况

年份	跨境电商 B2C 出口规模（亿美元）	跨境电商 B2C 出口占出口额的比重（%）	跨境电商 B2C 出口占 B2C 销售的比重（%）	世界排名	占世界跨境电商 B2C 出口额的比重（%）
2018	850	5.1	7.8	2	21.0
2019	900	5.5	7.1	2	20.5

资料来源：UNCTAD Estimates of Global E-Commerce 2018, Available at：https：//unctad.org/en/PublicationsLibrary/tn_unctad_ict4d15_en.pdf.；UNCTAD Estimates of Global E-Commerce 2019 and Preliminary Assessment of COVID-19 Impact on Online Retail 2020, Available at：https：//unctad.org/system/files/official-document/tn_unctad_ict4d18_en.pdf.［2023-10-19］．

二、数字贸易细分领域的发展情况

关于数字贸易的内涵目前国际上还没有统一标准，按照最广泛的定义，数字贸易中既包括音乐、游戏、电子出版物等数字产品，也包括社交网站、搜索引擎等数字服务以及电子商务平台等数字平台，现在还包括了数据服务及贸易。

（一）电子商务

美国电子商务发展处于世界领先地位，从其规模来看稳居世界第一，其规模是排在第二位的日本的两倍以上。2018 年美国电子商务总销售规模达到 8.6 万亿美元，占世界电子商务的比重为 33.7%，占美国 GDP 的比重为 42%。其中 B2B 销售规模为 7.5 万亿美元，占电子商务总销售规模的 87.3%，B2C 销售规模约为 1.1 万亿美元，占电子商务总销售的比重为 12.7%。2019 年，美国电子商务总销售规模扩大至 9.6 万亿美元，扩大了近 1 万亿美元，占世界电子商务的比重也上升至 35.9%，占美国 GDP 的比重上升至 45%。其中 B2B 销售规模为 8.3 万亿美元，占电子商务总销售规模的 86.8%，B2C 销售规模为 1.3 万亿美元，占电子商务总销售规模的 13.2%。美国电子商务销售额从规模和世界占比看都在扩大，并且电子商务已经成为美国经济发展的重要支撑，其规模占到 GDP 的二分之一左右，且仍有上升趋势。B2B 和 B2C 两种形式的电子商务从规模上来看均有增长，从占电子商务总销售的比重来看，B2B 销售占比有所下降，而 B2C 销售的占比有所上升，虽然美国的电子商务以 B2B 销售为主，但近年来 B2C 销售也在不断发展。

表 7-4 2018—2019 年美国电子商务销售规模及世界排名

年份	世界排名	电子商务总销售规模（亿美元）	占世界电子商务的比重（%）	占 GDP 的比重（%）	B2B 销售规模（亿美元）	B2B 占电子商务的比重（%）	B2C 规模（亿美元）	B2C 占电子商务的比重（%）
2018	1	86 400	33.7	42	75 420	87.3	10 980	12.7
2019	1	95 800	35.9	45	83 190	86.8	12 610	13.2

资料来源：UNCTAD Estimates of Global E-Commerce 2018, Available at：https://unctad.org/en/PublicationsLibrary/tn_unctad_ict4d15_en.pdf.；UNCTAD Estimates of Global E-Commerce 2019 and Preliminary Assessment of COVID-19 Impact on Online Retail 2020, Available at：https://unctad.org/system/files/official-document/tn_unctad_ict4d18_en.pdf.［2023-10-19］.

虽然美国的电子商务整体规模稳居世界第一，但其线上零售额却低于中国，排在世界第二位。尽管如此，2018年至2020年，美国的线上零售额在不断上升，且线上零售额占零售额整体的比重也在不断增加。2018年美国线上零售额为5 196亿美元，2019年上升至5 980亿美元，2020年上升至7 917亿美元，美国线上零售额保持着快速增长，2018年至2020年的年平均增长率为23.4%。另一方面，2018年美国线上零售额占零售额整体的比重为9.9%，2019年增长至11.0%，2020年增加至14.0%，虽然美国线上零售额占整体零售额的比重正在不断增长，但与其他经济体相比，这个比重仍处于一般水平。截至2020年，美国的零售额仍以线下方式为主，线上零售额依然有较大的增长空间。

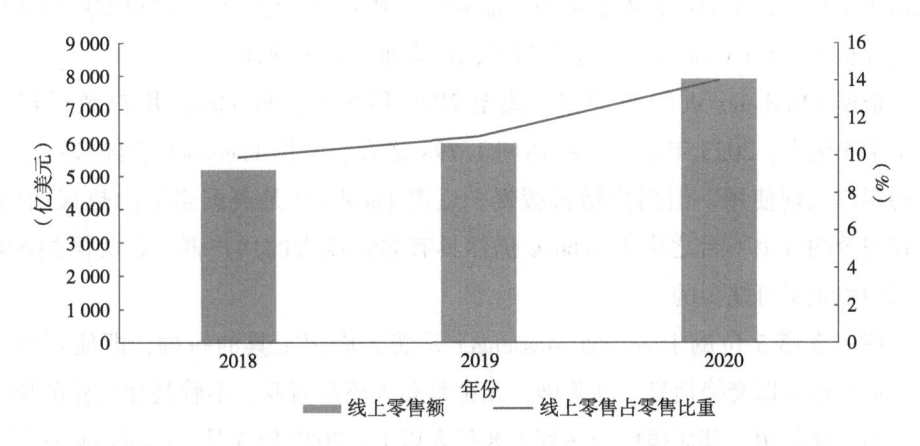

图7-5　2018—2020年美国线上零售额及其占零售总额的比重

资料来源：Global E-Commerce Jumps to $26.7 Trillion, Covid-19 Boosts Online Retail Sales, Available at: https://unctad.org/press-material/global-e-commerce-jumps-267-trillion-covid-19-boosts-online-retail-sales. [2023-10-19].

（二）数字服务

美国是移动互联网普及的互联网大国。固定宽带的普及率和接入家庭数排名世界第二。智能手机的数据使用量是世界上最多的，10~24岁的年轻人拥有智能手机的人口很多，这也是其特征之一。在搜索引擎的利用率上，谷歌具有压倒性优势；美国用户虽然也使用yahoo，但大部分都是谷歌搜索。

美国的社交媒体用户数占全人口的比例是世界第一。活动用户每天的SNS平均使用时间约为2小时（datareportal.com）。在美国60岁以上的人群也有62%的利用率，但是在50~60岁的用户中以商务为目的的使用者明显增多。

在社交媒体方面，美国也是走在世界前端。从使用率来看，被使用的次数位于前五位的依次是以下平台：YouTube、Facebook、Facebook Messenger、Instagram、Twitter[①]。

美国使用率第一的是视频共享服务 YouTube，使用人数为 2.45 亿人以上，从人数能看出 YouTube 在美国的影响力之高。YouTube 用户的男女比例没有太大的差别，可以说几乎一样。从检索查询来看，song、songs、music 等与音乐相关的检索很多，另外，fortnite、roblox、minecraft 等游戏关联也很多。令人意外的是，movies 的排名并不太高。说起美国，虽然可能会联想到好莱坞电影，但电影在美国国内搜索排名并不高。针对用户的年龄、性别、家庭年收入、有无孩子、兴趣等属性，YouTube 使用了对应特定客户目标的推送算法；同时，对于目标用户，也运用了与广告相似的弹窗服务和商品介绍。随着 5G 的崛起，用户数量增加的可能性很高，YouTube 可以说是今后美国越来越重要的媒体。

根据 eMarketer 进行的调查，截至 2019 年 3 月，Facebook 用户数已经达到 1.715 亿人，2023 年用户数将达到 1.798 亿人。虽然 Facebook 已经被超过一亿的用户长期使用，但用户增长缓慢。远离 Facebook 是美国当下的热议话题，但在现今的数字平台之中 Facebook 仍然具有非常庞大的用户群，在美国的 SNS 营销中也是不可缺少的。

使用率第 3 位的 Facebook Messenger 是聊天应用工具的一种，即使不打开 Facebook 也可以交换信息。在美国，无论是私人还是商业，不管是什么样的场景都有用户在使用，其规模已经达到 1.8 亿人以上。2020 年 3 月，Facebook 发布了与以往相比启动速度翻了一番，应用程序容量为 1/4 的 Facebook Messenger。随着可用性的提高，其用户在未来有可能会进一步增加。

排在用户使用率第 4 位是 Instagram。这是一个可以分享用智能手机相机拍摄的照片和视频的社交平台，在美国约有 1.7 亿人使用。在 Instagram 上发布的内容将被储存在云端处理器中，除非用户删除否则将会永久保存。用户也可以查看过去的投稿，但与此同时也造成了一定隐私泄露等安全问题。另外，根据 RIVAL IQ 在 2019 年的调查，Instagram 的娱乐率中位数为 1.6%，比 Facebook 的 0.09% 高出 17 倍[②]。有很多观光和零售等与 Instagram 相配的领域，所以 Instagram 在行业内被广泛应用。

---

① Digital 2020：The United States of America. *We Are Social*. https：//wearesocial.com/us/blog/2020/02/digital-2020-the-united-states-what-you-need-to-know/［2023-10-08］.

② Blair Feehan, Social Media Industry Benchmark Report［R/OL］, 2019. https：//www.rivaliq.com/blog/2019-social-media-benchmark-report/.［2023-10-19］.

用户使用率排第五位的是 Twitter。在美国，有超过 1.55 亿用户使用。推特的信息扩散性在社交媒体平台中也是首屈一指的，如果一条推文被大量转发的话，可以获得很大的认同感。但是，140 个字以内的字数限制也会成为瓶颈。虽然可以把推文分开多条发送，但是这样的话投稿会变得复杂，所以想传达信息的话需要尽可能明确凝练。

除此之外，BeReal 是近年来美国备受瞩目的新社交媒体平台，到 2022 年 8 月，BeReal 达到了 App Store 免费社交媒体应用程序中规定的最高的下载数，很多美国用户都在使用，其主要特征是一天只能投稿一次，不能对照片进行处理。另外，可以投稿的只有应用程序通知的一天一次的时间，原则上必须在通知后的 2 分钟内投稿。但是，BeReal 目前无法实现盈利，未来的业务模式值得期待。

（三）数字产品

2022 年全球唱片音乐市场规模为 262 亿美元，比 2021 年增长了 9%。其中，流媒体音乐、实体音乐、公播权、影音同步①均有所增长，唯有下载和其他的规模有所缩小。订阅流媒体是全球唱片音乐市场增长的主要驱动力，2022 年其规模增长至 127 亿美元，比上一年增长了 10.3%。整体流媒体（包括订阅和广告支持）在市场中所占比例最高，2022 年流媒体音乐的全球收入继续保持增长（11.5%），达到 175 亿美元，市场份额从 2021 年的 65.5%上升到 67.0%，尽管全球唱片音乐市场规模有所扩大，但全球各地的销售情况各不相同。

2022 年美国蝉联全球第一大音乐市场，作为世界上最大的录制音乐地区，2022 年美国市场规模比上年扩大了 4.8%，首次销售额超过 100 亿美元。仅美国和加拿大地区的市场规模就占据了全球市场的 41.6%。

在美国，相比传统的图书销售渠道，线上方式以其便捷性和高效性显示出强大的活力，电子书、数字有声书的出版也推动各国出版机构加快布局数字产品开发及开拓线上渠道，但 2023 年美国的电子书销量的回落却超过了实体图书。根据美国出版商协会发布的 2023 年上半年图书市场的数据，2023 年上半年美国图书销量为 41 亿美元，比 2022 年上半年下降了 0.9%，其中电子书和在线下载格式的有声书的销量分别占美国图书销量的 12.6%、11.7%。电子书销量为 4.9 亿美元，与 2022 年上半年相比下降了 1.3%。在线下载格式的有声书销售额为 4.2 亿美元，与 2022 年上半年相比增长了 17.7%。而具有实物载体形式的有

---

① 影音同步的英文全称为 Synchronization，该词汇在英文中的解释是"同步发生的"，在音乐产业中则特指将通过在制作视频的时候同时加入音乐，让它变成一个视听作品的行为。

声书销售额为 560 万美元，与 2022 年上半年相比下降了 18.2%[①]。除电子书之外，美国出版商也在积极发展多种多样的数字产品，在线下载格式的有声书等数字产品的市场规模也在逐渐增大。

第二节　欧盟数字贸易的发展

欧盟成员国数量随着时间一直有变化，本章节所涵盖的成员范围是截至 2023 年 1 月，欧盟共有 27 个成员国。

一、数字贸易的发展态势

（一）数字交付服务贸易

1. 数字交付服务贸易的全球排名

欧盟 27 国之中数字交付服务贸易规模及全球排名呈现出差异性，但相较于 2005 年，2021 年欧盟 27 国的数字交付服务贸易总额均有所扩大，在世界排名上总体呈现略微上升趋势。

如表 7-5 所示，2012 年德国（第 3 位）、法国（第 4 位）、爱尔兰（第 5 位）、荷兰（第 6 位），四国数字交付服务贸易的排名均居世界前 10 位，卢森堡（第 12 位）、比利时（第 14 位）、意大利（第 15 位）、西班牙（第 16 位）、瑞典（第 17 位）5 个国家进入世界前 20 位，在欧盟 27 国中排名最靠后的立陶宛在 UNCTAD 统计的全球 201 个经济体中排名为第 94 位。

2021 年爱尔兰数字交付服务贸易规模超过英国，仅次于美国成为世界第二大数字交付服务贸易大国，加上德国（第 4 位）、荷兰（第 6 位）、法国（第 7 位）欧盟中共有四个国家进入世界前 10 位，卢森堡（第 11 位）、比利时（第 13 位）、意大利（第 15 位）、瑞典（第 17 位）、西班牙（第 18 位）、奥地利（第 20 位）6 个国家排名进入世界前 20 位。在欧盟 27 国中排名最靠后的拉脱维亚排名居世界第 72 位。从在世界的位次来看，2021 年较 2012 年整体有了一定的提升。

[①] AAP June 2023 StatShot Report: Overall Publishing Industry Down 1.3% for Month of June, and Up 1.2% Year-To-Date. *Association of American Publishers*. https://publishers.org/news/aap-june-2023-statshot-report-overall-publishing-industry-down-1-3-for-month-of-june-and-up-1-2-year-to-date/［2023-10-19］．

表7-5 2012年和2021年欧盟27国数字交付服务贸易规模及全球排名

(单位：亿美元)

经济体	2012年 排名	贸易总额	出口	进口	2021年 排名	贸易总额	出口	进口
奥地利	22	391	225	167	20	685	351	334
比利时	14	1 034	547	487	13	1 688	884	804
保加利亚	72	33	18	15	58	84	58	26
克罗地亚	67	37	18	19	64	64	35	29
塞浦路斯	57	60	37	23	40	214	121	93
捷克	33	184	87	97	35	283	152	131
丹麦	26	337	164	173	24	541	245	296
爱沙尼亚	75	29	16	13	53	99	52	47
芬兰	25	341	157	184	26	495	258	237
法国	4	2 174	1 152	1 021	7	3 124	1 637	1 488
德国	3	2 776	1 438	1 338	4	4 547	2 422	2 125
希腊	48	89	37	52	48	115	56	59
匈牙利	35	178	85	93	38	243	123	120
爱尔兰	5	1 933	910	1 023	2	6 399	3 161	3 238
意大利	15	1 002	478	524	15	1 236	550	687
拉脱维亚	79	25	15	11	72	51	30	21
立陶宛	94	15	7	8	61	74	43	30
卢森堡	12	1 080	636	444	11	2 186	1 254	932
马耳他	36	153	70	83	39	222	86	136
荷兰	6	1 918	1 040	879	6	3 293	1 642	1 650
波兰	28	299	140	159	22	643	368	275
葡萄牙	41	107	57	50	41	211	112	99
罗马尼亚	40	107	56	52	34	283	165	118
斯洛伐克	61	45	24	21	51	102	51	52
斯洛文尼亚	65	39	17	23	63	70	35	35
西班牙	16	730	390	340	18	1 022	574	448
瑞典	17	688	405	283	17	1 160	593	568

资料来源：UNCTAD, https://unctad.org/statistics. [2023-08-10].

欧盟数字交付服务贸易规模的增长并不完全依靠出口规模的增长，而主要是进出口双方均衡增长。欧盟 27 国之中卢森堡、法国、瑞典、德国、西班牙等 13 个国家 2012 年和 2021 年数字交付服务贸易的出口规模均大于进口规模，处于贸易顺差。波兰、克罗地亚、捷克、芬兰、匈牙利、立陶宛、斯洛文尼亚这 7 个国家在 2021 年从逆差转为顺差。爱尔兰、意大利、丹麦、希腊、马耳他这 5 个国家在 2012 年和 2021 年数字交付服务贸易的出口规模均小于进口规模，处于贸易逆差。荷兰和斯洛伐克两国则是从贸易顺差转为贸易逆差。其中爱尔兰一跃成为世界第二大数字交付服务贸易大国，荷兰保持了数字服务贸易世界前 10 名的地位。虽然和出口相比主要依靠的是进口贸易的牵引，但其逆差规模并不像美国顺差规模那么大，整体是进出口贸易共同发展的结果。

欧盟数字交付服务贸易出口占全球三分之一以上，而爱尔兰、德国、法国、荷兰四国的数字交付服务贸易出口占欧盟二分之一以上。如图 7-6 所示，2012 年全球数字交付服务贸易出口中，德国占比 6.5%，法国占比 5.2%，荷兰占比 4.7%，爱尔兰占比 4.1%，这四个国家占比约 20.4%，欧盟其他国家占比约 16.6%，欧盟整体占比约 37.0%。2021 年，爱尔兰占比 8.3%，德国占比 6.4%，法国占比 4.3%，荷兰占比 4.3%，这四个国家占比约 23.3%，欧盟其他国家占比约 16.3%，欧盟整体占比约 39.5%。欧盟整体贸易额占世界总额的比重有所增长，主要是由于头部国家的牵引作用。例如，爱尔兰就是凭借着其自身位置以及税收政策的优势，吸引中国大型互联网企业将欧洲总部设在爱尔兰，这极大地拉动了爱尔兰数字交付服务贸易的发展。

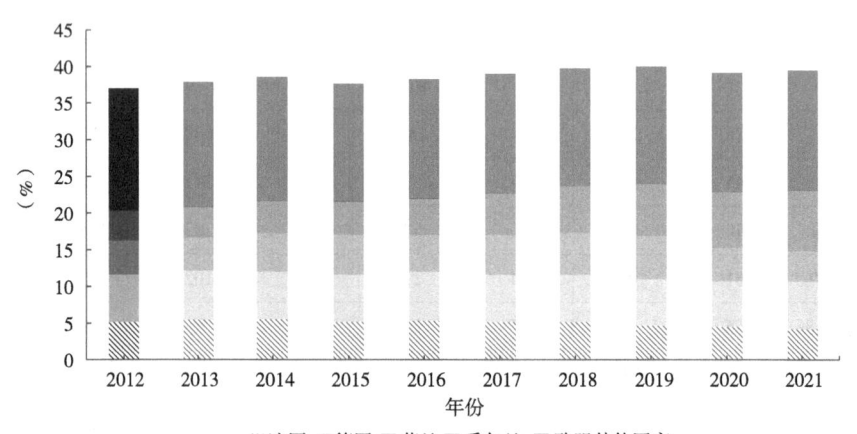

图 7-6　2012—2021 年欧盟各国数字交付服务贸易出口占全球的比重

资料来源：UNCTAD，https://unctad.org/statistics. [2023-08-10].

欧盟数字交付服务贸易稳步增长,增速略高于货物贸易和服务贸易整体。如图 7-7 所示,2013 年欧盟数字交付服务贸易增长率为 8.9%,同期货物贸易和服务贸易整体的增长率在 2.4% 和 8.0%。2020 年受疫情影响,欧盟数字交付服务贸易、货物贸易和服务贸易均出现负增长,增长率分别为 -2.1%、-5.7% 和 -12.3%,疫情对数字交付服务贸易的影响相对较小,对服务贸易整体的影响最为明显。2021 年欧盟数字交付服务贸易额、货物贸易额和服务贸易额均开始恢复增长,增长率分别为 11.9%、24.0% 和 17.2%,货物贸易额增长领跑且数字交付服务贸易增长恢复到了疫情之前的水准。

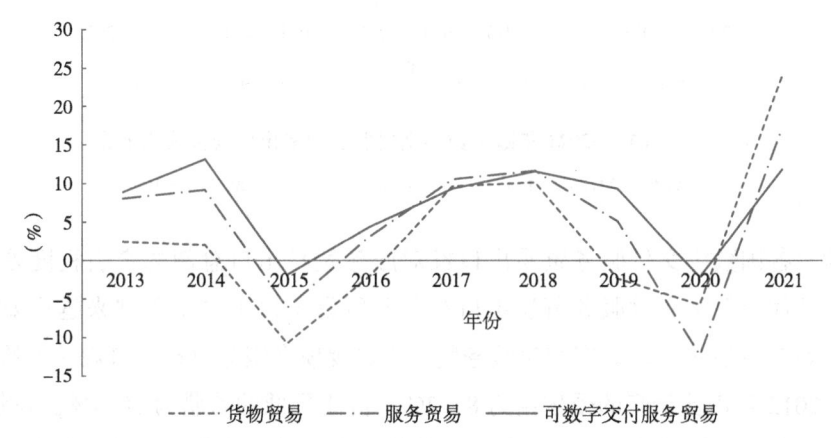

图 7-7 2013—2021 年欧盟货物贸易、服务贸易和可数字交付服务贸易增速

资料来源:UNCTAD, https://unctad.org/statistics. [2023-08-10].

2. 数字交付服务贸易出口规模及占其比

从整体来看,欧盟数字交付服务贸易出口规模呈逐步增长趋势。2012 年欧盟数字交付服务贸易出口额为 8 224 亿美元,2021 年增长至 15 057 亿美元,增加了近 1 倍,年平均增长 7.0%。如图 7-8 所示。

欧盟数字交付服务贸易出口在服务贸易中的占比在 50% 以上,2020 年以后该比例攀升至了 60% 以上。与美国相比,欧盟数字交付服务贸易出口额在服务贸易中的占比有一个缓慢上升的过程,从 2012 年的占比 50.7% 稳步上升至 2019 年的 56.3%,2020 年欧盟的数字交付服务贸易的出口并未受疫情明显影响,与 2019 年相比稍有回落,基本保持平稳。与之相对的传统服务业受到疫情明显冲击,因此数字交付服务贸易出口在服务贸易中的占比突然上升了近 10% 左右。2021 年欧盟数字交付服务贸易出口规模有明显增长,但由于传统服务贸易回暖迅速,数字交付服务贸易出口额在服务贸易中的占比反而有所下降。

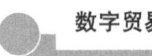

图 7-8　2012—2021 年欧盟数字交付服务贸易出口规模及其占比

资料来源：UNCTAD，https：//unctad.org/statistics.［2023-08-10］.

欧盟各国数字交付服务贸易出口额对服务贸易出口总额的牵引程度差异较大，但整体上数字交付服务贸易出口在服务贸易出口中占据着越来越重要的地位。如表 7-6 所示，从数字交付服务贸易出口规模在服务贸易出口规模中的占比来看，2012 年占比最高的爱尔兰为 87.2%，占比最低的希腊为 10.4%，爱尔兰、卢森堡、芬兰、马耳他、瑞典、荷兰、德国、比利时等国数字交付服务贸易出口规模占比超过欧盟平均水平。2021 年占比最高的爱尔兰为 91.0%，占比最低的希腊为 13.6%，爱尔兰、卢森堡、芬兰、瑞典、荷兰、德国、比利时等国的数字交付服务贸易出口额占比超过欧盟平均水平。

表 7-6　2012 年和 2021 年欧盟各国数字交付服务贸易出口规模及在服务贸易出口占比

2012 年			2021 年		
经济体	出口规模（亿美元）	占服务贸易出口额的比重（%）	经济体	出口规模（亿美元）	占服务贸易出口额的比重（%）
爱尔兰	910	87.2	爱尔兰	3 161	91.0
卢森堡	636	83.4	卢森堡	1 254	84.4
芬兰	157	66.0	芬兰	258	77.3
马耳他	70	63.0	瑞典	593	72.6
瑞典	405	62.5	荷兰	1 642	65.4
荷兰	1 040	61.8	比利时	884	64.2

续表

2012 年			2021 年		
经济体	出口规模（亿美元）	占服务贸易出口额的比重（%）	经济体	出口规模（亿美元）	占服务贸易出口额的比重（%）
德国	1 438	57.0	德国	2 422	62.5
比利时	547	51.4	欧盟	15 057	61.6
欧盟	8 224	50.7	塞浦路斯	121	59.4
法国	1 152	49.1	法国	1 637	54.3
罗马尼亚	56	44.0	保加利亚	58	53.4
意大利	478	43.7	爱沙尼亚	52	53.2
匈牙利	85	41.0	意大利	550	53.2
奥地利	225	38.8	捷克	152	51.1
塞浦路斯	37	37.2	奥地利	351	50.2
捷克	87	36.0	罗马尼亚	165	50.1
波兰	140	34.8	拉脱维亚	30	48.6
西班牙	390	31.1	西班牙	574	48.2
斯洛伐克	24	30.8	匈牙利	123	47.0
拉脱维亚	15	30.2	波兰	368	45.3
爱沙尼亚	16	28.5	斯洛伐克	51	44.8
斯洛文尼亚	17	25.2	马耳他	86	39.4
保加利亚	18	24.3	斯洛文尼亚	35	35.3
丹麦	164	24.3	葡萄牙	112	34.8
葡萄牙	57	22.4	立陶宛	43	26.9
克罗地亚	18	14.4	丹麦	245	25.6
立陶宛	7	11.0	克罗地亚	35	20.6
希腊	37	10.4	希腊	56	13.6

资料来源：UNCTAD, https://unctad.org/statistics. [2023-08-10].

基本上，数字交付服务贸易出口规模大的国家，其数字交付服务贸易额占服务业出口额的比重也相对较大，数字交付服务贸易出口规模小的国家其数字交付服务贸易额占服务业出口额的比重也相对较小。但是也有例外，如西班牙、丹麦等国的数字交付服务贸易出口规模并不小，但占服务业出口额的比重并不高，数字交付服务业出口还有较大的增长空间。

除马耳他以外，其余各国数字交付服务贸易出口在服务贸易出口中的占比均有所

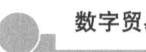

增长，占比增长最高的保加利亚增长了29.1%，卢森堡仅增长1.0%，增长率最低。

3. 细分产业数字交付服务贸易

从细分产业看，欧盟其他商业服务贸易出口额在数字交付服务贸易出口额中占比最高，电信、计算机和信息服务增速最快。如图7-9所示，2012年其他商业服务占比48.5%，占比近一半左右。接下来是电信、计算机和信息服务，金融服务，知识产权使用费，保险和养老金服务以及个人、文化和娱乐服务，占比分别为17.3%、14.0%、13.2%、4.9%和2.1%。2021年其他商业服务占比43.7%，与2005年相比有所下降，但仍远高于其他各行业占比。接下来是电信、计算机和信息服务，知识产权使用费，金融服务，保险和养老金服务以及个人、文化和娱乐服务业，占比分别为23.3%、13.9%、11.8%、3.9%以及2.1%。除电信、计算机和信息服务以及知识产权使用费占比有所上升以外，其余各行业占比均有所下降。

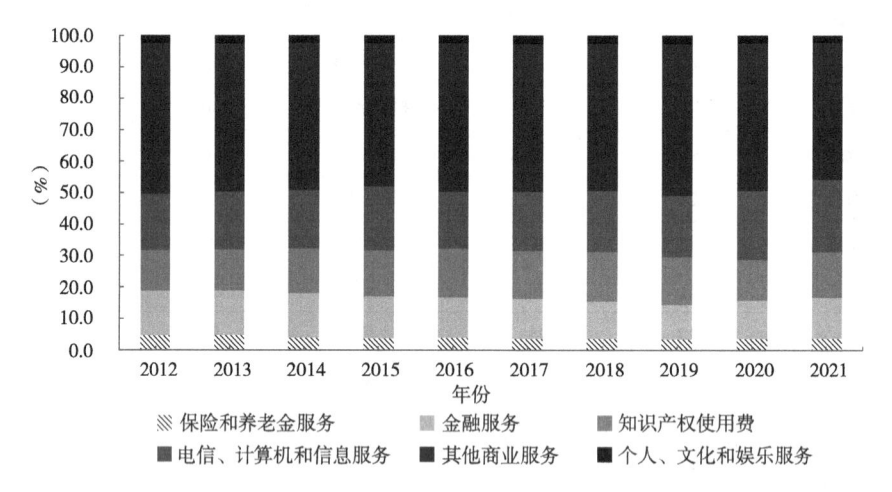

图7-9 2012—2021年欧盟数字交付服务贸易出口中细分产业增长情况

资料来源：UNCTAD，https：//unctad.org/statistics.［2023-08-10］.

从增速看，2012年至2021年各细分产业增速最快的是电信、计算机和信息服务，年平均增长率达到10.6%，其次是知识产权使用费，个人、文化和娱乐服务，金融服务，其他商业服务以及保险和养老金服务，增速分别为8.3%、7.0%、6.4%、6.0%以及4.7%。

在新冠疫情背景下，2021年其他商业服务业年均增速略有下降，年平均增长率为4.3%。其他行业疫情期间增速均大幅高于2012年至2021年的平均增速，其中增速最快的是知识产权使用费，接下来是金融服务，电信、计算机和信息服务，保险和养老金服务以及个人、文化和娱乐服务业，2012年至2021年平均增

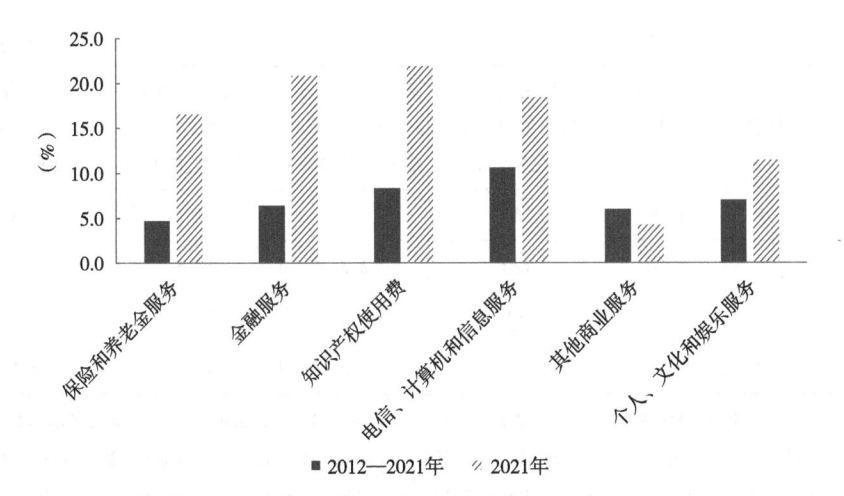

图 7-10　2012—2021 年欧盟数字交付服务贸易出口中细分产业增长情况

资料来源：UNCTAD，https://unctad.org/statistics．[2023-08-10]．

长率分别为 21.9%、20.9%、18.4%、16.6% 以及 11.4%。

（二）跨境电子商务

在欧盟各个经济体中，有 4 个国家跨境电子商务 B2C 出口规模进入世界排名前十名，分别是德国、法国、意大利和荷兰。如表 7-7 所示。

德国是欧盟之中跨境电子商务 B2C 出口规模最大的国家，2018 年德国跨境电商 B2C 出口规模为 150 亿美元，世界排名第六位，占出口总额的比重为 1.0%，占 B2C 销售额的比重为 14.9%，占世界跨境电商 B2C 出口额的比重为 3.7%。2019 年德国跨境电子商务 B2C 出口规模增长至 160 亿美元，占出口总额的比重增长至 1.1%，占 B2C 销售的比重略下降至 14.7%，占世界跨境电商 B2C 出口额的比重略微下降至 3.6%。

表 7-7　2018—2019 年欧盟代表性国家跨境电商 B2C 出口情况

年份	排名	经济体	跨境电商 B2C 出口规模（亿美元）	跨境电商 B2C 出口额占出口总额的比重（%）	跨境电商 B2C 出口额占 B2C 销售额的比重（%）	占世界跨境电商 B2C 出口额的比重（%）
2018	6	德国	150	1.0	14.9	3.7
2018	7	法国	120	2.0	10.6	3.0
2018	8	意大利	40	0.8	13.9	1.0
2018	10	荷兰	10	0.2	4.4	0.2

续表

年份	排名	经济体	跨境电商B2C出口规模（亿美元）	跨境电商B2C出口额占出口总额的比重（%）	跨境电商B2C出口额占B2C销售额的比重（%）	占世界跨境电商B2C出口额的比重（%）
2019	6	德国	160	1.1	14.7	3.6
2019	7	法国	120	2.2	10.6	2.7
2019	9	意大利	50	0.9	13.9	1.1
2019	10	荷兰	10	0.2	4.3	0.2

资料来源：UNCTAD Estimates of Global E-Commerce 2018, Available at：https：//unctad.org/en/PublicationsLibrary/tn_unctad_ict4d15_en.pdf.；UNCTAD Estimates of Global E-Commerce 2019 and Preliminary Assessment of COVID-19 Impact on Online Retail 2020, Available at：https：//unctad.org/system/files/official-document/tn_unctad_ict4d18_en.pdf.［2023-10-19］.

欧盟之中跨境电子商务 B2C 出口规模排在第二位的是法国，2018 年法国跨境电商 B2C 出口规模为 120 亿美元，世界排名第七位，占出口总额的比重为 2.0%，占 B2C 销售总额的比重为 10.6%，占世界跨境电商 B2C 出口总额的比重为 3.0%。2019 年法国跨境电子商务 B2C 出口规模维持在 120 亿美元左右，占出口总额的比重略提升至 2.2%，占 B2C 销售总额的比重保持在 10.6%，占世界跨境电商 B2C 出口总额的比重略下降至 2.7%。

意大利和荷兰在跨境电子商务 B2C 出口规模上明显小于排在欧盟前两位的德国和法国。2018 年意大利跨境电子商务 B2C 出口规模约为 40 亿美元，世界排名第八位，占出口总额的比重为 0.8%，占 B2C 销售总额的比重为 13.9%，占世界跨境电商 B2C 出口额的比重为 1.0%。2019 年意大利跨境电子商务 B2C 出口规模增长至约 50 亿美元，其世界排名被韩国赶超，排在第九位，占出口总额的比重略提升至 0.9%，占 B2C 销售额的比重保持在 13.9%，占世界跨境电商 B2C 出口总额的比重略提升至 1.1%。

荷兰 2018 年跨境电子商务 B2C 出口规模约为 10 亿美元，世界排名第十位，占出口总额的比重为 0.2%，占 B2C 销售总额的比重为 4.4%，占世界跨境电商 B2C 出口总额的比重为 0.2%。2019 年荷兰跨境电子商务 B2C 出口规模保持在约 10 亿美元，占出口总额的比重维持在 0.2%，占 B2C 销售总额的比重略下降至 4.3%，占世界跨境电商 B2C 出口总额的比重保持在 0.2%。

欧盟各个经济体跨境电子商务 B2C 出口额占出口总额的比重均有不同程度的提升，但占 B2C 销售总额的比重却是持平或有所下降，这反映出欧盟电子商务的发展迅速，跨境电子商务在出口中逐渐变得重要，但和美国等经济体相比，欧盟的跨境电子商务尚有增长的空间。

二、数字贸易细分领域的发展情况

（一）电子商务

随着消费习惯和偏好的变化以及新冠疫情的影响，欧盟的网上购物持续增长。欧洲共同体统计局2021年的调查结果显示，近12个月中，欧盟16~74岁人群中有90%的人使用过互联网，其中74%的人购买或订购过供私人使用的商品或服务。与2020年的调查结果（占互联网用户的73%）相比，在线购物人群占比增加了1个百分点，与2016年的调查结果（63%）相比增加了11个百分点。从地域来看，通过互联网购买或订购商品或服务的用户比例最高的是荷兰（94%）、丹麦（92%）和瑞典（89%）。而在罗马尼亚（44%）和保加利亚（42%），只有不到50%的人在网上购物。从网上购物的品类来看，最常见的在线商品是衣服（包括运动服装）、鞋子或配饰，有68%的在线购物者订购；其次是餐馆、快餐连锁店和餐饮服务（31%），家具、家居饰品或园艺产品（29%），化妆品、美容或健康产品（27%）；接下来是印刷书籍、杂志或报纸（25%），体育用品（不包括运动服装）（24%），电脑、平板电脑、手机或其配件（23%）和儿童玩具或儿童护理用品（20%）[①]。

欧盟的电子商务蓬勃发展，在世界电子商务销售规模排名前十位的经济体中欧盟占据了4个席位，分别是法国、德国、意大利和西班牙。如表7-8所示，2019年在世界电子商务销售规模扩大的背景下，欧盟之中的一些经济体电子销售的规模却出现了下降，其电子商务额在世界电子商务的占比也随之下降。

欧盟中电子商务总销售规模最大的是法国，2018年法国电子商务总销售规模为8 070亿美元，占世界电子商务总额的比重为3.1%，占法国GDP的比重为3.1%。其中B2B销售规模约为6 870亿美元，占电子商务销售规模的85.0%，B2C销售规模约为1 210亿美元，占电子商务销售的15.0%。2019年法国电子商务总销售规模下降至7 850亿美元，占世界电子商务总额的比重随之下降至2.9%。其中，B2B销售规模约为6 690亿美元，占电子商务销售规模的比重为85.2%，B2C销售规模约为1 160亿美元，占电子商务销售规模的比重为14.8%，B2B销售额和B2C销售额均有下降，其中B2C销售额下降更多。

---

① Online shopping ever more popular. *Eurostat*. https：//ec.europa.eu/eurostat/en/web/products-eurostat-news/-/ddn-20220202-1［2023-10-19］.

表 7-8 2018—2019 年欧盟代表性国家电子商务销售规模及其世界排名

年份	世界排名	经济体	电子商务总销售规模（亿美元）	占世界电子商务总额的比重（%）	占GDP的比重（%）	B2B销售规模（亿美元）	B2B占电子商务的比重（%）	B2C规模（亿美元）	B2C占电子商务的比重（%）
2018	6	法国	8 070	3.1	29	6 870	85.0	1 210	15.0
2018	7	德国	7 220	2.8	18	6 200	86.0	1 010	14.0
2018	8	意大利	3 940	1.5	19	3 620	91.9	320	8.1
2018	10	西班牙	3 330	1.3	23	2 610	78.4	720	21.6
2019	6	法国	7 850	2.9	29	6 690	85.2	1 160	14.8
2019	7	德国	5 240	2.0	14	4 130	78.8	1 110	21.2
2019	8	意大利	4 310	1.6	22	3 960	91.9	350	8.1
2019	10	西班牙	3 440	1.3	25	2 800	81.4	640	18.6

资料来源：UNCTAD Estimates of Global E-Commerce 2018, Available at：https://unctad.org/en/PublicationsLibrary/tn_unctad_ict4d15_en.pdf；UNCTAD Estimates of Global E-Commerce 2019 and Preliminary Assessment of COVID-19 Impact on Online Retail 2020, Available at：https://unctad.org/system/files/official-document/tn_unctad_ict4d18_en.pdf，[2023-10-19]．

欧盟中电子商务总销售规模第二大的是德国，2018年德国电子商务总销售规模约为7 220亿美元，占世界电子商务销售总额的比重为2.8%，占德国GDP的比重约18%。其中B2B销售规模约为6 200亿美元，占电子商务销售总额的比重为86.0%，B2C销售规模约为1 010亿美元，占电子商务销售总额的比重为14.0%。2019年德国电子商务规模大幅下降至5 240亿美元，占世界电子商务销售总额的比重随之下降至2.0%，占德国GDP的比重下降至14%。其中B2B销售额约为4 130亿美元，占电子商务销售总额的总比重为78.8%，B2C销售额约为1 110亿美元，占电子商务销售总额的比重为21.2%。德国电子商务规模缩小的原因主要是B2B销售额的下降，而B2C销售额非但没有下降，还有了100亿美元左右的提升。

接下来是意大利和西班牙。2018年意大利电子商务销售规模为3 940亿美元，占世界电子商务销售总额的比重为1.5%，占意大利国内GDP的比重约为19%。其中B2B销售规模为3 620亿美元，占电子商务销售总额的91.9%，B2C销售规模为320亿美元，占电子商务销售额的8.1%。2019年意大利电子商务销售规模上升至4 310亿美元，占世界电子商务总额的比重提升至1.6%，占意大利GDP的比重也提升至约为22%。其中B2B销售规模为3 960亿美元，占意大利电子商务总额的比重为91.9%，B2C销售规模为350亿美元，占电子商务销售总额的比重为8.1%。意大利电子商务销售规模有所扩大，不仅占世界电子商务总额的比重有所扩大，电子商务对意大利国内经济的重要程度也有所提升，电子商务销售规模的扩大是B2B销售总额和B2C销售总额共同扩大的结果。

2018年西班牙的电子商务总销售规模约为3 330亿美元，占世界电子商务总额的比重为1.3%，占西班牙国内GDP的比重为23%。其中B2B销售规模约为2 610亿美元，占西班牙电子商务销售总额的78.4%，B2C销售规模约为720亿美元，占电子商务销售总额的比重约为21.6%。2019年西班牙电子商务销售总规模略微上升至约3 340亿美元，占世界电子商务总额的比重维持在1.3%，占西班牙国内GDP的比重上升至25%。其中B2B销售规模为2 610亿美元，占西班牙电子商务销售总额的81.4%，B2C销售规模约为640亿美元，占电子商务销售总额的18.6%。2018年至2019年西班牙B2B销售额有所上升，但其B2C销售额有所减少。

（二）数字服务

Statista Inc.公布了世界各国的SNS普及率的调查结果，在欧盟国家中SNS普及率最高的是法国（56%）、西班牙（54%）、意大利（52%），均在50%以上，可以说在欧洲，社交媒体的普及率已经达到比较高的程度。表7-9显示了这三个国家的用户数最多的社交媒体平台。

表7-9　2017年、2022年法国、西班牙、意大利各社交媒体平台用户

国家	使用率前五	用户数量（万人）	调查机构/时间
法国 （2022年）	Facebook	3 100	Tiz-Agency in Strasbourg/2017年1月
	YouTube	2 620	
	Twitter	1 410	
	Instagram	1 180	
	Snapchat	980	
西班牙 （2017年）	Facebook	3 200	Websa100, agencia de marketing digital/2017年3月
	YouTube	1 910	
	Instagram	1 200	
	LinkedIn	1 000	
	Twitter	470	

续表

国家	使用率前五	用户数量（万人）	调查机构/时间
意大利 （2017 年）	Facebook	3 200	Juliusdesign/2017 年 1 月
	YouTube	1 910	
	Instagram	1 400	
	Tumblr	800	
	Twitter	640	

资料来源：Tiz‐Agency in Strasbourg. Classement des réseaux sociaux en France et dans le monde en 2022. http：//www.tiz.fr/utilisateurs‐reseaux‐sociaux‐france‐monde/；Websa100，agencia de marketing digital. Conoce las redes sociales con más usuarios del 2017. Estás en ellas? http：//www.websa100.com/blog/redes‐sociales‐con‐mas‐usuarios/；Juliusdesign. Lo stato degli Utenti Attivi sui Social Media in Italia e nel Mondo. http：//www.juliusdesign.net/28700/lo‐stato‐degli‐utenti‐attivi‐e‐registrati‐sui‐social‐media‐in‐italia‐e‐mondo‐2015/? update2017. ［2023‐10‐19］.

表 7-9 显示的社交平台都是在世界范围内比较为人熟知的，下面列举一些在欧盟国家当地运营较为成功的社交平台。

Viadeo[1] 是 2004 年 5 月由丹·萨法蒂、蒂埃里·鲁纳蒂在巴黎创立的面向专家的社交媒体平台，用于构筑新的商务网络、就职、跳槽等。在法国，viadeo 的用户数达到了 1 000 万人，除此之外，在世界范围内拥有 6 500 万以上的用户。

Skyrock[2] 是由皮埃尔·贝伦杰于 2002 年创立的法国社交网站。现在以欧洲为中心聚集了用户，用户几乎都是十几岁的年轻人。Skyrock 一般可作为博客和意见交换的场所使用。

Dailymotion[3] 是法国的视频共享服务，2005 年 2 月在巴黎创立。现在在法国有 750 万人使用，成为 YouTube 之后用户数最多的视频共享服务平台。另外，它是一个可以发现世界级内容和创作者的网站。

2006 年成立的 Tuenti[4] 曾被称为 Facebook 的西班牙版，2010 年被提供跨国宽带和电信提供商服务的 Telefónica，S.A. 收购，停止了社交媒体平台的服务。

XING[5] 是 2013 年 8 月由拉兹·辛里克斯创立的面向德国商务人士的社交平台。现在以欧洲为中心，成为拥有世界各地用户的社交媒体。它是一个小型网络，用于

---

[1] Viadeo 网站，https：//fr.viadeo.com/en/.
[2] Skyrock 网站，http：//www.skyrock.com/.
[3] Dailymotion 网站，http：//www.dailymotion.com/.
[4] Tuenti 网站，https：//www.tuenti.com/.
[5] XING 网站 https：//www.xing.com/app/startpage.

找工作和专业人员，XING 用户的大部分（80%以上）是正式员工，40%以上的成员是管理人员。因为 XING 有"话题"的功能，可以收集、发送各种各样的信息，所以也应用在包含多行业的商业活动中。

Wer-kennt-wen[①] 由法比安·耶格尔和帕特里克·奥勒、科布伦茨于 2006 年创立。现在它已经成为德国主要的社交网络之一，用于博客和与朋友聊天。

（三）数字产品

2019 年，全球音乐流媒体市场价值约 209 亿美元，在 2020—2027 年的预测期内将以超过 17.8% 的健康增长率增长。就市场份额而言，北美是全球领先的重要地区，这是因为苹果、谷歌等关键公司的市场以及高速宽带和较为成熟的网络连接。然而，有研究表明，欧洲在 2020—2027 年的预测期内也将表现出较高的增长率。互联网消费的消费者转变、智能手机的使用模式等因素，将为整个欧洲地区的音乐流媒体市场创造有利可图的增长前景。

发源于瑞典的 Spotify[②] 提供了目前全球最受欢迎的数字音频服务，拥有超过 180 个国家和地区的 5.5 亿用户，包括 2.2 亿名付费会员。如今，在 Spotify 上可以收听、管理和欣赏超过 1 亿首曲目、500 万个播客和 35 万本有声读物。

在欧洲，流媒体服务企业不断涌现。例如：葡萄牙的 Spamflix[③] 是一家视频租赁服务公司，提供该地区最小众的电影，特别是致力于展示最另类、最前卫的电影；德国的 Pantaflix[④] 是一项基于互联网的视频点播服务，可以让用户在其丰富多彩的服务中挑选和观看想要的内容，包括电影、纪录片、电视节目和儿童娱乐。这些流媒体服务企业的不断出现代表了欧洲仍然走在数字产品市场的前端。

根据 Newzoo[⑤] 进行的全球游戏市场调查，2019 年，游戏市场排名前 10 位的国家中有 5 个欧洲国家。虽然这些欧洲国家的市场规模都不及中国和美国，但是从整个欧洲来看，游戏市场正在扩大。销售跟踪机构 GSD[⑥] 称，2020 年，在英国、爱尔兰、欧洲本土、中东、非洲（EMEA）共销售了 2 亿 1190 万部游戏。除了英国以外，GSD 把调查对象设定在了欧洲市场。它包括法国、德国、瑞士、奥地利、西班牙、葡萄牙、北欧和波兰等市场。在这些市场，2020 年共销售

---

① Wer-kennt-wen 网站 https://wer-kennt-wen.eu/.
② Spotify 网站，https://www.spotify.com/.
③ Spamflix 网站，https://spamflix.com/.
④ Pantaflix 网站，https://pantaflixfe-web.srv-prod.pantaflix.com.
⑤ Newzoo 网站，https://newzoo.com/.
⑥ GSD 网站，https://www.gamesalesdata.com/.

了 1 亿 2370 万部游戏，与 2019 年相比上升了 19%。另外，这些游戏中有 5 870 万部被下载，比上年增加了 47%。而为了更准确地掌握包装版和下载版的市场份额，必须排除没有计算两者销售额的国家。另外，像任天堂、Bethesda、CD Projekt 这样没有与 GSD 共享数字的公司的部分也需要扣除。在这之后，59% 的游戏以数字版的形式被售卖，其余游戏则是传统形式通过物理销售。

第三节　英国数字贸易的发展

一、数字贸易的发展态势

（一）数字交付服务贸易

1. 数字交付服务贸易的全球排名

2005 年至 2021 年，英国数字交付服务贸易总额有所增加，但在全球的排名略有下降。2005 年，英国数字交付服务贸易总额为 2 512 亿美元，仅次于美国排在世界第 2 位。2021 年英国数字交付服务贸易总额达到 5 236 亿美元，比 2005 年扩大了一倍，年平均增长率为 4.7%，详见表 7-10。

表 7-10　2005—2021 年英国数字交付服务贸易规模及其全球排名

（单位：亿美元）

年份	全球排名	贸易总额	出口	进口
2005	2	2 512	1 775	736
2006	2	2 922	2 080	842
2007	2	3 453	2 516	937
2008	2	3 399	2 431	967
2009	2	3 013	2 144	869
2010	2	3 053	2 171	883
2011	2	3 490	2 517	974
2012	2	3 517	2 534	983
2013	2	3 753	2 700	1 053
2014	2	4 049	2 873	1 176
2015	2	3 892	2 733	1 159
2016	2	3 847	2 703	1 144

续表

年份	全球排名	贸易总额	出口	进口
2017	2	4 009	2 800	1 208
2018	2	4 632	3 173	1 459
2019	3	4 598	3 118	1 480
2020	3	4 804	3 270	1 533
2021	3	5 236	3 534	1 702

资料来源：UNCTAD, https：//unctad.org/statistics.［2023-08-10］.

2. 数字交付服务贸易出口规模及其占比

与美国、日本以及欧盟[1]等经济体相比，英国数字交付服务贸易出口额在其服务贸易出口总额中的占比极高，且有所增长。如图 7-11 所示，2005 年英国数字交付服务贸易出口额在服务贸易出口总额中的占比为 71.1%，直至 2019 年该比例一直稳定在 75% 左右，2020 年在数字交付服务贸易出口规模没有明显增长的情况下，该比例飞跃式地增长至 84.6%。2021 年英国数字交付服务贸易出口规模有所扩大，但其占服务贸易出口总额的比重保持平稳，这一点和美国非常相似。英国服务贸易的数字化程度很高，数字交付服务贸易在英国的服务贸易出口中占有重要地位，2020 年以后数字贸易更是支撑着英国的服务贸易出口，是英国对外贸易增长的重要引擎。

随着世界数字交付服务贸易规模的扩大，其他经济体的数字交付服务贸易在服务贸易出口中的占比有所增加，与英国之间的差距正在缩小。2005 年英国数字交付服务贸易出口在服务贸易出口中的占比分别高出美国和日本 17.8% 和 28.1%，2012 年分别高出美国、日本以及欧盟 15.6%、27.1% 和 23.2%，2021 年分别高出美国、日本以及欧盟 7.5%、11.7% 和 23.0%[2]，差距逐渐缩小。

英国数字交付服务贸易增速几乎和服务贸易整体保持一致，略高于货物贸易。如图 7-12 所示，2006 年，英国数字交付服务贸易、货物贸易和服务贸易的增长率分别为 16.3%、11.9% 和 16.9%，直到疫情之前，数字交付服务贸易的发展速度并没有与整体服务贸易产生较大差距。受疫情影响，2020 年英国货物贸

---

[1] 此处为欧盟平均水平，英国数字交付服务贸易出口在服务贸易出口中的占比并非高于欧盟所有国家，根据 UNCTAD 数据计算英国数字交付服务贸易出口在服务贸易出口中的占比略低于欧盟成员国中的爱尔兰和卢森堡。

[2] 根据 UNCTAD 数据计算，欧盟数字交付服务贸易出口在服务贸易出口中的占比与英国之间的差距在 2014—2016 年有所缩小，后又有所扩大。

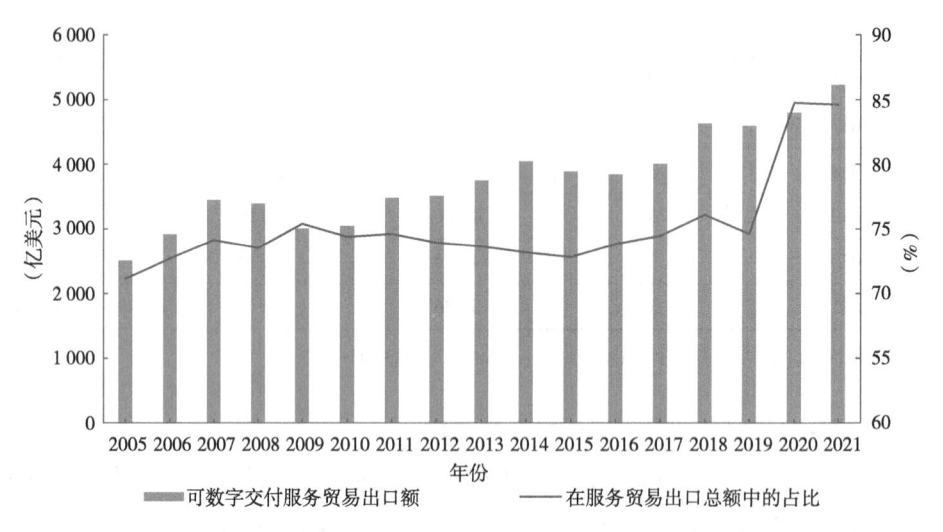

图 7-11　2005—2021 年英国数字交付服务贸易出口规模及在服务贸易出口占比

资料来源：UNCTAD，https：//unctad.org/statistics.［2023-08-10］.

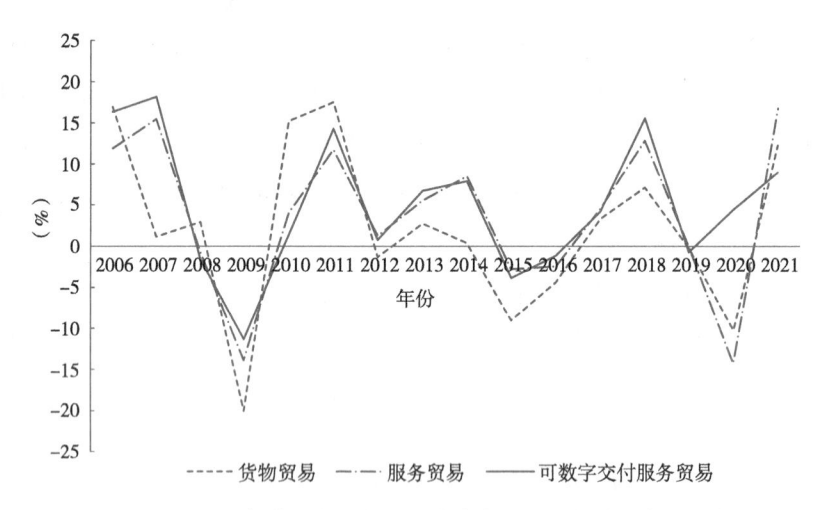

图 7-12　2006—2021 年英国货物贸易、服务贸易和可数字交付服务贸易增速

资料来源：UNCTAD，https：//unctad.org/statistics.［2023-08-10］.

易和服务贸易呈现负增长，而只有数字交付服务贸易保持了正增长，牵引着英国贸易的发展。2020 年，英国数字交付服务贸易、货物贸易和服务贸易的增长率分别为 4.5%、-10.24% 和 -14.29%，疫情对英国运输、旅游等无法以数字交付的传统服务贸易影响较大，数字交付服务贸易的增长和服务贸易整体的增长出现了差距。2021 年数字交付服务贸易、货物贸易和服务贸易都有较大的恢复，货物贸易和服务贸易暂时领先数字交付服务贸易。

3. 细分产业数字交付服务贸易

从数字交付服务贸易细分产业来看，在英国各产业贸易额中占比最高的是其他商业服务，且占比逐年增大。如图7-13所示，2005年其他商业服务占比为40.9%，接下来是金融服务，知识产权使用费，保险和养老金服务，电信、计算机和信息服务以及个人、文化和娱乐服务，占比分别为26.2%、10.5%、9.7%、9.2%以及3.6%。2021年其他商业服务占比为52.9%，增长了12.1%。此外电信、计算机和信息服务占比也有所增长，从9.2%增至10.7%。其余各产业占比均略有降低，金融服务、知识产权使用费、保险和养老金服务以及个人、文化和娱乐服务占比分别为20.1%、7.3%、6.1%以及3.1%。

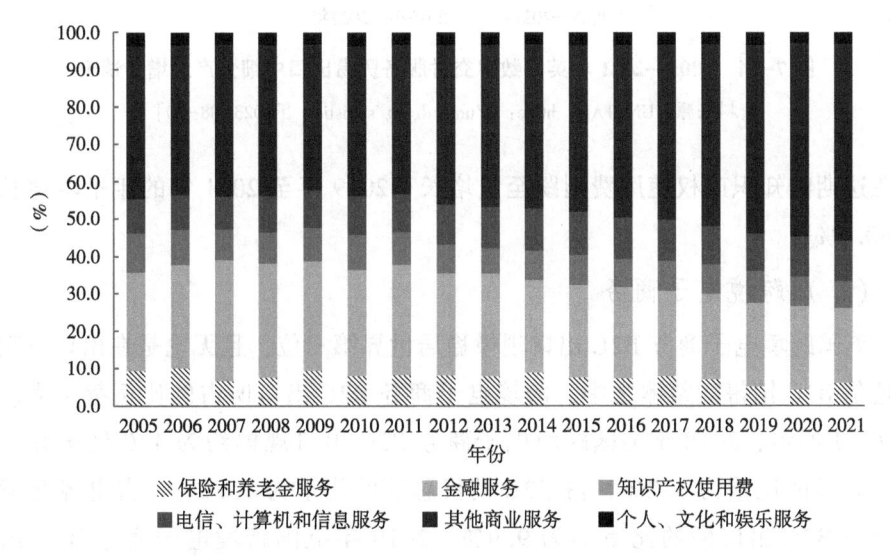

图7-13　2005—2021年英国数字交付服务贸易出口中各细分产业占比情况

资料来源：UNCTAD, https://unctad.org/statistics. [2023-08-10].

如图7-14所示，从各细分产业增速来看，2005年至2021年英国其他商业服务业增速最高，年平均增长率为6.9%。接下来依次是电信、计算机和信息服务，个人、文化和娱乐服务，金融服务，知识产权使用费以及保险和养老金服务，年平均增长率分别为6.2%、4.2%、3.5%、2.9%以及2.2%。

受新冠疫情影响，保险和养老金服务，电信、计算机和信息服务，其他商业服务，个人、文化和娱乐服务以及金融服务的增速有所上升，2019年至2021年的年平均增长率依次为18.7%、13.3%、12.8%、7.3%以及5.0%。

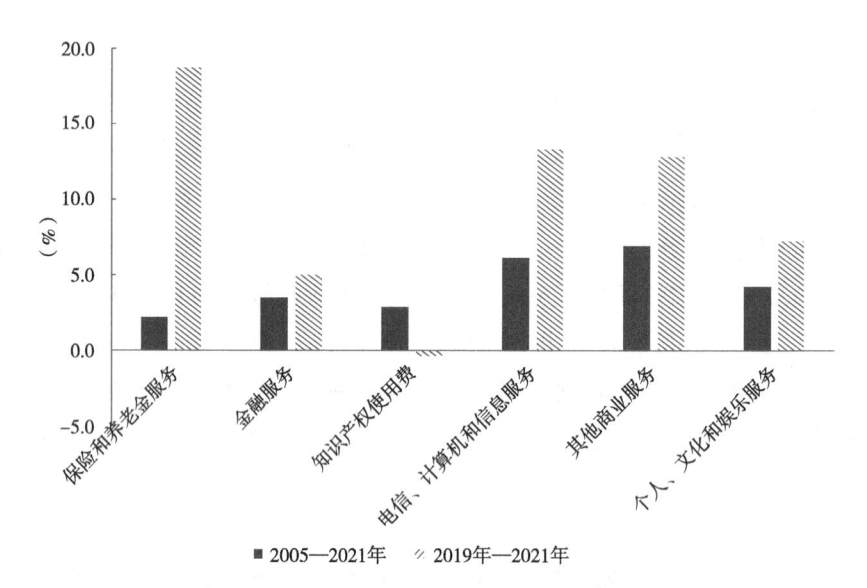

图 7-14　2005—2021 年英国数字交付服务贸易出口中细分产业增长情况

资料来源：UNCTAD，https://unctad.org/statistics．[2023-08-10]．

而在这期间知识产权使用费则跌至负增长，2019 年至 2021 年的年平均增长率为 -0.4%。

（二）跨境电子商务

英国跨境电子商务 B2C 出口规模稳居世界第三位，且无论是在出口总额之中还是 B2C 销售额整体之中，跨境电子商务 B2C 出口所占的比例都很大。如表 7-11 所示，2018 年英国跨境电子商务 B2C 出口规模约为 400 亿美元，占出口总额的比重为 8.2%，占 B2C 销售总额的比重为 15.0%，占世界跨境电子商务 B2C 出口额的比重约为 9.9%。2019 年英国跨境电子商务 B2C 出口规模略有下降，约为 380 亿美元，占出口总额的比重维持在 8.2%，占 B2C 销售的比重约为 15.2%，占世界跨境电子商务 B2C 出口额的比重下降至 8.6%。相比美国、日本、欧盟等经济体，英国跨境电子商务 B2C 出口额在其出口额中占有更大的比重，并且 2018 年至 2019 年跨境电子商务 B2C 出口额占 B2C 销售额的比重有所扩大，说明英国跨境电子商务的发展速度略快于电子商务整体的发展速度。

表 7-11　2018—2019 年英国跨境电子商务 B2C 出口情况

年份	排名	跨境电商 B2C 出口规模（亿美元）	跨境电商 B2C 出口额占出口总额的比重（%）	跨境电商 B2C 出口额占 B2C 销售的比重（%）	占世界跨境电商 B2C 出口额的比重（%）
2018	3	400	8.2	15	9.9
2019	3	380	8.2	15.2	8.6

资料来源：UNCTAD Estimates of Global E-Commerce 2018, Available at：https://unctad.org/en/PublicationsLibrary/tn_unctad_ict4d15_en.pdf. UNCTAD Estimates of Global E-Commerce 2019 and Preliminary Assessment of COVID-19 Impact on Online Retail 2020, Available at：https://unctad.org/system/files/official-document/tn_unctad_ict4d18_en.pdf. ［2023-10-19］.

二、数字贸易细分领域的发展情况

（一）电子商务

英国电子商务销售规模在世界排名为第五位，与美国、日本相比，英国的电子商务销售额并不特别倚重 B2B 销售额，B2C 销售额也占有相当的比例。如表 7-12 所示，2018 年英国的电子商务总销售规模为 9 180 亿美元，占世界电子商务销售总额的比重为 3.6%，占英国 GDP 的比重约 32%。其中 B2B 的销售规模为 6 520 亿美元，占电子商务销售总额的 71.0%，B2C 的销售规模为 2 660 亿美元，占电子商务销售总额的 29.0%。2019 年，英国的电子商务总销售规模为 8 850 亿美元，占世界电子商务销售总额的比重也随之略微下降至 3.3%，占英国 GDP 的比重约为 31%。其中 B2B 的销售规模为 6330 亿美元，占比 71.6%，B2C 的销售规模为 2 510 亿美元，占比 28.4%。英国电子商务占其 GDP 的三分之一左右，对其经济发展有相当的支撑作用，虽然英国的电子商务销售额也是以 B2B 为主，但与其他发达经济体相比，英国 B2C 销售额的比例也很高，占到电子商务的三分之一左右，这个数字超过世界平均水平约十个百分点。

表 7-12　2018—2019 年英国电子商务销售规模及世界排名

年份	世界排名	电子商务总销售规模（亿美元）	占世界电子商务的比重（%）	占 GDP 的比重（%）	B2B 销售规模（亿美元）	B2B 占电子商务的比重（%）	B2C 销售规模（亿美元）	B2C 占电子商务的比重（%）
2018	5	9 180	3.6	32	6 520	71.0	2 660	29.0
2019	5	8 850	3.3	31	6 330	71.6	2 510	28.4

资料来源：UNCTAD Estimates of Global E-Commerce 2018, Available at：https://unctad.org/en/PublicationsLibrary/tn_unctad_ict4d15_en.pdf. UNCTAD Estimates of Global E-Commerce 2019 and Preliminary Assessment of COVID-19 Impact on Online Retail 2020, Available at：https://unctad.org/system/files/official-document/tn_unctad_ict4d18_en.pdf. ［2023-10-19］.

英国的线上零售额不断增长，线上零售额占零售总额的比例也不断提高。2018年英国线上零售额为840亿美元，2019年上涨至890亿美元，2020年上涨至1 306亿美元，2018年至2020年的年均增长率为24.7%。线上零售额占零售总额的比例从2018年的14.9%上升到2019年的15.8%，到了2020年更是上升至23.3%。英国线上零售额占零售总额的比例在世界处于较高水平，仅次于韩国和中国，且该比例还在继续提升。数字经济正在逐渐改变着英国消费者的生活方式，例如，2018年英国87%的互联网用户会在网上购物[1]，截至2020年，英国已经有将近四分之一左右的零售额在线上进行。

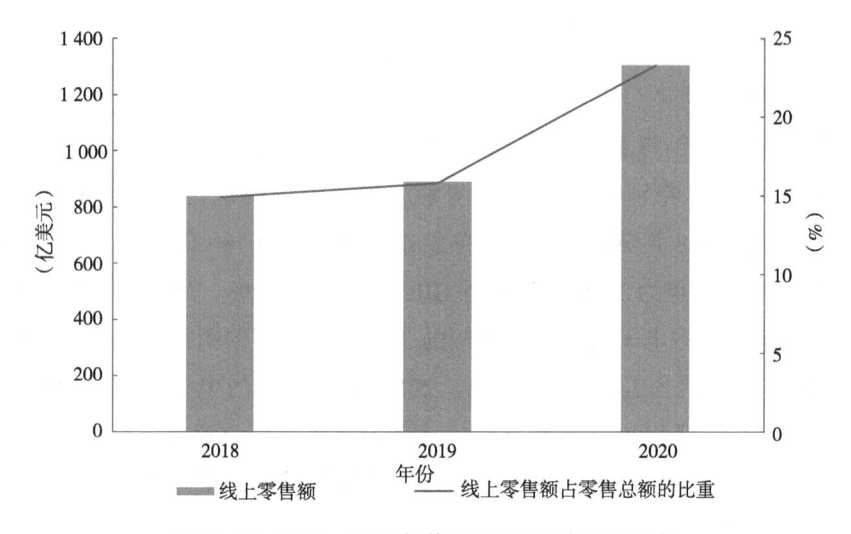

图 7-15 2018—2020 年英国线上零售额及其占比

资料来源：Global E-Commerce Jumps to ＄26.7 Trillion, Covid-19 Boosts Online Retail Sales, Available at：https：//unctad.org/press-material/global-e-commerce-jumps-267-trillion-covid-19-boosts-online-retail-sales.［2023-10-19］.

（二）数字服务

英国的互联网用户数，在2022年2月创下了6 699万人的记录。网络普及占比总人口比来看已经达到了98%，可以说英国几乎所有居民都在使用网络。英国的互联网用户2022年比2021年增加了0.4%，约30万人。另外，英国人平均每天的网络使用时间为6小时12分，与学习和读书等活动相比，网络使用花费了

---

[1] UNCTAD Estimates of Global E-Commerce 2018, Available at：https：//unctad.org/en/Publications Library/tn_unctad_ict4d15_en.pdf.［2023-8-23］.

最多的时间，其中 89.4% 的英国人使用智能手机作为终端。使用互联网的主要目的是信息收集（74.4%）、情报调查（65.6%）、与家人和朋友联系（63.5%）。

英国有 5760 万社交媒体用户，用户会使用多个服务。其中女性用户为 53.8%，男性用户为 46.2%，女性用户稍多。每天的平均 SNS 使用时间为 1 小时 48 分钟。英国人使用最多的社交媒体除 YouTube、Facebook、Instagram 等主流平台外，也有大众不太熟悉的媒体，接下来简单介绍一下。

WhatsApp 是在英国使用最多的聊天应用程序，截至 2022 年，该服务在英国的用户比例占 74.8%。WhatsApp 的使用非常简单，不像 LINE 和 messenger 那样有复杂的功能，它只有以照片、链接共享为基础的聊天功能；只需电话号码就可以登录，可以快速备份，也可以在任何设备上轻松安装。WhatsApp 是一种操作简单，即使是老年用户也很容易学会使用的产品。

上传的照片和视频会在 24 小时被删除的 SnapChat 在英国的用户数达到了 2 065 万人，其中 55.5% 是女性用户，44.1% 是男性用户。近年来，由于 Instagram 等其他服务的影响，SnapChat 用户数逐年减少，但至今仍有 30.8% 的英国网络用户使用 SnapChat，是以女性为中心的人气平台。

作为招聘社交媒体在全世界都很受欢迎的 LinkedIn 的英国用户数达到了 3 400 万人。LinkedIn 的英国用户中 43.8% 为女性，56.3% 为男性，与其他服务相比，LinkedIn 的男性用户稍多一些。

2010 年在美国创立并开始的 Nextdoor 是一家以加利福尼亚州旧金山为据点，提供私人社交服务的企业。在美国、荷兰、英国 3 个国家，提供了附近居民连接的社交媒体服务。在英国，Nextdoor 被应用在"寻找保姆""通知派对""与附近居民取得联系"等场景。

在英国的浏览器所占市场份额中，谷歌开发运用的 Chrome 是最高的（48.8%）。第 2 位是 Mac 和 iPhone 的自带浏览器 Safari（34.4%），因为不太考虑在 Windows 和 Android 上使用，所以这个数字比较接近苹果产品的份额。其他还有 Edge（6%）、三星网络浏览器（4.2%）、Firefox（3.1%）、Internet Explorer（1%）、Opera（0.9%）。

（三）数字产品

根据 Datareportal 公布的以英国 16 岁到 64 岁的网民为对象的"平均每天在网络和智能手机上花费多少时间"的调查数据，英国网民使用互联网时间最多的依次为社交媒体（1 小时 49 分）、网络新闻（1 小时 7 分）、数字音乐服务（1 小时 15 分)、电视游戏 (1 小时 1 分)、播客 (35 分)。

根据英国知识产权局 (UK Intellectual Property Office) 公布的《数字时代音乐创作者的收益》(Music Creators' Earnings In The Digital Era) 报告,2014 年至 2020 年,在世界各国艺人中,从英国流媒体实现 100 万播放量以上的有 1 723 人 (0.41%)。

英国唱片产业协会进行的一项调查结果显示,在全球平均每 10 首流媒体歌曲中,就有 1 首歌曲是英国艺术家创作的。该调查还显示了英国在世界流媒体上的占有率是世界 GDP 占有率 (2.2%) 的 4 倍以上。英国唱片产业协会在调查中表示:"流媒体服务在世界范围内进行推广,唱片公司的数字营销可以达到迄今为止很难到达的音乐市场,特别是亚洲、南美、非洲。现在新签约的艺术家也能比以往更快地具有国际影响力。"英国唱片产业协会也把发展的焦点放在了一些世界知名的英国艺术家身上。

2021 年,英国游戏市场的销售额创下了史上最高的 71.6 亿英镑的记录。根据英国互动娱乐协会 (UKIE) 的调查,英国国内家用游戏机、移动游戏、PC 游戏等的销售额达到了 42.8 亿英镑。在全部游戏市场销售额中,16.5 亿英镑是面向家用游戏机的数字软件购买,超过了购买移动游戏的 14.6 亿英镑。另一方面,PC 游戏的销售额为 6.2 亿英镑,低于家用游戏机和移动游戏。

第四节　日本数字贸易的发展

一、数字贸易的发展态势

(一) 数字交付服务贸易

1. 数字交付服务贸易的全球排名

表 7-13 表明,2005 年至 2021 年,日本的数字交付服务贸易总额虽在 2009 年和 2012 年略有下降,但整体保持增加趋势,其贸易总额在全球的排名浮动较大,总体呈下降趋势。2005 年,日本数字交付服务贸易总额为 928 亿美元,2021 年日本数字交付服务贸易总额达到 2 749 亿美元,比 2005 年扩大了一倍,年平均增长率为 7.0%。

表7-13 2005—2021年日本数字交付服务贸易规模及其全球排名

(单位：亿美元)

年份	全球排名	贸易总额	出口额	进口额
2005	4	928	439	489
2006	4	1 084	516	568
2007	4	1 211	573	638
2008	6	1 393	665	728
2009	6	1 322	635	686
2010	7	1 371	651	720
2011	8	1 535	736	799
2012	10	1 462	640	822
2013	10	1 514	674	840
2014	8	1 898	872	1 026
2015	7	1 894	862	1 032
2016	7	2 073	970	1 102
2017	7	2 155	1 016	1 138
2018	8	2 305	1 071	1 234
2019	8	2 611	1 195	1 416
2020	8	2 600	1 162	1 438
2021	9	2 749	1 224	1 525

资料来源：UNCTAD, https://unctad.org/statistics. [2023-08-10].

2005年，日本数字交付服务贸易规模在全球排名仅次于美国、英国、德国，排在世界第4位；2008年，日本被法国和爱尔兰超越，排在全球第6位；2010年被荷兰超越排在世界第7位；2011年被中国超越排至世界第8位；2012年被瑞士和印度超越，排至世界第10位；2012年至2017年，日本贸易总额排名有所回升，但也没有回到世界前五的行列；2018年以后日本贸易总额在全球排名再次下降；2021年排在世界第9位。

与货物贸易相比，2006年至2021年，日本的数字交付服务贸易一直维持着正增长，增长率整体上略高于服务贸易整体的增速。如图7-16所示，2006年货物贸易、服务贸易和可数字交付服务贸易的增长率分别为 10.4%、4.0% 和 16.8%，数字交付服务贸易处于领跑地位。2006 年至 2019 年，货物贸易增长变化幅度较大，在-26.6% 至 29.2% 之间，在若干年份呈现出负增长。相比之下，数字交付服务贸易增速相对稳定，变化在-5.1% 至 25.4% 之间，除个别年份外均维持着正增长。在金融危机和新冠疫情面前，数字交付服务贸易受到的影响也相对较小，表现出一定的韧性。可见数字交付服务贸易已经对日本的对外贸易起到了稳定的支撑作用。

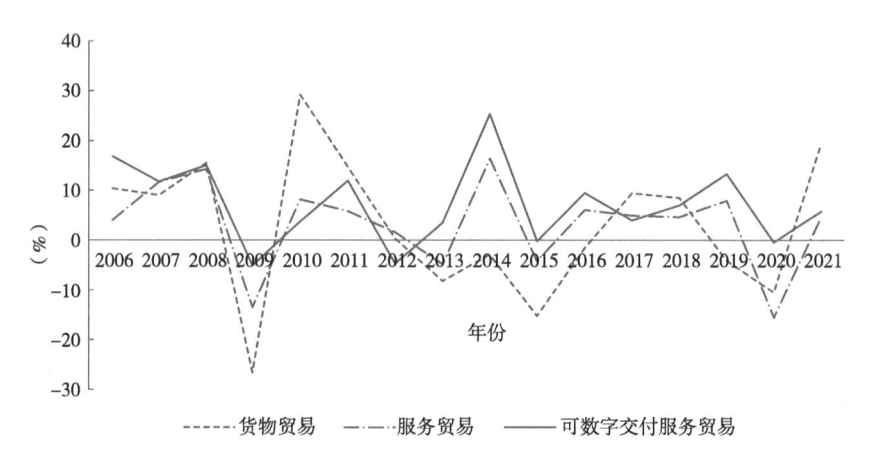

图 7-16　2006—2021 年日本货物贸易、服务贸易和可数字交付服务贸易增速

资料来源：UNCTAD，https：//unctad.org/statistics.［2023-08-10］.

2. 数字交付服务贸易出口规模及其占比

与美国、英国、欧盟相比，日本数字交付服务贸易出口规模在服务贸易中的占比处于较低水平，但在 2019 年以前也有曲折上升，2020 年以后与其他经济体一样迎来爆发式增长。如图 7-17 所示，2005 年日本数字交付服务贸易出口规模在服务贸易中的占比为 43.1%，到 2019 年上升至 57.0%。2021 年在数字交付服务贸易出口规模略有回缩的情况下，日本数字交付服务贸易出口规模在服务贸易中的占比上升至 71.7%，2021 年继续上升至 72.9%，虽与美国、英国、欧盟相比数字交付服务贸易的占比略低，但与世界平均相比高出近 10 个百分点。

3. 细分产业数字交付服务贸易

ICT 服务出口在日本数字交付服务贸易出口中占比增长迅速。如图 7-18 所示，2005 年日本 ICT 服务出口在数字交付服务贸易出口中占比为 3.2%，2021 年增长至 8.4%，带动了日本整个数字交付服务贸易的增长。

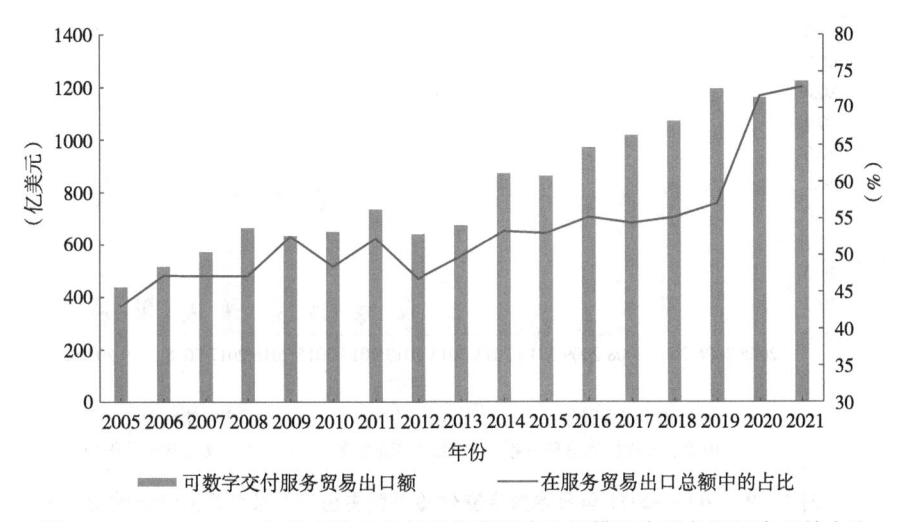

图 7-17　2005—2021 年日本数字交付服务贸易出口规模及在服务贸易出口的占比

资料来源：UNCTAD，https：//unctad.org/statistics.［2023-08-10］.

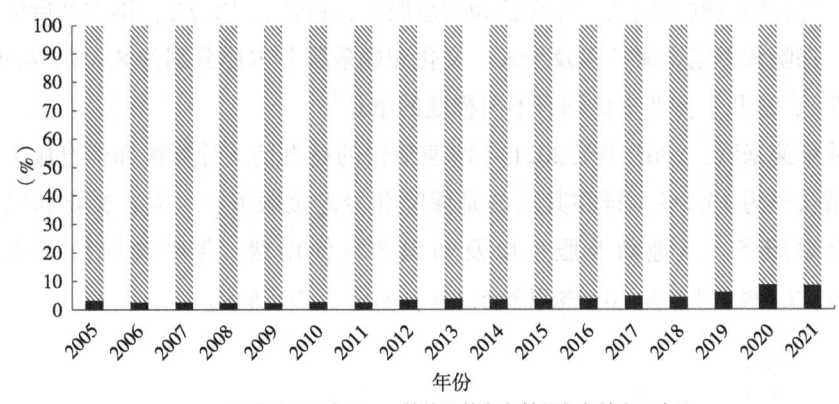

图 7-18　2005—2021 年日本数字交付服务贸易出口中 ICT 服务占比

资料来源：UNCTAD，https：//unctad.org/statistics.［2023-08-10］.

从细分产业看，占日本数字交付服务贸易额比重最大的是其他商业服务，而增速最快的是电信、计算机和信息服务。如图 7-19 所示，2005 年其他商业服务占比为 47.7%，占比第二大的知识产权使用费占比为 34.7%，这两个行业占日本数字交付服务贸易的 80% 以上。接下来是电信、计算机和信息服务，金融服务，保险和养老金服务以及个人、文化和娱乐服务，占比分别为 8.4%、4.9%、3.0% 以及 1.3%。

2021 年占比最大的依然是其他商业服务，占比为 44.4%，知识产权使用费仍排在第二位，占比为 27.8%，占比最大的两个产业与 2005 年相比占比均有所

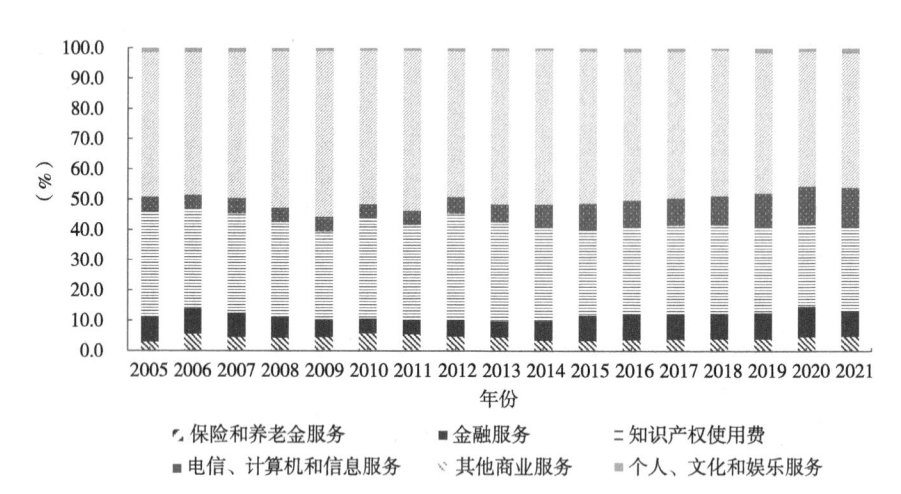

图 7-19 2005—2021 年日本数字交付服务贸易出口中细分产业增长情况

资料来源：UNCTAD, https：//unctad.org/statistics. [2023-08-10].

下降。排在第三的是电信、计算机和信息服务，占比为 12.9%，排在其后的金融服务，保险和养老金服务以及个人、文化和娱乐服务占比分别为 8.4%、4.9% 以及 1.5%，这几个行业占比均有不同程度的增长。

从增速来看，2005 年至 2021 年增速最快的是电信、计算机和信息服务，年平均增长率为 13.8%。排在其后的是保险和养老金服务，个人、文化和娱乐服务，金融服务，其他商业服务以及知识产权使用费，年平均增长率分别为 10.5%、7.9%、7.2%、6.6% 以及 5.6%，如图 7-20 所示。

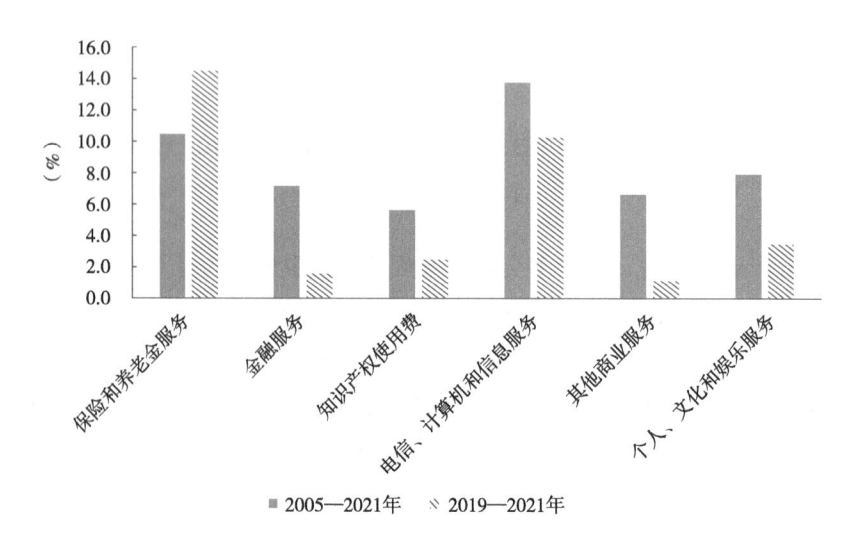

图 7-20 2005—2021 年日本数字交付服务贸易出口中细分产业增长情况

资料来源：UNCTAD, https：//unctad.org/statistics. [2023-08-10].

在新冠疫情背景下，日本的电信、计算机和信息服务，个人、文化和娱乐服务，知识产权使用费，金融服务以及其他商业服务的增速均有不同程度的下降，2019 年至 2021 年这几个产业的年平均增长率分别下降至 10.3%、3.5%、2.5%、1.6%以及 1.1%。在这些产业之中，只有保险和养老金服务增速有所增长，2019 年至 2021 年年平均增长率增长至 14.5%，是在疫情影响下数字交付服务贸易之中增长最快的产业。

（二）跨境电子商务

日本跨境电子商务 B2C 出口规模排在世界第五位，且其规模正在逐步扩大。如表 7-14 所示，2018 年日本跨境电子商务 B2C 出口规模约为 210 亿美元，占出口总额的比重约为 2.9%，占 B2C 销售额的比重约为 13.1%，占世界跨境电子商务 B2C 出口额的比重为 5.2%。2019 年日本跨境电子商务 B2C 出口规模约为 230 亿美元，占出口总额的比重上涨至 3.3%，占 B2C 销售额的比重略微上涨至 13.2%，占世界跨境电子商务 B2C 出口额的比重保持在 5.2%。日本跨境电子商务 B2C 出口额在出口总额中所占的比重正在扩大，在贸易中扮演越来越重要的角色，并且跨境电子商务 B2C 出口额占 B2C 销售额的比重在各经济体中处于较高水平的同时也在继续上涨，跨境电子商务在日本电子商务中发挥了重要的作用。

表 7-14　2018—2019 年日本跨境电商 B2C 出口情况

年份	排名	跨境电商 B2C 出口规模（亿美元）	跨境电商 B2C 出口额占出口总额的比重（%）	跨境电商 B2C 出口额占 B2C 销售的比重（%）	占世界跨境电商 B2C 出口总额的比重（%）
2018	5	210	2.9	13.1	5.2
2019	5	230	3.3	13.2	5.2

资料来源：UNCTAD Estimates of Global E-Commerce 2018, Available at: https://unctad.org/en/PublicationsLibrary/tn_unctad_ict4d15_en.pdf. UNCTAD Estimates of Global E-Commerce 2019 and Preliminary Assessment of COVID-19 Impact on Online Retail 2020, Available at: https://unctad.org/system/files/official-document/tn_unctad_ict4d18_en.pdf. [2023-10-19].

二、数字贸易细分领域的发展情况

（一）电子商务

日本的电子商务销售规模仅次于美国，排在世界第二位。日本电子商务总销售规模不断扩大，电子商务销售额占 GDP 的比重也越来越高。日本 B2C 销售额发展相对缓慢，但其占电子商务总销售额的比例在缓慢扩大，B2B 销售在日本的电子商务销售中占比至今仍高达九成五左右。

如表 7-15 所示，据日本经济产业省调查，2014 年日本电子商务总销售规模为 293 万亿日元，占日本 GDP 的 56.4%。其中，B2B 销售规模为 280 万亿日元，占日本电子商务总销售额的 95.6%，B2C 销售规模仅为 13 万亿日元，占电子商务的比重为 4.4%。B2C 销售之中销售额最高的是物品类，其次是服务类，最少的是数字产品类，各类销售额分别为 7 万亿日元、4 万亿日元以及 2 万亿日元左右。

表 7-15　2014—2020 年日本电子商务销售规模

年份	电子商务总销售规模（亿日元）	占 GDP 的比重（%）	B2B 销售规模（亿日元）	B2B 销售额占电子商务的比重（%）	B2C 销售规模（亿日元）	B2C 细分 物品（亿日元）	B2C 细分 服务（亿日元）	B2C 细分 数字产品（亿日元）	B2C 销售额占电子商务的比重（%）
2014	2 927 880	56.4	2 799 910	95.6	127 970	68 043	44 816	15 111	4.4
2015	3 009 996	55.9	2 872 250	95.4	137 746	72 398	49 014	16 334	4.6
2016	3 060 487	56.2	2 909 130	95.1	151 357	80 043	53 532	17 782	4.9
2017	3 346 664	60.5	3 181 610	95.1	165 054	86 008	59 568	19 478	4.9
2018	3 622 145	65.1	3 442 300	95.0	179 845	92 992	66 471	20 382	5.0
2019	3 723 229	66.7	3 529 620	94.8	193 609	100 515	71 672	21 422	5.2
2020	3 541 885	65.7	3 349 106	94.6	192 779	122 333	45 832	24 614	5.4

资料来源：根据日本经济产业省发布的历年《电子商务市场调查》整理并计算得出。

2020 年日本电子商务总销售额增长至 354 万亿日元，电子商务占日本 GDP 的比重也在逐年不断上升，2020 年增长至 65.7%。其中 B2B 销售规模虽然在扩大，占电子商务总销售额的比例却有所下降，2020 年日本 B2B 销售规模增长至 335 万亿日元，B2B 销售额占电子商务总销售额的比例下降到了 94.6%。B2C 销售额则是规模扩大的同时占电子商务总销售额的比例也在逐步上升，2020 年日本 B2C 销售规模增长至 19 万亿日元，B2C 销售额占电子商务总销售额的比例上升至 5.4%。在 B2C 之中，增长最快的是物品类的销售，从 2014 年的 7 万亿日元增长至 12 万亿日元，特别是 2020 年，受疫情影响日本人的消费方式发生改变，2020 年 4 月日本政府发布第一次紧急事态宣言，倡导尽量避免"不急不要"的外出，从那以后日本居民对食品、家具等生活必需品都尽可能在家里进行采购的"居家消费"开始盛行，物品类销售的电子商务化率大幅提升。日本的服务类的销售则从 4 万亿日元增长至 7 万亿日元后，在 2020 年减少至 5 万亿日元，日本政府发布紧急事态宣言之后，对餐饮、交通、酒店、个人娱乐等传统服务行业造成了不小的影响。日本总务省统计局的《家计调查》调查推算，与 2019 年相比，2020 年日本家庭在外食费、交通费、住宿及参团旅行费，以及在观看电影、戏剧、体育比赛上的花销分别减少了 29.1%、49.1%、66.4%以及 62.6%。[1] 与此相对，2014 年至 2020 年数字产品的销售额却增长缓慢，销售额维持在 2 万亿日元左右。

（二）数字服务

日本的社交媒体分类较为细致，根据用户的实际使用需要和年龄段不同往往会使用不同的社交媒体，例如 LINE 是日本最常用的社交沟通手段，Twitter 和 Instagram 适用于发布信息等等，最近 TikTok 等短视频平台也在日本悄然流行起来。社交媒体不仅受到年轻人的喜爱和关注，随着智能手机的普及，社交媒体已经成为日本人社会生活的一部分。

在新冠疫情的影响下，外出时间减少，居家时间增加，利用社交媒体的机会也越来越多。根据 echoes 的调查[2]，有 34%左右的用户表示疫情之后利用社交媒体的时间有所增加。从社交媒体的利用频度来看，利用频度最高的为 LINE（38%），其次为 Twitter（35%），接下来为 Instagram（17%）和 Facebook（8%）。其中，LINE 和 Facebook 主要用于和朋友聊天社交，Twitter 和 Instagram 主要用于挖掘自己的兴趣或者查看新闻。疫情之后利用 Twitter 和 Instagram 查看商家服务信息、网购和外卖情报以及商家线上活动情报的用户开始增多，原本以发布照片和视频为主要功能的 Instagram 也追加了电子商务功能，社交媒体兼备电商功能已经成为一种趋势。

2020 年日本的在线投放广告费约为 22 290 亿日元，其中 5 687 亿日元用于投放社交媒体广告，比 2019 年上升了 2.9%[3]，企业越来越重视在社交媒体的广告投放。

根据 Statista 统计，在日本的计算机用户之中，搜索引擎利用占比最高的是 Google，占比为 75.7%，其次是 Yahoo！，占比为 14.2%，接下来是 Bing，占比

---

[1] 日本总务省统计局《家计调查》https：//www.stat.go.jp/data/kakei/index.html. [2023-10-19].
[2] https：//service.aainc.co.jp/product/echoes/voices/0033. [2023-10-19].
[3] https：//www.meti.go.jp/policy/it_policy/statistics/outlook/210730_new_hokokusho.pdf. [2023-10-19].

为9.6%，利用其他搜索引擎的用户非常少，占比仅为0.5%[①]。在日本的智能手机用户之中，搜索引擎利用占比最高的也是Google，占比为75.2%，其次是Yahoo，占比为24.2%，利用Bing和其他搜索引擎的用户极少，分别为0.3%和0.3%。[②]

根据日本经济产业省的《电子商务市场调查》数据，2020年日本B2C电商渗透率为8.08%，这个数字在世界范围看似并不算高，但相较于日本而言已经有所增长，比2013年的3.85%翻了一倍以上。从平台销量[③]来看，2022年排在第一位的Rakuten销售规模在50 118亿日元，排在第二位的Amazon Japan销售规模为25 378亿日元，排在第三位的yahoo! Shopping销售规模为16 900亿日元，排在第四位的ZOZOTOWN销售规模为3 955亿日元，排在第五位的auPAY market销售规模为2 317亿日元。

从世界B2C销售规模排名前十位的公司来看，日本仅有Rakuten一家公司入围，排名从2019年的第13位上升至2020年的第10位[④]。

(三) 数字产品

2020年，日本数字产品电子商务市场规模达到了24 614亿日元，相较于2019年大幅上升了14.9%左右[⑤]。其中线上游戏的市场规模最大，其次是电子出版、付费影视产品以及付费音乐。

表7-16 2019—2020年日本数字产品的市场规模（单位：亿日元）

数字产品种类	2019年	2020年
电子出版	3 355	4 569
付费影视产品	706	783
付费音乐	2 404	3 200
线上游戏	13 914	14 957
其他	1 043	1 105
数字产品合计	21 422	24 614

资料来源：日本经济产业省发布的2020和2021年《电子商务市场调查》。

---

① https：//www.statista.com/statistics/1270637/japan-leading-desktop-search-engines/．[2023-10-19]．
② https：//www.statista.com/statistics/1270599/japan-leading-mobile-search-engines/．[2023-10-19]．
③ https：//netshop.impress.co.jp/node/9126．[2023-10-19]．
④ UNCTAD Estimates of Global E-Commerce 2019 and Preliminary Assessment of COVID-19 Impact on Online Retail 2020, Available at：https：//unctad.org/system/files/official-document/tn_unctad_ict4d18_en.pdf．[2023-10-19]．
⑤ https：//www.meti.go.jp/policy/it_policy/statistics/outlook/210730_new_hokokusho.pdf．[2023-10-19]．

近年来，纸质书的出版一直呈现减少倾向，电子书籍、电子杂志等电子出版物的市场规模出现扩大趋势。2014 年至 2019 年，日本电子出版物的市场规模从 1 276 亿日元扩大至 3 355 亿日元，在新冠疫情线上学习、居家办公的影响下，日本纸质书的出版受到的冲击进一步扩大，2020 年日本电子出版物的市场规模增长至 4 569 亿日元，较 2019 年增长了 36.81%，其中电子出版物增长的半数以上是电子漫画。

2020 年，日本付费影视产品的市场规模达到 3 200 亿日元，比 2019 年上升了 33.1%。其中，相比点播观看（Transaction Video On-Demand，TVOD）或下载观看（Electronical Sell Through，EST），视频订阅（Subscription Video On-Demand，SVOD）更加受到消费者的青睐[1]。

相比电子出版、付费影视产品等其他数字产品，2020 年日本付费音乐的市场规模较小，约为 783 亿日元。而日本数字产品之中市场规模最大的是线上游戏，占到数字产品总市场规模的六成以上，2020 年线上游戏的市场规模为 14 957 亿日元，比 2019 年增加了 7.5%。

案 例

作为数字技术和国际贸易深度融合的产物，数字贸易正成为全球数字经济开放与合作的重要纽带，有力推动了数字技术创新、产业数字化转型，国际贸易和世界经济，在全球要素资源重组、国际生产网络重塑等方面的作用日益凸显。

2021 年，全球跨境数字服务贸易为促进全球经济稳定复苏注入新动能。数据显示，2021 年，全球跨境数字服务贸易规模达到 3.86 万亿美元，同比增长 14.3%，在服务贸易中的占比达到 63.3%，在服务贸易中的主导地位日益稳固。近年来，世界主要国家均高度重视数字经济，多措并举加快推动数字贸易创新发展。数字贸易的发展受到广泛关注，对产业链、供应链、价值链和创新链产生深刻影响，重塑贸易方式和贸易格局，成为国际贸易新的增长引擎，为经济全球化注入了新动力，同时也成为全球经济合作的一个新重要纽带。

根据上述资料，试分析为何说数字技术、数字要素、数字经济可以解决经济

---

[1] 日本视频媒体综合研究所.《视频媒体用户实态调查 2020》[R/OL]. http://www.eizomedia.jp/wp-content/uploads/2020/03/%E2%96%A0%E3%80%8C%E6%98%A0%E5%83%8F%E3%83%A1%E3%83%87%E3%82%A3%E3%82%A2%E3%83%A6%E3%83%BC%E3%82%B6%E3%83%BC%E5%AE%9F%E6%85%8B%E8%AA%BF%E6%9F%BB2020%E3%80%8D%E3%83%AC%E3%83%9D%E3%83%BC%E3%83%88%E8%B3%87%E6%96%99%E4%B8%80%E5%BC%8F.pdf. [2023-10-19].

发展的动力问题？如果中国抓住机会发展数字贸易的话，对经济发展会有怎样的影响？

小　　结

作为一种新型贸易模式，数字贸易正在改变着世界的贸易格局。不仅贸易的方式和贸易的对象正在改变，还演化催生出许多新的贸易产品，世界贸易的测度方式也在随之发生着变革。在这之中，有的经济体保持甚至扩大了自己的领先优势，比如美国；有的经济体抓住机会实现了突飞猛进的增长，比如爱尔兰；也有的经济体在变革中稍显落后，其全球经济地位有所滑落，比如日本。随着技术的进步和人们生活方式的进一步转变，可以期待未来数字贸易发展还会给世界贸易带来更多的改变。

习　　题

1. 数字贸易在世界范围内呈现欣欣向荣的态势，你认为现在世界主要经济体在数字贸易的发展上有什么样的区别？

2. 在数字贸易的细分领域中你认为中国在哪些方面拥有优势？又在哪些方面存在不足？

3. 第三方数据机构 Sensor Tower 公布了 2023 年 2 月中国手游产品海外市场收入排行榜。在 2 月出海手游产品收入排行榜上，前三名分别为《原神》、*PUBG MOBILE* 和 *Rise of kingdom*。作为数字贸易一部分的中国游戏产业蓬勃发展，这对我国经济有着什么样的影响？

第八章
主要经济体的数字贸易政策体系

在过去的几十年中,数字技术已经改变了人们的生活方式,数字技术不断迭代进步、互联网得到普及、支付手段越来越安全且便捷、数字技术在不同的领域内的应用越来越广泛,这些都为数字贸易的发展创造了条件。这些改变可以是自发的,但每一次改变的背后都是一次经济发展的机遇,如果采取适当的措施抓住机遇,则可能会获得飞跃式的成长,而这些成长又会支撑其他领域有更大的发展。随着全球互联网的发展,数字贸易成为全球贸易和经济政策议程的重要内容。党的二十大报告指出,要加快发展数字经济,促进数字经济和实体经济深度融合,打造具有国际竞争力的数字产业集群。优化数字贸易发展环境,加强数字贸易领域国际合作,推动建设开放型世界经济。而数字贸易政策的制定,正式为数字贸易发展提供保障。

本章我们会介绍主要经济体是如何通过构建自身的政策体系,构建适宜数字贸易发展的环境,以及如何促进数字贸易发展的。本章按照美国、欧盟、英国、日本的顺序,分别梳理各经济体针对数字贸易构建的政策体系,并且运用全球数字贸易促进指数对各经济体数字贸易政策体系对数字贸易的促进作用做出评价。这不仅对我们理解今天各个经济体的数字贸易发展有所帮助,也会启发我们思考如何抓住机遇,如何促进中国数字贸易发展的政策体系。

第一节 美国数字贸易的政策体系

美国的技术发展支撑着其数字贸易的发展,而美国的技术进步得益于政府的大力支持。1946 年,美国制造了世界上第一台电子数字积分计算机埃尼阿克(Electronic Numerical Integrator And Computer,ENIAC),埃尼阿克价值数百万美元，有 3.05 米高、45.7 米宽，每秒可以执行 5 000 次操作。1994 年，全球仅有约 300 万人使用互联网，其中大部分用户就在美国①。

美国很早就开始关注数字经济，并且使用"数字经济"这个词语。1998 年，美国商务部发布了《浮现中的数字经济》②，内容包含数字革命、构建互联网、企业间的电子商务③、数字交付商品和服务、数字时代的消费者、数字时代的劳动者、面临的挑战等章节，对当时的数字经济进行了较为全面的考察。正如该报告提到的那样，原本并行发展的电信领域和计算领域在互联网上聚合，几乎所有的信息技术投资都将成为相互关联的通信系统的一部分。电子商务可以使企业获得更低的采购成本、更少的库存、更低的周期、更高效的客户服务、更低的销售和营销成本以及新的销售机会，因此企业对企业的电子商务迅速增长。当时，人们注意到了美国生产力的提升，但计算机、通信和信息技术的巨大进步是否为美国带来了更高的生产力和增长率，要证明这二者之间有直接关系还缺乏证据。

一些文献认为，美国的数字贸易政策发展大致经历了萌芽期、发展期以及成熟期。根据张先锋（2021）的阶段划分，美国数字贸易的萌芽时期主要以国内政策战略为主，在这些政策和战略的引导下，美国信息技术产业取得进步，数字经济迅速发展，为数字贸易的发展奠定了良好的基础。进入发展期，美国开始注重数字贸易的发展，正式提出数字贸易的定义并不断完善，陆续提出数字贸易相关的条款，数字贸易的体系也是在这个阶段大致形成的。在成熟期，美国不断丰富数字贸易政策体系的内容。可见美国数字贸易政策体系的建立经历了一系列从单一到多样、从简单到复杂的过程。

一、美国国内政策体系

（一）宏观政策

1. 国家信息基础设施行动计划

早在 20 世纪 90 年代，美国就率先注意到了信息技术对经济发展的重要作

---

① U.S. Deparment of Commerce. The emerging digital economy [R/OL]. 1998. https：//www.commerce.gov/data-and-reports/reports/1998/07/emerging-digital-economy. [2023-10-19].

② U.S. Deparment of Commerce. The emerging digital economy [R/OL]. 1998. https：//www.commerce.gov/data-and-reports/reports/1998/07/emerging-digital-economy. [2023-10-19].

③ 根据《浮现中的数字经济》（The emerging digital economy），电子商务在企业中增长最快，它用于协调公司与其供应商之间的采购业务、公司的物流规划者和仓储和运输其产品的运输公司、销售机构和销售其产品的批发商或零售商以及客户服务和维护。

用，这一时期美国政府高度重视并大力推动信息基础设施建设，在全球范围内率先提出"国家信息基础设施行动计划"（The National Information Infrastructure：Agenda for Action），这也是"信息高速公路"战略落地的具体行动措施。国家信息基础设施行动计划有五大主要内容，分别是综合与集成各种信息网络、囊括各种通信技术、包含有各种形式的信息、包含有各种形式的各种信息设备、包含有各种信息从业人员和用户。与原有的计算机网络相比，信息高速公路具有综合性、广泛性以及开放交流性的特点。信息高速公路主张利用新的信息技术把电话机、电传机、计算机、电视机等设备融为一体，进行文字、图像、音频、视频的多功能处理，并且拟利用光纤通信技术将企业、大学、医院、服务机构以及各个家庭用户连接到一起，建成一个没有任何一方可以独立控制的开放的系统[1]。克林顿在其竞选中举出50年代全美建设州际高速公路网，使美国在以后的20年取得了前所未有的发展的例子，以信息高速公路作为振兴美国经济、扩大就业的重要举措之一，最终赢得了选举并落实了这一战略。

2.《贸易促进授权法案》

2002年8月6日，美国通过了《贸易促进授权法案》（Trade Promotion Authority，TPA），从而使这项中断8年的总统外贸谈判授权得到恢复。与以往相比，本次的《贸易促进授权法案》增添了数字服务贸易、信息自由流动、数字贸易非歧视性和透明原则等重要谈判目标。

3.《联接美国：国家宽带计划》

2012年，宽带的重要性在世界各地继续增长，韩国、日本、澳大利亚、瑞典、芬兰和德国等已经制定了宽带计划。为确保自身在宽带技术上的领先地位，帮助企业提高生产力，使政府提高开放性和效率，并为消费者提供交流、工作和娱乐的新方式，美国通过了《联接美国：国家宽带计划》（Connecting America：The National Broadband Plan）[2]。

该计划建议美国设定以下6个目标：①至少有1亿美国家庭拥有可以负担得起的至少100兆每秒的实际下载速度，以及至少50兆每秒的实际上传速度。②美国应该在移动创新方面领先世界，拥有全国最快、最广泛的无线网络。③每个美国人都应该负担得起的强大的宽带服务，如果他们愿意，也都有订阅的手段和技能。④每个美国社区都应该有可负担得起的至少每秒1千兆比特的宽带服

---

[1] 樊莹. 通向21世纪的"信息高速公路"[J]. 外交学院学报，1994（3）：65-69.
[2] U. S. Federal Communications Commission. Connecting America：The National Broadband Plan [EB/OL]. [2021-05-18]. https：//docs.fcc.gov/public/attachments/DOC-296935A1.pdf. [2023-10-19].

务，以固定学校、医院和政府大楼等机构。⑤为了确保美国人民的安全，每个急救人员都应该有一个全国性的、无线的、可互操作的宽带公共安全网络。⑥为了确保美国在清洁能源中处于领先地位，每个美国人都应该能够使用宽带来跟踪和管理他们的实时能源消耗。为确保美国拥有一个世界领先的固定和移动服务的宽带生态系统，计划建议通过竞争来最大化创新、投资以及消费者的福利，更有效地分配和管理由政府控制或影响的资产，促进包容，加强宽带在医疗保健、能源、教育、政府绩效、公民参与、就业培训、经济发展和公共安全等方面应用上的创新等。

4. 《数字贸易法案》

2013年美国通过《数字贸易法案》（Digital Trade Act），该法案旨在保护互联网免受阻碍全球经济中数据自由流动的限制性措施的影响。该法案确立了谈判原则，旨在指导美国谈判代表在未来的双边和多边协议以及多方利益相关者环境中解决关键的数字贸易问题。关键原则包括：防止或消除对跨境数据流的限制，禁止数据和计算基础设施的本地化要求，确保影响平台互联网站点的规定符合美国法律，并重新致力于多方利益相关者的互联网治理模式。信息和通信技术已成为现代全球经济的主要增长动力，促进全球互联网开放，消除数字服务贸易开展的障碍等方面的政策至关重要。

5. 《数字贸易12条》

2015年，美国政府发布了《数字贸易12条》，提出推动跨境数据自由流动、取消数字产品关税、确保非歧视原则等12条主张，2016年在《跨太平洋伙伴关系协定》（TPP）谈判中《数字贸易12条》进一步升级为《数字贸易24条》，将网络安全、跨境投资和市场准入等条款被纳入其中①。

6. 《国家网络战略》

2018年9月，美国颁布了《国家网络战略》（National Cyber Strategy of the United States of America）②。为培养充满活力和有弹性的数字经济，《国家网络战略》提出：①增强网络空间的弹性，激励一个适应性强且安全的技术市场，政府期望技术市场能够支持和奖励创新的安全技术和流程的持续发展。②优先创新，消除阻碍网络安全行业发展、共享和建设创新能力以减少网络威胁的政策障碍。

---

① 岳云嵩，李柔. 数字服务贸易国际竞争力比较及对我国启示［J］. 中国流通经济，2020，34（4）：12-20.

② National cyber strategy of the United States of America［EB/OL］，2018. https：//www.dni.gov/files/NCSC/documents/supplychain/20190328-National-Cyber-Strategy-Sep2018.pdf.［2023-10-19］.

③投资下一代的基础设施,促进美国下一代电信和信息通信基础设施的加速发展和推广,与私营部门合作促进 5G 的发展和安全,研究基于技术和频谱的解决方案,并为下一代进步之外的创新奠定基础,以保持美国在互联技术方面的技术优势。④促进数据跨境间的自由流动,与国际同行合作,促进开放的、行业驱动的标准、创新的产品和基于风险的方法,允许全球创新和数据自由流动,同时满足美国的合法安全需求。⑤保持美国在新兴技术领域的领导地位。⑥促进全生命周期的网络安全。

自克林顿政府以来,美国历任政府都会有促进数字经济、数字贸易的相关政策,最初这些政策倾向于促进网络基础设施的建设以及信息通信技术的发展,后来逐步演变为讨论数字产品关税、非歧视原则等议题,再到网络安全、跨境数据流动等议题。

(二) 细分领域的政策

1. 电子商务政策

1997 年,美国正式通过《全球电子商务框架》(The Frame Work for Global Electronic Commerce)①,这是美国数字经济、数字贸易领域最具代表性的框架性文件,奠定了美国数字贸易的基本原则,影响着美国国内立法和参与国际数字贸易谈判的思路。此处着重介绍一下《全球电子商务框架》中的几个基本原则。

第一,在互联网经济的发展中应由私营部门发挥领导作用。《全球电子商务框架》指出,尽管政府资助在互联网的最初发展时发挥了作用,但互联网经济的扩张主要是由私营部门推动的。比起政府监管,市场驱动更容易实现创新、令企业获得更广泛的参与和更低的价格,因此,为了电子商务蓬勃发展,私营部门必须继续发挥领导作用。

第二,政府应避免对电子商务的过度限制。对商业活动的不必要的监管将减少对电子市场的供应,提高了世界各地消费者购买产品和服务的成本,信息技术的发展日新月异,在政府监管政策从指定到实施的过程中,技术可能已经发生进一步的创新,政府监管的这种滞后性可能会不利于市场的发展,特别是在这些监管是针对技术的情况下。因此,《全球电子商务框架》指出,政府应尽量避免对通过互联网进行的商业活动实施不必要的法规、官僚程序、税收和关税。

第三,政府参与互联网经济的目标应该是提供一个可预测的、最低限度的、

---

① United States. White House Office. A framework for global electronic commerce [M]. White House, 1997. https://clintonwhitehouse4.archives.gov/WH/New/Commerce/. [2023-10-19].

一致的、简单的商业法律环境。在某些领域，政府协议对促进电子商务和保护消费者是必要的。在这些情况下，政府应建立一个基于分散的、契约性的法律模式的可预测和简单的法律环境，而不是基于自上而下的监管模式。政府的目标应是确保竞争、保护知识产权和隐私、防止欺诈、促进透明度、支持商业交易和促进争议解决。

第四，政府应该认识到互联网的独特性。互联网的成功和爆发性增长可以部分归因于其去中心化的性质和自下而上的治理传统。电子商务面临着与现有监管规则相交叉的重大挑战。监管只能作为实现达成广泛共识的重要目标的必要手段。阻碍电子商务的现有法律和法规应予以审查、修订或删除，以反映新的电子时代的需求。

第五，互联网正在成为一个全球市场，应在全球的基础上促进电子商务。原则上支撑电子商务的法律框架应当在跨州、国家和国际边界的管理上确保一致性，无论买方或卖方位于哪个司法管辖区，都有可预测的结果。

为保障互联网成为一种"非监管"媒体，《全球电子商务框架》讨论了需要达成国际协议的九个的领域，这些议题从大的方向可以分为三个主要类别，分别是财务问题、法律问题和市场准入问题，如表 8-1 所示。

表 8-1 《全球电子商务框架》提出的主要议题

方向	具体议题
财务问题	海关和税收
	电子支付
法律问题	电子商务"统一商法典"
	知识产权保护
	隐私
	安全
市场准入问题	电信基础设施和信息技术
	内容
	技术标准

资料来源：《全球电子商务框架》https：//clintonwhitehouse4.archives.gov/WH/New/Commerce/. ［2023-10-19］.

《全球电子商务框架》之所以重要，是因为它是电子商务领域的纲领性的框架文件，对后来美国数字经济领域相关的国内立法和国际谈判都有深远的影响。

陈寰琦（2022）认为，美国基于《全球电子商务框架》发展了一系列的国内立法，不少被拓展至美国所主导的区域贸易协定谈判之中，并对美国基于《全球电子商务框架》发展起来的其国内数字经济相关法律进行了整理。

2. 数据监管政策

随着数字技术的快速发展，数据在数字经济中发挥的作用越来越大，数据作为一种经济资源的作用在不断增加，各国也越来越重视数据监管政策。

2019年11月，美国提出《国家安全与个人数据保护法提案》（National Security and Personal Data Protection Act of 2019）[①]，旨在通过实施数据安全要求和加强对外国投资的审查，保护美国的数据不受外国政府的威胁，限制特定国家的数据跨境传输。其核心在于对美国关注的国家（Country of Concern）控股以及依据这些国家的法律成立的受管辖的科技公司（Covered Technology Company）设置一系列的特别规定，这些规定包括最小化数据收集原则、禁止次级利用、用户删除权及访问权、传输限制、数据储存、报告义务等。虽然该提案目前尚未通过，但明确将中国和俄罗斯列在了美国关注国家的名单里。这并不是美国第一次特别关注中国的高科技公司，例如，2019年11月，美国外国投资委员会就曾启动对TikTok母公司北京字节跳动科技公司收购美国社交媒体Musical.ly交易的国家安全审查。数据收集越来越为各国政府所重视，已经成为国际贸易的必争之地。中国高科技企业迅速成长，技术进步规模壮大，成为美国关注的对象。

2022年6月3日，美国参议院和众议院发布了《美国数据隐私和保护法》（The American Data Privacy and Protection Act）的草案，该草案是第一个获得两党两院支持的美国联邦全面隐私保护提案，将为数据隐私保护引入一个美国联邦标准。其主要内容为建立基本的消费者数据权利，对所有组织如何处理个人数据施加某些义务并对大型数据持有者和处理数据的第三方服务提供商提出额外要求。包括忠实义务、消费者数据权限、企业问责制、强制执行、适用性和杂项规定等。

二、美国参与国际政策体系的制定

数字贸易提出至今，从数字贸易的定义到内涵，再到测算方式、数字贸易规则等等，这些方面在全球尚未有统一的定论。美国对参与国际数字贸易规则的制

---

① National Security and Personal Data Protection Act of 2019. https://www.congress.gov/bill/116th-congress/senate-bill/2889/titles. [2023-10-19].

定态度非常积极，这也是美国为了主导数字贸易的手段之一。中国信息通信研究院（2021）认为，美国是将引领全球数字贸易发展和规则制定作为政策优先方向[①]。具体来说，美国是从多方面多角度参与数字贸易规则界定的，包括对数字贸易内涵以及数字贸易相关术语的界定，率先将电子商务以及数字贸易章节引入区域贸易协定，在数字贸易规则中扩展现有议题加入新议题等等。

（一）对数字贸易内涵以及数字贸易相关术语的界定

正如第四章第一节提到的那样，美国贸易委员会于2013年在《美国和全球经济中的数字贸易（第一部分）》中最早对数字贸易的内涵做出界定。后续经过若干次修改，数字贸易的内涵变得越来越宽泛。美国国会研究局于2019年在《数字贸易与美国的贸易政策》中全面阐述了美国数字贸易的政策体系。事实上，对数字贸易内涵的不同解释关系数字贸易规则的适用范围，参与对数字贸易内涵的界定有助于美国掌握在数字贸易领域的话语权。同理，需要界定的不仅有数字贸易的内涵，还有数字贸易的相关术语。美国对数字贸易相关术语的界定要先于对数字贸易内涵的界定，早在2003年美国与新加坡签订FTA开始，就对诸如数字产品、电子传输、身份认证等数字贸易术语做出了明确的界定，在之后的协议中美国也会随着议题的发展不断更新数字贸易术语清单[②]。

（二）在区域贸易协定中加入电子商务以及数字贸易章节

美国在数字贸易国际规则的制定上并非一蹴而就，而是有一个在区域贸易协定中循序渐进地引入数字贸易相关内容的过程。随着美国数字贸易的发展和影响力的增强，美国在谈判中提出的数字贸易相关内容由对零星的数字贸易规则的讨论，逐渐变为引入电子商务专章（或数字贸易专章），并且电子商务章节的效力也从最初美国同约旦签署FTA时的非强制性电子商务章节，逐步地注入约束力[③]。到了2019年，美国与日本签订了第一个专门的数字贸易协定（Agreement Between the United States of America and Japan Concerning Digital Trade），美国参与制定的数字贸易规则越来越完善且成体系，其制定标准也是世界范围内最高水平。

美国与墨西哥、加拿大签署的FTA所涵盖的数字贸易专章，和美日数字贸易协定，均设立了较高的标准。美国和日本已经就一套针对数字贸易优先领域的

---

① 中国信息通信研究院．数字贸易发展与合作报告2021［M］．北京：中国发展出版社．
② 陈寰琦．RTAs框架下数字贸易规则"美式模板"及其贸易效应研究（2022）［M］．北京：中国财政经济出版社，91．
③ 陈寰琦．RTAs框架下数字贸易规则"美式模板"及其贸易效应研究（2022）［M］．北京：中国财政经济出版社，85．

高标准和全面的条款达成了单独的协议。这些领域包括：①禁止对电子传输的数字产品，如视频、音乐、电子书、软件和游戏征收关税。②确保对数字产品的非歧视性待遇，包括对税收措施的覆盖范围。③确保所有部门的跨境数据传输均为无障碍的。④禁止提出数据本地化要求，包括对金融服务供应商的要求。⑤禁止任意访问计算机源代码和算法。⑥确保公司在其产品中使用创新加密技术的灵活性。[①]

三、美国数字贸易政策体系对数字贸易的促进作用

为了评价各国数字贸易政策体系对数字贸易的影响，本章主要参考全球数字贸易促进指数（The Global Enabling Digital Trade Index）。由于影响数字贸易发展环境的原因是复杂且多种多样的，不仅只有数字贸易政策体系，因此全球数字贸易促进指数的参考作用是有限的。虽然该指数并不是用于数字贸易政策体系评价的专门指数，但却是将贸易政策的相关效果客观的、量化的、具有一定可比性的指数，一定程度上可以反映出政策执行的效果以及其对数字贸易的促进程度，有一定的参考作用。

全球数字贸易促进指数是对数字贸易发展环境进行综合评价的指数，主要测量的是全球经济体数字贸易的自由化程度和便利化程度。全球数字贸易促进指数设有市场准入、基础设施、法律政策环境以及商业环境这四个子指数，每个子指数还分别有一些支柱作为支撑，再分别赋予子指数和支柱相应的权重，经过加权之后得到评价该经济体数字贸易发展环境的综合值。

为展示数字贸易政策的效果，本章不使用综合评价的主指数和子指数，而是引用细分的各支柱的指数。需要注意的是支柱一：数字贸易有关的部门开放的测算应用到的是区域贸易协定中的条款数据，不直接反映本章介绍的政策体系，但是由于各个经济体在区域贸易协定中的条款往往符合其内部的宏观政策和法律体系，因此依然具有一定的参考意义。

2020年美国全球数字贸易促进指数各支柱指数及排名如表8-2所示，美国法律环境支柱指数排在世界第1位，美国构建了以《全球电子商务框架》为基础的法律体系，涉及海关和税收、电子支付、电子商务"统一商法典"、知识产权保护、隐私、安全、电信基础设施和信息技术、内容、技术标准等各个领域，这

---

① USTR. FACT SHEET on U.S.-Japan Trade Agreement（2019）. https：//ustr.gov/about-us/policy-offices/press-office/fact-sheets/2019/september/fact-sheet-us-japan-trade-agreement. ［2023-10-19］.

在一定程度上构建了利于进行数字贸易的法律环境。此外安全环境支柱指数、数字技术应用支柱指数、数字技术能力支柱指数以及交付基础设施和服务支柱指数也很高，分别排在世界第2位、第3位、第6位和第9位。在世界排位相对较低的是数字贸易有关的部门开放支柱指数以及ICT基础设施和服务支柱指数，分别排名第20位和第19位。

表8-2　2020年美国全球数字贸易促进指数各支柱指数及排名

各类指标	排名	指标值
数字贸易有关的部门开放	20	0.64
ICT基础设施和服务	19	0.55
支付基础设施和服务	11	0.82
交付基础设施和服务	9	0.76
法律环境	1	1.00
安全环境	2	0.72
数字技术能力	6	0.72
数字技术应用	3	0.90

资料来源：沈玉良，彭羽，陈历幸等．全球数字贸易促进报告2020[M]．上海：复旦大学出版社，2021.6.

第二节　欧盟数字贸易的政策体系

欧盟的数字贸易发展很快，如果将欧盟作为一个整体，其数字贸易规模甚至超过美国。在数字贸易政策的制定上，早期欧盟更注重推动信息技术技术进步，2015年以后欧盟注重其内部数字单一市场的建设，积极在全球数字贸易技术与规则的制定中发挥引领作用。随着数据在数字经济中所起到的作用逐年加大，欧盟开始注重保障数据安全，发展数据经济。

一、推动技术进步

欧盟1993年发表了《成长、竞争力与就业白皮书》，旨在分析建立欧洲联盟可持续发展模式的要求，并提出创建该模式的可能解决方案。《成长、竞争力与就业白皮书》提到目前正在创造一个"信息社会"，并称这是与第一次工业革命相媲美的根本变化，在竞争力章节里着重描述跨欧洲网络以及不断变化的社会、新技术（信息社会、生物技术、视听部门），这强调了加快信息社会的网络基础建设的重要性。

二、打造欧洲数字单一市场

2015年欧盟委员会发布《欧洲数字单一市场战略》（Digital Single Market，DSM），目的是打破欧盟境内的数字市场壁垒，保持欧盟在数字经济中的领先地位，有利于欧洲企业在全球的发展。与美国相比，欧洲国家缺乏规模足够的国内市场和竞争力强的超大型数字平台企业，且欧洲本土企业普遍因为欧盟成员国间不同法规而面临合规成本较高的问题。而构建欧洲数字单一市场可以降低欧洲中小企业的市场准入难度，增加欧洲整体创新竞争活力，消除欧盟共同体之间的数字市场壁垒。据欧盟委员会预测，"单一数字市场"将带动4 150亿欧元的经济增长，并创造数十万个新就业岗位。

欧盟"单一数字市场"战略包含三大支柱和十六项具体措施。

第一大支柱是为个人和企业提供更好的数字产品和服务，包括8项具体措施：①制定新的规则使跨境电子商务更容易实现。②通过审核《关于消费者保护机构间合作的规定》持续快速地制定保护消费者的规定。③提供更高效且优惠的货运服务。④禁止地域屏蔽。⑤明确影响欧盟电子商务市场的潜在竞争顾虑。⑥制定一个更现代化的、更适合欧盟环境的版权保护法律。⑦重新审核卫星通信指令以评估其是否应涵盖网络传播者，并探寻如何加速欧盟内部的跨境传播。⑧减少企业的行政性税收负担。

第二大支柱是创造有利于数字网络和服务繁荣发展的有利环境，包括5项具体措施：①着力对欧盟电信法进行修改。②重新审核试听媒体框架以保证其适应21世纪的环境，主要关注不同市场参与者在产品提升过程中的角色。③详细分析网络平台（搜索引擎、社交媒体、应用商店等）在欧洲市场的角色。④强化数字化服务的安全和用户信任问题，尤其是有关个人信息处理问题。⑤提供技术领域网络安全产业和网络安全解决途径的合作机制。

第三大支柱是最大化实现数字经济的增长潜力，包括3项具体措施：①提出欧洲数据自由流动计划。②提出关键领域标准和互通性的重点方面，包括电子医疗和能源等方面。③建立一个包容性的信息社会，使民众能把握互联网领域的机遇，增加就业机会；通过出台政策改革、版权法、消费者保护、云服务等一系列措施，推动欧盟跨境贸易。

2016年欧盟委员会提出了数字化欧洲工业（Digitising European Industry）战略，旨在增强欧盟在数字技术方面的竞争力，并确保欧洲的每一家企业——无论哪个行业（无论地点如何，无论规模如何）都能从数字创新中充分受益。德国有工业4.0国家战略，斯洛伐克有智能工业国家级计划，法国也有新工业法国国家政策，但它们之间缺乏协同，这导致了整个欧洲的竞争力受到了影响。为了推进欧洲范围的数字化进程，总的来讲，该战略主要强化了物联网、大数据和人工智能这三种技术对欧洲工业的影响。从2016年到2020年，欧盟对工业数字化的投资接近50亿美元。

三、网络安全政策

2016年，欧盟发布《网络与信息系统安全指令》，这是欧盟首部网络安全法。该法要求欧盟各成员国加强跨境管理与合作；制定本国的网络信息安全战略；建立事故应急机制，对能源、金融、交通和饮水、医疗等公共服务重点领域的基础服务运营者进行梳理，强制这些企业加强其网络信息系统的安全，增强防范风险和处理事故的能力。该法以提升成员国网络安全保障能力及增进欧盟层面的协作为主线，并为"关键服务经营者"及"数字服务提供者"规定了采取网络安全保障措施及通报重大安全事件的义务。该法是欧盟为了提高网络与信息系统安全水平，保护个人隐私和关键服务，维护欧盟的内部市场和数字经济而制定的。它要求欧盟成员国采取措施来加强跨境管理和合作，以确保其网络和信息系统的安全性和韧性。

该法还要求成员国采取措施来提高公众对网络安全的意识和认识，促进网络安全领域的创新和发展，以及加强网络安全领域的国际合作。此外，该法还规定了成员国在实施该指令时需要遵守的义务和责任，以确保其网络和信息系统的安全性和韧性。该法的发布标志着欧盟在网络安全领域迈出了重要的一步，将有助于提高欧盟的网络信息安全水平，促进数字经济的发展，并为国际社会树立了一个积极的榜样。

四、数据流通政策

数据的流通在欧洲经济中发挥着越来越大的作用，因此，促进欧盟各地的数据自由流动已成为一个重要的政策领域，这也是打造欧洲数字单一市场战略最核心的内容之一。

2016 年，欧洲会议和欧盟理事会通过了《通用数据保护条例》[①]，并于 2018 年 5 月 25 日生效。该法案由 11 章共 99 条组成，对与个人数据处理相关的自然人的保护及个人数据的自由流动订立规则。《通用数据保护条例》等隐私法通过两个主要途径处理用户数据的公司的运营来增强数据隐私，一是限制公司收集和使用其用户数据的能力，二是要求公司对其数据收集做法保持透明[②]。

这可以说是史上最严格的数据保护条例，该条例全面规定了与个人数据处理相关的原则、数据主体权利、数据访问权、个人数据隐私保护、跨境数据流动领域监管规则等内容，并确立一系列新型保护制度，如"企业内部设立数据保护官""数据保护影响评估""集体诉讼制度"等。《通用数据保护条例》有几大特点：①适用范围极广。《通用数据保护条例》的适用主体为向欧盟提供产品或服务的所有企业，无论是否是欧盟企业，也无论是否收费。并且个人信息不仅包括姓名、住址、电话号码等直接信息，还包括 IP 地址等关于网络的信息以及偏好、文化等相关间接信息。②保护数据主体权利。《通用数据保护条例》明确规定数据主体享有访问、修改、删除、被遗忘权、限制处理权、携带权等权利。③企业主体责任大。要求企业应当采取恰当的技术与组织措施，保证处理符合《通用数据保护条例》的规定，并且能够证明处理符合条例规定。采取必要的保障措施，以便符合条例的要求和保护数据主体的权利。企业从技术方面证明，就要求企业更改现有的隐私保护策略，如增加同意适用个人数据的询问界面，当个人数据泄露很可能给数据主体的权利与自由带来高风险时，企业应当及时向数据主体传达对个人数据的泄露等。④处罚力度大。例如，若违反关于数据主体权利的规定，可处以最高 2 000 万欧元的行政罚款，如果是企业的话，可处最高罚款相当于其上一年全球总营业额 4% 的金额的罚款，两者取较高的一项进行罚款。

《通用数据保护条例》以高标准为全球个人数据保护设立新标杆，但也具备了推动欧盟境内数字经济的发展和构建面向非欧盟国家新壁垒的双重作用。

2018 年 10 月，欧洲议会和欧盟理事会颁布《非个人数据自由流动条例》(Regulation on the Free Flow of Non-personal Data)，旨在保障非个人数据跨境和跨信息系统流动。《非个人数据自由流动条例》与《通用数据保护条例》两个框架

---

① General Data Protection Regulation. https：//gdpr-info. eu/. ［2023-10-19］.
② The Impact of Privacy Laws on Online User Behavior. https：//browse. arxiv. org/pdf/2101. 11366v2. pdf. ［2023-10-19］.

一起将保障单一市场中所有类型的数据能够自由移动。保证非个人数据的自由流动可以克服阻碍欧盟内数据流动的各种障碍，如受成员国公共当局限制的数据本地化限制，在 IT 系统中移动数据的障碍（所谓的供应商锁定），法律上的不确定性导致市场对跨境数据存储和处理保持谨慎，由于安全风险和对用于监管目的的跨境数据可用性的担忧而缺乏信任等。

保证非个人数据的自由流动可以：①非个人数据的自由流动原则消除了公共当局对不合理的数据本地化的限制，增强了法律的确定性，并提高了信任。②主管当局的数据可用性原则确保在欧盟跨境存储或处理时，数据仍可用于监管和监督控制。③鼓励云服务提供商制定自我监管的行为准则。④数据存储和处理的安全要求仍然适用，企业存储和处理的数据要求也适用（将数据处理外包给云服务提供商的情况同样适用）。⑤每个成员国的单一联络点，与其他成员国的联络点和委员会进行联络，以确保有效适用有关非个人资料自由流动的新规则。

数据的跨境自由流动可以使企业更容易在欧盟进行跨境经营（不再重复数据存储设施）；可以让中小企业和初创企业将更容易地扩大规模，并跨国界进入新的市场；可降低使用数据存储和用户处理服务的价格；可提供一个安全、可靠且具有竞争力的欧盟单一市场，促进欧盟数据市场创新。

五、发展数据经济

2020 年，欧盟委员会发布《塑造欧洲数字未来》（Shaping the digital transformation in Europe)[①]。报告讨论了诸如人工智能、高性能计算、先进机器人、虚拟现实和增强现实等一系列的技术和应用，以及它们对欧洲经济、劳动力市场和更广泛的社会的潜在影响；强调投资水平对于提高数字技术和数字技能至关重要，而这种投资需求不太可能完全由私营部门覆盖，因此需要公共投资来支撑数字化转型所需的资金；提倡通过公共干预来平衡消除地区间的数字鸿沟。《塑造欧洲数字未来》提出了四个原则：①发挥数字技术的作用，为能源、建筑、交通、安全、农业和食品等领域寻求更加高效、绿色的解决方案。②提供透明且信任度高的数字公共服务。③数字技术是数字转型的核心，提升欧盟在连接、半导体、硬件、数据访问和共享、人工智能、网络安全等领域的技术力量。④提供高

[①] Shaping the digital transformation in Europe. https：//digital-strategy. ec. europa. eu/en/library/shaping-digital - transformation - europe #：~：text = It% 20outlines% 20nine% 20potential% 20signature% 20initiatives% 20for% 20Europe% 3A, and% 20cybersecurity% 3B% 20and% 20boosting% 20the% 20economy% 20and% 20competitiveness. ［2023-10-19］.

质量教育、鼓励创新和创业、鼓励促进投资,将欧盟构建成一个强大的数字生态系统。

同时,作为实现数字战略的重要行动,欧盟委员会于2020年2月19日发布《欧洲数据战略》(European Strategy for data)[①],旨在确保欧盟成为数据授权的榜样。《欧洲数据战略》将全面推动和促进欧盟数据经济的发展,从而增加并扩大欧盟单一市场中数据以及数字化产品的服务需求和应用规模,利用数据授权进行商业和公共活动可以提高生产力和形成具有竞争力的市场,以及改善健康和福祉、环境、透明的治理和方便的公共服务。为实现这一目标,欧盟需要在数据保护、基本权利、安全和网络安全方面建立一个强大的法律框架。为此,《欧洲数据战略》提出四大战略:①构建数据访问和使用的跨部门治理框架。数据访问和使用的跨部门措施应为数据敏捷经济建立必要的总体框架,从而避免通过部门之间和成员国之间的不一致行动造成内部市场的割裂。②对数据进行投资,加强欧洲托管、处理和使用数据、互操作性的能力和基础设施。欧洲的数据战略依赖私人参与者的繁荣生态系统,从数据中创造经济和社会价值。关键行动包括建立欧盟范围内的通用的、可互操作的数据空间,推出一个欧洲云服务市场,整合整个云服务产品等。③加强授权个人,投资技能和中小企业能力建设。赋予个人对他们的数据的权力,构建个人数据空间,使个人可以通过工具和手段控制自己的数据。加大对技能和一般数据素养的投资,在数字欧洲计划下,专门用于技能的资金将有助于缩小在大数据和分析能力方面的差距。该计划将提供资金,以扩大数字人才库。加强数字教育行动,将加强获取和使用数据的能力作为教育的重点之一。关于中小企业能力建设,数据是一项重要的资产,因为基于数据启动或扩展公司不是非常密集,中小企业和初创企业往往需要法律和监管建议,才能充分抓住基于数据的商业模式中的商机。地平线欧洲和数字欧洲方案以及结构性和投资基金将为数据经济中的中小企业创造机会,以便更好地获得数据,并根据数据开发新的服务和应用程序。④建立欧洲战略部门和公共利益领域的欧洲公共数据空间。由战略经济部门和公共利益领域提供大量的数据池,并结合使用和交换数据所需的技术工具和基础设施,以及适当的治理机制,构建欧洲公共数据空间。

欧盟委员会认为,为了保证欧盟整体的共同利益,应该加强欧盟数字单一市场的推进,这也是最近多年来欧盟的一个努力目标,为此欧盟推出955亿欧元预

---

① European Strategy for data. https：//digital - strategy. ec. europa. eu/en/policies/strategy - data. [2023-10-19].

算，推动"地平线欧洲"（Horizon Europe）① 研究和创新项目，为进一步提升欧盟经济体的竞争优势提供驱动力。"地平线欧洲"包括三大支柱领域：①优秀的科学支柱旨在提高欧盟的全球科学竞争力。它通过欧洲研究理事会支持由顶级研究人员自己定义和驱动的前沿研究项目，为博士后研究人员提供奖学金、博士培训网络，并投资于世界级的研究基础设施。②全球挑战和欧洲工业竞争力支柱支持与社会挑战有关的研究，并通过集群加强技术和工业能力。它为欧盟的使命设定了雄心勃勃的目标。它还包括联合研究中心所开展的活动，该中心为欧盟和国家决策者提供独立的科学证据和技术支持。③创新欧洲支柱旨在通过欧洲创新委员会使欧洲成为市场创造创新的领跑者。它还有助于通过欧洲研究所发展整个欧洲创新格局，促进教育、研究和创新的知识三角的整合。

"地平线欧洲"战略计划定义了四个关键的战略方向：①通过领导关键的数字、授权和新兴技术、部门和价值链的发展，通过以人为中心的技术和创新来加速和引导数字和绿色转型。②恢复欧洲的生态系统和生物多样性，并管理可持续的自然资源，以确保粮食安全和一个清洁和健康的环境。③通过其流动性、能源、建筑和生产系统的转型，使欧洲成为第一个数字化实现循环、气候中性和可持续的经济体。④创建一个更具弹性、包容性和民主的欧洲社会，为应对威胁和灾难做好准备，解决不平等问题，提供高质量的医疗保健，并授权所有公民在绿色和数字转型中采取行动。

六、欧盟数字贸易政策体系对数字贸易的促进作用

对于欧盟而言，利用全球数字贸易促进指数评价贸易政策体系对数字贸易的促进作用相对困难，因为全球数字贸易促进指数并没有计算欧盟平均值，而是针对单个国家进行测算的。因此本节和其他章节不同，选择利用各个支柱指数中欧盟成员国排入世界前20的国家数量以及欧盟成员国中排名最靠前的国家排名来判断欧盟整体的相对位置。需要注意的是，欧盟每个国家还有各自独立的政策体系，例如德国有《德国ICT战略：数字德国2015》（ICT Strategy of the German Federal Government：Digital Germany 2015）② 等，各国的政策体系对各国数字贸易

---

① Horizon Europe. https：//research-and-innovation.ec.europa.eu/funding/funding-opportunities/funding-programmes-and-open-calls/horizon-europe_en. ［2023-10-19］.

② ICT Strategy of the German Federal Government：Digital Germany 2015. https：//www.unapcict.org/resources/ictd-infobank/ict-strategy-german-federal-government-digital-germany-2015. ［2023-10-19］.

的影响或许更大,尽管如此,也无法完全剔除欧盟政策体系的效果,要在充分认识这一点的情况下理解本段指标的解释力。

如表8-3所示,除数字贸易有关的部门开放这个支柱指数外,在各个支柱指数排名前20的国家中,欧盟成员国的个数都占到了一半左右。并且在ICT基础设施和服务支柱指数、交付基础设施和服务支柱指数、安全环境支柱指数,以及数字技术能力支柱指数的世界排名中,欧盟成员国有成员列居第1位,在法律环境支柱指数和数字技术应用支柱指数的世界排名中,欧盟成员国最高排在第2位,在支付基础设施和服务支柱指数中欧盟成员国最高排在第3位,综合来看欧盟成员国的政策体系对数字贸易的促进作用还是很显著的。

表8-3 2020年欧盟全球数字贸易促进指数各支柱指数及排名

各类指标	排名进入前20的国家	国家计数	最高排名
数字贸易有关的部门开放	—	0	23
ICT基础设施和服务	卢森堡、丹麦、瑞典、荷兰、德国、爱沙尼亚、芬兰、比利时、爱尔兰、斯洛伐克	10	1
支付基础设施和服务	芬兰、丹麦、瑞典、卢森堡、荷兰、德国、比利时、爱沙尼亚、斯洛文尼亚、爱尔兰	10	3
交付基础设施和服务	芬兰、丹麦、瑞典、德国、荷兰、比利时、爱沙尼亚、波兰	8	1
法律环境	卢森堡、丹麦、瑞典、比利时、德国、芬兰、荷兰、爱尔兰、捷克、法国、斯洛伐克	11	2
安全环境	丹麦、荷兰、爱沙尼亚、德国、爱尔兰、芬兰、法国、卢森堡、立陶宛、西班牙、克罗地亚	11	1
数字技术能力	瑞典、芬兰、德国、荷兰、卢森堡、丹麦、爱尔兰、比利时、法国	9	1
数字技术应用	荷兰、瑞典、爱沙尼亚、卢森堡、芬兰、立陶宛、德国、比利时、丹麦	9	2

资料来源:沈玉良,彭羽,陈历幸等.全球数字贸易促进报告2020[M].上海:复旦大学出版社,2021:6.

第三节 英国数字贸易的政策体系

2016年6月英国通过公投决定退出欧盟，2017年3月英国女王伊丽莎白二世批准"脱欧"法案，同月英国正式启动脱欧程序，2020年1月31日，英国正式退出欧盟[1]。在脱欧之前，英国虽然适用于欧盟的数字经济数字贸易政策，但也出台了自己关于数字经济的法律政策，如1998年英国通过《数据保护法》（Data Protection Act），为个人数据的使用提供了法律框架，经常被列为全球标准。脱欧之后英国更是没有放松对数字经济、数字贸易的部署，打造数字经济强国。

一、数字英国计划

2009年，英国推出"数字英国计划"，旨在将英国打造成世界的"数字之都"，为英国的未来经济繁荣提供必需的工具。英国政府计划改善基础设施，提高全民数字应用，提供更好的数字保护。根据计划，2012年英国所有地区都将得到互联网高速宽带服务，每个国民都可从中受益。为提高数字网络的使用，政府将耗资3亿英镑来实施"数字入户"计划，以保证低收入家庭的儿童能够使用计算机和互联网。2015年，全英国的广播电台实现数字化。大力发展合法的下载市场，以使消费者和制造业均受益，并推动立法，打击在互联网上非法传载音乐和录像，切断屡犯不改者的互联网服务。

2015年，英国政府出台《英国数字经济战略2015—2018》（Digital economy strategy 2015 to 2018）[2]，报告提到互联网、移动连接和计算能力的发展速度已经超过了企业的适应速度，拥有伟大创意和产品的新数字业务不断涌现，站在这股数字创新浪潮的前沿，对企业至关重要，也是英国竞争力的关键。英国提出了以下数字战略。

第一，鼓励支持数字创新者，改善商业环境，确保数字创新者能够获得商业支持、鼓励和投资，支持英国在医疗保健、交通、能源、建筑环境和创意行业的数字转型，帮助早期的数字企业与行业和政府的潜在客户建立联系。

---

[1] https://www.gov.uk/ [2023-10-19].

[2] Digital economy strategy 2015 to 2018. https://www.ukri.org/publications/digital-economy-strategy-2015-to-2018/. [2023-10-19].

第二，关注用户，支持以用户需求为中心的数字创新方法，以确保解决方案符合市场需求。鼓励数字企业在产品开发的每一步都考虑到用户需求和用户体验，通过帮助企业设计其隐私和同意、身份管理和数据安全的系统，确保数字产品得到信任，帮助企业开发在需要时可用的产品，并与使用它们的地点和环境相适应，鼓励包容性强或适应性强的设计。

第三，为个人创新者提供他们所需要的技术和商业专业知识，支持简化事务流的工具和系统，帮助企业开发技术和服务，提高数据源的质量，帮助企业建立对其产品的商业和用户价值的信心。

第四，不断完善基础设施、平台和生态系统，促进跨行业合作，发展和巩固数字经济的基础。鼓励通信设备业务、软件和数据系统业务与服务和应用业务合作设计完整的解决方案。

二、网络安全政策

2016年11月，英国发布新版《国家网络安全战略（2016—2021）》（National Cyber Security Strategy 2016—2021）[1]，重新勾勒英国未来网络安全发展路线图，意在打造一个繁荣、可靠、安全和具有弹性的网络空间，确保在网络空间的优势地位。《国家网络安全战略（2016—2021）》有三大目标：①保障所有公民、企业和公共部门都能在国家网络安全中心设计的安全框架下，有效管理其网络风险。②确保英国有一个合适的生态系统来维持和发展能够满足国家安全需求的网络安全部门。通过持续提供和培养网络技术专业人员，以满足日益增长的数字经济的需求。③打造不断创新、不断发展的网络空间，加强英国网络安全防御措施和能力，同时凭借英国工业和学术界的高水平专业知识支撑，为未来的技术和威胁应对做好政策实施的规划和技术储备。

三、英国数字战略

2017年英国发布《英国数字战略》（UK Digital Strategy 2017）[2]，对英国脱欧后的数字转型作出全面部署，具体规划了英国将如何发展世界领先的数字经济，

---

[1] National Cyber Security Strategy 2016-2021. https://www.gov.uk/government/publications/national-cyber-security-strategy-2016-to-2021.［2023-10-19］.

[2] UK Digital Strategy 2017. https://www.gov.uk/government/publications/uk-digital-strategy/uk-digital-strategy.［2023-10-19］.

主要可以概括为以下几点。

第一，为英国建立世界级的数字基础设施，保障英国的数字基础设施能够支持互联网的快速增长，保障广阔的覆盖范围，以确保数据能够以满足现代生活需求所需的容量、速度和可靠性流动。

第二，提高每个人的数字技能，确保充分利用数字世界，鼓励人们在整个工作生涯中提高数字技能，促进公共部门、私营部门和第三部门之间的合作，以协调和一致的方式解决数字技能差距，建立具有包容性的数字世界。

第三，为数字部门的繁荣发展创造适当条件，使英国成为创造和发展包括编辑科技、金融科技和健康科技在内的新兴领域数字业务的最佳地点。

第四，构建更广泛的数字经济，让所有英国公司都能够通过采用数字化的工作方式提升效率。

第五，确保网络空间的安全和保障，是整个数字经济的基本要求。英国要继续与国际合作伙伴合作，缔造一个自由、开放和安全的互联网环境，以保障经济的繁荣和社会福祉。

第六，设计、开发和运营现代数字公共服务设施，改造加强政府基础设施，建设数字政府。

第七，鼓励数据的创新使用、与商业和教育机构合作加强数据技能的提供，创建与新数据技术同步的法律框架，确保数据在政府内部得到最大限度的利用，以提供更有效和反应更迅速的公共服务，支持企业对数据的创新使用，并为人们的隐私权提供强有力的保护致力于保持英国在新发展的前沿，同时采取必要的保护措施，以确保数据的安全和适当的使用。

2022年，英国更新了《英国数字战略》（UK Digital Strategy 2022）[①]，旨在使英国成为全球开展数字创新的最佳地点，巩固英国作为全球科技超级大国的地位。该战略明确了以下六大支柱领域：

第一，建设世界一流的强大数字基础设施，充分释放数据的力量，建立宽松且有利于创新的监管制度，构建安全的数字经济环境。

第二，支持创意和知识产权，创新是所有技术业务的基础，也是数字经济成功的重要先决条件。将创新战略作为政府的长期计划，以实现创新主导的增长。

---

① UK Digital Strategy 2022. https：//www.gov.uk/government/publications/uks‑digital‑strategy. [2023‑10‑19].

第三，注重数字技能和人才，加强数字教育的发展渠道，提高人们对进入数字职业的途径的认识，发展先进的数字技能，增加提高数字技能的学习。例如，组织英国各地没有数字技能或数字技能较低的成年人免费学习基本数字技能资格（EDSQ），并且从2023年8月开始，英国教育部（Department for Education，DfE）进一步推出新的数字功能技能资格证书（Digital functional skills qualifications，FSQs），以提供明确的数字技能基准。战略还提出要加强与私营部门和第三部门就数字技能进行合作，以及吸引了全球数字人才。英国不仅提出"数字雇主的签证路线"，还推出个人签证和扩大签证，从世界各地招聘人才，建立全球人才网络以吸引人才。

第四，为数字增长畅通融资渠道，鼓励投资于早期企业，对于维持英国科技行业创新和初创企业的流动至关重要，这些科技行业往往成为未来的独角兽。通过种子企业投资计划（SEIS）、企业投资计划（EIS）和风险投资信托基金（VCTs）进行融资，鼓励支持初创企业。此外还鼓励前期投资和扩大投资，以及对全球科技股的公开募股（IPOs），吸引科技独角兽在英国上市。

第五，促进整个英国升级，通过数字应用来支持英国的企业，改善公共服务，为中小企业提供公共采购机会，提升英国各地区的数字经济水平。

第六，提升英国的国家地位，确保互联网保持开放、可互操作、可靠和安全，加强国际数据治理，促进数字出口和外来投资，加强国际合作。

与2017年的数字战略相比，2022年的数字战略延续了对基础设施建设、数字技能提升、缔造安全开放的网络环境的重视，增加了种子投资、吸引科技独角兽在英上市、招揽全球数字人才、扩大数字贸易出口等内容。一方面体现出英国对数字贸易的重视，另一方面体现出英国越来越重视数字贸易以及提升英国在数字标准治理领域的全球领导地位。

四、英国数字贸易政策体系对数字贸易的促进作用

2020年英国全球数字贸易促进指数各支柱指数及排名如表8-4所示，英国数字技术应用支柱指数排名世界第1位，从数字英国计划到英国数字战略，英国十分注重提高每个人的数字技能，这在一定程度上为数字技术应用的推广带来了便利。此外，英国ICT基础设施和服务支柱指数的世界排名也很高，排在世界第4位，这与英国推行不断完善基础设施、互联网平台和互联网生态系统的政策有很大的关系。英国的其他各支柱指数在世界的排名也普遍不低，排在第9位至

第 15 位之间，这体现出英国数字贸易政策体系的综合性和全面性。在各个支柱指数中，英国只有数字贸易有关的部门开放这个支柱指数的世界排名相对较低，排在第 33 名，但在全球数字贸易促进指数测算的 74 个经济体中也是中等偏上的位置。

表 8-4　2020 年英国全球数字贸易促进指数各支柱指数及排名

各类指标	排名	指标值
数字贸易有关的部门开放	33	0.46
ICT 基础设施和服务	4	0.66
支付基础设施和服务	15	0.80
交付基础设施和服务	12	0.74
法律环境	11	0.98
安全环境	9	0.56
数字技术能力	14	0.52
数字技术应用	1	0.99

资料来源：沈玉良，彭羽，陈历幸，等. 全球数字贸易促进报告 2020［M］. 上海：复旦大学出版社，2021：6.

第四节　日本数字贸易的政策体系

在 21 世纪之初，日本的互联网发展相对落后，为此日本政府紧急开展了《e-Japan 战略》《u-Japan 战略》《i-Japan 战略》等一系列战略。

一、IT 战略

信息通信技术的飞跃式进展、互联网的普及以及信息化进展为代表的信息革命对社会经济带来很大的影响，并且世界各经济体开始纷纷将促进以互联网为核心的 IT 技术利用作为国家的发展战略。在这样的背景下，2000 年 7 月日本打出了"IT 立国"的目标，旨在让每个人都能享受到信息革命带来的红利，同年日本成立信息通信技术战略本部（IT 战略本部），内阁总理大臣为本部长，同时设有由民间团体构成的 IT 战略会议。2000 年 11 月，《高度情报通信网络社会形成基本法》（《IT 法》）通过，并于 2001 年 1 月开始实施，依据《IT 法》，日本政府在 2001 年推出了《e-Japan 战略》①。

《e-Japan 战略》提出了日本政府需要重点建设的四个重点领域，旨在在五年内将日本建设成世界先进的 IT 国家：①建设廉价、高速、大容量的互联网，推进网络基础设施建设。对市场有支配力的和没有支配力的通信商施行"非对称"的管理制度，设立电气通信事业纠纷处理委员会。完善关于光纤线路在铺设时利用电线杆、电信线路等现有基础设施的裁定制度。促进信息通信和广播电视放送业的融合。②创造适合电子商务发展的营商环境。在与电子商务发展相关领域推行制度改革，发展宽带互联网、提高宽带网速、降低宽带网络使用费用、增加宽带使用人数，同时开展光纤网络的铺设。加强存储能力、情报处理能力，推进传输技术、IPv6 等相关技术领域的进步。③建设电子政府，提高互联网的利用。④加强人才培养，培养 IT 社会所需的人才。

《e-Japan 战略》发布两年以后，日本政府公布日本高速网络用户达到 3 000 万户，超高速网络用户达到 1 000 万户，达成了《e-Japan 战略》中关于促进高速网络适用的目标，同时电子商务、电子政府相关的基础设施建设和制度建设也在进行，IT 战略的第一期目标基本达成，接下来，2003 年 7 月日本 IT 战略本部更新了《e-Japan 战略 II》②。

《e-Japan 战略》的基本理念是加强 IT 相关基础建设、促进 IT 利用，而《e-Japan 战略 II》的基本理念为利用已经建设的 IT 基础促进社会经济的变革，建设活力、安心、便利的社会。为实现这一基本理念，《e-Japan 战略 II》提倡将 IT 技术先行应用于医疗、饮食、生活、中小企业金融、知识学习、就业和劳动以及行政服务这七大领域，再将积累的成果扩大应用至其他领域。同时建设新的 IT 社会基础，主要有 5 大方面：①促进新时代通信情报基础建设。②建设安心、安全的 IT 利用环境。③加强研究开发。④培养 IT 人才。⑤建设以 IT 为基础的新型国际关系。

随着《e-Japan 战略》设下的目标基本达成，宽带互联网环境基本形成，日本在《e-Japan 战略》的基础上又推出了 u-Japan 政策，与以往先网络建设为中心不同，u-Japan 政策旨在构建有线网络和无线网络无缝连接的泛网络环境，利用 ICT 技术解决社会上的各种课题，强化网络利用环境，消除用户在情报隐私等

---

① 详见日本总务省网站，https：//www.soumu.go.jp/menu_seisaku/ict/u-japan/new_outline01.html.［2023-10-19］.

② 详见日本首相官邸网站，http：//www.kantei.go.jp/jp/singi/it2/kettei/030702ejapan.pdf.［2023-10-19］.

方面的不安和疑虑。在 u-Japan 政策的理念中 u 有四个含义，分别是 universal、user-oriented、unique 以及 ubiquitous，其意在建立一个任何时间、任何地点、任何人都可以简单链接的，通用普及、用户导向、有独创性的，无处不在的网络世界。u-Japan 政策开始从鼓励 IT 技术转向鼓励 ICT 技术，科技的发展在政策中也有所体现。

二、IT 新改革战略

经过《e-Japan 战略》五年的建设，日本基本上达到了扩大宽带设备铺设和利用、普及高性能手机、建设适宜电子商务发展的环境等目标，但依然存在一些问题，比如 IT 设备技术在行政服务、医疗、教育等领域的应用，地域间、世代间信息设备技术利用水平存在差异、需要加强隐私对策、IT 设备技术在企业经营中的应用等。对此，2006 年 1 月日本发布了《IT 新改革战略》[1]，旨在解决日本社会当前存在的各种问题，打造泛网络社会的基础，并将成果向世界推广。《IT 新改革战略》提出三方面的政策重点：①加快 IT 在医疗等方面的应用，通过 IT 手段建设环境友好型社会，利用 IT 技术提高行政效率、增强企业竞争力。②纠正通信设备技术利用水平上的偏差，消除数字鸿沟，完善安全 IT 网络环境，培养社会所需 IT 人才，支持 IT 研究开发。③提高日本的国际竞争力，向亚洲以及世界其他经济体推广日本的 IT 成果。

三、i-Japan 战略 2015

IT 新改革战略提出 3 年过后，世界经历了全球性金融危机，为应对金融危机带来的经济衰退，日本提前对 IT 战略进行部署，于 2009 年发布了面向 2015 年的中长期 IT 战略《i-Japan 战略 2015》[2]，旨在构建安全且有活力的数字包容性经济社会，利用数字情报技术在社会经济的各个方面施行数字革命，激发个人和经济社会的活力，建设价值创造、自我革新型社会。《i-Japan 战略 2015》提出三大重点支柱领域：①推进电子政府建设，如配置政府信息化建设的主管人员等。②加强数字技术在医疗、健康领域的应用，以缓解日本地方医疗人手不足等问

---

[1] 详见日本首相官邸网站，https：//www.kantei.go.jp/jp/singi/it2/kettei/060119honbun.pdf.［2023-10-19］.

[2] 详见日本首相官邸网站，https：//www.kantei.go.jp/jp/singi/it2/kettei/090706honbun.pdf.［2023-10-19］.

题。如远距离医疗技术的应用，处方情报电子化等。③加强数字技术在教育、人才培养领域的应用，提高教师数字信息技术水平、建设智慧教室、加强产学联动机制等。为激发产业和地域经济的活力，《i-Japan 战略 2015》提出，需要继续加强宽带网络建设，完善情报隐私对策，促进数字情报的流通与应用，加强中小企业对数字情报技术的应用，鼓励扩大远程办公，应用数字情报技术发展新业态等。

四、数字战略

2020 年 12 月 25 日，日本内阁通过《实现数字社会的改革基本方针》，同意设立数字厅指导今后的数字化转型。随后基于《实现数字社会的改革基本方针》通过了关于数字改革的《数据社会形成基本法案》《数字厅设置法案》等 6 个法案。2021 年 9 月，原本的 IT 综合战略本部作废，转而新设立了数字社会推进会议以及数字厅。

2019 年，日本在大版 G20 峰会提出信任的数据自由流动（Data Free Flow with Trust，DFFT）的概念，为了让这个概念落地，日本开始规划具有综合性的数据战略。2021 年 6 月，日本政府通过《综合数据战略》[1]，其基本理念是构建可以安心且高效的使用数据的环境，保障日本的数据本身以及数据流通的信赖性，旨在通过数据创造新的价值。《综合数据战略》提出了使用数据的原则：①确保数据互通，排除重复，提高效率。②确保数据可控，以及隐私保护。保障数据的安全性、真实性以及信赖性。③共同利用数据，创造新的价值。

基础设施建设始终贯穿在日本的数字政策中，后来重点转为促进 ICT 在各个领域的应用，到后来侧重于数据的应用，到最近正朝着构建数字社会转变。

五、日本数字贸易政策体系对数字贸易的促进作用

2020 年日本全球数字贸易促进指数各支柱指数及排名如表 8-5 所示。日本数字贸易有关的部门开放这个支柱指数排名世界第 1 位，这与日本签订的加入高标准的数字贸易章节的区域贸易协定有关，与日本的数字战略政策也有一定的助推作用。数字技术能力支柱指数和数字技术应用的支柱指数排名也很靠前，分别排在第 2 位和第 8 位，日本从 IT 战略开始一直到最近的数据战略一贯注重对研究开发以及数字技术应用的支持，这对数字贸易起到了促进作用。日本的 ICT 基

---

[1] 详见日本总务省网站，https://www.soumu.go.jp/main_content/000756398.pdf.［2023-10-19］.

础设施和服务支柱指数排名世界第 18 位,这体现了日本在宽带铺设和互联网普及方面的政策。相对来说,日本法律环境支柱指数的全球排名较低,是日本政策体系中相对薄弱的环节。

表 8-5　2020 年日本全球数字贸易促进指数各支柱指数及排名

各类指标	排名	指标值
数字贸易有关的部门开放	1	1.00
ICT 基础设施和服务	18	0.57
支付基础设施和服务	17	0.76
交付基础设施和服务	13	0.74
法律环境	54	0.80
安全环境	18	0.50
数字技术能力	2	0.95
数字技术应用	8	0.88

资料来源:沈玉良,彭羽,陈历幸等.全球数字贸易促进报告 2020 [M].上海:复旦大学出版社,2021:6.

案　例

2021 年 3 月 26 日,美国贸易代表办公室宣布,根据美国《1974 年贸易法》第 301 条款,对奥地利、印度、意大利、西班牙、土耳其和英国六国的"数字服务税"发起的调查,进入下一个阶段。可能采取的措施包括对上述国家加收惩罚性关税。据世界银行数据,数字经济创造了全球经济 15.5% 的 GDP,过去 15 年间其增速是全球 GDP 增速的 2.5 倍。越来越多的跨国科技公司在数字经济领域创造了巨大的商业价值。但这也对基于传统经济模式构建的全球税收体系形成巨大的挑战。例如,按美国税收基金会(Tax Foundation)的说法,通过数字经济,企业可以从国外获得用户并获取利润,但在现有国际税收协定下,因企业在该国没有实体存在,就无须在该国缴纳公司所得税。为了应对经济数字化的加速转型,欧盟于 2018 年 3 月率先提出了"数字服务税提案",以推动欧盟的税收改革。数字服务税,简称数字税,是指针对某些数字服务(互联网业务)而产生的有效利润专门征收的税种,其征收对象多为大型互联网公司。然而,此提案并未在欧盟层面达成共识,也未获得通过。此后,欧盟个别成员国开始制定自己的方案。

例如,2019 年 7 月,法国参议院通过了征收数字税的法案,成为全球首个开征数字税的国家。根据法案，法国将对全球年收入超过 7.5 亿欧元且在法国境内收入超过 2 500 万欧元的互联网企业征收数字税，其税率为法国市场收入的 3%。随后，英国、西班牙、意大利等国出于对自身利益的考量也实行了单边的税收行动。据美国媒体 CNBC 报道，英国税务研究机构 Fair Tax Mark 发现，2010 年至 2019 年，脸书、苹果、亚马逊、网飞、谷歌以及微软等六家美国科技巨头逃税总额超过 1 000 亿美元；该研究人员进一步指出，收入"几乎可以肯定是在美国以外的地区产生的"。据英国媒体报道，亚马逊英国公司 2017 年的税单总额为 170 万英镑，不到其 20 亿英镑营业额的 0.1%；脸书 2018 年在英国创下破纪录的销售额 16.5 亿英镑，但其当年所支付的公司税仅有 2 850 万英镑[1]。

根据上述资料，试分析美国为何对多国进行"301 调查"并计划征收报复性关税？美国与贸易伙伴之间因数字服务税存在怎样的分歧？

小　结

虽然世界主要经济体的政策体系各有不同，但存在着一定的共性和规律，这也反映了全球范围内数字贸易的潮流。这些政策体系最初都是支撑互联网的基础设施建设，然后是鼓励扩大互联网的应用、培育互联网人才、创新互联网技术等，随着数字技术的发展以及互联网的应用的广泛扩大，各经济体的注意力开始转向次世代技术的发展、数字社会的构建、数据流动、数据安全与数据应用、数字治理等方面，各政策体系所探讨的内容变得越来越复杂多样。

习　题

1. 数字贸易政策在制定时需要考虑的问题与传统贸易有何不同之处？

2. 在数字贸易政策的制定方面各国都有侧重，你认为在这之中哪一方面更为重要呢？

3. 在 2023 年 8 月 21 日举行的新闻发布会上，商务部服务贸易和商贸服务业司司长表示，下一步，商务部将继续着力优化数字营商环境，提升贸易数字化水平，加快培育服务贸易数字化发展的新动能，推动出台关于数字贸易改革创新发展的政策性文件。思考：为什么要这么做？这么做会对我国的数字贸易发展有着什么样的影响？

---

[1] 中华人民共和国商务部公共信息服务，http://chinawto.mofcom.gov.cn/article/dh/janghua/202103/20210303048702.shtml. [2023-10-19].

第九章
中国数字贸易的发展演进

当今世界数字经济发展速度之快、辐射范围之广、影响程度之深前所未有,正在成为重组全球要素资源、重塑全球经济结构、改变全球竞争格局的关键力量。党的二十大报告提出,加快发展数字经济,促进数字经济和实体经济深度融合。这为中国数字贸易发展指明了方向。近年来,中国在电子商务、移动支付等领域取得了显著成效。中国数字贸易发展已在全球领先。同时,中国政府高度重视数字经济发展,制定了一系列政策措施,为数字贸易提供了有力支持。中国是数字经济大国,拥有超大规模的国内市场、丰富的数据资源、完善的网络基础设施以及活跃的创新市场主体,数字贸易发展潜力巨大。中国在抢抓数字贸易发展机遇的同时,也面临诸多挑战。

本章先从数字交付贸易和跨境电子商务的发展情况、中国各数字贸易细分领域等方面解析中国数字贸易的发展态势,梳理中国数字贸易的政策体系,再将中国与其他经济体的数字贸易规则相比较的基础上,总结中国数字贸易发展的机遇与挑战。数字贸易正在成为全球贸易的新形态、未来贸易发展的新引擎。中国的数字贸易发展迅猛,规模迅速扩大,但也面临着大而不优等各种问题。如何抓住机遇实现深度融合促发展,谋求更高水平的对外开放,积极融入全球数字治理体系建设还有很长的路要走。

第一节 中国数字贸易的发展

中国数字贸易发展势头强劲,不仅跨境电子商务处于世界领先地位,数字交付服务贸易规模也不断扩大,带动了中国对外贸易的发展。

一、数字贸易的发展态势

(一) 数字交付服务贸易

1. 数字交付服务贸易全球排名

近年来中国的数字交付服务贸易规模迅速增长,已经进入世界前5的行列,如表9-1所示,2005年中国的数字交付服务贸易规模为489亿美元,排在世界第11位。2005年至2021年中国数字交付服务贸易的规模飞速增长,年均增长率达到13.3%,远超美国、英国、日本等发达经济体。截至2021年,中国的数字交付服务贸易规模已经达到3597亿美元,排名上升至世界第5位。

最初中国数字交付服务贸易是由进口牵引的,2005年中国数字交付服务贸易进口规模为315亿美元,出口规模为173亿美元,进口规模约为出口规模的2倍。2005年至2017年(除2015年外),中国的数字交付服务贸易进口规模都大于出口规模,但差距却在逐渐缩小。2017年中国数字交付服务贸易出口规模为1026亿美元,其进口规模为1054亿美元,出口规模几乎追平进口规模。2017年以后中国数字交付服务贸易进出口规模都在继续扩大,但是转为由出口牵引数字交付服务贸易的发展。2018年中国数字交付服务贸易出口规模为1322亿美元,进口规模为1241亿美元,出口规模超过进口规模81亿美元。到了2021年,中国数字交付服务贸易出口规模为1948亿美元,其进口规模为1648亿美元,其出口规模超过进口规模300亿美元,出口规模和进口规模间的差距进一步扩大。2005年至2021年,中国数字交付服务贸易出口的年平均增长率为16.3%,数字交付服务贸易进口的年平均增长率为10.9%,出口规模增长的平均速度远超进口规模增长的平均速度。

表9-1 2005—2021年中国数字交付服务贸易规模及全球排名

(单位:亿美元)

年份	全球排名	贸易总额	出口	进口
2005	11	489	173	315
2006	10	609	213	396
2007	8	942	409	533
2008	8	1 169	497	672
2009	8	1 102	484	619
2010	9	1 266	577	690

续表

年份	全球排名	贸易总额	出口	进口
2011	7	1 648	750	898
2012	7	1 623	737	887
2013	7	1 851	825	1 025
2014	7	2 014	990	1 024
2015	8	1 794	933	861
2016	8	1 908	937	971
2017	8	2 080	1 026	1 054
2018	7	2 562	1 322	1 241
2019	7	2 718	1 435	1 283
2020	6	2 940	1 544	1 396
2021	5	3 597	1 948	1 648

资料来源：UNCTAD，https：//unctad.org/statistics.［2023-08-10］.

中国数字交付服务贸易规模与领先经济体间的差距在数字上拉大，但在倍率上缩小。2005年，中国数字交付服务贸易规模虽然排名也属于世界靠前，但和排名第一的美国之间其实有较大差距。2005年美国的数字交付服务贸易规模为3 291亿美元，比中国高出约2 800亿美元，是中国数字交付服务贸易规模的6.7倍左右。2021年美国数字交付服务贸易规模为9 634亿美元，比中国高出6 037亿美元，是中国数字交付服务贸易规模的2.8倍左右。

中国数字交付服务贸易出口规模不仅持续扩大、增速很快，其总额在全球所占的比重也有所增加。如图9-1所示，2005年，中国数字交付服务贸易出口总额在全球占比仅为1.4%，2005年至2021年，中国数字交付服务贸易出口总额在全球占比稳步增长，到了2021年，中国数字交付服务贸易出口总额在全球占比已经上升至5.1%。

2006年以来，中国货物贸易、服务贸易以及数字交付服务贸易几乎以同样的规律在增长，并没有哪种类型的贸易增长明显领先，但总体来说服务贸易整体的增长和数字交付服务贸易的增长还是快于货物贸易的增长。如图9-2所示，数字交付服务贸易最高增速曾经达到2007年的54.6%。2014年至2015年服务贸易整体的规模增长较快，而2018年至2020年则是数字交付服务贸易的增长较快。在疫情期间，相比货物贸易和服务贸易整体，数字交付服务贸易表现出更大的韧性，2020年，中国数字交付服务贸易保持着8.2%的增长率，而服务贸易整体受到的冲击最大，2020年服务贸易的增长率跌到了-15.6%。

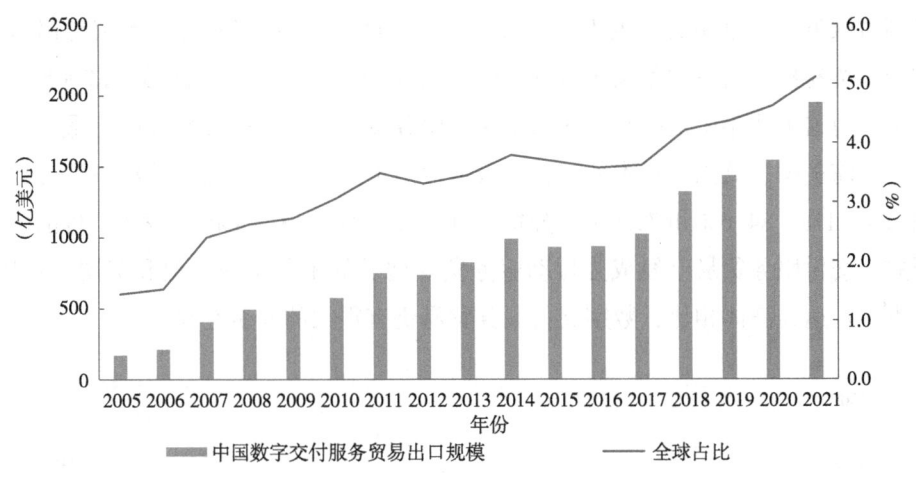

图 9-1　中国数字交付服务贸易出口总额及其占比

资料来源：UNCTAD，https：//unctad.org/statistics．[2023-08-10]．

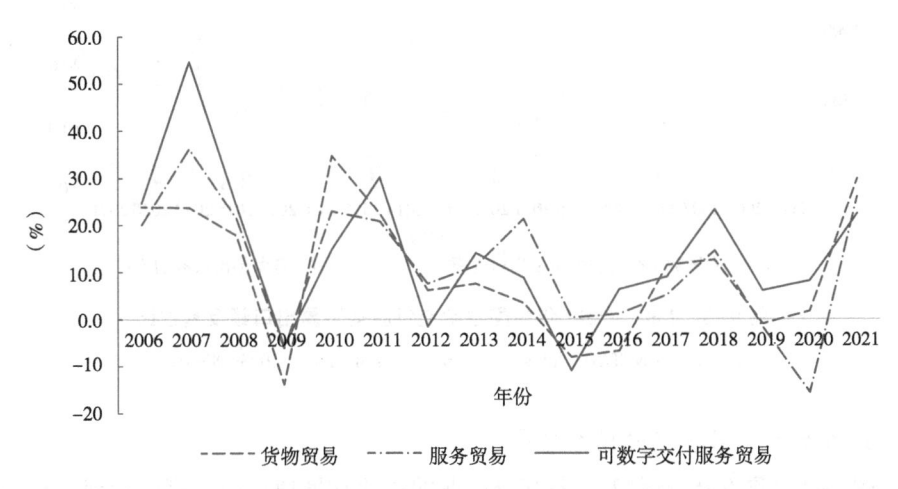

图 9-2　2006—2021 年中国货物贸易、服务贸易和可数字交付服务贸易增速

资料来源：UNCTAD，https：//unctad.org/statistics．[2023-08-10]．

2. 数字交付服务贸易出口规模及其占比

中国数字交付服务贸易出口额及占服务贸易总额的比重正在不断上升，与美国、欧盟、英国、日本等经济体相比，中国数字交付服务贸易起步较晚，2005 年仅占服务贸易出口额的 22.1%。如图 9-3 所示，到 2021 年，中国数字交付服务贸易出口额占服务贸易总额的比重上升至 49.7%，上升了 27.6%。2005 年，美国数字交付服务贸易出口额占服务贸易额的比重为 53.3%，英国数字交付服务贸易出口额占服务贸易额的比重为 71.1%，日本数字交付服务贸易出口额占服务贸易总额的比重为 43.1%，中国 2021 年的数字交付服务贸易出口额在服务贸易额中的占比略高于日本 2005 年的水平，略低于美国和英国 2005 年的水平，而这十几年中这些经济体数字交付服务贸易额占服务贸易额的比重也在增加，目前美国、英国、日本数字交付服务贸易出口额在服务贸易总额中的占比分别为 77.1%、84.6% 和 72.9%，分别上升了 23.8%、13.5% 和 29.8%。目前，中国数字交付服务贸易已经成为拉动服务贸易增长的重要引擎，但和美国、英国、日本等发达经济体相比，数字交付服务贸易仍有很大的发展空间。

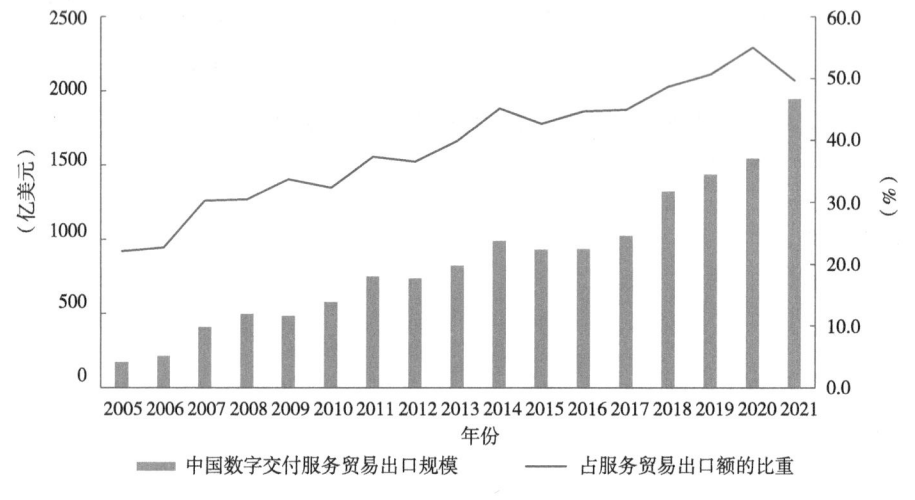

图 9-3 2005—2021 年中国数字交付服务贸易出口额及其占比

资料来源：UNCTAD，https://unctad.org/statistics. [2023-08-10].

3. 细分产业数字交付服务贸易

图 9-4 和图 9-5 分别表示各细分产业的占比和增速情况。可以看到，在各个细分产业中，其他商业服务占比最高，2005 年其他商业服务占比为 62.4%，与美国、英国、日本相比相对较高。其他商业服务占比在 2007 年以后开始逐渐下降，到 2021 年其他商业服务占比仅为 40.8%，下降了 21.6%。2005 年至 2021 年其他商业服务的年平均增速约为 10.3%。

2005 年，中国保险和养老金服务的比重也较高，占比为 15.9%，保险和养老金服务行业的占比从 2015 年开始下降，到了 2021 年保险和养老金服务占比仅为 5.9%。2005 年至 2021 年保险和养老金服务的年平均增速为 6.5%，是所有细分行业里最低的。

2005 年占比排在第三的是知识产权使用费，占比为 11.2%。与前面两个行业占比逐渐下降不同，2005年至2021年知识产权使用费的占比逐渐扩大，到了2021年，知识产权占比达到了16.4%，增长了5.2%，年平均增速16.0%。

2005年至2021年，中国各细分产业中占比增长最多的是电信、计算机和信息服务，而平均增速最快的是金融服务。2005年电信、计算机和信息服务占比仅为9.3%，2005年至2013年电信、计算机和信息服务的占比逐渐扩大至13.4%，而2014年至2021年电信、计算机和信息服务的占比迅速扩大至32.6%。从2005年至2021年，电信、计算机和信息服务的占比增长了23.3%，年平均增速为22.5%（见图9-4）。

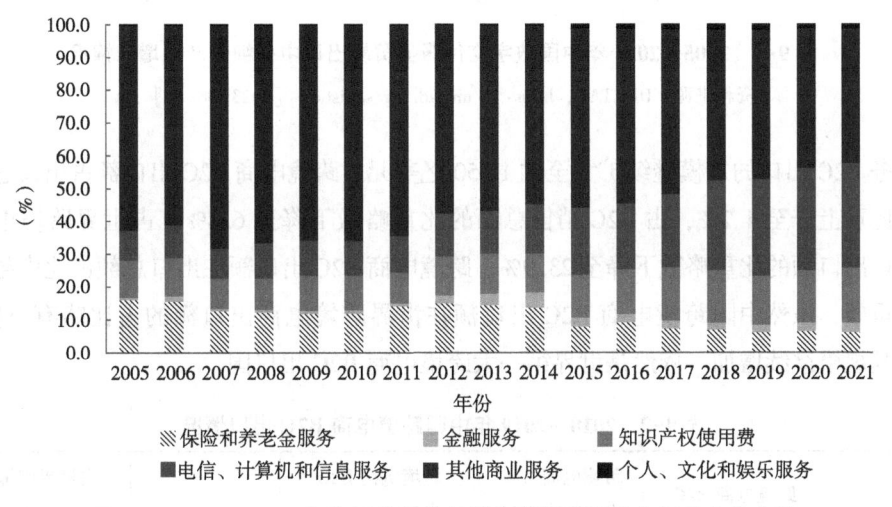

图9-4 2005—2021年中国数字交付服务贸易出口中各细分产业占比

资料来源：UNCTAD, https://unctad.org/statistics.［2023-08-10］.

2005年金融服务的占比仅为0.6%，2021年增长至2.9%，虽然只增长了2.3%，但其年平均增速为24.7%，是所有细分行业里最高的。

个人、文化和娱乐服务的占比也比较低，2005年至2014年一直维持在0.5%左右。2015年以后，个人、文化和娱乐服务的占比略有扩大，2021年扩大至1.4%，2005年至2021年的年平均增速为19.8%。

（二）跨境电子商务

中国的B2C跨境电子商务出口在世界各个经济体中发展最为迅速，占据世界跨境电子商务B2C出口的近四分之一，且规模还在扩大。如表9-2所示，2018年，中国跨境电子商务B2C出口规模约为1 000亿美元，占出口总额的4%，占B2C销售总额的7.3%，占世界跨境电子商务B2C出口额的24.8%。2019年中国跨境电子

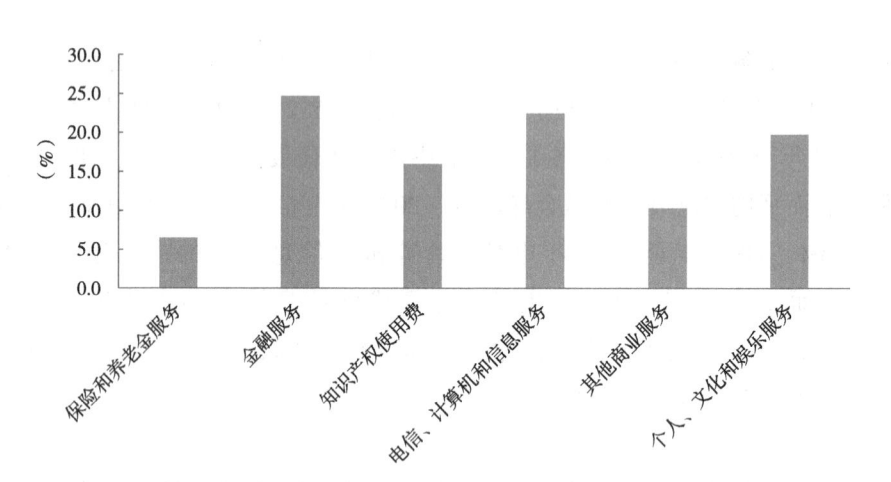

图 9-5　2005—2021 年中国数字交付服务贸易出口中各细分产业增长情况

资料来源：UNCTAD，https：//unctad.org/statistics．[2023-08-10]．

商务 B2C 出口的规模继续扩大至约 1 050 亿美元，跨境电商 B2C 出口额占出口总额的比重上升至 4.2%，占 B2C 销售总额的比重略微下降至 6.8%，占世界跨境电商 B2C 出口额的比重略微下降至 23.9%。跨境电商 B2C 出口额在出口总额占比中越来越重要，虽然中国跨境电商 B2C 出口额在世界跨境电商出口额的占比略有下降，但其规模继续增加，依然是世界第一大跨境电商 B2C 出口国。

表 9-2　2018—2019 年中国跨境电商 B2C 出口情况

年份	跨境电商 B2C 出口规模（亿美元）	跨境电商 B2C 出口额占出口总额的比重（%）	跨境电商 B2C 出口额占 B2C 销售额的比重（%）	世界排名	占世界跨境电商 B2C 出口额的比重（%）
2018	1 000	4.0	7.3	1	24.8
2019	1 050	4.2	6.8	1	23.9

资料来源：UNCTADEstimatesofGlobalE-Commerce2018, Available at：https://unctad.org/en/PublicationsLibrary/tn_unctad_ict4d15_en.pdf．；UNCTADEstimatesofGlobalE-Commerce2019andPreliminaryAssessmentofCOVID-19ImpactonOnlineRetail2020, Available at：https://unctad.org/system/files/official-document/tn_unctad_ict4d18_en.pdf．[2023-10-19]．

二、数字贸易细分领域的发展情况

（一）电子商务

得益于互联网的普及，近年来，中国在电子商务的发展上取得了很大成就，电子商务已经成为人们日常生活中不可缺少的存在。如表9-3所示，据国家统计局数据①，2012年中国全国电子商务交易额为8.11万亿元，而2022年这个数字达到了43.83万亿元。十年间中国电子商务交易额增长了4.4倍。

表9-3 2012—2022年中国全国电子商务交易额（单位：万亿元）

年　份	电子商务交易额
2012	8.11
2013	10.40
2014	16.39
2015	21.79
2016	26.10
2017	29.16
2018	31.63
2019	34.81
2020	37.21
2021	42.30
2022	43.83

资料来源：中华人民共和国2022年国民经济和社会发展统计公报．http：//www.stats.gov.cn/sj/zxfb/202302/t20230228_1919011.html．［2023-10-19］．

同样，这十年间的网络零售额也逐年增加，从2012年的1.31万亿元增加到2022年的13.97万亿元，增长了整整10倍以上。如表9-4所示，2022年销售额中的11.96万亿元为实物商品网上零售额。随着市场的不断成熟，电子商务已经融入多个生活环节。在中国的诸多电子商务营销活动中，最具有象征意义并且在世界范围内为人熟知的，就是在被称为"光棍节"的11月11日所举办的阿里巴巴促销活动，这一活动每年都刷新销售额记录，并且吸引各大电商平台也都纷纷加入，2022年这一活动的交易额已经达到了惊人的912亿元，其中62个淘宝直播间成交额超过1亿元，成交额在千万元以上的淘宝直播间有632个之多。

---

① 国家统计局．中华人民共和国2022年国民经济和社会发展统计公报［EB/OL］．［2023-02-28］．http：//www.stats.gov.cn/sj/zxfb/202302/t20230228_1919011.html．［2023-10-19］．

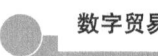

表 9-4　2012—2022 年中国全国网上零售额　（单位：万亿元）

年　　份	网上零售额
2012	1.31
2013	1.85
2014	2.79
2015	3.88
2016	5.16
2017	7.18
2018	9.01
2019	10.63
2020	11.76
2021	13.09
2022	13.79

资料来源：中华人民共和国 2022 年国民经济和社会发展统计公报. http://www.stats.gov.cn/sj/zxfb/202302/t20230228_1919011.html. [2023-10-19].

表 9-5 则显示了 2020 年各国 B2C 市场规模前 10 名。很明显，中国处在遥遥领先的第一位，其次是美国的 7 945 亿美元，英国的 1 804 亿美元。中国的市场规模与第二大美国有近两倍的差距。截至 2022 年 12 月，中国网络购物用户规模已经达到了 8.45 亿人，占网民整体的 79.2%。

表 9-5　2020 年全球 B2C 市场规模前 10 名经济体（单位：亿美元）

经济体	B2C 市场规模
中国	22 970
美国	7 945
英国	1 804
日本	1 413
韩国	1 106
德国	969
法国	738
印度	554
加拿大	392
西班牙	364

资料来源：eMarketer. https://www.insiderintelligence.com/topics/category/emarketer. [2023-10-19].

可以说，现在中国的电子商务发展已经达到了一个比较大的规模，中国电子商务已深度融入生产生活各领域，在经济社会数字化转型方面发挥了举足轻重的作用。基于各电商平台的公开信息，表9-6简单总结了面向国内用户的主要电子商务平台的特征。

表9-6　中国主要电子商务平台的特征

平台	特　征
淘宝	·中国最大的C2C型电商平台 ·因为个人也可以开店，所以以压倒性的商品数量为最大特征，用户的地域、年龄层也很广 ·开店时需交保证金，开店和运营成本比较低 ·2019年1月推出了"淘宝直播"的单独应用程序，销售人员在线上和观众一边交流一边销售商品 ·2020年3月的淘宝移动月活跃用户为8亿4600万人
天猫	·在中国市场占有率最高的B2C型电商平台 ·分店审查很严格，不能个人开店，只有面向企业用户 ·在保证金的基础上，根据软件服务费用、销售金额支付手续费，运营成本高于淘宝 ·从2009年11月11日开始连续12年进行大型促销活动 ·从2019年开始致力于直播，为销售额扩大做出贡献
京东	·拥有独自的物流网络，配送速度快是其特征 ·主要是从企业采购商品销售给一般消费者的B2B2C ·在电脑、数字家电等3C产品的销售上有优势 ·每年6月18日举办大型促销活动
拼多多	·以团购拼单的形式进行售卖，消费者可以低价购买商品 ·为了实现拼单购买，在个人社交媒体中得到大量扩散 ·拥有大量地方城市的中低收入层用户 ·推出了"百亿补贴"的促销活动，吸引了一、二线城市的用户

资料来源：https://www.taobao.com.；https://www.tmall.com.；https://www.jd.com.；https://www.pinduoduo.com/.［2023-10-19］.

近年来二手交易的市场也在逐渐形成。具体来说，阿里巴巴集团旗下的闲鱼、腾讯出资的58同城的转转、JD.com（京东）旗下的拍拍、爱回收都取得了一定的成功。中国二手交易的发展可以总结为以下四个阶段：第一阶段是互联网黎明期。这是整个商业交易开始从线下向线上转移的初始阶段。电子商务的交易范围虽说在互联网得以实现，但仍然被限定在生活圈内。当时最具有代表性的平台是孔夫子旧书网。第二阶段是互联网普及期。随着互联网普及率的上升，通过电脑终端的二手交易变得活跃起来。虽然在这个阶段交易量急速扩大，但是地理上的交易范围还比较狭小。代表性的平台是 58 同城。第三阶段是智能手机普及期。以智能手机为基础的多种多样的应用程序和小程序在这个时期登场。来自各领域的从业者都随之增多。特别是通过大型电商企业的大规模收购，新加入的一些电商平台对市场带来巨大冲击。代表性的平台就是闲鱼、转转等。第四阶段也就是现在的这个阶段，可以称之为电子商务的发展期。中国的二手市场与日本和欧美各国不同，也是从线上发展起来，在有一定的市场规则和成功模式后，开始向线下市场扩展。

接下来，再来看一下海外企业如何在中国进行电子商务活动。海外企业在中国的电子商务主要包括：在中国设立据点，通过本公司的网站进行邮购销售；由国外法人通过海外邮购网站对中国进行销售；在中国的电子商务网站上开店进行销售。

使用互联网的邮购行为被视为一般的销售行为，外资进入电子商务不在负向清单范围内，通常依法在中国登记的制造公司、贸易公司，均可在中国设立据点，通过中国国内的本公司网站进行销售。另外，在中国建立网站，销售本公司经营的商品时，必须到电信管理机构或国务院信息产业主管部门办理 ICP (Internet Contents Provider) 相关手续。当然，外资在中国取得 ICP 并不容易，所以进入进驻中国的邮购网站的情况很多。

而第二种方式，海外的企业在中国境外设置服务器和商品的发送据点，利用汉语制作的海外邮购网站进行销售，则要注意以下几点：①由于网络线路的问题等，从中国国内访问海外的邮购网站，有时会出现网络连接不稳定的情况。②会出现货物丢失、损坏和运输途中的故障等情况。建议使用可以追踪行李的运输服务手段。③通关的问题。有时还需要提交与商品相关的原产地证明书和成分表等，制作符合要求的中文标签，需要事先取得国家相关部门关于化妆品或补品等保健功能食品等商品的许可的要求。当然也要注意关税、增值税的缴纳。

海外企业在中国进行跨境电商的方法有两种：一是在中国设立当地法人后，当地法人在中国的电子商务网站上开店。对于在中国市场知名度较低的企业来说，这种方法很容易接近现有的电子商务网站用户。在网站的分店，有各 EC 网站方面的分店规定，其门槛绝对不低。例如，在 T 商场（淘宝的大型企业版）和京东（JD.com）等地开店，设置了企业规模、保证额等各种条件，完全成为平台方面主导的卖方市场。但是这种情况下，是中国国内销售（日本法人→中国法人→个人）的定位。二是在允许海外企业开设店铺的中国跨境电商网站上开店的方式。这种方法和在中国国内的电商网站上开店一样，设置了严格的条件。为

了享受有关跨境电商的优惠措施,海外企业在跨境电商平台开设门店流程大致如下:

向跨境电商平台受理窗口提供本企业及商品基本信息,申请开设店铺→注册结算账户→在平台上注册账户→从平台接收邀请代码→提交关于企业以及商品售卖资格的文件→签订物流运输合同→设计店铺→上传商品→向运输系统上传信息→店铺运营

另外,根据具体采用的电子商务形态不同,货款的结算手段也不同,但一般在国内,除了兑换货款、银行汇款以外,当然也会运用支付宝、微信支付这样的在线结算服务。虽然使用银联卡(借记卡)结算仍然广泛,但使用信用卡结算似乎有减少的倾向。各结算手段都在结算代理机构和金融机构产生一定的手续费,因此收款金额可能会低于支付金额。使用专用平台的跨境电商,会按照消费者→专用平台→销售商的结算顺序。

还有不得不提的是中国的外卖业务,根据 2022 年 12 月中国互联网络发展状况统计调查,2018 年至 2022 年,中国网上外卖用户规模依次约为 4.04 亿人、3.97 亿人、4.18 亿人、5.44 亿人、5.21 亿人。网上外卖客户的数量始终占网民整体的四成以上。在消费者端,网上外卖平台通过优化营销策略、精细化运营和多样化的活动,有效满足更多不同场景下的客户需求,推动平台用户黏性持续增长。在商户端,网上外卖平台拓展早餐、下午茶、夜宵等多品类业务,并不断迭代营销工具帮助商家吸引并留存客户、提升运营效率,进而推动餐饮行业的数字化转型。

(二) 数字服务

GSMA Intelligence[①]的数据显示,截至 2023 年初,中国有 16.9 亿个蜂窝移动连接。不过,世界各地的许多人使用不止一个移动连接,例如,他们可能有一个用于私人使用,另一个用于工作。因此,移动连接数字超过总人口的情况在统计中并不罕见。GSMA Intelligence 的数据显示,2023 年 1 月,中国的移动连接量相当于总人口的 118.6%。2022 年至 2023 年,中国的移动连接数量增加了 5 000 万。

根据 datareportal[②]公布的统计数据,截至 2023 年初,中国有 10.5 亿互联网

---

① GSMAIntelligence. Definitive Data and Analysis for the Mobile Industry. https：//www. gsmaintelligence. com/? utm_source = DataReport&utm_medium = article&utm_campaign = State_Internet_Connectivity. [2023-10-19].

② Datareportal. https：//datareportal. com/reports/digital-2023-china. [2023-10-19].

用户，互联网普及率为73.7%，这表明，截至2023年初，中国有26.3%的人口在年初仍处于离线状态，也就是3.747亿人没有使用互联网。尽管中国有庞大的社交媒体平台用户，但目前仍有一些地区无法上网。不过，随着政府持续不断地在偏远地区投资建设基础设施、铺设网络，会有更多的人成为互联网用户。然而，与互联网用户数据的收集和分析相关的复杂性意味着，研究通常需要几个月的时间才能发表。因此，最新公布的互联网使用数据总是低估了现实，实际采用率和增长率肯定高于此处显示的数字。

2023年1月的统计结果显示，中国有10.3亿社交媒体用户。需要注意的是，统计中的社交媒体用户可能并不只含个人，也包括自媒体等非自然人用户。与此同时，数据显示截至2023年初，中国97.7%的互联网用户（不分年龄）至少使用了一个社交媒体平台。其中，中国48.8%的社交媒体用户是女性，51.2%是男性。每天使用社交媒体的平均时间也达到了1小时59分钟。表9-7显示了使用社交媒体的主要原因。

表9-7 2023年1月中国用户使用社交媒体的主要原因及其占比

（单位：%）

主要原因	所占比例
与家人朋友保持联系	36.9
消磨时间	30.5
查看时下热点	27.2
检索信息	25.2
阅读新闻报道	24.7
观看现场直播	23.1
分享和讨论意见	22.9
查询商品购买	22.5
观看品牌推广	22.2
寻找灵感	21.3
工作相关的网络调查	21.0
建立新的联系人	20.8
分享生活	19.5
观看体育运动	19.1
关注名人	18.0

资料来源：Datareportal. https://datareportal.com/reports/digital-2023-china. [2023-10-19].

可以看到，中国社交媒体主要用在与家人和朋友的联系。除消磨时间外，查看热点、检索信息、阅读新闻、观看直播也都排在使用社交媒体原因的前列，这说明在中国，社交媒体作为新媒体的主要表现形式，在很大程度上取代了传统媒体的地位，社交媒体平台已然超出了社交本身这一属性。

使用社交媒体的人的年龄层，20 岁到 40 岁的用户最多，50 岁到 60 岁也占全体的约占两成。在中国，中老年人也活跃地利用社交媒体平台，享受着与人们的交流、信息收集、购物等。

在有关最常用社交媒体的调查中显示，有 81.6%的人回答了微信，同样超过 50%回答的还有抖音、QQ、百度贴吧，如表 9-8 所示。而在最喜爱的社交媒体平台这一问题上，44.0%的人回答为微信，第二名的抖音仅有 20.9%，排在第三名的 QQ 就只有 5.5%。可以看出，在中国社交媒体平台竞争中，微信已然大幅领先。

表 9-8　2023 年 1 月最常用的社交媒体及其占比　　　　（单位:%）

社交媒体	所占比例
微信	81.6
抖音	72.3
QQ	61.6
百度贴吧	57.6
小红书	49.5
新浪微博	49.3
快手	47.9
QQ 空间	31.8
美拍	23.0
抖音火山版	22.4
iMessage	18.6

资料来源：https：//datareportal.com/reports/digital-2023-china.［2023-10-19］.

在搜索引擎方面，谷歌可以说独霸全球搜索引擎市场，而在中国情况完全不同。这与谷歌不能很好地融入中国网络环境有很大关系，只有充分理解中国在网络安全方面的一些法律法规并且严格遵守，才能在中国市场上获得成功。

在中国，根据设备的不同，使用的搜索引擎也有很大的不同。表 9-9 是按电脑端和移动手机端分开统计的搜索引擎的份额。可以看到，百度在电脑终端和手机移动端中都非常受欢迎，在手机移动端的市场占有率高达 94.7%（见表 9-9）。

表 9-9　2023 年 1 月搜索引擎的市场份额　　　　（单位：%）

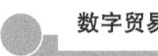

电脑终端		手机移动端	
百度	57.9	百度	94.7
必应	21.3	神马	1.8
搜狗	8.5	必应	1.0
其他	12.3	其他	2.5

资料来源：https://datareportal.com/reports/digital-2023-china.［2023-10-19］.

2001 年百度的搜索引擎服务问世后，市场份额稳步提升，现在在中国搜索引擎市场已经建立了多年不动的第一名。可以看到百度在某些方面与其他搜索引擎不同。首先，百度提供了广泛的搜索关键词相关信息。因为大量显示与检索到的关键词相关的页面，所以可以从那里慢慢缩小主题和关键词，最终到达自己最想要的网站。其次，百度不仅注重提供信息，更注重联系实际服务。具体来说，比如在考虑想要预定出租车的情况下，谷歌搜索的设计是检索出"出租车公司的网站"，但是百度为了能稍微快一点到达服务的目的，设计成为直接跳转"购买·结算页"的形式。

（三）数字产品

中国在数字化产品方面也已经具有一定规模，在网络娱乐方面更为突出。根据《中国互联网络发展状况统计调查》，截至 2022 年 12 月，中国网络视频（含短视频）用户规模达 10.31 亿人（其中短视频用户规模为 10.12 亿），网络直播用户规模达 7.51 亿人，网络游戏用户规模达 5.22 亿人，网络音乐用户规模达 6.84 亿人，网络文学用户规模也达到了 4.92 亿人。

表 9-10　2018 年至 2023 年 6 月网络娱乐应用平台的用户规模及使用率

各网络娱乐应用平台	年　份	用户规模（万人）	使用率（%）
网络视频（含短视频）	2018	72 468	87.5
	2020	92 677	93.7
	2022	103 057	96.5
	2023 年 6 月	104 437	96.8
短视频	2018	64 798	78.2
	2020	87 335	88.3
	2022	101 185	94.8

续表

各网络娱乐应用平台	年　份	用户规模（万人）	使用率（%）
网络直播	2018	39 676	47.9
	2020	61 685	62.4
	2022	75 065	70.3
	2023 年 6 月	76 539	71.0
网络游戏	2018	48 384	58.4
	2020	51 793	52.4
	2022	52 168	48.9
	2023 年 6 月	54 974	51.0
网络音乐	2018	57 560	69.5
	2020	65 825	66.6
	2022	68 420	64.1
网络文学	2018	43 201	52.1
	2020	46 013	46.5
	2022	49 233	46.1
	2023 年 6 月	52 825	49.0

资料来源：第 51 次《中国互联网络发展状况统计报告》，https：//www.cnnic.net.cn/n4/2023/0303/c88-10757.html；第 52 次《中国互联网络发展状况统计报告》，https：//cnnic.cn/n4/2023/0828/c199-10830.html ［2023-10-19］。

其中，网络视频用户特别是短视频用户连年攀升，达到了极高的比例，同时网络直播的规模也在逐年上升，成为数字化产品发展的新的增长点。网络直播用户还可以细分为电商直播用户、游戏直播用户、真人秀直播、演唱会直播用户、体育直播用户，用户规模依次为 5.15 亿人、2.66 亿人、1.87 亿人、2.07 亿人、3.73 亿人。

根据前瞻产业研究院的调查，2020 年中国游戏市场规模为 2 786 亿元。受近年来智能手机普及和 5G 环境逐步完善的影响，移动游戏占全体的 70% 以上，成为牵引业界的形式。除移动游戏以外，电脑终端的游戏占 20%，网页游戏和主机游戏均为 2% 左右。除了移动游戏以外的其他游戏的市场占有率，从 2016 年的占比五成逐渐降至 2020 年的占比两成多。可以看出，在游戏方面，移动游戏依然是主流。虽然用户数仍然在增加，但是成长速度放缓。从作品的内容来看，腾讯、网易等大型游戏产品聚拢了大量的用户。另外，与游戏公司的收益直接相关的收费，这几年也顺利地向前发展。根据中国音数协游戏工委与中国游戏产业研究院发布的《2022 年 1—6 月中国游戏产业报告》的调查数据，游戏市场的实际销售收入从 2015 年上半年的605.10亿元，到2022年上半年的1 477.89亿元，已经上涨了两倍以上。

中国的音乐市场近年来急速成长，流媒体服务的收费会员数也有逐年增加的倾向。根据国际唱片联盟发表的全球音乐市场最新报告（*Global Music Report*）2023[①]，全球音乐市场的销售额规模，中国迅速增长到第5位。第一位依然是美国，日本则稳居第二，第三位的英国、第四位的德国都和以往没有变化。排名第六至十位的音乐市场则依次为法国、韩国、加拿大、巴西和澳大利亚。

在中国，音乐流服务一般被称为在线音乐。较为受欢迎的在线音乐服务，有腾讯旗下的QQ音乐、酷狗音乐、酷我音乐，网易旗下的网易云音乐等，一般认为这两家公司都致力于订阅业务的发展。2020年，中国付费音乐订阅的收益超过了带广告的免费流式传输的收益。

网络文学如今也已经摆脱浅显、通俗的印象，已经越来越成为传播和普及传统文化的重要手段。传统文化是网络文学领域的重要话题，给网络文学注入了传统文化内涵；网络文学也为传统文化带来了创新性表达。网络文学中有关历史、玄幻、仙侠、修仙、修真的主题都是基于传统文化的积淀而形成。中国传统文化为网络文学提供了丰富的创作土壤。茶道、中医、雕塑、园林、服饰、饮食等传统文化元素都融入了网络文学创作中。从网络文学的营收来看，2022年网络文学新增作品300多万部，主要网络文学平台营收规模超230亿元。在这样的背景下，中国的网络文学以极强的故事性、深厚的文化底蕴、宏大的世界观塑造，也赢得了大量海外用户的喜爱。根据中国作家协会发布的《2021中国网络文学蓝皮书》，2021年网络文学海外市场突破30亿元规模，海外用户达到1.45亿人，覆盖全球几乎所有国家和地区。进军海外的网络文学作品共计约1万部，其中，获得纸质书籍许可证的作品约有4 000部，在线翻译作品约有3 000部。现在网络文学的海外传播更加受到重视，进军海外的形式也变得更加多样化，"网络文学走出去"成为发展共识，中国的网络文学在全球影响力在持续扩大。

第二节　中国数字贸易的政策体系

一、国家宏观规划

中国一直重视发展数字技术、数字经济，早在2000年就提出了建设"数字

[①] Global Music Report 2023. https：//gmr.ifpi.org/about-the-report.［2023-10-19］.

福建"的理念。党的十八大以来,发展数字经济被提升到了国家战略的高度。党的十八届五中全会提出,实施网络强国战略和国家大数据战略,拓展网络经济空间,促进互联网和经济社会融合发展,支持基于互联网的各类创新。党的十九大提出,推动互联网、大数据、人工智能和实体经济深度融合,建设数字中国、智慧社会。党的十九届五中全会提出,发展数字经济,推进数字产业化和产业数字化,推动数字经济和实体经济深度融合,打造具有国际竞争力的数字产业集群[①]。党的二十大报告指出,要推动货物贸易优化升级,创新服务贸易发展机制,发展数字贸易,加快建设贸易强国。创新驱动发展战略,将是推动中国经济高质量发展的一个重要引擎。中国重视发展数字经济,加快数字化转型,推动国际数字贸易发展与合作,也重视推进贸易新业态和新模式的发展。

数字贸易是推进贸易高质量发展的强力驱动力量。2019年,中共中央、国务院发布《关于推进贸易高质量发展的指导意见》,为推进贸易高质量发展做出了部署,提出利用互联网、大数据等信息技术完善监管,优化贸易方式,促进跨境电子商务等贸易新业态的发展,形成以数据驱动为核心、以平台为支撑、以商产融合为主线的数字化、网络化、智能化发展模式,提升贸易以及外贸综合服务的数字化水平。

数字经济健康发展是数字贸易发展的坚强后盾,《"十四五"数字经济发展规划》明确部署了"十四五"时期的基本任务,提出要有效拓展数字经济国际合作,加快贸易数字化发展。不仅如此,还提出要优化升级数字基础设施、充分发挥数据要素作用、大力推进产业数字化转型、持续提升公共服务数字化水平、健全完善数字经济治理体系、着力强化数字经济安全体系,这些都对数字贸易的发展有着促进作用。

服务贸易日益成为对外贸易发展的新引擎、深化对外开放的新动力,总量规模稳步增长,开放合作持续深化,发展贡献不断增强。面对前所未有的新机遇,《"十四五"服务贸易发展规划》提出服务数字化激发服务贸易发展潜力,为加快服务贸易数字化进程,建议通过建立健全跨境服务贸易负面清单管理制度、促进服务要素跨境流动便利化等方式,提高跨境服务贸易开放水平;建设试点开放平台,在国际规则接轨、推动数据自由流动等方面先行先试;大力发展数字贸易、推进服务外包数字化高端化、促进传统服务贸易数字化转型从而加速推动服务贸易数字化进程。

---

① 习近平. 不断做强做优做大中国数字经济[J]. 先锋,2022(3):5-7.

《"十四五"国家信息化规划》提出,要开展数字贸易先行示范,完善数字贸易服务体系,健全数字贸易发展支撑体系。除此之外还提出加强全民数字素养与技能、提升企业数字能力、推动关键数字技术突破发展、提升智慧治理能力、数字乡村发展行动等,这些举措都会促进支撑数字贸易的发展。

二、法律体系构建

中国在基础设施建设与保护、电子商务、电子签名、网络安全、数据安全等方面建立了法律体系(表9-11),并经过不断地追加、修订和完善,以保障数字贸易的发展。

表9-11 与中国数字贸易相关的法律

数字贸易的不同方面	相关法律
基础设施建设与保护	《中华人民共和国电信条例》 《互联网信息服务管理办法》
电子商务	《中华人民共和国电子商务法》
电子签名	《中华人民共和国电子签名法》
网络安全	《中华人民共和国网络安全法》 《中华人民共和国反电信网络诈骗法》 《关键信息基础设施安全保护条例》 《中华人民共和国个人信息保护法》
数据安全	《中华人民共和国数据安全法》

资料来源:根据中华人民共和国工业和信息化部、中国政府网、全国人民代表大会官方网站整理。

(一)基础设施建设与保护

在关于基础设施建设与保护的立法方面,虽早在1980年就有设立电信法的提议,但一直悬而未决。为了规范电信市场秩序,维护电信用户和电信业务经营者的合法权益,保障电信网络和信息的安全,促进电信业的健康发展,中国于2000年9月25日国务院第31次常务会议通过先行发布实施了《中华人民共和国电信条例》。《中华人民共和国电信条例》对涉及电信业务许可、电信网间互联、电信资费、电信资源等电信市场领域,电信服务领域,电信设施建设、电信设备进网等电信建设领域,电信安全领域及处罚则作出了详细规定。《中华人民共和国电信条例》规范了中国利用有线、无线的电磁系统或者光电系统,传送、发射或者接收语音、文字、数据、图像以及其他任何形式信息的活动,它的实施极大地促进了中国电信业的发展，标志着中国电信事业进入了一个依法发展的新的历史阶段。

为了规范互联网信息服务活动，促进互联网信息服务健康有序发展，中国还于 2000 年公布了《互联网信息服务管理办法》，规定了在中华人民共和国境内从事经营性和非经营性互联网信息服务活动的相关细则。

（二）电子商务

为了保障电子商务各方主体的合法权益，规范电子商务行为，维护市场秩序，促进电子商务持续健康发展，2018 年 8 月 31 日中国通过了《中华人民共和国电子商务法》。该法包括针对电子商务平台经营者、平台内经营者以及通过自建网站、其他网络服务销售商品或者提供服务的电子商务经营者、电子商务合同的订立与履行、电子商务争议解决、电子商务促进和法律责任的具体条款。

（三）电子签名

在电子签名方面，为了规范电子签名行为，确立电子签名的法律效力，维护有关各方的合法权益，2004 年中国通过了《中华人民共和国电子签名法》，后经过 2015 年和 2019 年两次修订，在数据电文、数字签名的形式、保存要求、电子签名的发送与接收、电子签名的可靠性、电子签名与认证等方面作出了规定。

（四）网络安全

为了保障网络安全，维护网络空间主权和国家安全、社会公共利益，保护公民、法人和其他组织的合法权益，促进经济社会信息化健康发展，中华人民共和国第十二届全国人民代表大会常务委员会第二十四次会议于 2016 年 11 月 7 日通过了《中华人民共和国网络安全法》。

为了预防、遏制和惩治电信网络诈骗活动，加强反电信网络诈骗工作，保护公民和组织的合法权益，维护社会稳定和国家安全，根据宪法，2022 年中国通过了《中华人民共和国反电信网络诈骗法》，其内容包括全面落实电话用户真实身份信息登记制度、限制办理电话卡的数量、建立物联网卡用户风险评估制度等电信治理条款，对开立银行账户、支付账户作出规定的金融治理条款，对使用互联网接入、网络代理等网络地址转换等服务、设立移动互联网应用程序等行为作出规定的互联网治理条款，以及其他综合措施和法律责任。《中华人民共和国反电信网络诈骗法》对保护公民个人信息及财产安全起到了重要作用，也保障了数字贸易发展的网络安全环境。

(五) 数据安全

在保障数据安全方面，为了规范数据处理活动，保障数据安全，促进数据开发利用，保护个人、组织的合法权益，维护国家主权、安全和发展利益，中国于2021年通过并施行了《中华人民共和国数据安全法》，规定在中华人民共和国境内开展数据处理活动及其安全监管，适用本法。在中华人民共和国境外开展数据处理活动，损害中华人民共和国国家安全、公共利益或者公民、组织合法权益的，依法追究法律责任。《中华人民共和国数据安全法》对数据安全与发展、数据安全制度、数据安全保护义务、政务数据安全与开放以及法律责任作了具体的规定。《中华人民共和国数据安全法》对个人信息数据的收集、存储、使用、提供等进行了全链条、全流程监管，对全方位保护个人信息等数据安全具有重要作用。

三、综合试验区和试点城市建设

为促进跨境电子商务发展，从2015年起，中国先后分七批设立了165个跨境电子商务综合试验区，覆盖31个省区市。在跨境电子商务交易、支付、物流、通关、退税、结汇等环节的技术标准、业务流程、监管模式和信息化建设等方面先行先试，为推动中国跨境电子商务健康发展提供可复制、可推广的经验。跨境电子商务综合试验区更加重视中西部地区和边境地区，逐渐由东部、南部沿海地区向内陆省份扩展，从中心城市、省会城市向二、三线城市延伸，全面促进跨境电商发展，如表9-12所示。

表9-12 截至2022年底中国跨境电子商务综合试验区设置情况

批次	城市和地区	数量
第一批	杭州	1
第二批	天津、上海、重庆、合肥、郑州、广州、成都、大连、宁波、青岛、深圳、苏州	12
第三批	北京市、呼和浩特市、沈阳市、长春市、哈尔滨市、南京市、南昌市、武汉市、长沙市、南宁市、海口市、贵阳市、昆明市、西安市、兰州市、厦门市、唐山市、无锡市、威海市、珠海市、东莞市、义乌市	22
第四批	石家庄市、太原市、赤峰市、抚顺市、珲春市、绥芬河市、徐州市、南通市、温州市、绍兴市、芜湖市、福州市、泉州市、赣州市、济南市、烟台市、洛阳市、黄石市、岳阳市、汕头市、佛山市、泸州市、海东市、银川市	24

续表

批次	城市和地区	数量
第五批	雄安新区、大同市、满洲里市、营口市、盘锦市、吉林市、黑河市、常州市、连云港市、淮安市、盐城市、宿迁市、湖州市、嘉兴市、衢州市、台州市、丽水市、安庆市、漳州市、莆田市、龙岩市、九江市、东营市、潍坊市、临沂市、南阳市、宜昌市、湘潭市、郴州市、梅州市、惠州市、中山市、江门市、湛江市、茂名市、肇庆市、崇左市、三亚市、德阳市、绵阳市、遵义市、德宏傣族景颇族自治州、延安市、天水市、西宁市、乌鲁木齐市	46
第六批	鄂尔多斯市、扬州市、镇江市、泰州市、金华市、舟山市、马鞍山市、宣城市、景德镇市、上饶市、淄博市、日照市、襄阳市、韶关市、汕尾市、河源市、阳江市、清远市、潮州市、揭阳市、云浮市、南充市、眉山市、红河哈尼族彝族自治州、宝鸡市、喀什地区、阿拉山口市	27
第七批	廊坊市、沧州市、运城市、包头市、鞍山市、延吉市、同江市、蚌埠市、南平市、宁德市、萍乡市、新余市、宜春市、吉安市、枣庄市、济宁市、泰安市、德州市、聊城市、滨州市、菏泽市、焦作市、许昌市、衡阳市、株洲市、柳州市、贺州市、宜宾市、达州市、铜仁市、大理白族自治州、拉萨市、伊犁哈萨克自治州	33

资料来源：国务院网站，https：//www.gov.cn/.［2023-10-19］.

此外，为进一步推进服务贸易的改革、开放、创新，促进对外贸易结构优化和高质量发展，根据《全面深化服务贸易创新发展试点总体方案》设立北京、天津、上海、重庆（涪陵区等21个市辖区）、海南、大连、厦门、青岛、深圳、石家庄、长春、哈尔滨、南京、杭州、合肥、济南、武汉、广州、成都、贵阳、昆明、西安、乌鲁木齐、苏州、威海和河北雄安新区、贵州贵安新区、陕西西咸新区等28个省市区域，为全面深化服务贸易创新发展试点。落实全面探索创新发展模式，拓展新业态新模式。大力发展数字贸易，完善数字贸易政策，优化数字贸易包容审慎监管，探索数字贸易管理和促进制度等推进服务贸易发展的试点任务。

第三节　中国与其他主要经济体数字贸易规则的比较

目前，在多边体制内开展电子商务议题谈判依然面临着许多挑战，影响这个问题的因素有很多，如各经济体之间就电子商务和数字贸易的内涵、边界等的界定尚未达成共识、发达经济体和发展中经济体之间的数字鸿沟等，此外还有一点比较重要的是，中国与美国、欧盟等经济体在数字贸易的核心议题上还存在分歧，如表 9-13 所示。不仅如此，中国与美国、欧盟等经济体在区域贸易协定中的态度也有差异。

表 9-13 中国、美国以及欧盟在有争议的电子商务议题上的立场

议题	中国	美国	欧盟
数据流动	对数据自由流动有疑虑	数据自由流动（有例外）	数据自由流动（有例外）
数据本地化	对禁止数据本地化有疑虑	禁止数据本地化	禁止数据本地化
隐私	允许采取限制性措施保护隐私、保障安全	仅进行与隐私风险相称的必要限制	允许采取限制性措施保护隐私
源代码	未提及	禁止强制转移源代码（有例外）	禁止强制转移源代码（有例外）
关税	至世贸组织下一次部长级会议前免征关税	电子传输免征关税	电子传输免征关税
互联网税（国内）	不明确	反对互联网税	主张征收互联网税
开放互联网接入	控制开放	支持（有例外）	支持（有例外）

资料来源：Hufbauer, G. C., and Z. Lu. GlobalE-CommerceTalksStumbleonDataIssues, PrivacyandMore[R]. PIIEPolicyBrief19-14, 2019.

一、数据流动

在数据流动方面，美国非常重视跨境数据流动，推行跨境数据流动的自由化，禁止数据本地化。例如，2018 年美国、墨西哥、加拿大签订的《美墨加协定》就加入了开放政府数据与跨境数据流动等议题。

欧盟在跨境数据流动规则方面仍然比较谨慎，虽然规则约束力依然较弱，但议题的覆盖度已经有了一定的发展。例如，2019 年欧盟和日本签订《欧盟日本数据共享协议》，作为对之前欧盟与日本签订的《经济伙伴关系协定》的补充，通过这项"充足性决定"，欧盟承认与日本之间在数据保护系统是"对等的"，在强有力的保护保障的基础上允许个人数据在欧盟和日本之间自由流动[①]。

中国也在和东盟的谈判中首次认可了《区域全面经济伙伴关系协定》中规定不阻止商业行为中的跨境数据流动条款。《区域全面经济伙伴关系协定》首次

---

① 中华人民共和国商务部. 欧盟日本数据共享协议生效. http://www.mofcom.gov.cn/article/i/jyjl/m/201902/20190202833555.shtml. [2023-10-19].

加入了"计算设施的位置"条款,但对跨境数据流动的要求以安全例外为前提,且不适用争端解决机制。

二、关税

WTO 成员在 1998 年的《全球电子商务宣言》中宣布暂时性的电子传输免关税,此后在谈判中电子传输免关税的期限不断延长,在 2022 年 6 月举行的世贸组织(WTO)第十二届部长级会议上,各成员同意在 13 届部长会议前维持不对电子传输征收关税的现行做法。电子传输免征关税承诺延期是数字税征收国际层面的主要讨论议题,但目前为止还没有任何文件给出"电子传输"的明确定义和范围,这也是电子传输免征关税方面讨论的争议点之一。

在电子传输免关税这一议题上美国也表现得十分积极。在 2003 年美国和新加坡签署的 FTA 中规定电子传输免关税,但对电子载体可在不考虑电子内容价值的前提下征税,到美国与澳大利亚签订的 FTA 就已规定电子传输和载体永久免关税。欧盟支持免征电子传输关税,其中一部分原因是给企业和消费者创造稳定和可预见的贸易环境,避免因税差而导致的企业搬迁和贸易转移。这里美国、欧盟等发达经济体主张的电子传输免征关税,它们对"电子传输"的定义不单包括电子传输服务本身,也涵盖传输内容。而中国暂时规定的是至世贸组织下一次部长级会议前免征关税。

三、数据本地化

美国把数据储存非强制本地化作为数字贸易谈判的核心议题之一,美国在《跨太平洋伙伴关系协定》的谈判之中提出了数据储存非强制本地化,《跨太平洋伙伴关系协定》中保留设置了例外条款,允许他国处于监管要求以及合理的公共政策目标不将数据存储在本地。虽然美国后来退出了《跨太平洋伙伴关系协定》,但这是美国首次提出数据储存非强制本地化。美国在《美墨加协定》中删除了这两条例外条款,扩大了数据储存非强制本地化的适用范围。

中国要求个人信息和重要数据储存本地化,并且数据储存本地化主要依据《中华人民共和国数据安全法》《关键信息基础设施安全保护条例》《个人信息保护法》等法律规定。重要数据出境,对于关键信息基础设施的运营者,需按照国家网信部门会同国务院有关部门制定的办法进行安全评估,对于一般的数据处理企业,需进一步由国家网信部门会同国务院有关部门制定出境安全管理办法。

"国家机关处理的个人信息"和"关键信息基础设施运营者和处理个人信息达到国家网信部门规定数量的个人信息处理者在中华人民共和国境内收集和产生的个人信息"需要以境内存储为原则。

四、源代码

国家出于网络安全和反垄断等公共政策目标,有时会要求企业提供源代码、算法,而企业出于自身商业利益的考量则需要保护源代码、算法。随着数字技术的进步,源代码、算法等知识产权在数字贸易中越来越重要,保护源代码、算法相关议题成了数字贸易领域比较热门的议题之一。

美国在《跨太平洋伙伴关系协定》和《美墨加协定》中都写入了有关源代码的条款。《跨太平洋伙伴关系协定》规定,任何缔约方不得将要求转移或获得另一缔约方的人所拥有的软件源代码作为在其领土内进口、分销、销售或使用该软件或含有该软件的产品的条件,但其中规定的软件限于大众市场软件或含有该软件的产品,不包括关键基础设施所使用的软件。《美墨加协定》规定,当某一软件或相关产品在一国范围内进口分销、销售或使用时,任何缔约方不得将要求转移或获得另一缔约方的人所拥有的软件源代码,或者源代码中使用的算法。

欧盟在与日本缔结的《经济伙伴关系协定》等 FTA 也加入了关于源代码的规则,但是与美国不同,欧盟未对软件类型作任何限定也没有将政府采购排除在外,其源代码规则明确指出商业谈判合同例外,包含政府采购中自愿达成转让或允许获取源代码条款的情形,并允许缔约方在涉及战争物资、国家安全和国防等政府采购时采取其认为对保护根本安全利益所必要的措施[①]。

中国在对外缔结的国际经贸协定中尚未引入明确的源代码规则,也没有在多边谈判体制内提出源代码提案。

第四节 中国数字贸易发展的机遇与挑战

数字经济发展速度之快、辐射范围之广、影响程度之深前所未有,正推动生产方式、生活方式和治理方式深刻变革,成为重组全球要素资源、重塑全球经济结构、改变全球竞争格局的关键力量。

---

① 鄢雨虹. 国际经贸协定中的源代码规则新发展及中国立场[J]. 武大国际法评论,2021,5(3):97-117.

第九章　中国数字贸易的发展演进

数字经济给中国的生产方式、生活方式与社会治理方式带来了翻天覆地的改变。以新一代信息通信技术为主要驱动力的数字化浪潮蓬勃兴起，数字产业化规模扩张，产业数字化态势强劲，推动数字经济、数字贸易成为全球经济发展的新引擎。数字贸易是数字技术与经济、社会深度融合、共同演进的产物。近年来，数字贸易发展迅猛，正在重塑和创新各类经济活动，全球价值链以贸易为纽带在全球范围实现资源配置，数字贸易的发展和繁荣正在成为重塑全球价值链的关键力量。在这样的背景下，中国的数字贸易发展也将迎来新一轮的机遇与挑战。

一、中国数字贸易发展的机遇

（一）全球数字贸易规则谈判成果为数字贸易发展提供保障

随着数字技术的快速发展，数字贸易已经成为全球经济贸易发展的重要趋势，数字贸易的规则和标准也随之不断演变和完善。全球数字贸易规则谈判是当前国际经贸谈判的重要议题之一。数字贸易的发展使得传统的国际贸易规则和标准已经无法适应新形势下的需求，各国需要制定新的数字贸易规则，以保障数字贸易的自由化和便利化。

近年来，全球数字贸易规则谈判已经取得了一些初步成果。自 1996 年来，电子商务议题得到了 WTO、联合国贸易和发展会议（UNCTAD）等多边组织的广泛关注，数字贸易条款在 CATT、GATS、《TRIPs 协议》、《技术性贸易壁垒协议》（《TBT 协议》）等协定中不断完善。一方面，以 TPP、TTIP、TiSA 为代表的超大型自由贸易协定代表了现有全球数字贸易规则制定的最高水平，既规定了电子传输免征关税消费者权益和隐私保护、电子认证和电子签名等基本条款，又重点研判了数据跨境流动、源代码转移和访问、计算设施本地化等核心问题。另一方面，以 APEC、OECD 为代表的区域经济组织寻求积极解决方案，APEC 跨境隐私规则体系（CBPRs）和 OECD 贸易便利化指数（TFI）是国际数据隐私保护和数字化转型过程中的重要里程碑[1]。在 G20 峰会上，各国领导人就数字贸易自由化达成了一致，并决定建立 G20 数字贸易专家组，以推动数字贸易规则的制定和谈判。

（二）技术不断更新迭代为数字贸易发展提供强劲动力

1. 数字经济对传统生产方式产生了深远的影响

随着信息技术的不断发展，数字化已经成为企业提高效率、降低成本、提升

---

[1] 马述忠. 数字贸易学 [M]. 北京：高等教育出版社，2022.6.

竞争力的重要手段。许多制造业企业已经实现了数字化生产，通过自动化和智能化的设备提高了生产效率和产品质量。此外，数字经济也推动了新兴产业的发展，如电子商务、互联网金融等，这些新兴产业的出现为中国的经济发展注入了新的活力。

随着大数据、云计算、人工智能等技术的不断进步，数字贸易获得了强劲的技术支持。这些技术使得企业可以更高效地进行数据处理、存储和传输，进而为消费者提供更优质的产品和服务。例如，云计算技术的应用为企业提供了灵活的IT解决方案，降低了运营成本；人工智能技术的应用可以帮助企业更好地分析消费者行为和市场趋势，优化产品设计和营销策略。

目前，以大数据为核心的应用几乎渗透到各个行业领域，各项业务的开展也越来越离不开数字技术的支持。海量数据的收集与应用使得新一波高生产率的企业出现，创造出了新的消费者剩余。在刺激用户不断消费的同时，用户需求也日益多样化起来，使得技术不断创新，进一步加速了云计算应用在商业和社会中的渗透[1]。

美国的亚马逊公司在全球范围内拥有庞大的电子商务平台和数字支付系统，通过云计算平台 Amazon Web Services（AWS）为企业提供数据存储、分析和处理等服务，降低了企业的运营成本，提高了运营效率。另外，人工智能技术的应用帮助亚马逊进行更准确的产品推荐和精准营销，更好地满足消费者的个性化需求，进一步提升了用户体验和销售额。

中国的阿里巴巴在数字贸易领域拥有强大的技术实力。阿里巴巴的云计算平台"阿里云"为全球数百万个企业提供了数据存储、分析和处理等服务，帮助这些企业实现了数字化转型。同时，阿里巴巴还利用人工智能技术来分析消费者行为和市场趋势，为其电商平台提供智能推荐、智能客服等服务，优化了用户体验。

2. 数字经济对居民生活方式也产生了重大影响

随着互联网的普及和数字技术的不断提升，人们的消费习惯和生活方式也发生了翻天覆地的变化。线上购物、在线教育、在线医疗等数字化服务逐渐成为人们日常生活的重要组成部分。同时，数字技术的应用也使得公共服务更加便利和高效，例如政务服务、城市管理、公共交通等。这些数字化服务的应用，不仅提

---

[1] 宋玉臣，李芳妍．中国数字经济发展意蕴解读：变革、挑战与机遇［J］．税务与经济，2023（3）：58-65．

高了人们的生活质量，也使得城市管理更加精细化和智能化。

数字贸易催生了经济变革背景下的新业态新模式，创新了服务提供方式，极大拓展了贸易的广度和深度，助力各环节增效提质，为贸易结构调整和新型服务发展带来新机遇。

（三）电子商务的普及为全球数字贸易提供了更广阔的平台

电子商务平台的发展使得越来越多的消费者和企业开始接触和接受数字贸易，从而促进了全球数字贸易的发展。同时，电子商务平台也可以通过数字化技术来提高生产效率和服务质量，进一步促进全球数字贸易的发展。

首先，电子商务平台为全球数字贸易提供了更好的平台和更大的市场。电子商务平台可以通过数字化技术来连接消费者和企业的需求，从而提供更加便捷、高效、个性化的购物体验。例如，电商平台可以根据消费者的购物历史和浏览记录，提供更加精准的商品推荐和服务，从而满足消费者的需求；电商平台也可以通过数字化技术来提高生产效率和服务质量，从而提升企业的竞争力。

其次，电子商务平台的普及也使得全球数字贸易更加便捷和高效。电商平台可以通过数字化技术来简化购物流程，从而提供更加便捷、高效的购物体验。例如，电商平台可以通过数字化技术来简化支付流程，从而缩短购物时间；电商平台也可以通过数字化技术来提高物流效率和服务质量，从而缩短商品到达消费者手中的时间。

最后，电子商务平台的普及也使得全球数字贸易更加个性化。电商平台可以通过数字化技术来了解消费者的需求和行为，从而提供更加个性化的购物体验。例如，电商平台可以根据消费者的购物历史和浏览记录，提供更加精准的商品推荐和服务；电商平台也可以通过数字化技术来分析消费者购买习惯，从而提供更加个性化的产品和服务。

总之，电子商务的普及为全球数字贸易提供了更好的平台和更大的市场。电子商务平台的发展使得越来越多的消费者和企业接受数字贸易，同时也为消费者提供了更加便捷、高效、个性化的购物体验。这些都可以进一步促进全球数字贸易的发展。因此，电子商务平台的发展对于全球数字贸易的发展具有重要意义。

二、中国数字贸易发展的挑战

（一）数据安全与隐私保护问题日益凸显

数字贸易涉及大量的数据交换和信息共享，因此数据安全和隐私保护是数字贸易发展所面临的重要挑战之一。随着数字经济的不断发展，数据泄露和网络攻击事件也日益频繁。如果数据安全得不到保障，将会给企业和消费者带来巨大的损失和安全隐患。

目前，数据已经成为企业的重要资产，但部分国家对数字安全重视程度不足、数据安全技术和理念滞后、国家间数字安全合作欠缺等短板，导致个人数据泄露事件频繁发生，数据泄露是当前数据安全最大的问题，也是危害最大的安全问题，往往是由于误操作、人为故意或系统漏洞等导致数据无意的流出或泄露。同样的，数据在传输或存储过程中被他人非法修改或破坏，导致数据完整性受到破坏；未经授权的单位或个人非法获取或使用数据资源，导致数据资源被滥用或被泄露；由于各种原因导致数据无法正常读取或访问，造成不可预知的损失。这些数据安全问题成为影响数字贸易发展的突出障碍。如何有效监管个人数据，保护数据安全是现在仍需讨论的重要课题。

为了应对这一挑战，各国政府和企业需要加强数据安全和隐私保护的力度。首先，需要建立健全的数据安全法律法规和标准体系，规范数据的收集、存储和使用行为。其次，需要加强网络安全防护技术的研究和应用，提高网络安全防护水平。此外，还需要加强对企业和消费者的数据安全和隐私保护意识教育，提高他们的安全防范意识和能力。

（二）数字鸿沟与不平等问题依然存在

数字贸易的发展虽然带来了数字经济的繁荣，但同时也加剧了数字鸿沟和不平等问题。数字鸿沟是指不同群体之间在数字技术应用方面的差距，这种差距会导致信息不对称、机会不均等问题。例如，在一些国家，由于互联网基础设施建设和普及程度存在差异，一些地区和群体无法享受到数字贸易带来的便利。数字鸿沟不仅存在于发达国家与发展中国家之间，还存在于发展中国家与发展中国家之间，以及在发展中国家的内部。数字鸿沟与不平等问题主要体现在以下几个方面。

一是技术方面的差距。数字贸易的发展需要强大的技术支持，包括互联网技术、云计算、大数据、人工智能等。然而，在这些技术领域，发达国家和发展中国家之间存在显著的技术差距。这种技术差距使得发展中国家在数字贸易的发展受到限制，难以与发达国家竞争。

二是基础设施的差距。数字贸易需要高度发达的互联网基础设施作为支撑。然而，许多发展中国家在互联网基础设施方面存在明显的不足，网络覆盖范围有限，网络速度较慢，这使得数字贸易在这些地区的发展受到限制。

三是人才数量和质量上的差距。数字贸易需要大量的专业化人才，包括技术研发、市场营销、数据分析等领域的人才。然而，许多发展中国家在人才储备方面相对较弱，缺乏具备数字技术知识和能力的人才。这使得发展中国家在数字贸易领域的发展面临更大的挑战。

四是法律法规和政策环境上的差距。数字贸易的发展需要健全的法律法规和政策环境作为保障。然而，许多发展中国家在这方面存在较大的缺陷。这使得数字贸易在这些地区的发展面临法律风险和不确定性，提升了投资和贸易的难度和贸易成本。

五是社会经济水平上的差距。数字贸易的发展需要一定的社会经济水平作为支撑。然而，由于历史和地理等多种因素的影响，不同国家的社会经济水平存在显著的差异。这种社会经济差异使得数字贸易在不同国家之间的发展不平衡，导致数字鸿沟和不平等问题的出现。

数字鸿沟与不平等问题使发展中国家在全球经济治理体系中的参与度和话语权受到限制，制约了其深度参与数字贸易规则制定。数字鸿沟与不平等问题也限制了发展中国家数字贸易出口的国际竞争力。发展中国家产业数字化规模较小，转型壁垒较高，制约了数字贸易的发展。数字贸易相关法律法规体系不健全，法律监管不完善，增加了数字贸易发展的风险和不确定性。为了应对这一挑战，各国需要加强合作与交流，缩小数字鸿沟，促进全球数字贸易的均衡发展。

（三）全球数字贸易治理体系尚未构建完成

数字贸易的发展历史并不久，但其发展又是迅猛的，这就导致了各国在数字贸易的规则制定方面存在滞后性。由于各国之间的政治制度、文化背景、经济水平等方面存在巨大差异，因此难以达成一致的全球治理规则和机制。一些国家可能对某些全球性问题采取不同的立场和政策，或者不愿意承担全球治理的成本和义务。这可能导致全球治理体系出现碎片化、复杂化，加大国家间的政策协调难度，同时也不利于全球性问题的解决。

全球数字贸易治理体系尚未构建完成。如何构建国际一流数字营商环境，打通数字贸易全产业链上的堵点，优化数字政务能力，提升数字营商环境质量，优化知识产权保护的制度环境，健全科技成果转化激励机制和运行机制，都是现在中国面临的挑战。

在这样的背景下，如何在相互尊重、相互信任的基础上加强对话合作，如何创设新型包容性治理机制与模式，都是要思考的问题。未来要在全球经济体的努力下共同推动数字治理，形成网络空间命运共同体。

总之，推进数字贸易高质量发展需要政府、企业、社会等各方的共同努力，加强合作，优化政策环境，提高技术水平，完善治理体系，推动数字贸易向更高层次、更广领域、更深程度发展。

三、中国数字贸易的未来发展

面对中国在数字贸易领域的机遇与挑战，必须增强风险意识，要积极把握未来发展主动权，推动数字贸易实现跨越式发展。

首先要在关键基础技术上取得突破。数据流作为驱动力和推动力发挥着越来越重要的作用，信息通信技术是数字贸易的基础，提高数字技术的基础研发能力，打赢基础技术的关键战役，将数字经济的自主发展掌握在自己手中，尽快实现高度自治。为此，应对新技术发展加快新型基础设施建设加强战略部署，利用5G网络和国家综合数据中心系统，全面推进产业化和规模化应用，打造具有国际影响力的大型软件公司，聚焦软件领域的关键突破，推动软件产业规模化做强，提高软件关键技术的创新和供给能力。

面对发展不平衡不充分的问题，不仅要靠推动数字产业重点发展，也要促进数字经济与实体经济的相融合。把握数字化、网络化、智能化方向，推进制造业、服务业、农业等产业数字化，利用互联网新技术实现传统产业全面转型，提高生产要素综合生产力。聚焦战略前沿和前沿领域，立足重大技术突破和发展需求，增强产业链关键环节竞争力，完善重点产业供应链体系，加快产品服务迭代。推动互联网、大数据、人工智能、产业深度融合。

不仅要加快打造具有国际竞争力的大企业和具有产业链控制力的生态主导型企业，也要要脚踏实地、因企制宜，培育出"专精特新"企业，实现均衡发展。为实现这一目标，要充分发挥数字贸易示范区的作用，在示范区积极多维度探索规则、制度、服务体系、应用场景等。持续优化示范区建设的综合性方案，为高质量发展开拓出切实可行的道路。

此外，也应注重加强对数字经济、数字贸易发展的研究。中国要更多地参与国际组织数字经济议题谈判，在数字贸易领域推动政府双边和多边合作，维护和加强数字经济治理机制的形成，发出中国声音。

案 例

戴上轻便的虚拟现实眼镜，瞬间穿梭到元宇宙的世界，游览 2 500 公里以外的鼓浪屿美景；点击屏幕，便可与化身律师、老师等多样角色的数字人实时互动；踩上单车，在模拟赛道中和朋友来一场风驰电掣的"数智"竞技……2023 年中国国际服务贸易交易会上，各种新技术、新应用让人应接不暇。2023 年服贸会是数字科技"新面孔"的"大秀场"。芯片技术、量子测控、卫星遥感等专精特新成果精彩亮相，人工智能、金融科技、医疗健康等领域新产品悉数首发。"运用数字化技术，可使一些原本不可贸易的服务成为可贸易服务，引发服务的'可贸易革命'，进一步提高服务贸易规模。"商务部国际贸易经济合作研究院副研究员朱福林表示，中国服务贸易数字化转型进一步提高了服务贸易知识化、技术化程度，同时有效催生了远程医疗、众包等服务贸易新模式、新业态。

数据显示，2022 年中国可数字化交付的服务进出口额达到 2.51 万亿元，同比增长 7.8%，居全球第五位，规模再创历史新高。2023 年上半年，中国可数字化交付的服务进出口规模继续增长 12.3%，高于服务进出口总体增速 3.8 个百分点。伴随 5G、AI、大数据、云计算等技术的加速创新，以知识密集和技术密集为特征的新兴服务贸易占比稳步提升。2023 年上半年，中国知识密集型服务贸易额占服务进出口总额的比重超 43%。2023 年的服贸会进一步突出创新引领作用，为数字技术与实体经济深度融合打开机遇之窗，推动全球服务贸易数字化转型跑出"加速度"[1]。

根据上述资料，试分析为何要形成有利于服务贸易创新发展的营商环境，加强服务贸易知识产权保护，为大中小型服务贸易企业开展服务技术创新提供多种优惠扶持？

小 结

数字经济是推动世界经济发展、改变世界竞争结构、重构世界经济结构的新动力。中国拥有庞大的国内市场、丰富的数据资源、可靠的网络基础设施和活跃

---

[1] 中华人民共和国商务部公共信息服务，http：//chinawto.mofcom.gov.cn/article/ap/p/202309/20230903437431.shtml.［2023-10-19］.

的创新市场，数字贸易的潜力越来越大。但与此同时，中国也面临着许多挑战以及发展数字贸易的机会。现在数字贸易的发展在中国仍然存在许多瓶颈尚未突破，数字创新的能力也有待提高。对全球监管和治理的参与，数据安全问题的妥善解决，适应行业数字贸易的模式，创新的治理体系的开发与应用都是中国在数字贸易发展中所面临的问题。为了引领未来的发展，中国必须继续加强数字经济和数字贸易的结构和治理，促进数字贸易的快速发展。与此同时，中国企业也需要加强技术创新和数据安全，提高数字贸易竞争力和可持续性。中国要在全球数字贸易领域承担大国责任，展现大国担当。

习 题

1. 中国数字贸易的发展现状、主要特点是什么？

2. 数字贸易的未来发展趋势是什么？中国应如何面对数字贸易领域技术变革所带来的挑战？

3. 2023 年 3 月，中共中央、国务院印发的《数字中国建设整体布局规划》指出，支持数字企业发展，建立健全数据要素市场，鼓励各类所有制企业公平获取数据资源。那么，在这样的背景下应该怎样保护数据安全？

第十章
数字贸易生态链的构成

  2021年我国发布的《"十四五"服务贸易发展规划》历史性地将"数字贸易"纳入服务贸易发展规划，并提出依托国家数字服务出口基地，加快数字经济和数字贸易的发展，构建更加安全、稳定和高效的数字交流平台，致力于打造开放、包容、互利的数字贸易体系，建立数字贸易生态链良好机制，强化数字贸易生态圈的构建。党的二十大报告就发展数字贸易、加快建设贸易强国作出重要部署，并提出打造具有国际竞争力的数字产业集群等具体要求。我们要深入贯彻党的二十大精神，抓住数字经济发展机遇，加快发展数字贸易，培育数字贸易新业态、新模式，加快贸易全链条数字化赋能，提升贸易数字化水平。

  本章结合传统贸易模式下生态系统的相关研究，首先探析了数字贸易对传统贸易生态链的冲击，其次梳理了数字贸易生态链的新构成，最后阐述了数字贸易生态链到数字贸易生态圈的演化和意义。本章的学习探讨了数字贸易生态圈的内涵框架和运行机制，帮助读者厘清数字贸易生态链的演化方向和内涵意义。

第一节　数字贸易对传统贸易生态链的冲击

  数字贸易作为一种新型贸易形式，随着全球化的加速推进和数字信息技术的不断发展，逐渐得到广泛普及。数字贸易以互联网为基础，通过电子商务平台进行交易和物流配送，将传统的线下贸易转变为线上贸易，具有买卖双方无实体接触的便利性。数字贸易的蓬勃发展，展现了其旺盛的生命力和广阔的发展前景，与此同时，也给传统贸易生态链带来了深刻的冲击。

一、传统贸易生态链的内涵与外延

（一）传统贸易生态链的内涵

传统国际贸易是指不同国家之间通过进出口实现商品与劳务的交换而开展的贸易行为，通常由企业、政府、金融机构以及国际组织等主体参与，经历一系列选品、报价、国际贸易谈判和签约、付款结算、货物装运直至最终交付等环节，涵盖了从原材料供应到生产、分销、零售和最终消费的全过程，促进不同国家之间的经济联系与合作，从而获得经济利益。传统贸易生态链是指在传统贸易模式下形成的一种相互依存、相互关联的供应链网络。传统贸易生态链是以供应链为核心的有机整体，其中包括原材料供应商、制造商、零售商、物流公司等参与者，不同参与者在各个相互关联的环节中发挥重要作用，将商品通过商流、物流、信息流和资金流的高效协调与合作，最终传递给消费者。

（二）传统贸易生态链的外延

传统贸易生态链的外延是指在传统贸易生态链模型的基础上，对其领域和范围进行扩展和延伸，从而涉及更多的相关对象和环节，以实现更全面和综合的价值创造。从参与对象和主体角度看，传统贸易生态链模型可以从原材料供应商、制造商、零售商、物流公司、消费者等参与者外延扩展到供应链上游的原材料供应商以及下游的售后服务提供商等。

从行业领域上看，传统贸易生态链可以将不同领域和行业连接起来，促进跨行业的合作与交流。例如，将农业、物流和零售业的生态链连接起来，形成农产品从生产到销售的全过程链条。

从地理位置上看，生态链的外延还可以跨越地域和国界。传统贸易生态链通常是在特定地域内的运作，而外延可以将不同地域的生态链进行连接，实现资源和价值的跨区域流动。此外，在经济全球化背景下，生态链的外延还涉及跨越国界的协作和交流，促进全球化供应链的形成。

从数字信息技术上看，传统贸易生态链的外延通过收集整理各个环节和参与者的相关数据信息，进一步实现信息共享，提高生态链的可见性、协同性和效率性。

二、传统贸易生态链面临的挑战

（一）传统生态链面临制度多元化的挑战

国际贸易涉及不同国家之间的经济交流，由于每个国家追求的经济和政治目标可能存在差异，各个国家的法律、规定和制度也各不相同，因此各国在制定贸易规则时会有不同的考量，从而导致制度多元化。企业在进行传统贸易时，需要遵守不同国家的法律法规和相关标准，包括贸易政策、进出口手续、支付结算、知识产权保护等规定，这些降低了商品的交易效率，增加了企业贸易的时间成本和交易风险，为传统贸易生态链带来了制度上的挑战。因此，在传统贸易生态链中，跨境企业需要具备应对制度差异的能力即制度跨境能力，克服多元市场间的制度差异，减少制度成本，为跨境企业创造更多价值，保证整体生态链的有效性。

（二）传统生态链面临文化多元化的挑战

在一个多元化的社会中，不同地区群体在漫长的历史积淀中形成了独特的宗教、语言、审美、风俗习惯和艺术等文化，这些文化差异在改变人们认知的基础上，也使消费者对不同类型商品的需求有显著差异，从而影响传统贸易生态链运作。随着经济全球化的不断深化，传统贸易生态链面临更严峻的文化认同和标准一致性的挑战，如果跨境贸易企业在跨境合作交流过程中，没能充分地了解当地文化背景和流行趋势，抑或对其他国家和地区的文化元素接受程度低，就可能会导致合作伙伴之间难以达成共识，阻碍贸易合作的顺利进行。在文化多元化的挑战下，跨境企业需要具备文化适应能力，针对不同国家和地区的文化差异和要求，对供应链上游制定多元化战略，优化资源配置，实现企业利润最大化。

（三）传统生态链面临价值多元化的挑战

在国际贸易中，不同国家和地区的资源和产业具有不同的价值，即不同国家和地区在生产和贸易中具有不同的相对比较优势和竞争优势，这种价值差异是跨境贸易利润的重要原因之一[1]。在传统贸易生态链下，由于资源有限，某些企业或国家无法获得足够的资源来实现价值多元化，而是依赖于少数几种出口商品，这使得它们非常容易受到国际市场波动的影响，当其依赖的商品价格下跌或需求下降时，这些国家的经济将会陷入困境。此外，消费者的需求和市场趋势不断变化，由于技术壁垒的存在，一些国家和企业无法触及高附加值产业，同时缺乏技术创新，这也会阻碍传统贸易生态链多元化的发展。传统贸易生态链下实现价值多元化是一个动态过程，企业价值创造能力在应对价值差异方面至关重要，因此

---

[1] 贺慧芳. 跨境电子商务的多元市场价值链模型构建及推进策略［J］. 商业经济研究，2021（18）：103-107.

各行为主体可以充分挖掘多元市场的价值差异,对贸易双边的价值进行整合,加强价值共创,实现经济的多元化和可持续发展。

三、数字贸易对传统贸易生态链中各行为主体的冲击

信息技术、数字技术、大数据等新技术的迅速发展,催生了以数据化、产业化、平台化和普惠化为核心的新兴经济模式——数字经济。数字贸易作为数字经济和传统贸易的延伸,促进了全球产业链、价值链和创新链的整合优化[1],因此受到越来越多国家的重视,它的广泛应用已经成为一种必然趋势。传统的国际贸易主要由大型跨国企业主导,通常涉及企业与企业之间(Business-to-Business,B2B)、企业与政府之间(Business-to-Government,B2G)。数字贸易作为一种新的贸易形式,其贸易活动更加自由化,大大降低了贸易门槛,打破了国际贸易市场中大型跨国企业的主导地位,为中小企业、个体商户和消费者提供了更多的参与机会。

(一)对企业的冲击

传统贸易生态链中的企业长期依赖实体市场和实体渠道这类贸易模式,需要具备固定的交易场所,交易从开始到完成要经历较长的周期,不仅环节繁杂还会面临诸多限制,因此受到商品价格和货币汇率波动的风险较大,限制了贸易规模。此外,外贸企业缺少对市场的敏感度,传统贸易生态链大多数采用B2B模式,交易过程中存在诸多中间机构如运输公司、保险公司、银行、海关等部门,这些环节增加了贸易复杂性,抬高了商品最终价格。数字贸易作为跨境电子商务的高级形态,为传统贸易生态链带来了创新并注入新的动力。一方面,数字贸易通过数字技术和数字服务使得数据和信息近乎零边际成本共享,促进各个环节的集约化管理,传统生态链中的企业能够直接与供应商和客户进行更高效地采购、生产和销售等活动,大大降低了交易成本,提高了贸易的灵活性和交易效率;另一方面,数字贸易为中小企业和发展中国家提供了进入全球市场的机遇,中小企业和发展中国家可以直接接触到全球市场,不再受限于地理位置和传统销售渠道,为其拓展海外市场,为融入全球经济体系提供了便利。

(二)对消费者的冲击

在传统贸易模式下,由于整个进出口流程涉及的生态链较长,信息传递效

---

[1] 中国服务贸易指南网. 什么是数字贸易?数字化给服务贸易带来哪些变革? www.mofcom.gov.cn.

率较低，消费者在贸易活动中处于弱势地位，对产品和市场的信息掌握较少，往往只能依靠生产者提供的信息进行购买决策，因此无法对商品价格进行有效的比较和评估，这导致消费者在交易中处于信息不对等的地位，很难获得充分的信息以做出理性的选择。在数字贸易模式下，消费者作为数字贸易生态链的终点，是数字贸易生态链中重要驱动力，消费者通过对产品信息的反馈，引导供应商提供更多符合消费者需求的个性化产品和服务。数字贸易通过数字技术和数字平台等方式促进了传统贸易的转型升级，使传统国际贸易生态链从链条式转向扁平化，大幅度削减企业和消费者之间的中间环节，在供应商和消费者之间建立了直接有效的沟通，极大程度地提高了对外贸易的效率。同时，数字贸易通过数据分析和数字信息技术，可以让消费者获得更符合自己需求的个性化推荐和定制化服务，激发了供应商之间的竞争，促进企业进行数字化和智能化升级，从而充分满足消费者的个性化偏好和差异化需求，提升消费者的满意度和主体地位。

（三）对政府的冲击

传统贸易模式下，政府会通过设置贸易壁垒、签订贸易协定以及采取禁运等措施来扩大市场准入，保护本国产业免受外国竞争的冲击，这些贸易壁垒和措施会提高国际贸易的距离成本、物流成本，还会制约基础设施建设。随着大数据和人工智能技术的发展，传统贸易壁垒在形式和监测手段等方面已经逐渐呈现出数字化特征，数字贸易的兴起打破了传统贸易的地域限制，减少了对资源的需求和成本，推动政府向信息化、数字化转型。面对高度复杂的数字经济治理，政府的监管迎来了新的挑战和要求。政府需要根据数字贸易虚拟化、平台化、集约化、普惠化、个性化以及生态化的特点，重新评估和调整贸易壁垒和限制措施，以适应数字贸易的发展[①]。此外，数字贸易的核心是数据流动和信息交换，政府需要在数据流动和隐私保护之间寻求平衡，既要保护个人隐私和数据安全，又要促进数据的自由流动和共享，形成政策的整体性和一致性。同时，政府需要制定相关的数据保护法律和隐私政策，加强监管和执法力度，积极推动跨境合作，加强国际合作框架和规则的制定，促进数字贸易的自由化和便利化。

---

① 盛斌，高疆．超越传统贸易：数字贸易的内涵、特征与影响［J］．国外社会科学，2020（4）：18—32．

四、数字贸易对传统贸易生态链中各环节的冲击

(一) 对采购生产环节的冲击

传统的国际贸易生态链涉及多个中间组织，使得生产者和消费者之间无法建立直接联系并快速响应市场需求，这种情况增加了上游供应商的库存风险。数字贸易的产生和发展不仅减少了传统贸易的中间环节，使供应链变得更加高效，还削弱了地理位置和传统贸易路线的限制。一方面，企业通过数字化平台和物联网技术，可以追踪产品的生产和运输过程，了解库存情况，实时获取产品信息、比较供应商价格和服务，有助于高效管理采购和加工生产环节，增加供应链的灵活性和可见性。另一方面，数字贸易平台将生产者、供应商和消费者集聚在一起，直接建立有效沟通。通过数字平台，企业可以借助数字信息技术、3D 打印和智能制造技术等，更准确地了解市场需求和消费者行为，实现个性化生产和定制化制造，减少传统加工生产中的中间环节和物流成本，更高效地响应市场需求，实现资源共享和协同生产，提高生产和资源配置效率。

(二) 对国际物流环节的冲击

国际物流在传统贸易生态链中扮演着重要角色，机场、铁路、公路等高质量基础设施的建设显著降低运输成本，并对周边国家和地区产生扩散效应。数字贸易的发展大大削弱了物理距离和海外固定成本对跨境贸易的制约作用，也对物流需求和物流速度提出了更高的要求，逐渐形成了"数字传输、本地生产"的货物贸易新模式。首先，数字贸易利用数字平台，促使消费者从传统的线下贸易转向直接在网络上购买商品，消费者不再通过实体店购买，减少了国际物流环节中商品从生产地到实体店的运输成本。同时，数字贸易使订单的生成和处理更多地发生在线上平台，减少了传统纸质文件和人工处理，令国际物流环节更加高效。其次，数字贸易还推动了更高水平物流技术和自动化设备的应用，例如，物联网和传感器技术使得物流过程中的货物跟踪、仓储管理和运输调度更加智能化和自动化，自动仓储机器人和智能运输车辆的应用也提高了物流效率和准确性。数字贸易通过数字化的方式，实现了货物信息和跟踪的实时更新与共享，提高了国际物流的可视性和透明度，使得供应链管理更加高效和精确。

(三) 对市场营销环节的冲击

传统贸易生态链中，受生产规模、市场占有率的制约，中小企业和数字密集

型产品生产企业参与国际贸易的阻力较大。在传统贸易生态链中，产品同质化现象严重，产品间替代弹性增加，价格竞争激烈，营销、支付等服务成本相应提高，市场利润空间被不断压缩。在数字贸易时代，更多的中小企业能够进入市场，与大企业展开竞争，市场规模进一步扩大，为数字密集型行业带来更多经济效益。首先，数字化技术催生了一些新兴的营销模式，通过社交媒体平台，企业可以与消费者直接互动，优化营销决策，吸引消费者的关注，维护客户群体，建立品牌忠诚度。其次，数字化的发展使得新的商业模式如平台经济和共享经济得以兴起，这些新的商业模式改变了传统贸易方式，创造了新的市场需求。例如亚马逊、阿里巴巴和京东等电子商务平台连接了买家和卖家，促进了商品的在线交易。

（四）对售后服务环节的冲击

数字贸易加速传统货物贸易向服务贸易转变，扩展了服务产品的可贸易边界，并促使新兴数字服务产业不断涌现，服务在贸易增加值中的重要性进一步提升。数字贸易通过在线平台和即时通信工具，使得客户与供应商之间的沟通更加迅速和便捷。客户可以通过在线聊天、电子邮件或社交媒体直接向供应商提出问题和寻求帮助，这种实时的客户支持提高了客户满意度和响应速度。此外，人工智能和大数据分析技术为售后服务提供了虚拟帮助中心和知识库的建设及运营，销售商可以创建在线的 FAQ（常见问题解答）数据库、用户手册、视频教程等，让客户自助解决常见问题。这种数字化的售后不仅弱化了传统国际贸易在空间和时间上的制约，将部分传统线下服务转变为线上服务，还创造了提供贸易服务的新方式，使售后服务更加个性化、实时化，提升客户体验和服务效率。

第二节 数字贸易生态链的新构成

随着互联网技术的快速发展和普及应用，数字贸易生态链不断演化。传统贸易的参与主体包括出口方、进口方和辅助贸易开展的中间组织，出口货物从生产到最终到达消费者手中，要经过生产企业→出口中间商→进口中间商→零售商→消费者等环节和保险、海关、银行、运输公司、检验机构、征信机构、报关等多个中间组织，生态链冗长，贸易过程中不确定性较大。数字贸易的参与主体涉及供给方、需求方和数字贸易平台，出口货物经过供给方→数字贸易平台→需求方，即供应商可以直接通过数字贸易平台交易，这极大地简化了贸易流程，减少了贸易过程中商品价格变动和各国货币汇率变动的影响，促进了贸易效率的提高，转变了贸易方式。

一、数字贸易生态链中的参与方及其作用

与传统贸易相比，数字贸易的贸易流程大大简化，这主要是因为参与主体较传统贸易的参与主体有较大变化。

（一）供给方

供给方指贸易活动中商品、服务及各种生产要素的提供者，不仅包括传统贸易中的中大型企业，以数字技术为依托的电子商务平台的发展让中小型企业也能够成为数字贸易的主体部分，甚至个体商户也参与其中。数字贸易与传统贸易类似，贸易的本质仍然是商品和服务在贸易主体之间的交换转移。数字贸易较传统贸易有较大发展，表现在：一方面，在贸易对象上，传统贸易中的贸易对象通常为实物产品，生产企业出卖的是商品的使用权和所有权；数字贸易的交易对象包括货物、服务和信息。结合交易属性的差异，可进一步细分为数字订购的产品、数字订购的服务、数字交付的服务以及数字交付的信息四种类型。可见，数字贸易扩宽了贸易活动的范围，是传统贸易的延伸。另一方面，供给方通过数字技术实现生产、递送和交易，卖家服务效率提高。相较于传统贸易，数字贸易中的买卖双方可以线上实现便捷交流，生产商更容易获得消费者反馈，更好了解客户需求，并为其答疑解惑，提高服务效率。

（二）需求方

需求方指贸易活动中商品、服务及各种生产要素的接受者，需求方既可以是进口企业、政府，也可以是个人消费者，是数字贸易活动的终点。传统贸易中的贸易活动通常发生在企业和企业之间或企业与政府之间，即 B2B 和 B2G。互联网和数字技术的发展和普及应用，一定程度上弥合了数字鸿沟，降低了贸易门槛，小企业和个人消费者也可以通过数字贸易平台直接购买商品和服务，个人消费者也成为数字贸易主体，B2C、C2C 成为数字经济新的重要商业模式。

传统贸易中，买家获取商品信息的途径少，买卖双方信息不对称。在数字技术的支持下，买方不仅能通过数字贸易平台了解商品详细信息，消除了信息壁垒，甚至能联系生产商为自己提供个性化定制商品和服务。此外，传统贸易生态下进口商需要承担货物保险、报关、运输办理等事宜。然而，数字贸易不再由需

求方承担保险、报关、运输办理等，从而降低需求方企业的运营成本，减少需求方消费者支付费用。

（三）数字贸易平台

数字贸易平台是指面向世界各地的市场主体（卖家、买家、供应商、采购商、服务商等），通过数字技术的有效使用，促使交易双方实现精准交换，助力"全球卖、全球买"，不仅能基于供应链管理提供一揽子数字化外贸解决方案，还能从需求侧积极对接智能制造的多边平台。[1]

数字贸易平台是数字贸易生态圈的核心，连接供给方和需求方。一方面，数字贸易平台展示供给方的商品信息，需求方根据供给方提供的信息了解商品，供给方根据需求方的使用反馈了解用户体验。平台还架设双方沟通渠道，消除信息壁垒，最终完成交易。另一方面，数字贸易平台包含支付系统，连接物流体系，承担保险和消费者权益保护等服务，简化交易流程，提高订单效率。数字贸易平台提供检索功能，通过大数据、云计算等技术为消费者精准提供所需商品，使得消费者采购商品更高效、便捷。此外，数字平台通过为供应商和消费者提供设施和服务，收取佣金和服务费，并通过不断优化用户界面和用户体验，为供应商和消费者提供便捷访问与对接，降低了信息的非对称性和碎片化，削弱了地理距离对国际贸易的制约作用。

（四）其他中间组织

数字贸易模式中的中间组织包括金融机构、物流、海关、第三方认证机构等，与传统贸易的中间组织相比有较大发展。

例如，金融机构中的支付系统是数字贸易生态链中的关键组成部分，用于处理买家支付给卖家的货款。它们提供各种支付方式和保险业务，如在线支付、数字货币支付等新型支付手段，既能确保交易的安全性，又使结算业务更便捷快速。

又如，物流公司在数字贸易生态链中负责商品的运输和配送。它们负责将产品运送到买家的指定地点，确保货物在途中的安全和准时交付。传统物流主要通过海运、陆运、空运等方式运输货物，主要呈现"集中"的特点。数字贸易中的物流趋向"小包化"和"分散化"，进而催生出保税仓和海外仓等仓储物流模式。一方面，这种模式大大减少了运输时长，实现了快速物流，提高了运输效

---

[1] 马述忠，濮方清，潘钢健. 数字贸易的中国话语体系构建：基于标识性概念界定的探索 [J]. 新文科教育研究，2023（1）：22-44, 141.

率；另一方面，产品在提前通关后进行本地存储，减少了海关压力，降低了通关成本。

二、数字贸易生态链的演进

（一）数字贸易生态链的内部结构演进

数字贸易生态链作为数字贸易发展的关键环节，与传统贸易生态链具有一定差异，表现在数字贸易各主体之间相互依存，共同作用，通过共建者的良性交流，获得各自需要的核心资源，从而构成新型的链式关系，即构建互惠互利的数字贸易有机生态系统。数字贸易生态链的内部结构包括核心层、支撑层、技术层三个层次。

马述忠、房超、梁银锋等（2018）认为，数字贸易平台将成为协调和配置资源的基本经济组织，是创造价值和价值汇聚的核心[①]。在新型贸易活动中，数字贸易平台更强调价值的智能化转型升级。买卖双方通过互联网技术的支持，实现了资源和服务的共享，同时通过价值链上各环节的联系合作，促进了贸易主体之间的信息沟通，使贸易活动更好地融入数字服务之中。数字贸易生态链将会逐渐成为以数字贸易平台为核心，各贸易环节智能联动、各贸易参与主体互利共赢的数字贸易有机生态系统。

除了电商服务平台之外，支撑层涉及一系列关键业务和服务，有助于促进数字贸易的发展和运转。如支撑层通过提供海关报关和报检等服务，确保了商品的合规性和安全性，为企业提供了便利。同时负责处理电子商务中涉及的各类税费的结算和缴纳，从而保证交易的合理性，减轻各主体的税务负担。不仅如此，支撑层在信息交换和传递方面起到了重要的作用，涉及海关、政府和相关企业之间的大量信息交流，这些信息包括订单、物流、支付、报关等方面。支撑层通过提供信息平台和技术支持，实现信息的快速、准确、安全地传递，提高整个跨境电商流程的效率和可靠性。[②]

技术层是支撑生态链运转的重要驱动力，体现在作为云计算技术、大数据技术、人工智能技术、区块链技术等领域中的重要工具所发挥的关键性作用。各技

[①] 马述忠，房超，梁银锋. 数字贸易及其时代价值与研究展望[J]. 国际贸易问题，2018（10）：16-30.

[②] 赵欢庆. 价值链对跨境电商生态圈的重新打造：以亚马逊为例[J]. 商业经济研究，2018（12）：91-93.

术环节通过网络为用户提供可扩展的、按需使用的计算资源,帮助企业降低成本、提高效率,同时也支持大规模的数据处理和分析,为数字经济生态链提供了强大的基础设施,更高的智能化、自动化和效率化,更加安全可靠的数据交换和合作机制。

数字贸易生态链模式可以将数字贸易行业内的各个参与方整合在一起,通过共享资源和合作,提高效率和降低成本。同时,通过各层次的联系,将商品推向全球市场,实现全球买卖,进一步扩大卖家的潜在市场规模,带来更多的商机和收益。反之,通过加强企业之间的信息沟通和联系,能够促进生态链的稳定发展。

(二) 数字贸易生态链的整体演进

受政治政策、经济因素、文化特征、技术进步等因素的影响,数字贸易生态链在内部和外部环境的不断变化中也在进一步地演进,其演变过程主要体现在由单一数字贸易生态链向多元数字贸易生态链的演变。

随着科学技术的不断进步,目前数字贸易生态链已形成固定模式,其中最普通的是单条式和多条式。单条式的参与主体仅仅负责本职工作,而多条式在履行自身职责之外还要完成其他角色的任务。换句话说,在多条式中,供应商在结构中不仅要承担供应商的责任,还要扮演服务商的角色[①]。这种生态链将传统的贸易活动数字化,达成了去中心化的交易和结算,实现了更高效、更安全的数字贸易,同时也为其他行业如供应链金融提供了创新的解决方案。

传统贸易生态链主要由 B2B 或 B2G 等单一模式组成。然而,当下已形成的数字贸易生态链包括 B2B、B2C、B2G、C2C 等多元模式。各个参与方通过数字技术和互联网平台进行信息共享、交流和合作,实现全程可追溯、高效便捷和安全可靠的数字贸易流程。这样的生态链能够提高整个数字贸易流程的透明度和效率,降低交易成本,促进贸易伙伴之间的合作和共赢。具体来说,B2B 平台可以为企业之间的采购和销售提供数字化的解决方案,双方可以通过数字化交易平台直接进行采购,以数字货币进行支付,并通过智能合约实现交付和结算的自动化,消除了传统的中间环节和繁琐的纸质文件,如阿里巴巴等。B2C 平台可以为企业与个人之间的交易提供数字化的解决方案,如京东、淘宝等。B2G 模式的数字贸易生态链可以为企业和政府之间的交易和合作提供数字化的解决方案,如政府采购等。C2C 指个人和个人之间的交易模式,如闲鱼等。

---

① 王一海. 江苏省电子商务生态链互利共生机制探讨 [J]. 电子商务,2018 (1):13-14.

多元化数字贸易生态链的核心是数字化和智能化的供应链管理系统,通过实时监控和数据分析,可以及时发现和解决供应链中的问题,提高供应链的可靠性和灵活性。此外,多元化数字贸易生态链还可以整合金融服务,提供融资、支付和风险管理等支持,为参与方提供更便捷和安全的交易环境。

三、数字贸易生态链的发展机遇

互联网数字技术的飞速发展带来了许多经济正效益,提高了全球福利水平,但这些经济利得对于各个国家、各个地区,乃至各个消费者都不是平均分配的。由于数字贸易生态链中各主体经济实力、互联网普及和应用程度,以及政治文化等因素不同,贸易数字化和数字化贸易为行为主体带来的经济红利有差异。

(一)互联网发展奠定数字贸易技术基础

数字贸易是以数据流动为牵引,以信息技术和网络为依托,以互联网平台为重要载体的国际贸易新形态,其最大特征在于贸易方式的数字化和贸易对象的数字化[1]。互联网技术的发展为数字贸易的各行业、各领域带来颠覆性创新,为经济发展注入新动力。随着我国5G、人工智能、区块链等技术的不断成熟,传统行业的数字赋能不断加深,数字贸易已成为推动全球经济复苏的重要引擎[2]。

数字化技术的发展也带来了一系列的问题,如数据隐私和安全、知识产权保护、网络欺诈等。不同国家对数据安全和隐私保护的要求存在差异,这给数字贸易的顺利发展带来了一定的障碍。为了更好地利用互联网技术服务社会经济,国际社会需要加强合作,制定相应的政策和法规。各国之间需要加强合作,共同制定关于数字贸易的规则和标准,以确保数字贸易的公平和开放,加强数据保护和隐私保护的法律制度建设,共同维护数字贸易的安全和稳定。

(二)互联网的普及开辟数字贸易新市场

互联网的普及不仅让信息的传输变得更加便捷和快速,也为企业和消费者提供了更广阔的市场空间。首先,通过电子商务平台,企业可以轻松地将产品推向全球市场,消费者也可以在全球范围内选择和购买商品。这种全球化的市场开辟了新的贸易机会,促进了全球贸易的增长。其次,互联网的普及提供了更多的数字化商业模式。互联网技术的发展催生了各种新型的商业模式,如共享经济和在

---

[1] 熊丽. 共享数字贸易发展新机遇 [N]. 经济日报, 2021-09-04 (4).
[2] 张夏恒. 京东:构建跨境电商生态系统 [J]. 企业管理, 2016 (11):102-104.

线服务等。这些模式基于数字化技术，通过互联网连接供需双方，实现交易和价值的传递。以电子商务为例，通过电子商务平台，企业可以在线展示和销售商品，消费者可以通过在线支付方式购买商品。这种商业模式的兴起不仅提升了交易的便利性和效率，也创造了新的商机和就业机会。

互联网的普及开拓了数字贸易的新市场，找到新的客户，为企业和消费者带来了更多的机遇和选择。数字贸易也可能带来一些不平等问题，特别是一些发展中国家可能无法充分参与数字经济，导致数字鸿沟的进一步加大。发展中国家应得到国际社会的支持和帮助，提升其数字经济发展能力，缩小数字鸿沟。

(三) 行业数字化拓宽数字贸易范围

互联网技术的普及促进越来越多行业融合，数字化促进教育、医疗、卫生、金融等行业融合，也为新兴领域的数字服务贸易提供了机会，如云计算、大数据处理和软件开发等。这些服务可以通过互联网传输，与实体产品不同，它们无须通过物流和关税等物理性环节，使得数字服务贸易的范围得到进一步拓展。此外，传统贸易通常受到地理和物理因素的制约，企业需要通过中间商和代理商来进行交易，这增加了成本和时间。通过互联网和电子商务平台，企业和消费者可以轻松地进行跨地区或跨境交易，无视地理位置差异。数字化技术还支持全球供应链网络的建立，使得原材料和成品的流动更加顺畅。

第三节　从数字贸易生态链到数字贸易生态圈

数字贸易生态链随着数字贸易的不断发展而演进。从整体上看，以数字贸易平台为核心的数字贸易生态链吸引和聚集更多供给方、需求方以及其他各类相关企业，从而不断形成新的数字贸易生态链。无数条数字贸易生态链逐步向更高级的数字贸易生态圈演化；数字贸易在不断发展过程中，贸易规模不断扩大，贸易主体数量增多，各贸易主体不是在市场上孤军奋战、一味追求自身利益的个体，随着数字贸易的发展，各主体之间的联系不断加深，都成为数字贸易生态链不可分割的一部分，多元的数字贸易生态链发展成为数字贸易的最终形态——数字贸易生态圈。数字贸易生态圈内参与主体互联互通，基于有效的监管和良好的营商环境，资源实现最优配置，从而经济平稳、快速增长。

一、数字贸易生态圈的产生背景、定义和构成要素

第三、第四次工业革命深刻影响世界各经济体的经济发展方式。随着信息技

术的普及，贸易活动开始"数字化"变革，传统贸易在数字时代实现了拓展和延伸。在数字时代背景下，在传统贸易的不断实践中，国内外学者不断研究，提出了一系列数字贸易生态圈理论。

(一) 数字贸易生态圈产生的背景

1977年，迈克尔·T. 哈南（Michael T. Hannan）和约翰·弗里曼（John Freeman）基于当时企业面临的问题，突破性地从生态学的角度刻画企业和市场环境的关系。他们运用自然选择和物种竞争来分析企业内部出现的问题[1]。1993年，詹姆士·F. 穆尔（James F. Moore）不局限于分析企业内部问题，而将视角扩大至整个商业系统，并运用自然中的生态系统概念描述和解释商业世界，首次提出"商业生态系统（business ecosystem）"[2]。在"商业生态系统"中，企业不再是孤立存在的经营主体，而会随着环境和竞争对手的改变进一步演化。1998年，穆尔对自己在1993年提出的商业生态系统的概念做了进一步拓展，他认为"商业生态系统是由顾客、供应商、主要生产者、投资者、相关行业协会、标准机构、工会、政府和准政府机构、其他利益组织等组合而成的共同体"[3]。商业生态系统的提出打破了企业间"你死我活"的传统"单赢"竞争思想，在同一个商业生态系统中，各企业成员从单纯的竞争关系升级成为相互依赖的共生关系，企业的经营战略进而转换为如何实现更好的互利共赢。这一理论解释了我国电子商务产业突破了产业壁垒，以共生关系为导向产生的集群现象。

进入21世纪后，生态系统理论还被引入电子商务领域进行分析，进而提出了"电子商务生态系统"。2006年，胡岗岚、卢向华、黄丽华将电子商务生态系统中的"物种"成员按其定位划分为"领导种群""关键种群""支持种群""寄生种群"等，提出了电子商务生态系统概念模型[4]。此外，2014年，王千以生态系统和商业生态系统理论为基础，以企业平台为核心，提出互联网企业平台生态系统[5]。2016年，李震、王新新以企业平台为核心，提出互联网商务平台生

---

[1] HANNAN M T, FREEMAN J. The population ecology of organizations [J]. American journal of sociology. 1977, 109 (3): 929-964.

[2] Moore J F. Predators and prey: a new ecology of competition [J]. Harvard business review. 1993, 71 (3): 75-86.

[3] Moore J F. The rise of a new corporate form, The Washington Quarterly, 21: 1, 167-181.

[4] 胡岗岚，卢向华，黄丽华. 电子商务生态系统及其演化路径 [J]. 经济管理，2009, 31 (6): 110-116.

[5] 王千. 互联网企业平台生态圈及其金融生态圈研究：基于共同价值的视角 [J]. 国际金融研究，2014 (11): 76-86.

态系统[1]。

2016年，计春阳、李耀萍在中国和东盟跨境电子商务的发展基础上，构建了中国-东盟跨境电子商务生态圈。在中国-东盟跨境电子商务生态圈中，跨境电商综合服务平台体系处于核心位置，与基础设施体系、跨境物流体系和信用风险管理体系等三大体系密切联系，中国市场和东盟市场在政府监管下实现国际贸易。[2] 中国-东盟跨境电子商务生态圈是较早提出的跨境电子商务生态系统模型。同年，张夏恒以京东为例，以核心物种、关键物种、支持物种、寄生物种、环境等五大要素构建了跨境电子商务生态系统，是我国较早提出跨境电子商务生态系统的学者。2021年，张夏恒将电子商务生态系统理论引入跨境电子商务中，进而产生了跨境电子商务生态系统[3]。数字贸易生态圈的理论基础与跨境电子商务生态系统相似，并且数字贸易生态圈是跨境电子商务生态系统的进一步演化。

（二）数字贸易生态圈的定义和构成要素

数字贸易生态圈又称数字贸易生态系统，是由具有价值利益关系的各数字贸易市场主体及周边环境构成的整体系统[4]。在整个数字贸易生态圈的构成要素中，除了构成数字贸易主体的核心物种、关键物种、支持物种和寄生物种外，还包括"非物种"的外部社会环境。

1. 核心物种

数字贸易平台是数字贸易生态圈中的核心物种。数字贸易平台不仅是吸引其他数据信息和物种的中心，也是领导其他物种完成交易，创造和实现数字价值的领导者。首先，数字贸易平台以更低成本搜寻、吸收供给方数据信息，促进其在需求方自由流动，消除信息壁垒，便捷化交易过程，以此来连接交易双方；其次，数字贸易平台通过数字技术收集和提供数据信息，以数字技术辐射全球经济，推进产业链数字化进程和智能化发展；最后，数字贸易平台也兼任数字贸易生态圈的监督者和管理者，制定有利于双方的规章制度，以客服形式处理交易双方反馈信息，保护买家和卖家利益，维持生态圈的稳态，实现数字贸易平稳运行。

---

[1] 李震，王新新. 互联网商务平台生态系统构建对顾客选择模式影响研究 [J]. 上海财经大学学报，2016，18（4）：67-82.

[2] 计春阳，李耀萍. 中国-东盟跨境电子商务生态圈构建研究 [J]. 广西社会科学，2016（9）：50-54.

[3] 张夏恒. 跨境电子商务生态系统构建机理与实施路径 [J]. 当代经济管理，2021，43（7）：55-60.

[4] 马述忠，濮方清，潘钢健. 数字贸易的中国话语体系构建：基于标识性概念界定的探索 [J]. 新文科教育研究，2023（1）：22-44，141.

2. 关键物种

数字贸易的交易主体是数字贸易生态圈中的关键物种，也是生态链中的供给方和需求方，也就是所有买方和卖方，包括生产商、供应商、进口商、零售商和消费者。交易双方采用 B2B、B2G、B2C、C2C 等商业模式完成交易。交易过程中，买方和卖方缺少任何一个，交易都无法继续进行，数字贸易生态圈中的所有物种都围绕关键物种运转，因此关键物种也是其他物种的服务对象，即"客户"。

另外，关键物种可能并不仅是关键物种，部分物种还可能承担多种角色。例如，京东京造和淘工厂能够生产各种产品并在各自数字贸易平台销售，使得京东和淘宝不仅是数字贸易服务平台即核心物种，还是产品生产者即关键物种。

3. 支持物种

支持物种是直接服务于领导物种的物种，是数字贸易生态圈中不可或缺的组织机构或企业，它们还可以脱离其他物种而存在，包括金融机构、电信部门、物流系统、广告营销部门和一些必不可少的政府部门。如表 10-1 所示，这些部门都是数字贸易生态圈维持稳态的基础，它们都围绕生态圈中的关键物种运行。

表 10-1 数字贸易生态圈中的支持物种及其作用

部门	作用
金融部门	提供第三支付平台和保险服务
电信部门	建立网络连接，通过互联网连接各物种
物流部门	提供仓储、快递等物流支持
营销部门	精准投放广告；帮助消费者进行产品定位；维护品牌形象等
政府部门	建立和维护健康的市场秩序

4. 寄生物种

寄生物种是数字贸易生态圈中为关键物种提供增值服务，提高交易效率的服务商，包括翻译、技术、咨询、认证等服务商。它们在数字贸易生态圈中完全依附于其他物种，与其他物种一荣俱荣、一损俱损，与数字贸易生态圈共存亡，因此被称为"寄生物种"。

5. 社会环境

社会环境是数字贸易生态圈中的"非物种"部分，在数字贸易生态圈中，社会环境包括数字环境、营商环境、人文环境等。

数字环境好坏取决于数字基础设施的建设情况，数字基础设施是整个数字贸易生态圈的"地基",良好的基础设施建设可支撑数字贸易平稳发展;营商环境不仅包括数字市场环境,也包括数字政府环境,合理的市场结构和适度的数字化监管是数字贸易健康发展的保障;人文环境包括教育水平、人口数量、收入水平、文化差异等因素,这些因素都会对数字贸易生态圈产生重要影响。

基于以上核心物种、关键物种、支持物种、寄生物种和社会环境五个部分,可以构建如图 10-1 所示的数字贸易生态圈模型。

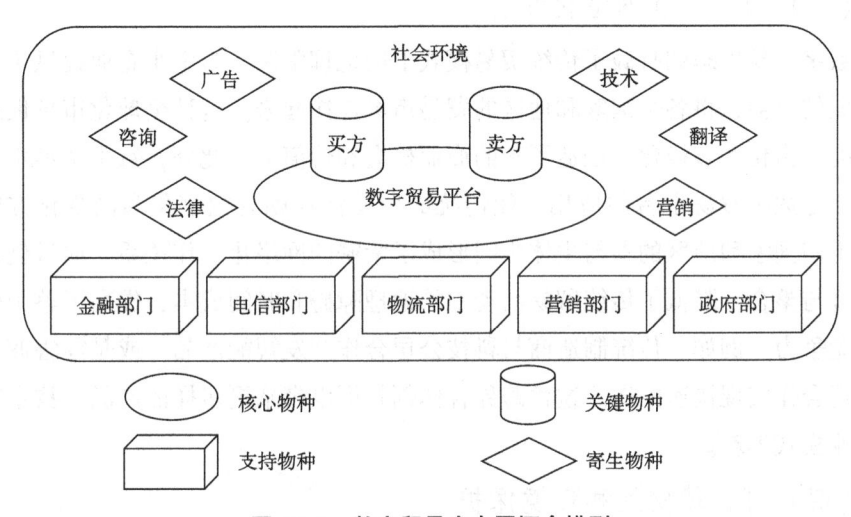

图 10-1 数字贸易生态圈概念模型

二、数字贸易生态圈的特点

(一)参与者和平台的多元化

在数字贸易生态圈系统中,数字平台能够实现全球的生产者、供应商和消费者三大主体的集成,促进各环节的集约化管理,开始出现产业集群化迹象,除传统的大型企业外,中小企业、个体商户甚至是消费者等多元化主体纷纷参与到贸易活动中,使得国际贸易的参与者之间形成了紧密的价值链协同关系。多元化参与者的加入提升了企业在数字贸易生态圈的资源整合能力,并通过兼并、收购、研发创新等方式拓宽该生态系统的宽度,开展多元化经营,构建数字贸易生态圈的良好运行机制。

(二)数据共享和协同创新

传统贸易以数据为核心要素,以数据流动为实现价值的方式向数字产品和服务贸易转型。数据流动是数字贸易发展的必要前提和重要基础，也是数字贸易蓬勃兴起的重要因素之一。随着数字贸易时代的到来，数据已经成为新的生产要素，积极参与到贸易价值的创造过程中。数据共享可以涵盖市场数据、消费者行为数据、供应链数据等，为参与主体提供更全面的信息基础。与此同时，数字贸易生态圈提供了平台和机制，促进了各参与主体之间的协同工作、知识共享以及国际贸易行业和领域的跨界合作和协同创新，实现互利共赢。

（三）数字化和网络化发展

数字贸易生态圈打破了传统贸易模式下的地理限制，为中小企业提供了国际化发展的机会，将各个国家和地区的贸易市场连接起来。这种全球化市场促进了贸易的自由化和多样化，创造了新的商业机会和价值链。此外，数字贸易生态圈的核心是数字贸易平台的应用，使传统的贸易活动朝着数字化和网络化方向发展。不同国家和地区的参与主体之间形成了紧密的网络化合作关系，通过创造性的组合与整合，降低了传统贸易活动中的地理障碍和时间成本，提高了整个生态圈的竞争力。例如，传统制造商与科技公司合作开发智能产品，或是零售商与物流公司合作实现快速配送。这种跨界合作创新可以带来更多样的产品、技术整合和商业模式创新。

（四）可持续发展和环境保护

数字贸易生态圈下的可持续发展和环境保护是当前各个国家关注的焦点。一方面，数字贸易生态圈推动了绿色供应链管理的发展，参与主体越来越关注产品的环境影响，通过数字化的物流管理和供应链优化，企业减少了从原材料采购、生产制造到物流配送的碳排放、资源浪费和环境污染。另一方面，数字贸易生态圈推动了更多的服务和产品以数字化形式涌现，数字化技术和大数据分析可以让参与主体更加全面了解和优化自身环节对环境的影响，从而进行智能化决策和规划，改进能源效率，降低碳排放。数字化的支付结算方式减少了对纸质货币的使用，进一步降低了对环境的影响。

案 例

数字贸易平台的不断发展和壮大，吸纳越来越多供给方、需求方和各类相关企业，逐渐构建成以数字贸易平台为核心的数字贸易生态系统。表10-2以京东为例分析数字贸易生态圈的形成过程。

表 10-2　京东集团发展历程

时　　间	事　　件
2004 年 1 月	京东涉足电子商务领域
2007 年 7 月	北京、上海、广州三大物流体系建成
2012 年 1 月	在线客服上线
2012 年 10 月	京东完成了对第三方支付公司网银在线的完全收购，正式布局支付体系
2012 年 11 月	京东上线供应链金融服务"京保贝"，可以实现三分钟向供应商提供融资服务
2013 年 6 月	在北京、沈阳两地成功投放自提柜业务
2015 年 4 月	全球跨界电商平台上线
2015 年 8 月	京东与中信银行跨界合作，推出"互联网+"信用卡
2017 年 4 月	京东物流子集团正式成立
2018 年 10 月	经中国银保监会批准，安联财产保险（中国）有限公司获准更名为京东安联财产保险公司

资料来源：https：//about.jd.com/memorabilia.

通过上述资料和本章学习，试划分以京东为核心的数字贸易生态圈中的关键物种、支持物种和寄生物种，分析该数字贸易生态圈未来发展趋势和对我国现代化建设的现实意义。除此之外，你还知道哪些数字贸易生态圈？

小　　结

当前全球范围内全要素生产率不断提升，供给端和需求端也逐渐出现了新的要素，各项资源的有效配置和利用促进了相关贸易生态链的重组[①]。随着数字贸易的不断发展，跨界合作、数据共享和整合、创新平台和生态系统以及数字信息技术的应用将成为数字贸易生态圈中参与者和合作伙伴关系发展的重要基础。数字化技术和互联网的发展使得传统贸易生态链中行为主体、参与环节等发生翻天覆地的变化，使得传统贸易生态链向智能化和虚拟化演变。随着数字贸易生态链日渐多元化，以数字贸易平台为核心物种、供求双方为关键物种，包含支持物种、寄生物种和社会环境的数字贸易生态圈应运而生，这将进一步推动数字贸易的创新和发展，为全球经济发展注入新动力。

---

① 付博文. 国际经济合作趋势与企业应对策略［J］. 山西财经大学学报，2023，45（S1）：40-42.

习 题

1. 你认为在国际贸易生态链重构过程中，企业应该采取哪些措施来推动数字化改革？

2. 请你结合核心物种、关键物种、支持物种、寄生物种和社会环境五个构成要素，谈一谈数字贸易生态圈模型的动态构建过程。

3. 2022年12月11日至14日在浙江省杭州市举办首届全球数字贸易博览会（以下称"数贸会"），作为目前中国唯一以数字贸易为主题的国家级、全球性的专业博览会，数贸会推动构建中非数字贸易完整生态链，正式启动"一带一路"中非合作产业园、数字非洲文化经贸（坦桑尼亚）项目、中非跨境贸易数字结算平台（乌干达）项目等。试谈一谈中国应如何抓住机遇，深化区域合作交流，挖掘多领域合作潜力。

第十一章
全球数字贸易的治理

自 20 世纪以来,全球贸易治理经历了由霸权走向共和、由分裂走向合作、由单边走向多边的演变历程。2016 年,中国作为二十国集团主席国,首次将"数字经济"列为二十国集团创新增长蓝图中的一项重要议程。在 2016 年 9 月举行的二十国集团杭州峰会上,多国领导人共同签署通过了《二十国集团数字经济发展与合作倡议》,旨在携手推动全球经济迎来更广阔的发展空间。数字贸易的蓬勃发展对全球数字经济治理体系既有积极影响,也有消极影响。如何降低数字贸易的负面作用,发挥正面作用,是世界范围内各个经济体不懈追求的共同目标,全球数字贸易治理也成为整个贸易治理的重要表现形式。

本章通过对数字贸易壁垒的治理、数字鸿沟的治理、数字税收争议的治理等方面的梳理和阐释来更好地理解和认识全球数字贸易的治理。通过本章的学习,可以快速了解全球数字贸易治理的内涵和外延,理解数字贸易治理对世界经济体系平稳运行的重要意义。

第一节 数字贸易壁垒的治理

随着全球数字贸易的蓬勃发展,数字贸易已经成为世界数字经济增长的新动能。数字贸易壁垒对全球数字贸易以及全球数字经济既有积极影响,又有消极影响。适度的数字贸易壁垒有利于完善全球数字贸易治理体系,而过高的数字贸易壁垒又会违背全球数字经济治理的初衷。

一、数字贸易壁垒的内涵及分类

（一）数字贸易壁垒的内涵

20世纪末至21世纪初，数字贸易壁垒沿用了传统贸易壁垒的一些规则，对数字产品和数字服务进行规制。21世纪前10年，数字贸易壁垒不仅沿用了传统贸易壁垒的部分内容，并且丰富了数字贸易壁垒的内涵。数字贸易壁垒是数字经济时代下贸易壁垒的新形式，是一个经济体在国际贸易中对通过数字化手段贸易的实体货物及数字产品和服务的交换所设置的人为限制，以及由数字贸易衍生的新问题所设立的相关规则。

（二）数字贸易壁垒的类型

USITC（2013）认为，数字贸易壁垒包括审查、过滤、本地化措施和保护隐私的法规[1]。美国贸易代表办公室（2017）进一步将数字贸易壁垒划分为四类，即数字本地化壁垒、技术壁垒、互联网服务壁垒、其他壁垒[2]。Pasadilla et al（2020）认为，应该将数字税收也归为其中，也就是数字贸易壁垒包括数据隐私和保护、网络安全、数字税收、技术标准和其他障碍[3]。本书将数字贸易壁垒分为以下几类。

1. 数字贸易关税壁垒

数字贸易关税壁垒可以根据贸易标的物的不同，分为实体货物中的关税壁垒、数字产品关税壁垒和数字服务税壁垒。

（1）实体货物的关税壁垒。实体货物的关税壁垒，即征税对象为实体货物。贸易标的物为实体货物的数字贸易活动，主要借助跨境电子商务实现。2016年4月8日起，中国正式征收跨境电子商务进口税，欧盟也对从欧盟以外国家进口的货物征收0%~25%的浮动关税。随着跨境电子商务的蓬勃发展，实体货物的关税壁垒必然会制约数字贸易，不利于企业从全球市场布局商品，不利于实现规模经济。

（2）数字产品关税壁垒。随着信息技术的发展，数字产品逐步代替传统产

---

[1] United States International Trade Commission. Digital trade in the us and global economies, part 1 [J]. USITC Publication, 2013, 4415.

[2] The Office of the U. S. Trade Representative. Key barriers to digital trade [Z/OL]. https://ustr.gov/about-us/policy-offices/press-office/fact-sheets/2017/march/key-barriers-digital-trade#.

[3] PASADILLA GO, DUVAL Y. Next generation non-tariff measures: Emerging data policies and barriers to digital trade [R]. ARTNeT Working Paper Series, 2020.

品，并在国际贸易中占据重要地位。数字产品主要指可数字化并通过数字网络传输的产品。根据普华永道发布的《全球娱乐媒体行业展望2019—2023年》，预计2023年全球娱乐媒体行业规模将达2.6万亿美元，数字性收益占总收入的比重预估为61.6%[①]。因此，数字产品关税壁垒不得不引起各国的重视，与传统商品的关税壁垒一样，数字产品关税壁垒亦会阻碍数字产品的贸易活动。

数字产品税指对有形的经过海关的数字产品以及无形的通过电子或互联网传输的数字产品所征收的税款，其目的是提升贸易成本，保护国内数字经济产业。有形数字产品的税率由各国海关指定，无形的数字产品在全球范围内可分为主税派与免税派，例如英国于2002年就对数字产品以17.5%的税率征税，而美国于1999年曾力求WTO颁布《全球电子商务免税案》，并在多个双边协议提倡对数字产品减税、免税。

数字产品税也会对本国消费者和企业产生影响。一方面，对本国消费者而言，由于数字产品市场更多属于垄断竞争市场，国外的数字产品企业在各国均占有一定的份额，有一定的消费基础，数字产品价格由于税收而提高，消费者为了获取相关数字产品需要付出更高的代价，最终减少消费者剩余。甚至部分消费者为了获取更为低价的数字产品铤而走险，违反相关法律，破坏市场机制和市场秩序。另一方面，对本国企业而言，数字产品税保护了国内企业的发展，由于进口数字产品价格上升，本国数字产品的价格在市场中具有竞争力，对需求价格敏感的消费者转而购买本国数字产品，从而增加了本国企业的市场份额，有利于国内企业的发展。

（3）数字服务税壁垒。数字服务税是指对来源于特定数字服务的收入所征收的税款。其目的在于解决国际缺乏统一税制的情况下的企业税负不公问题，促进世界范围内数字经济利益更合理的分配。法国于2019年7月出台全球首部数字税法。该法案主要对网站服务提供者的数字广告等数字服务以及跨境数据流动的交易行为征税，只对全球年收入超过7.5亿欧元同时在法国市场收入大于2500万欧元的互联网企业征税，税率为法国市场收入的3%。2020年11月25日，法国正式重启数字服务税征收计划。

数字服务税对征税对象、本国消费者和企业都会产生影响。

一方面，对数字服务税的征收对象——国外大型互联网科技企业而言，数字服务税的征收将给其带来极大税收负担，不利于其全球化经营。2018年全球市

---

① http://www.199it.com/archives/889555.html.

值最大的 20 家互联网科技企业中，美国有 12 家企业赫然在列。美国商务部 2019 年发布的报告显示，提供信息服务的企业在 2018 年为美国创造了超过 3 000 亿美元的经济附加值。显然，美国互联网企业在经营活动中将受数字服务税的影响，税收增加导致企业除税收以外的现金流减少，用于再生产的资金减少，不利于企业的继续经营。

另一方面，对本国消费者和企业而言，短期内对外征收数字服务税在加重国外企业税收负担的同时，国外互联网科技企业为了维持利润会较大幅度地提高数字产品的服务价格，损害本国互联网科技消费者的福利水平。中国信通院 2019 年发布的《全球数字经济新图景》指出，各国产业数字化占数字经济的比重均超过 50%，占 GDP 的比重为 2.4%~13.9%。在数字经济背景下，经济增长亟需产业数字化的推动。数字服务税的征收在一定程度上保护了本国数字经济产业，长期内有利于本国自主研发的数字技术取得进步，培养出本国的数字化企业，不再掣肘于他国。但是，数字服务税的代价是沉重的，数字服务税将提高使用数字技术、电子商务的成本，在一定程度上会阻碍国外数字技术引入，不利于本国企业短期内数字化转型和开展经营活动，进而阻碍各国尤其是发展中国家的经济增长。

2. 数字贸易非关税壁垒

非关税壁垒指一国采取关税措施以外的手段限制货物的进出口，主要包括技术性数字贸易壁垒及非技术性数字贸易壁垒。

（1）技术性数字贸易壁垒。技术性数字贸易壁垒可以包括数字贸易标准、数字技术法规、数字产品合格评定程序。

随着数字贸易的不断演进，各国在开展数字贸易过程中面临着一系列的数字贸易标准问题，诸如数字产品与服务标准、支付标准、交易标准、物流标准及电信标准等。

数字技术法规主要指规定数字产品特性等有关技术方面的法律、法令、条例、规则和章程等，主要包括算法规制、公开源代码、强制使用本地软件和加密或强制性技术转让。算法规制指通过立法及行政法规的措施强制企业出售算法。公开源代码、强制使用本地软件和加密或强制性技术转让是最常见的一种数字技术法规措施，通常要求企业使用特定的（通常是本地的）加密标准或方法，或迫使企业进行技术转让。

数字产品合格评定程序指任何直接或间接用以确定数字产品是否满足技术法规或标准的程序，包括认证、认可、相互承认三种程序。

（2）非技术性数字贸易壁垒。非技术性数字贸易壁垒可以分为数据限制、机构设立限制、知识产权保护体系、网络基础设施壁垒、电子交易壁垒以及市场准入限制。

数据限制是指各国对数据流出流入的限制，包括数据本地化、个人隐私的保护。数据限制的主要标的包括个人信息数据、金融数据、电信数据、企业数据以及国防数据，其目的在于保护本国个人、企业的合法权益以及维护国家安全。数据限制对国内各主体利益和本国经济发展也会产生影响。一方面，个人信息的数据限制可以有效解决个人隐私泄露问题，企业数据的限制为本国企业在世界市场竞争提供有力支持，同时，由于国家金融数据、电信数据、国防数据得到保护，可以有效防范系统性金融风险，并使得国家安全信息难以流出至国外，为国家安全提供了政策保障。另一方面，过于严格的数据限制不利于本国经济发展，并且严格的数据管制提高了数据的搜索成本，无法将数据资源利益最大化，阻碍了数字贸易发展的同时也抑制了本国数字技术的发展与交流，并最终影响本国数字经济的发展。

机构设立限制主要包括服务本地化及设施本地化要求。服务本地化要求指企业应在东道国设立企业等办事处；设施本地化要求指企业应将其设施在东道国境内使用，或者使用东道国境内的设施。

知识产权保护体系是指各国为限制数字贸易中的知识产权侵权行为作出的法律规定。21世纪以来的世界知识产权保护体系中，WTO框架下的《与贸易有关的知识产权协议》扮演着至关重要的角色，而其在数字贸易的知识产权纠纷中仍然奏效。该协定涵盖了大部分知识产权类型，并对执法标准作出规范，既具实体性，又有程序性。但随着数字贸易量的增加，知识产权侵权的数量也在增加，部分国家或在本国加强立法工作，或与周边国家签署其他协议进一步规制知识产权侵权现象，如《美墨加协定》等。知识产权保护体系的力度大小将影响各国在数字贸易中的收益。一方面，对知识产权和专利占有率较低的国家而言，这些国家需要知识产权和专利占有率高的国家的帮助，知识产权保护的力度过大，如封闭版权、禁止源代码等措施，无疑将阻碍其数字贸易甚至数字经济的发展，也对世界数字鸿沟的弥合产生消极影响。另一方面，对知识产权和专利占有率较高的国家而言，由于数字盗版成本低廉，难以通过市场机制杜绝该现象，因此需要有合适的知识产权法律体系保护其知识产权不受侵害，从而维护本国在数字贸易中的利益。

网络基础设施壁垒指影响网络基础设施的相关壁垒，最典型的是通信基础设施与连接的限制。由于数字贸易活动依赖网络平台，因此限制或阻止使用包括虚拟专用网络或专线的通信服务，必然会阻碍数字贸易活动的进行。

电子交易壁垒衡量是否存在电子商务活动发放许可证的歧视性条件及非居民企业进行网上税务登记和申报的可能性，同时包含是否存在偏离国际公认的电子合同规则、禁止使用电子认证（如电子签名）的措施及缺乏有效的争端解决机制等情况。

市场准入限制是指不允许国外的部分数字产品和服务进入国内市场的限制，通常各个国家会制定适合其国情的市场准入规定，其目的在于保护国内相关企业发展及切断传播违反本国法律内容的渠道。各国都有不同的市场准入限制，例如国家发展和改革委员会、商务部发布的《市场准入负面清单（2020年版）》中包括：禁止个人、任何单位在互联网上发布有关危险物品信息，非公有资本不得介入互联网新闻信息采编业务等。市场准入限制会对国家治理与本国消费者产生影响。一方面，个人信息的数据限制可以有效解决个人隐私泄露问题，企业数据的限制为本国企业在世界市场竞争提供有力支持，同时，由于国家金融数据、电信数据、国防数据得到保护，可以有效防范系统性金融风险，并使得国家安全信息难以流出至国外，为国家安全提供了政策保障。另一方面，过于严格的数据限制不利于本国经济发展，并且严格的数据管制提高了数据的搜索成本，无法将数据资源实现其利益最大化，能阻碍了数字贸易发展的同时也抑制了本国数字技术的发展与交流，并最终影响本国数字经济的发展。

关于数字贸易壁垒的分类，如表11-1所示。

表11-1 数字贸易壁垒的分类

数字贸易壁垒	关税贸易壁垒	实体货物中的关税壁垒	
		数字产品关税壁垒	
		数字服务关税壁垒	
	非关税贸易壁垒	技术性数字贸易壁垒	数字贸易标准壁垒
			数字技术法规壁垒
			数字产品合格评定程序壁垒
		非技术性数字贸易壁垒	数据限制壁垒
			机构设立限制壁垒
			知识产权壁垒
			网络基础设施壁垒
			电子交易壁垒
			市场准入限制壁垒

二、数字贸易壁垒产生的原因

(一) 各国要突破传统贸易的发展瓶颈

贸易壁垒是对国与国之间商品和服务贸易交换所设置的人为限制，主要指一国对外国商品和服务进出口所实行的各种限制措施。贸易壁垒根据是否含关税可以分为关税壁垒和非关税壁垒。传统意义上的关税壁垒是指当进出口的商品和劳务在经过一国关境时，该国海关向进出口商品和劳务征收的税款。传统意义上的非关税壁垒则是指发达国家除关税以外的其他各种限制商品和劳务进口的措施，可以分为直接限制和间接限制。

数字技术的发展使数字产品和服务具备了传输的便利性和内容的多样性，这样的特性致使部分国家的个人、企业及国家利益在数字贸易中受到威胁，同时，数字贸易成为对传统贸易壁垒的考验，传统贸易壁垒的部分措施无法有效对数字贸易进行规制，出现了发展瓶颈，如关税壁垒会逐渐丧失对数字产品和服务的限制力。因此，部分国家为了在数字贸易环境下维护本国公民、企业及国家利益，纷纷开始寻求建立数字贸易壁垒的方式。

(二) 各国力求保护本国数字经济产业

1791年，美国政治家亚历山大·汉密尔顿 (Alexander Hamilton) 曾提出幼稚产业保护理论。所谓幼稚产业保护理论，是指通过过渡性的保护、扶植措施使国内的新兴产业规避来自全球的竞争，为其创造良好的发展环境，实现快速发展。

该理论在新一轮的科技革命中仍具有适用性。数字经济自21世纪以来日渐成为世界各国经济发展的重要动力，为了避免未来受国际政治掣肘，同时改善本国人民的福利水平，各国也愈发重视本国数字经济的发展，加强对本国数字经济产业的保护。20世纪末21世纪初，发达国家和发展中国家的差距，主要在于数字基础设施建设能力和数字技术使用能力。对发达国家而言，它们需要数字贸易为本国经济增长带来更大的动力；对发展中国家而言，它们亟须通过数字贸易促进数字经济产业快速发展，从而提升这两种能力，而两种能力的提升能继续促进数字经济产业的发展，实现良性循环。部分国家放松国外相关企业或其产品及服务的准入限制，通过推动本国数字贸易的方式实现短期内快速发展其数字经济产业。而放松市场准入限制无疑将给国内企业带来极大冲击，弗里德里希·李斯特 (Frei-drich Liszt) 认为，当一国经济实力处于扩张阶段时，应通过国家干预保护国内工业的发展，从而发展国家生产力。由于本国企业在与外国企业的竞争中不占优势，本国企业将面临破产风险，且两国之间若出现贸易摩擦或政治冲突，将导致部分国家尤其是发展中国家的数字企业失去他国的技术支持，其数字经济产业将面临停滞乃至倒退的风险。出于保护国内数字经济产业发展的考虑，数字贸易关税壁垒及市场准入壁垒由此形成。

（三）各国积极防止知识产权侵权行为

数字贸易中，由于数字产品和服务极易被复制、窃取，因此知识产权侵权现象屡见不鲜，数字盗版（digital piracy）问题亟待解决。数字盗版是指行为人通过数字技术，以商业规模对数字产品进行盗版包装、改造、公共播放、转散布及提供非法下载，是知识产权侵权的新手法。

数字盗版可能由以下原因造成：一方面，数字技术的便利性令数字产品在世界范围内交易频繁，而数字产品的量产往往成本很低，因此，侵权人出于营利目的，对数字产品进行抄袭复制从而侵害他人的知识产权。另一方面，由于数字产品的生产具有跨国性质，一件数字产品可能是由多个国家的公民生产，因而知识产权的地域性被弱化，网络侵权行为地和结果发生地也可能由于犯案工具处在不同法域而难以确定，同时，不同法域知识产权保护力度和执法水平存在差异，导致侵权行为频发。出于防止知识产权侵权的考虑，知识产权数字贸易壁垒由此形成。

（四）各国努力维护公民个人隐私权利

数字贸易环境下，最为重要的生产要素就是数据，数据包含大量个人信息，而数据的流动就容易造成个人信息暴露，网站登录信息、个人位置信息、个人浏览记录、个人偏好信息泄露在数字经济时代屡见不鲜。伴随着数字贸易应运而生的是数据跨境流动，在数据资源的流动环节中，各国对数据的认识不统一。如欧盟国家将个人数据视作公民基本权利，具有宪法保护意义，主张在数据跨境流动过程中个人权利应该得到强有力的保护；而美国等国家试图以隐私权这样的宽松解释将个人数据纳入保护框架，主张在数据跨境流动过程中应该更加自由。欧盟等经济体出于加强个人权利保护力度的考虑，信息管制、数据本地化类型数字贸易壁垒由此形成。

（五）各国积极完善数字经济利益分配

数字经济产生的利益大多数会流向发达国家或数字经济发展领先的国家，容易造成国与国之间的数字经济发展差距越来越大的现象。这使得在数字贸易领域制定相关规则成为许多国家的策略选择。

例如，在缺少国际认可的税收制度下，互联网产业的平均税率远低于实体产业，企业税负不公致使数字经济利益分配不均的问题在世界范围内长期得不到解决。在欧盟，从事互联网经营的企业平均税率仅为 9.5%，远低于具有相同规模的传统企业平均税率 23.2%。除此之外，大型互联网企业为了逃税避税，在税率极低的国家设立分部，如爱尔兰凭借 12.5% 的企业税税率，吸引了苹果、Facebook、谷歌等大型互联网企业纷纷在此设立分部。这些企业在国外开展业务时可减少其税收负担，但这在一定程度上也造成数字经济利益向大型互联网企业流动，而消费者所在国无法从中获取数字经济利益。出于解决数字经济利益分配不均问题的考虑，数字贸易关税壁垒由此形成。

三、数字贸易壁垒的国际治理

（一）治理现状

1. 多边贸易规则对数字贸易壁垒治理的不适应性

自 1996 年第一届部长级会议电子商务议题被纳入 WTO 框架至今，主要谈判成果是形成了一系列电子传输免征关税延期宣言。宣言规定 WTO 不对电子传输征收关税，这意味着传统上不征收关税的产品在线交易时也不征收关税，而且电子传输本身也不征收关税。但是就数字产品是否征收关税 WTO 并不明确。除关税待遇不明确以外，WTO 框架对数字贸易壁垒的治理还存在大量未决的基本问题。第一，对数字服务贸易的无差别待遇问题。这是有关 WTO 各成员在 GATS 框架下做出的具体承诺是否也适用于数字服务贸易的问题，即以数字方式提供服务和传统的服务提供方式是否应被视为"相似服务"，从而确定能否获得国民待遇和最惠国待遇。第二，对数字服务适用规则不明确。一直以来，关于数字服务贸易属于跨境交付还是境外消费存在较大争议。如果对同种服务的跨境提供和境外消费两种方式所做的承诺水平不一致，对服务模式的认定将直接关系到交易者的不同法律地位和待遇水平[1]。第三，无法适应数字贸易不断涌现的新兴业态。GATS 生效以来，新型的数字服务（如搜索引擎、云计算等）不断出现，但是 WTO 服务贸易谈判的分类依据仍然以 1991 年联合国《产品总分类》为基础。第四，GATS 无法有效协调各国数字贸易监管的"边境后措施"。如前所述，数字

---

[1] 李墨丝. 超大型自由贸易协定中数字贸易规则及谈判的新趋势［J］. 上海师范大学学报（哲学社会科学版），2017（1）：100-107.

贸易面临的新型壁垒具有典型的"边境后措施"特征。GATS 及其附件虽然以正面清单的方式在一定程度上解决了跨境服务贸易的市场准入问题以及防止利用垄断电信企业限制竞争的问题，但是此规则远不足以满足数字经济背景下对服务贸易"边境后措施"规制融合的要求。此外，针对数据本地化、数据隐私及其保护以及与数字贸易有关的知识产权等新型数字贸易壁垒，现有多边贸易规则更是没有涉及①。以上因素导致 FTAs 成为数字贸易壁垒国际治理的主要轨道。

2. 数字贸易壁垒区域治理的碎片化趋势

自 2000 年《美国-约旦自由贸易协定》作为第一个包含电子商务条款的 FTA 签订后，电子商务或数字贸易规则在 FTAs 中重要性不断提高。2003 年，电子商务第一次作为独立章节出现在《新加坡-澳大利亚自由贸易协定》。2019 年 10 月签订的《美日数字贸易协定》是第一个独立的数字贸易协定。截至 2019 年 12 月，在全球 345 个 FTAs 中，有 182 个涉及数字贸易，其占比达到 52.8%②。2020 年 6 月，新加坡、智利和新西兰签订了《数字经济伙伴关系协定》。同年 8 月，新加坡和澳大利亚签订了《新加坡-澳大利亚数字经济协定》。数字贸易规则从条款到章节再到独立协议的演化，也突显出数字贸易治理的重要性和紧迫性③。目前，数字贸易全球治理体系的主要掌控权和决策权在美国、欧盟、日本等发达经济体手中。发达国家在基础设施建设水平、互联网技术发展与普及速度、全球数字贸易链条所处环节、数字贸易监管技术手段与水平方面普遍领先于发展中国家，导致了数字鸿沟的出现。疫情的暴发更加凸显了各国和各地区之间数字鸿沟的马太效应④。发达经济体或牵头达成带有一定排他性的区域贸易协定，如《全面与进步跨太平洋伙伴关系协定》《美墨加协定》《美日数字贸易协定》等，或出台具备域外效力的单边规制立法，如欧盟《通用数据保护条例》，无不在试图通过国内

---

① 2020 年 12 月 14 日，WTO 电子商务诸边议题谈判合并案文出台。该谈判于 2019 年 1 月启动，旨在制订电子商务和数字贸易领域的多边规则。截至目前已有包括中国、美国、澳大利亚、日本以及新加坡在内的 86 个 WTO 成员签署《关于电子商务的联合声明》（The Joint Statement Initiative on E-commerce, JSI）。从目前披露的进展看，案文主要分为电子商务便利化、电子商务开放（数字贸易的非歧视待遇、数据跨境流动、电子传输关税等）、电子商务与信息安全（消费者保护、隐私）、横向议题（透明度、合作等）、电信以及市场准入（涵盖服务、自然人和货物三个领域）共五个部分。目前各方已就电子签名和认证、无纸化贸易、电子传输关税、开放政府数据、开放网络接入、消费者保护、垃圾邮件以及源代码等议题上实现较大进展。

② BURRY. Digital trade provisions in preferential trade agreements: introducing a new dataset [J]. Journal of International Economic Law, 23（1）: 187-220.

③ 王岚. 数字贸易壁垒的内涵、测度与国际治理 [J]. 国际经贸探索, 2021, 37（11）: 85-100.

④ 马述忠, 潘钢健. 从跨境电子商务到全球数字贸易: 新冠肺炎疫情全球大流行下的再审视 [J]. 湖北大学学报（哲学社会科学版）, 2020（5）: 119-132.

规则与治理模式的对外输出来主导数字贸易国际治理的制度性话语权[①]。然而，受制于政治经济实力、人才及研究储备等因素的发展中国家，对数字贸易全球治理体系构建的参与度相对有限。虽然发达国家主导的区域化或单边性的数字贸易治理比世界贸易组织多边治理体系下的电子商务谈判发展更快，但国际规制碎片化程度过高就无法充分反映更广范围的国际共识，对旨在扩大全人类福祉的多边贸易体制形成冲击，还会增加各类市场主体参与数字贸易活动的合规运营成本，增加包括中国在内的各经济体进行数字贸易治理的制度成本。

数字贸易全球治理体系除了存在碎片化问题以外，具体治理要求对中国这样的发展中国家也不够包容。美国基于其数字技术、数字服务与数字经济领域的绝对领先地位，始终坚持"美国优先"，格外强调数字贸易与数据流动的高度自由化。《美墨加协定》《美日数字贸易协定》等美式规则紧紧围绕数据资源，要求提高数字服务市场准入的自由度，建立高水平的数据自由流动规则。美国提出的禁止计算设施本地化、保护源代码、互联网自由等边境后壁垒的高标准减让要求，既深刻影响着相关国际规则的制定，也对各国数字贸易治理权力构成制约，各国出于国家安全与公共秩序等考虑设置的数据跨境流动规制措施也可能被视为数字贸易壁垒。欧盟虽然也主张一定程度上的国家治理自主性，要求在对数字贸易治理措施的限制中要保留文化保护、公共政策、个人信息保护等规制空间，但近年来其在跨境数据流动自由化、保护关键源代码等方面的主张与美国越来越趋同[②]。

发达国家的治理主张并不十分符合广大发展中国家的实际产业情况与利益需求，既没有充分考虑到发展中国家更为迫切的、对在线订购货物贸易便利化的产业发展需要，也没有为数字贸易监管水平与治理能力欠缺的发展中国家留下充足的政策探索空间与时间。

（二）治理路径

目前，数字贸易壁垒国际治理的主要困难就在于缺乏普遍认可的数字贸易监管政策目标和良好的监管实践准则，导致各国政府出于不同的数据治理能力、政治诉求以及数据使用目的等，设置不同的政策目标优先级。最实际的全球数字贸易治理体系应是既可以最大化数据流的利益，又可以确保安全性和隐私性的一种

[①] 李贞霁. 我国数字贸易治理现状、挑战与应对[J]. 理论探讨，2022（5）：173-178.
[②] 高建树，李晶. 数字贸易规则的"求同"与"存异"：以欧盟RTAs电子商务章节为例[J]. 武大国际法评论，2020（2）：114-136.

互操作系统。数据跨境流动涉及属地管辖、本地化要求、数据安全、数据主权、隐私保护等多方面的内容，可以说是数字贸易壁垒最为核心的体现，也是各方分歧最为集中的领域[①]。

亚太地区经济体一直处于探索数据跨境流动治理原则的前沿。日本提出将"基于信任的数据自由流动"（Data Free Flow with Trust，DFFT）作为全球数字流动监管的原则，该原则已被 G20 和 G7 成员国接受近年来，新加坡在数字贸易治理上体现出非常积极的姿态。除了与日本以及澳大利亚一起作为召集人推动多边框架下电子商务议题诸边谈判之外，还以数字经济协定（Digital Economy Agreement，DEA）为载体致力于打造具有互操作性的数字监管国际体系。DEA 是目前最先进的构建数字监管原则和标准的区域平台，旨在提升数字监管效率和互操作性。其特征包括促进点对点数字贸易便利化、实现可信赖的数据流动以及打造可信赖的数字环境并促进数字经济融入，是对"美式模板"的升级。2021 年初，东盟以合同条款模板（Model Contractual Clauses，MCCs）的形式提出了数据从东盟传输至域外的管理机制。如果能够实施，该机制将提供可以在不同国家隐私框架之间实现互操作性的数据传输机制。

中国对数据跨境流动有两项基本立场：个人信息和重要数据本地存储，跨境数据流动须进行安全评估。在数据本地化存储领域，2016 年 11 月出台的《网络安全法》首次以国家法律形式明确了中国数据跨境流动基本政策。其中，第三十七条规定：关键信息基础设施的运营者在中华人民共和国境内运营中收集和产生的个人信息和重要数据应当在境内存储。在数据跨境流动领域，《数据安全法》表明了中国积极促进数据跨境安全自由流动的立场，并强调维护中国数据主权。在个人信息跨境流动方面，《个人信息保护法》要求个人数据跨境流动要经安全评估和第三方信息保护认证。在区域层面，中国于 2019 年签署《G20 大阪数字经济宣言》，积极回应了其中"基于信任的数据自由流动"的倡议。2020 年，中国以 RCEP 为载体已经完成了对数字存储和处理设施本地化议题以及数据跨境流动议题美式规则的对接。以上均表明，中国已承认兼顾安全和发展的"数据自由流动原则"的基础性地位。

基于以上数据跨境流动监管实践，2021 年全球数据联盟提出数据跨境流动监管应遵循的基本原则：第一，各国应致力于实现无缝和可信任的数据跨境流

---

① 王中美. 跨境数据流动的全球治理框架：分歧与妥协[J]. 国际经贸探索，2021，37（4）：98-112.

动；第二，数据跨境流动规则的建立和保持都应依照良好监管实践，遵循透明、可靠以及证据驱动的基本原则；第三，数据跨境流动监管措施应遵循非歧视原则，平等对待外国国民、产品和技术，平等对待数据跨境流动和数据国内流动，平等对待采用不同技术实现的数据跨境流动；第四，数据跨境流动监管措施应是实现合理目标所必需的，且不能超过实现目标所必需的限度；第五，各国应支持使用符合国际最佳实践的责任制模式，以促进负责任的数据传输；第六，各国应共同努力创建兼容的基于信任的框架，以支持无缝和负责任的数据跨境流动。

第二节 数字鸿沟的治理

随着数字技术的兴起，数字贸易得到了长足的发展，同时，数字贸易也降低了国际市场的准入门槛，深化了国际分工协作，为各国中小企业国际化发展提供了前所未有的机会，使得越来越多的发展中国家参与到国际市场合作与竞争中来。尽管新兴经济体、发展中经济体的数字贸易正在逐步发展，但与发达经济体仍存在较大的数字鸿沟。如果发展中国家不能改变在国际贸易中的不利位置，就会继续处于全球价值链低端，与发达国家的差距也会越拉越大。因此，对数字鸿沟的治理尤为重要，正在成为各国政府和国际组织共同追求的目标。

一、数字鸿沟的内涵

数字鸿沟（Digital Divide）指在数字技术广泛应用的背景下，基于电脑和网络及其他数字平台，因国家、地域、教育水平和种族不同而产生的对数字化技术掌握和运用的差距[1]。李睿等认为，数字鸿沟是指在数字化进程当中，因信息量的爆发与人们信息接收理解能力贫乏所造成的信息拥有程度的差距[2]。

数字鸿沟的概念渊源可以追溯到 20 世纪 30 年代。当时电话在西方国家的应用不断深入，对社会经济生活的影响日趋明显。与此同时，不同地区、不同社会阶层电话普及程度的差异也在扩大。这促使欧美一些国家政府采取积极措施，推广和普及电话，试图消除"电话鸿沟"。1990 年，在数字鸿沟的概念正式提出之前，阿尔文·托夫勒（Alvin Toffler）在《权利的转移》一书中就提出了"信息

---

[1] 陶文昭，全球数字鸿沟及其治理[J]．中共福建省委党校学报，2006（5）：18-22．
[2] 李睿，郭庆．跨越数字鸿沟：老年人智慧出行的政策执行困境及其落地之策[J]．决策与信息，2023（6）：60-68．

富人"（info-rich）、"信息穷人"（info-poor）、"信息沟壑"和"电子鸿沟"等概念，并指出"电子鸿沟"是"信息和电子技术方面的鸿沟"[①]。1995年，马克尔基金会前总裁里奥伊德·莫利赛特（Lioyd Morrisett）正式提出了数字鸿沟的概念。数字鸿沟概念正式提出之初，仅指信息富有者和信息贫困者两极分化的趋势，即信息分配在不同群体之间的不对称，强调不同群体接入数字设备的可及性差异[②]，主要包括两个方面：地理排斥和社会排斥。地理排斥指的是数字接入设备可及性在国别、地域和城乡三个维度的差异，也就是宏观层面的差异。社会排斥指数字接入设备可及性在性别、种族、年龄、家庭背景等方面的差异，也就是微观层面的差异。

随后，美国国家通信与信息管理局发布了名为《在网络中落伍》的系列报告。该报告不断丰富和发展了数字鸿沟的内涵，从而使数字鸿沟问题引起国际组织和各国政府的高度关注。20世纪90年代互联网快速发展，美国商务部在1995年、1998年、1999年的三组关于数字网络的报告中，通过引用大量的现实证据阐释了拥有网络等信息工具的人与那些未曾拥有者之间存在的鸿沟，以及不同的群体之间存在的鸿沟。美国报告所指的是国内数字鸿沟，而除此之外，数字鸿沟还包括国际数字鸿沟，即不同国家之间在信息化发展上的差距，尤其指发达国家与发展中国家的差距[③]。

进入21世纪以来，数字鸿沟的内涵已经从获取权的不平等转移到数字使用性质和使用能力的不平等上。与互联网相比，印刷媒体、广播、电视和电话的功能差异很小，因此，互联网的普及必然会带来使用上的差异，而使用差异源于社会趋势和技术偏向性增长的综合作用。社会趋势包括文化分化，收入、就业和财产上的不平等，以及公共信息和通信设施的商业化。由此可见，社会趋势也增加了数字技术获取的条件性。技术偏向则包括计算机和互联网技术的复杂性、昂贵性和多功能性引起的不同的用途。因此，即使在物理访问方面的差异性减少的情况下，技能和互联网使用性质方面仍有可能存在重大差异。

可以看到，随着信息技术的快速发展，数字鸿沟的内涵也在不断丰富，按照时间顺序可分为：第一类数字鸿沟，主要指不同地区、群体互联网技术接入方面

[①] 金春枝，李伦．网络话语权：数字鸿沟的重要指标［J］．湖南社会科学，2016（6）：178-182．
[②] 马述忠．数字贸易学［M］．高等教育出版社，2022（6）：311．
[③] 吴鹏，马述忠．包容性发展与全球数字鸿沟［J］．上海商学院学报，2021，22（5）：14-26．

的差异①。第二类数字鸿沟，指不同地区和群体在互联网使用技术方面的差异②。第三类数字鸿沟，指不同地区和群体利用互联网技术转为收益大小的差异③。

二、全球数字鸿沟的发展趋势

全球数字鸿沟正在呈现主体微观化、类型复合化、影响深刻化的趋势，这些趋势正在不断加剧数字鸿沟的治理难度。

（一）数字鸿沟的主体微观化

数字鸿沟正从强调地理空间的差异转向强调微观个体的差异。可以想见，随着经济发展水平的不断提高，数字技术在地理空间层面数字设备可及性的差异必然逐渐缩小。但与之相反，微观个体层面的数字鸿沟正在逐渐放大。伴随着技术进步和经济结构的调整，数字技术会进一步强化高数字技能人群的人力资本，使得高技能劳动者更具生产力，并从数字技术冲击中获益。而不具备数字技能的低技术劳动力在例行任务自动化中会被逐渐被替代。另外，与性别、年龄、种族、阶层等个体特征相关的不平等现象深深根植于我们的信息或知识社会的结构中，微观个体层面的数字鸿沟的扩大可能会导致它们长期存在。

（二）数字鸿沟的类型复合化

数字鸿沟逐渐演变为一种复杂的多维现象。当缺乏一种数字资源的同时也缺乏其他类型的数字资源时，就会出现"复合数字鸿沟"。出现"复合数字鸿沟"的原因主要是：一种数字排斥导致另一种类型的排斥时，就会发生顺序数字剥夺。例如，当一个人缺乏互联网技能，他的互联网使用率就会偏低，即由第二类数字鸿沟产生第一类数字鸿沟。再如，如果一个人的收入低到无法支付数字设备，缺乏参与数字经济活动的能力，就无法利用数字技术提高收入，即由第一类数字鸿沟产生第三类数字鸿沟。因此，在考虑第一类数字鸿沟、第二阶数字鸿沟和第三阶数字鸿沟之间的关系时，不应从单一化的视角割裂地看，而应对三类数字鸿沟进行综合考察。

---

① DEWAN S, RIGGINS F J. The digital divide: Current and future research directions [J]. Journal of the Association for Information Systems, 6 (12): 298-337.
② VAN DIJKJAGM, 2005. The deepening divide: Inequality in the information society [M]. London: Sage publications.
③ WEIK, TEOHH, CHANHC, et al, 2011. Conceptualizing and testing a social cognitive model of the digital divide [J]. Information Systems Research, 22 (1): 170-187.

(三) 数字鸿沟的影响纵深化

数字鸿沟的影响主要表现在两方面：第一，数字鸿沟影响范围扩大。计算机技术的发展很快，以至于当多数人尚未掌握传统计算机技能时，智能化的技能即将或已经成为职业的基本要求。大数据、物联网、虚拟现实、人工智能、云计算等数字技术组成的新知识体系，会进一步加剧"信息富人"和"信息穷人"之间的知识鸿沟。因此，数字革命会在技能、知识、设施等更多方面造成数字鸿沟大幅增加。第二，数字鸿沟影响程度加深。数字革命将给供给端（生产关系与生产方式）带来根本性变化，也会对消费端（人们的生活方式）产生颠覆性影响。"信息富人"在巨大的社会变革中会有更多有利条件（例如智能工厂、远程教室等）实现个体全面发展。因此，数字革命时代的数字鸿沟会对社会和个人造成更加深刻的影响。

三、全球数字鸿沟对数字贸易的影响

(一) 对供给端的不利影响

大多数发展中国家的企业往往由于数字技术和基础设施落后，容易被数字贸易排除在外，难以参与全球生产分工获得贸易福利。因此，数字鸿沟阻碍了发展中国家企业参与数字贸易，对供给端产生了不利影响。数字技术已经改变了传统的生产结构，促进了新的、更具成本效益的流程，进而促进了国际贸易的发展。一方面，数字技术拓宽了贸易的集约边际。世界银行《2020世界发展报告》指出：与两个互联网使用率低的国家相比，如果两个国家都有较高的互联网使用率，那么两国之间的贸易额会高出25%；如果出口国互联网使用率高而进口国互联网使用率低，那么两国之间的贸易额会高出31%[1]。另一方面，数字技术拓展了贸易的广约边际。互联网降低了出口准入门槛，为许多中小企业进入市场甚至参与全球贸易创造了条件，从而扩大了竞争容量和贸易产品的种类。尽管机遇巨大，由于技能和基础设施不同，以及竞争和市场进入壁垒不同，各国企业对数字技术的使用存在很大差异。在大多数发展中国家，数字技术仍然未能有效普及。

(二) 对需求端的不利影响

数字鸿沟限制了数字贸易的往来，剥夺了大多数发展中国家的消费者可受益于数字贸易的机会。因此，数字鸿沟阻碍了发展中国家消费者参与数字贸易，对

---

[1] https：//www.suibe.edu.cn/gjys/2020/0723/c12020a126577/page.htm.

需求端产生了不利影响。数字技术已经改变了传统的贸易方式，促进了新的、更具效率的交互形式，进而促进了国际贸易的发展。一方面，数字技术减少了市场双方选择和交易的"噪声"。通过降低不确定性和交易风险，提高了市场效率，进而推动更多跨境货物、服务贸易，使得消费者摆脱国家边界限制。另一方面，数字技术提供了更多选择与便利，满足了消费者多样化的偏好需求。因此，消费者可以借助跨境电子商务平台直接参与到国际贸易当中。同时大数据、人工智能等技术的运用，可以通过产品定制化生产，灵活生产产量，降低商品价格，从而增加消费者剩余。但数字鸿沟限制了大多数发展中国家的消费者对数字贸易的需求，减少了消费者剩余。

四、全球数字鸿沟的治理理念及实践

（一）全球数字鸿沟的治理理念

1. 深化全球合作，扩大参与主体

各国协作可以更有效地管理国际互联网，互联网也可以作为一个强大的平台，促进全球合作。为弥合"国别数字鸿沟"，第一，数字鸿沟治理应由联合国、世界银行等国际组织牵头，增加参与主体，使得缩小数字鸿沟的项目尽可能在地理范围上覆盖更多国家，特别是增加发展中国家参与。第二，需让发展中国家在有关互联网治理的讨论中获得更有实质意义的代表权和话语权。在尊重各国数字主权与国民信息隐私的基础上，落实资金、技术、制度相结合的援助措施，并配套相应的监管措施。第三，要倡导平等的"网络主权"，反对以虚假的"网络自由"为借口的"网络霸权"，建设"网络空间命运共同体"。

2. 降低数字门槛，缩小区域差距

数字经济时代，"区域数字鸿沟"进一步加剧了国家内部地理空间的差异。为弥合"区域数字鸿沟"，第一，应加强落后地区数字基础设施建设，降低农村电信资费。政府应把数字基础设施视作公共产品，通过降低网络收费标准，让更多偏远地区和落后地区的人能够上网，使网络参与主体更加"平民化"。第二，政府应实施信息扶贫的政策，推进数字化致富工程。在遵循市场规律的基础上化数字鸿沟为数字机遇，缩小区域间经济差距。第三，应提高落后地区人民的数字素养。通过推进教育信息化，加大对落后地区教育的硬件设备和人才的投入，降低知识传播成本，激发更多人学习掌握信息技术的知识，培养其信息技能。

3. 加强城乡联动，推动城乡融合

"城乡数字鸿沟"本质上是接触和使用信息资源的机会和能力的城乡分化状态。为弥合"城乡数字鸿沟"，第一，政府应在数字鸿沟治理中充分发挥组织领导的作用，从资金投入、政策扶持和管理协调等方面来促进农村数字农业发展。第二，应通过普及信息技术教育，全面提高农村居民的数字技能，使农村居民能够有效地使用信息工具。同时，纠正农村居民对网络的认识误区，引导农村网民正确认识和有效利用互联网。鼓励农民利用网络平台和信息创业就业。第三，应通过建立城乡反哺农村机制，将部分数字红利转移至农村，加强城乡之间的联动，使农村居民也能享受到数字红利。

4. 减少性别歧视，提升女性数字技能

产生"性别数字鸿沟"的原因主要是数字技能差异，以及同样数字技能下面临就业机会和薪资水平的不平等。为弥合"性别数字鸿沟"，第一，应在数字化时代的教育系统、就业培训、社会动员等方方面面引入性别视角。增加女性平等获取和参与数字信息技术的途径，保障和提升妇女在经济领域的权利，从而促进实现数字空间内的性别平等。第二，在知识与技能教育中，进一步扩大女性的受教育机会，为女性提供良好的教育环境。鼓励女性在学校的正规教育过程中选择或辅修数字技术专业，进一步促进智能时代"教育性别公平"的实现。第三，构建包容、友好、多元的网络空间，保护女性数字身份安全，消除数字性别歧视。

5. 加强基层培训，帮扶老龄群体

数字经济时代，数字鸿沟加剧了老年人等弱势群体与现实社会逐渐"脱钩"的风险。为弥合"代际数字鸿沟"，第一，为增强老龄群体对社会的归属感并提高社会福利，应对老年群体基本的信息技术及互联网服务酌情实行提速降费政策，引起老龄群体对数字服务的偏好，从而增加数字服务的使用，并使得老年人能够在家对数字技术进行自我学习。第二，应在基层普及教育以减少代际差异问题。通过老年大学或者社区活动等形式对老年人进行相关培训，不断提升老龄群体对数字技术的应用能力，真正让老年人融入数字经济社会。第三，应通过社会和家庭"反哺"帮助老年人跨越数字鸿沟。鼓励老年人树立信心，对老年人有耐心，帮助老年人甄别虚假信息，掌握数字技能，让老年人享受到更多的数字红利。

(二) 全球数字鸿沟的国际治理

结合数字鸿沟的具体表现，国际组织和世界各国为弥合数字鸿沟做出了大量努力，为实现包容性发展积累了丰富的经验。

在缩小"国别数字鸿沟"方面，为了帮助贫困的非洲国家实现有效增长，世界银行集团发起了"非洲数字经济倡议"（Digital Economy for Africa Initiative，DE4A）[1]，以支持非洲联盟的 2020—2030 年数字化转型战略。自 2019 年以来，世界银行已领导了 20 多个非洲国家的 DE4A 诊断，并有 15 个国家要求于 2020 年进行。截至 2020 年，世界银行在非洲有 15 个活跃的投资项目和 29 个管道投资项目，为 DE4A 计划的实施做出了贡献。其中宽带基础设施部分的总投资超过 55 亿美元。为弥合各国间电子政务的能力差异，2013 年 10 月 24 日，世界银行批准了加纳电子转型项目，该项目总成本为 9 700 万美元。加纳电子转型项目的目的是利用信息和通信技术提高政府服务的效率和覆盖面。2017 年 1 月 18 日，世界银行批准布基纳法索电子政务项目，项目总成本 2 000 万美元，为提高当地公共行政部门和机构对信息通信技术的使用能力提供了资金支持。

在缩小"区域数字鸿沟"方面，2000 年 10 月，英国宣布在全国建立超过 700 家的互联网接入中心（IT access centers），为贫穷地区免费提供互联网接入点，并免费提供信息技术培训。美国政府发起了一项技术机会计划（Technology Opportunities Program，TOP），以鼓励落后地区发展信息技术。TOP由美国国家远程通信和信息管理局负责管理，每年都为地方政府以及非营利组织提供资金支持，用以推动当地经济发展。2002 年 10 月，中国科技部"缩小数字鸿沟——西部行动"正式启动。"缩小数字鸿沟——西部行动"的主旨是帮助西部地区提高信息化水平，主要围绕公共信息平台、网络教育、信息农业、制造业信息化四个方面开展相关工作。一方面，通过结合西部地区实际情况，开发适宜西部地区经济发展的信息技术和产品，为西部地区信息化提供技术支撑。另一方面，通过试点和示范，逐步推广信息技术在西部地区的应用，使广大西部地区的群众能够更有效便捷地获得和利用信息技术，促进西部地区改善产业结构和发展信息产业。

在缩小"城乡数字鸿沟"方面，泰国政府的"泰国 4.0"战略的预算分配指出，将在全国所有村庄内建设宽带网络，并针对互联网、移动电话的使用以及物

---

[1] 参见：世界银行官方网站。DE4A 诊断是基于一种标准化方法论，着重于数字经济的五个关键基础：数字基础设施、数字技能、数字平台、数字金融服务和数字企业家精神。

流和电子支付系统进行改进,为在线购物的发展创造了更高的便利性;美国通过国家远程通信和信息管理局获资 40 亿美元实施宽带技术计划,缩小城乡间互联网覆盖差距。中国开展了一系列农业信息化建设项目,例如,"科技特派员"工程、"金农"工程、"三电合一"农业综合信息服务平台建设、"村村通"工程等。[①] 2019 年 12 月 25 日,中央网络安全和信息化委员会办公室制定了《数字农业农村发展规划(2019-2025 年)》,提出了农业生产经营数字化转型、提升管理服务数字化水平、提升农业数字经济比重、完善乡村数字治理体系等发展目标。

在缩小"性别数字鸿沟"方面,联合国妇女署、联合国人权高级专员办事处和国际电信联盟等机构都曾针对"性别数字鸿沟"议题提出倡议并制定了相应政策。以国际电信联盟为例,2013 年国际电信联盟制定了国际电信联盟性别主流化政策,旨在推动男性和女性平等地从信息通信技术使用中受益。2014 年,国际电信联盟将每年四月的第四个星期四确立为"信息通信年轻女性日",以营造一种鼓励女童和女青年在信息和通信技术行业就业的全球性环境。除此之外,2017 年 G20 成员国发表的"数字化路线图"(Digital Roadmap for Digitalization: Policies for a Digital Future)提出了"女性数字技能培养"行动方案。该方案旨在增加女性与数字世界的接入、提高女性教育和就业机会;通过传播如何弥合"性别数字鸿沟"的知识,促进不同社会群体共同关注和帮助更多女性深度参与到数字经济之中。

在缩小"代际数字鸿沟"方面,美国通过政府牵头、诸多社会团体投入的方式,成立美国国家远程通信和信息管理局、美国退休者协会、老年人技术服务中心、在线世代等机构,提升老年人的技术使用能力,并通过开展在线社区指导等活动改善老年人数字素养;英国政府耗资 2 500 万英镑,积极关注贫困人口、老年人等弱势群体的信息需求,有计划、有步骤地开展"数字扶贫"工作。2007 年,新加坡半官方机构人民协会成立乐龄理事会,通过公共教育、社区和同伴互助的形式,帮助老龄人掌握各种媒体技能;2017 年,新加坡信息通信媒体发展局推出 IM 银网站,提供视频指南帮助老年人使用数字技术。他们还发起数字诊所计划,将来自社会各界的志愿者聚集在一起,共同帮助老年人融入数字化生活。

---

① 许竹青,郑风田,陈洁."数字鸿沟"还是"信息红利"?信息的有效供给与农民的销售价格:一个微观角度的实证研究 [J]. 经济学(季刊),2013(4):1513-1536.

第三节　数字税收争议的治理

随着数字经济企业的快速发展，全球科技公司及平台身价暴涨，相较于实体企业，这些数字型企业对所在国的税收贡献与其所获得的收益却不成正比，这在一定程度上损害了所在国的国家利益。为应对少数科技巨头对本国税基的影响和保护本国国内企业利益，不少国家开始征收数字税，但鉴于国家性质以及数字经济发展水平的不同，各国对数字税征收的态度和规则有差异，因此目前尚未形成一个统一的、系统化的数字税征收办法，实践也较为混杂。

一、数字税收争议的背景

目前，关于数字经济的税收治理议题主要从国际和国内两个维度展开：

从国外税收治理议题来看，国外学者认为，通过对数字服务征税，不仅可以从数字业务当中获取更多收入，也能更快地适应全球经济数字化[1]。在数字经济的大背景下，数字企业的快速发展对国家传统税收规则带来了一定挑战[2]。因此实施调整相应的数字税收政策势在必行[3]。

从跨国税收治理的角度，杨晓雯和韩霖针对数字经济下税收管辖权划分问题，提出国际税收管辖权划分的前提是数字价值及其价值创造作用[4]。王宝顺等立于常设机构认定来分析数字经济对国际税收征管的影响，建议修改常设机构定义以及利润分配方法[5]。何杨和鞠孟原基于 BEPS 的问题，分析了数字经济下 OECD 提出的"全球反税基侵蚀"并评估了政策效果[6]。

从国内数字税收治理的角度，谢波峰和陈灏认为，与数字经济相关的税收政

---

[1] ANDREW D. M., TANA V, JARROD H. Taxing tech: risks of an Australian digital services tax under international economic law [J]. Melbourne Journal of International Law, 2019 (1).
[2] TAMBUNAN M., ROSDIANA H. Indonesia tax authority measure on facing the challenge in taxing digital economy [J]. The International Technology Management Review, 2020 (1).
[3] GERINGER S. National digital taxes – lessons from Europe [J]. South African Journal of Accounting Research, 2021 (1).
[4] 杨晓雯,韩霖. 数字经济背景下对税收管辖权划分的思考：基于价值创造视角 [J]. 税务研究, 2017 (12): 53-56.
[5] 王宝顺等. 数字经济对国际税收征管的影响与对策：基于常设机构视角 [J]. 税务研究, 2019 (2): 86-91.
[6] 何杨,鞠孟原. "全球反税基侵蚀"方案的最新发展和评析 [J]. 国际税收, 2020 (2): 33-37.

策和管理明显滞后，要加快建立具有数字经济时代战略优势的税收政策体系[1]。王敏和彭敏娇认为，数字经济下涉税事项隐蔽性、模糊性及高度流动性等特征影响了税收征管模式、征纳关系等[2]。李蕊和李水军认为，数字经济发展与税收制度改革存在冲突，基于新收益和价值创造理论，提出尽快改革税收制度，促进数字经济可持续发展[3]。

二、数字税收争议的表现

（一）脱离实体

数字经济具有虚拟性，因此数字化的商业模式可以脱离物理实体而存在，数字税的征税对象是数字寡头，这些公司提供的业务大都以数据为依托，突破了传统的物理边界，无须在服务国境内设立实体商业机构，数字寡头企业可以通过虚拟网络向全球各地的用户提供服务和数字化产品，此举打破了以往的实质性征税连接要求，无法适用传统税收制度中以"常设机构"为依据的征管方式。因此，数字税便以用户所在地为依据进行征收，通过技术手段确定用户所在。只要用户通过提供的服务获得收益，用户所在国即享受税收征管权，可对数字寡头企业征税，通过这一连接点，数字税以自身跳脱于物理存在的超然特性为市场国提供了税收征管依据，弥补了数字型企业基于现有税收体制、因虚拟无实体而少缴纳的税款的缺陷，缓解了税收不平衡的问题。

（二）征税标准不统一

从目前各国实践情况来看，不同国家在确定数字税计征方式上各不相同，难以达成统一标准。从用户来源地确定来看，有些国家以用户的 IP 地址作为确定用户所在之依据，但这种方式存在漏洞，也就是说，使用 VPN 访问就可以轻松改变 IP 地址，使数据显示的用户地点和实际用户地点不一致，进而影响对于用户所在地的确定，尽管后期可以通过增加付款明细、收货地址等作为确定用户所在的辅证，但关于用户之所在的分歧仍然有存在的可能性。

从数字税的征收对象来看，尽管各国大都主要针对那些达到一定规模的大型

---

[1] 谢波峰，陈灏. 数字经济背景下我国税收政策与管理完善建议 [J]. 国际税收，2019（3）：20-24.

[2] 王敏，彭敏娇. 数字经济发展对税收征纳主体行为的影响及政策建议 [J]. 经济纵横，2020（8）：93-99.

[3] 李蕊，李水军. 数字经济：中国税收制度何以回应 [J]. 税务研究，2020（3）：91-98.

数字企业，但细分后的主体却有所不同，如亚洲征收数字税的国家大都将征税对象限定为非居民企业；英法等欧洲国家的征税对象包括居民企业和非居民企业，不管其身份如何，只要接受数字企业提供的服务并由此获得一定收益，国家就可对其征税，如此差异的征税对象给各国家间数字税的实际操作带来了极大的不便。从数字税征收规则的角度考虑，亚洲国家在数字税征收上体现出"门槛低、税率较高"的特点，欧洲国家则呈现出"高税收门槛，相对较低税率"的态势，并且不同的国家对于纳税人应税数额的计算方式也存在差异，这诸多方面的不同造成了当今国际社会数字税收征管进展缓慢的局面[①]。

（三）纳税成本高

税收成本主要包括经济成本、管理成本以及遵从成本[②]，其中，遵从成本在开征数字税的背景下得到了重视。数字税作为一种补充性的新税，其纳税申报规则与传统税收征纳有所不同，在确定其应税数额时，需要对数字业务的具体收入和模式等进行更为详细的划分，由此所需的数据也有别于传统的纳税申报。一般企业在管理过程中不会刻意收集数据，往往需要额外花费力气获取并整合成符合纳税申报要求的数据，因此增加了数字型企业的税收遵从成本。从税务机关的角度来说，能够确定数字型企业应税数额的重要数据由企业自己掌握，同时数字型企业的业务一般遍及全球，极少会主动提供关于业务盈利方面的数据，数字经济高度流动性和对数据库高度依赖的现状，使得数字企业的税源更加难以发现，税务机关需要花费更多的精力去调查，同时也需要多个机构的协助，加大了税务机关的管理成本。

三、数字税收争议的治理实践

（一）美国应对数字经济跨州交易的经验

增值税本身具有累退性，有违税收的公平性且纳税成本较高，因而美国各大州并没有征收增值税，转而征收销售和使用税（Sales and Use Tax）。对在美国从事有形动产销售、提供与该销售活动密切相关的辅助性劳务相关的零售商征收销售税，使用税则为销售税的补充。对于跨州交易，主要看销售者与某地是否有

---

① 熊冬洋．数字经济背景下中国税制改革的制度经济学分析［J］．税收经济研究，2021（6）：3-4．
② 税收遵从成本：纳税人（自然人和法人）为遵从既定税法和税务机关要求，在办理纳税事宜时发生的除税款和税收固有的经济扭曲成本（如工作与闲暇选择的扭曲、商品消费或生产选择的扭曲）以外的费用支出。

"关联"(nexus),即是否在某地为了经营目的有临时居住或长期居住的个人,在某地是否有财产,若有"关联",销售地就要对其征税,若没有"关联",各州政府就不得对远程或虚拟零售商征税。而随着电子商务的发展,企业并不需要在某地安排人员或财产就可以实现远程跨州销售,使数字化服务或无形资产的消费地所在州产生大量税收流失,为了降低征收销售税的零售商的成本和行政负担,特别是对在多个州经营的零售商来说,以简化并使销售和使用税征收管理更加统一,美国各州通过合作努力出台了《简化销售和使用税协议》(Streamlined Salesand Use Tax Agreement,SSUTA),以解决美国境内跨州销售税的征管难题。首先是简化税制,销售税将汇给一个单一的州机构,企业将不再向开展业务的每个州提交纳税申报表[1];其次,统一征税权分配规则,采用目的地原则,但在特殊情况下允许一些州仍然适用原产地课税原则;并在此基础上建立数字化的税收征管体系,设立一站式网络登记制,实现在一个州登记就可以记录该企业跨州销售的有关信息,发展税务自动化软件,提高数字化税收的征管水平。

美国的联邦政府和州政府均有税收立法权,各州根据各自的经济目标与经济利益设计税收制度,因而各州在税率、税基、税收征管方面都存在很大的差异,对跨州公司的应税所得如何在各州之间分配带来了挑战,因而美国统一州法律委员会于1957年通过了《应税所得统一分配法案》,并由美国跨州税收委员会负责管理。法案将跨州应税所得分为经营所得和非经营所得,其中经营所得按照"三因素法"(也被称为"古典规则")在各州之间进行所得税的分配,主要原理就是依据该州的销售额、资产价值、工薪额三个要素占公司全部要素之比与跨州企业全部经营所得的乘积进行分配;非经营所得就是将所得分配给经营所在地进行征收。古典规则也不是一成不变的,美国跨州税收委员会允许各州根据自身的经济目标与经济利益进行调整,使用修正过的"三因素公式",比如在1999年就有超过20个州提高销售额的占比,赋予其两倍的权重,给予了各州很大的自主性[2]。

(二) 欧盟电子商务增值税征收机制

欧盟在征收增值税以后,一些公司利用法律的漏洞在不同成员国之间倒卖一

---

[1] State Taxation of Internet Transactions, https://sgp.fas.org/crs/misc/R41853.pdf.
[2] 美国州际公司所得税协调机制及对中国的启示, https://www.wenmi.com/article/pxh0rx05hd4r.html.

些体积小、附加值高的产品，从税务部门手中骗取增值税，以此形成"旋转木马"式避税（carousel fraud），产生税收流失问题，而电子商务的发展又加剧了税收流失的规模与程度。为了打击电商利用增值税的欺诈行为，为跨境电商提供便利，在增值税方面为欧盟的企业创造公平的竞争环境，欧盟在跨境交易的增值税方面进行了多次改革。1967年4月11日，颁布了关于增值税的第1号指令和第2号指令，提出在消费地征税以及关于出口退税、进口征税的相关内容。1991年12月16日，在91/680/EEC指令中提出废除财政边界，无论是B2B还是B2C业务，所有的内部跨境交易原则上都适用生产地原则（除特殊行业适用消费地原则外）。在2008年2月12日的理事会2008/8/EC号指令中又提出了内部跨境交易的地点应该是消费国以及利用迷你一站式平台进行纳税申报的内容。2010年12月1日发布《增值税的未来绿皮书：面向一个更加简化、稳健和高效的增值税制度》，将增值税税率合理化，使用消费地原则并使用消费国税率。2016年4月7日提出《增值税行动计划》，明确了内部跨境交易的确定性增值税制度。2019年11月在《第2019/1995号指令》（电子商务增值税指令）中提出要建成一个更大的一站式服务机制（OSS）及进口一站式服务机制（IOSS），欧盟范围内新的1万欧元阀值取代远程销售阀值，以及引入特殊规定，赋予在线市场或平台在特殊情况下承担增值税代扣代缴的义务。

（三）OECD应对数字经济跨境交易的经验

跨境数字服务和无形资产交易的出现，打破了传统意义上的货物交易的增值税制度，使得全球缺乏国际商定的跨境贸易增值税应用框架，导致政府税收不足、收入损失以及双重征税造成贸易扭曲的风险越来越大。因此，OECD着手制定了《国际增值税/货物劳务税指南》（以下简称《指南》），《指南》于2015年完成。2015年11月，在全球增值税论坛第三次会议上，与会的104个司法管辖区和国际组织的高层官员通过了《指南》作为国际贸易增值税处理的全球标准。《指南》的主要内容旨在明确消费地征税原则，鼓励加强各辖区的信息交换，以及引入第三方征税平台。

OECD于2016年建立了OECD/G20 BEPS包容性框架，以应对数字经济带来的税收挑战，应G20要求，在发布《BEPS行动计划》报告之后，于2019年1月包容性框架成员同意审查两个支柱的建议，并成为解决数字化带来的税收挑战的共识解决方案的基础，经过各国不断地谈判，OECD于2021年10月发布了《关于应对经济数字化税收挑战双支柱方案的声明》（简称《十月声明》），其中,"支柱一"注重完善对大型跨国企业的征税权分配机制,以解决数字经济下不同国家间的税收权益分配格局;"支柱二"通过划定企业所得税的全球最低税率,以解决剩余 BEPS 问题的全球最低税收[①]。其中,"支柱一"方案在解决税收转移问题以及不同区域间的征税权问题等方面更具有借鉴意义。

案例

2020 年 11 月 15 日,第四次区域全面经济伙伴关系协定领导人会议以视频方式举行,会后东盟 10 国和中国、日本、韩国、澳大利亚、新西兰共 15 个亚太国家正式签署了《区域全面经济伙伴关系协定》。它的签署,标志着当前世界上人口最多、经贸规模最大、最具发展潜力的自由贸易区正式启航。2021 年 3 月 22 日,商务部国际司负责人表示,中国已经完成《区域全面经济伙伴关系协定》核准,成为率先批准协定的国家。4 月 15 日,中国向东盟秘书长正式交存《区域全面经济伙伴关系协定》核准书。11 月 2 日,《区域全面经济伙伴关系协定》保管机构东盟秘书处发布通知,宣布文莱、柬埔寨、老挝、新加坡、泰国、越南等 6 个东盟成员国和中国、日本、新西兰、澳大利亚等 4 个非东盟成员国已向东盟秘书长正式提交核准书,达到协定生效门槛。2022 年 1 月 1 日,《区域全面经济伙伴关系协定》正式生效,首批生效的国家包括文莱、柬埔寨、老挝、新加坡、泰国、越南等东盟 6 国和中国、日本、新西兰、澳大利亚等非东盟 4 国。2022 年 2 月 1 日起《区域全面经济伙伴关系协定》对韩国生效。2022 年 3 月 18 日起对马来西亚生效。2022 年 3 月 20 日,日本首相岸田文雄与柬埔寨首相洪森在金边会晤后发表了联合声明,一致同意加强合作,确保全面落实协定[②]。

根据上述资料,从数字自由贸易的角度,谈谈你对随着《区域全面经济伙伴关系协定》的签署,单边主义及保护主义也加速升温的看法。从政府的角度出发,中国应如何面对随之而来的挑战?

小结

从 20 世纪初至今,全球经济治理先后经历了以英国为中心的霸权竞争治理、

---

① https://www.oecd.org/tax/beps/brochure-two-pillar-solution-to-address-the-tax-challenges-arising-from-the-digitalisation-ofthe-economy-october-2021.pdf.
② 人民网. http://finance.people.com.cn/n1/2023/0602/c1004-40004933.html.

以美国为中心的霸权支配治理、以美苏争霸为背景的霸权争夺治理、以发达国家为绝对主导的南北合作治理、以新兴市场和发展中国家为重要力量的全球共同治理几个阶段，其演变历程是一个多方力量持续博弈、各国角色不断转换的过程。数字经济时代的到来为全球贸易治理带来诸多机遇和挑战，其中就包括数字贸易壁垒的治理、数字鸿沟的治理、数字税收争议的治理等方面。鉴于中国在数字技术、数字贸易、数字金融等方面的先行优势，也将在全球数字经济治理中发挥更大作用。

习 题

1. 2021年4月18日，博鳌亚洲论坛发布的《亚洲经济前景与一体化进程》旗舰报告指出，亚洲数字贸易发展已经走在世界前列，数字经济的规模仅次于美国，但是亚洲区域存在的数字鸿沟现象仍然严重。你认为亚洲区域内产生数字鸿沟的原因有哪些？

2. 2019年7月至2020年末，美欧数字税争端愈演愈烈，欧洲如法国、英国等国均要求对大型互联网企业征收数字服务税，美国以对相关国家实施制裁作为回应，从美国及欧洲国家的角度出发，阐述美欧产生数字税收争端的原因。

3. 特朗普在任美国总统期间，与中国多次发生贸易摩擦，具体到针对字节跳动和腾讯两家公司；从瞄准少数"明星企业"，扩展到启动针对中国互联网的"清洁网络"计划；从早前干预5G建设、收紧华为技术获取限制，到动用国家力量企图切断华为芯片供应链；从精准打击信息通信领域，延伸到干预应用程序、人工智能、数据计算等其他数字经济领域。从政府的角度出发，中国应如何面对这些挑战？

第十二章
全球数字贸易的发展趋势与展望

当前,全球经济加快进入数字贸易时代,数字贸易作为数字经济的重要组成部分,将给未来商业带来颠覆性变革和重构,成为经济增长的新引擎。互联网的全球化和数据的跨境流动推动了数字贸易在全球范围内的蓬勃发展,不仅促进了货物贸易发展,还促进了服务贸易便利化。不同于传统贸易,全球数字贸易在国家层面、平台层面、企业层面以及技术层面都体现出新的发展特点和趋势,并日益成为全球经济转型升级的新动能。

本章主要从四个方面展开论述,首先分析和展望了数字贸易规则与监管的现状与趋势。其次论述了数字贸易成本和市场。再次分析了数字支付和数字货币的内涵、发展沿革、类型以及对数字贸易产生的影响。最后,从全球经贸关系变革的角度论述了数字贸易对未来全球经济产生的深远影响。

第一节 数字贸易规则和监管

数字贸易是全球数字经济开放与合作的重要纽带,为各国数字技术创新、数字产业发展、经济社会数字化转型创造了更加广阔的空间。积极发展数字贸易,有利于更好地融入数字时代的全球化分工,有利于打造具有国际竞争力的数字产业集群。然而,数字贸易发展的限制因素及其引发的问题也逐渐显现,如全球数字贸易规则体系不成熟、监管措施和法律体系缺失等,如何解决这些问题成为未来数字贸易发展的关键。

一、数字贸易规则的发展现状

数字贸易作为新型贸易形式,对原有的国际贸易体制机制、规则制度、监管执法等方面产生了巨大的冲击和挑战。尽管世贸组织现有的贸易协定部分内容涉及了数字贸易，但这些协定是基于传统货物贸易和服务贸易达成的规则框架，并不完全适用于数字贸易，不能科学地指导数字贸易发展，更不能有效、合理地打破数字贸易所带来的新贸易壁垒。

而在数字贸易新规则制定过程中，由于现阶段各国的数字贸易发展水平存在较大差异，各国在地缘政治、法律制度、产业发展、人文价值等方面也存在显著差异，因而各国对数字贸易发展的利益诉求和发展理念不同，在跨境数据流动、知识产权、市场准入、数字税、无纸化贸易等问题上存在较大分歧，甚至持有截然相反的主张。以美国、欧盟和日本为代表的发达经济体主张消除数字贸易壁垒、开放全球数字贸易市场、推行数字产品和服务贸易自由化以及反对强制技术转让，但美国和欧盟在跨境数据自由流动上存在较大的分歧，美国倾向于实现数据和信息的自由化流动，而欧盟则倾向于将保护个人数据隐私放在首位，对跨境数据自由流动作出了较多的限制。中国、俄罗斯等基于跨境电商而发展起来的新兴数字贸易国家，对数字贸易规则的制定主要侧重于跨境电子商务，强调在全面促进跨境电子商务发展的同时维护国家安全和保护消费者权益，实行严格的数据监管、网络平台管理、本地准入等限制政策。

目前，全球数字贸易规则与监管的格局基本由三种力量主导：第一种是以美国为代表的国家，主张支持跨境数据自由流动、禁止数据本地化。美国在数字贸易规则的构建上一直保持高度进攻性，具体表现在美国主导的《美墨加协定》和《美日数字贸易协定》中。第二种是以欧盟为代表的国家，这些国家重点关注视听产品例外、消费者保护等议题。欧盟、新加坡在推进数字贸易规则的构建进程上较缓，欧盟达成的实质性的数字贸易规则条款较少，约束力未有显著提升。新加坡参与了《全面与进步跨太平洋伙伴关系协定》并和欧盟、土耳其分别达成双边协定，但在数字贸易规则上未取得显著进展。第三种是以中国为代表的国家，它们主要主张数字主权。2020年11月，中国与东盟十国及日、韩、澳、新西兰共同签署了《区域全面经济伙伴关系协定》，签约国在数字贸易上互补性强，能进一步提升数字贸易共识，推动全球数字贸易规则构建。

二、数字贸易规则和监管的发展趋势

（一）数据和隐私安全问题凸显推动保护和监管制度完善

数字技术的应用和数字贸易的发展使得数据安全问题凸显，数据自由流动需求和监管之间的矛盾更加尖锐,这将推动信息保护和监管制度进一步完善。当前世界大多数国家以出台国内法的手段对互联网空间进行规划。在互联网国际准则上,针对非国家主体的行为准则,各国基本达成共识,但由于国际组织难以直接约束国家行为,发展中国家与发达国家利益矛盾难以调和,使得针对国家主体的行为准则难以取得实质性进展。随着数字贸易的发展,传统数字贸易规则约束力将更加不足,而与此同时,世界主要国家在网络内容审查和阻隔措施、数据存储强制本地化、源代码开放以及对加密技术的限制、知识产权的保护、电子支付许可、技术标准、政府采购的歧视性规定等方面的分歧逐渐变大。

长期来看,"数据自由流动"需求和"数据跨境流动"监管的冲突将持续并存;个人数据、非公开信息等数据保护要求和监管措施需要进一步增强;企业作为数据控制者、处理者的责任与日俱增,对数据分级保护、匿名化、存储加密等保护措施要求日趋细化;数据出境概念从以数据存储国家地理边域为标准,向以数据主体国籍和数据处理者、所有者国籍为标准延伸;数据跨境流动规则在数据本地备份的基础上支持数据流动、有条件解除数据流动限制、禁止数据离境等不同规制模式。在此基础上,各国将加速推进建设本国数字贸易制度,不断完善数字网络法律框架,以期打造快捷稳定的网络环境。通过国际合作的方式制定全球数字贸易新规则,突破贸易壁垒、建立更加开放包容的全球性多边贸易体制是未来数字贸易规则发展的主要趋势。

(二) 各国政策和监管手段的差异导致数字贸易壁垒

由于互联网的全球性和数字贸易标的的虚拟性,各国政府在监管方法、监管领域、监管理念和监管模式上存在显著差异,这使得数字贸易保护主义出现、数字贸易壁垒上升。互联网作为全球性网络体系,任何国家数字化领域政策措施的影响幅度都可能超出本国国界,然而各国政府在数字贸易重要政策上却存在重大差异,跨领域的数字贸易治理要兼顾市场准入和非歧视原则以及互联网问题的治理。随着数字技术进一步发展,各国在隐私统一标准上的缺失将导致数据保护、网络安全、信息安全、跨境业务准入等问题愈发突出,各国间的关税壁垒和非关税壁垒上升,进而阻碍数字贸易的发展。

由于数字贸易依托不同于传统贸易有形物体载体的数据流载体,现行海关评价体系中缺少对数字贸易产品的规定,目前关税来源主要是针对少数纳税主体的大额税款,对此欧美发达国家主张对数字产品免除关税,而发展中国家主张征收关税,这将在一定程度上导致关税壁垒形成。而非关税壁垒的主要对象是无形的数字产品,随着数字技术在贸易中的广泛应用,各国大都会采取本地储存和数据本地处理等保护措施。在此基础上,替代型本地化政策、外商直接投资限制、路径数据流、强制性的数据和 IT 设施本地化措施以及源代码加密要求等非关税壁垒和措施也将逐渐出现在数字贸易中。随着数字贸易发展,打破和消除数字贸易壁垒将成为未来全球数字贸易规则谈判的核心问题。

(三) 数字技术进步加深了贸易便利化程度

数字贸易充分利用互联网与数字技术优势,有效减少传统贸易环节,打破了贸易过程中的部门壁垒,降低了贸易过程的成本支出,提高贸易效率。随着数字技术的发展,中间环节会减少,货物贸易运输和存储成本都会陆续降低,通关手续简化、线上平台的应用将有效降低信息和交易成本;在全球范围制作、复制和分发创意产品的成本大幅降低。因此,数字贸易将呈现两头活跃、中间萎缩的发展态势。未来数字贸易将呈现普惠化、个性化的特征。一方面,数字市场门槛的降低有助于发展中国家的中小企业直接参与国际贸易,数字平台和区块链技术的应用将有效减少中间商对贸易参与主体资质审查所需的征信、审查、复核等环节,提高贸易效率;另一方面,强大的计算能力、大带宽、高网速的云计算和人工智能等数字技术将在消费者和生产者之间建立起高效的交流通道,从而减少数字贸易中批发商、代理商等中间成本,使得生产者可以直接满足消费者需求。

(四) 新技术发展推动知识产权保护体系的完善

数字知识产权的无形性使得侵权和保护的确认难度及复杂性大大提高,信息化处理和传播使得数字知识产权客体的无形性和不确定性明显增加,完善合理的知识产权保护体系还未建立。当前对数字知识产权的保护制度不完善,普遍存在对数字内容产品版权保护力度不足、专利申请及"多级保护计划"等对外资存在歧视性做法、强制性要求开放源代码、不公平的强制性技术转让及技术改造许可制度、网络入侵窃取商业秘密和科技专利等一系列行为。从长期来看,世界各主要国家在数字知识产权方面的争议很可能围绕以下方面:一是将"开放源代码禁令"延伸至适用于除大众市场软件之外的基础设施软件;二是将"算法"、"密钥"和"商业秘密"新增至"开放禁令列表";三是使互联网服务提供商在知识产权保护方面承担更多的责任。可以预见,随着数字贸易发展,未来数字知识产权方面的分歧和冲突必然会增加,全球贸易体系对数字知识产权保护制度的需求愈加迫切,构建完善的知识产权保护制度是大势所趋。

第二节　数字贸易成本和市场

随着数字贸易的不断发展，数字贸易即将进入一个崭新的时期。伴随着数字贸易的发展，数字贸易成本的内涵以及相关概念也在不断地发展和丰富。从目前来看，数字贸易成本主要受数字技术、数据流动、综合服务、仓储运输、贸易规模等方面的影响。在交易范围上，从最初的数据信息，延伸到数字产品与服务，再到产品与服务数字化，数字贸易彻底打破虚拟商品与现实商品之间的划分界限，实现以数字化为标准的国际贸易市场格局。平台企业成为数字贸易的主导力量。随着数字贸易的不断发展，数字贸易市场准入壁垒变低，其主导力量逐渐从传统跨国公司转向新型平台企业，呈现出多元化的发展趋势。

一、数字贸易成本

（一）数字贸易成本的内涵

贸易成本始终伴随着贸易发展，内涵也在不断地丰富和发展之中，目前学界尚未有统一的定义。进入 21 世纪以来，以安德森（Anderson）和瓦尼·为根（Van Wincoop）为代表的学者对贸易成本的定义进行了系统研究和梳理，认为传统的国际贸易成本除了生产商品的成本之外，还包括进行国际商品交易往来的必要支出，例如政策壁垒成本、分销成本、合同实施成本、配送成本等。随着第三、第四次科技革命的发展，信息通信技术得到突飞猛进的进步与全面应用，贸易作为经济活动中配置资源的关键环节，已经将贸易方式和贸易对象进行数字化，以更好地顺应经济全球化浪潮。其中，贸易方式数字化是指在传统贸易的基础上融入现代信息技术元素，使贸易效率提升的同时所花费的贸易成本最小；贸易对象数字化是指将数据和以数据形式存在的产品及服务进行贸易，是对现有贸易内容在深度和广度方面的拓展。在数字贸易视角下，贸易成本的内容与传统贸易成本有差异，尤其是贸易渠道的扁平化带来了贸易成本优势，例如更低的距离成本、搜寻成本、固定成本、信息的复制及核实成本等。具体而言，两者的主要差异有两方面：一方面，与传统贸易相比，数字贸易极大地降低了搜索成本、信息成本和合同成本等。另一方面，数字贸易方式促使以往"不可贸易"类服务的生产和消费在时间上具备了分离的可能性，即实现了由不可物化到可物化，由不可跨境交易到可跨境交易的转变，进而降低了交易成本，促进双边贸易效率的提高。基于上述数字贸易与传统贸易对贸易成本影响的差异可以得出：

其一，数字贸易实现了对传统贸易方式的重大变革，即互联网技术可作为基础技术实现传统的货物或服务的在线交付。这种既可以缩短配送时间又可以降低贸易成本的无纸化交易，未来将逐渐成为贸易和支付方式的主要形式。

其二，数字贸易实现了对贸易产品形态的重大创新，即传统货物或服务被数字产品所替代。也就是说，网上购买与转移的过程将使得数据流动与传输成为贸易流程中的核心环节，数据存储成本将大幅提高。

（二）数字贸易成本的产生过程和构成分解

1. 数字贸易成本的产生过程

数字贸易成本是在运用数字技术进行国际货物或服务交易的过程中产生的。传统模式下，企业新进入某一个国家的市场，或与新的客户开展贸易活动，都需要提前进行市场调研，以便充分了解市场行情、政策波动、客户资质与信用等信息，从而降低外贸风险。在确定双边的交易关系后，再利用信息通信技术等数字技术手段寻求双边交易的降本增效，具体过程如下：

第一，企业运用信息通信技术获取海外全方位的资讯，并通过网络搜索技术获取国际市场信息，从而产生了互联网搜索成本。第二，在知识产权能够得到有效保护的情况下，知识和信息等服务就成为外贸企业必须选择的业务，从而产生了信息成本。第三，网络化的线上经济活动尽管方便了交易，但是也增加了交易过程中纠纷的解决难度，因此对监管体系提出了挑战，为了甄别外贸企业身份、信用、资质以及贸易规范等，相应产生了监督成本。第四，将数字贸易所有产生的数据信息在出口地按照相应法律法规进行存储，相关企业必须建立相应的数据本地存储库、备份机制等，但这也同时增加了处理和运营企业数据的成本，为企业数据跨境业务的正常展开带来了负担。例如，部分没有能力创建数据中心的中小企业，一般需要依赖第三方数据存储系统进行数据备份，从而增加了数据存储的成本。同时，与此类第三方建立合作关系时需签订合同，以确保后续工作的顺利进行，以及发生问题时能有追责途径，也能明确放弃与其他第三方合作的机会成本，这就产生了数字贸易中的合同成本。由此，在数字贸易进行过程中所产生的搜索成本、信息成本、合同成本、监督成本和数据储成本等构成了总的数字贸易成本。

然而，数字贸易在国际上尚未形成一个统一的定义，不同国家研究机构、学者对其有不同的解读，对于数字贸易成本构成的界定也五花八门。以上界定是多数研究者所认可的数字贸易成本的产生过程，而对于数字贸易成本产生过程的具体理论研究，还需要进行更深入的探索。无论如何，数字贸易成本的产生看似复杂，但因数字贸易通过采用数字技术，提高了员工生产力，引入了更为高效的经营方式及创造并简化全球价值链。可以说，数字贸易相对于传统贸易而言，其成本降低是巨大的，与其收益相比，数字贸易成本算是微乎其微。

2. 数字贸易成本的构成分解

尽管数字贸易会在数据储存搜索、网络安全治理、贸易规则的制定等方面带来新的成本和新的矛盾，但它的不断延伸以及与实体经济的融合发展也为各国提供了更多可能或者更优的路径。数字技术被一些国家和地区的企业广泛应用于供应链、价值链之中，这大幅提高了产业上下游的协同效率，而采购成本、营销成本、物流成本等成本费用大幅降低，使企业形成了新的竞争优势，在数字经济时代获得了发展先机。在这一过程中，平台全网搜索这一优势的运用使经济信息能够直接便捷流动，这不仅让用户可以更方便获取全面而准确的数据[①]，并且突破了地域的限制，扩大了信息可得性和潜在的受众群体，也在一定程度上降低了市场准入的难度和门槛，使各企业有足够的动力进行产品质量的提升和功能的创新，同时在需求方面也降低了消费者搜索和比较的成本，用户可以更便捷迅速地获取自己想要的信息。

数字贸易成本中也包含着传统贸易成本的内容，如运输成本仍在存在，多数交易沟通或者交易信息传递搬到线上，但实体货物仍然需要运输到贸易目的地，不过由于数字技术加快了交易信息的传递，进而也缩短了等待运输指令的时间，使得运输进度加快。在产品出口过程中，一些政策壁垒成本也存在，如关税壁垒和非关税壁垒，尤其是非关税壁垒中涉及产品质量安全认证、绿色贸易壁垒和技术贸易壁垒等贸易成本阻力继续影响数字贸易出口额的增长，而且，数字贸易下数据流动壁垒也成为政策壁垒成本中新增加的一部分。需要指出的是，数字贸易过程中仍存在合同成本，其与传统贸易的合同签订方式和类别都存在差异，尤其是线上签约成为主流，相应的合同成本也会比传统贸易下有所降低。

在上述背景下，传统经济分析中常用的成本概念，比如边际成本、平均成本、固定成本和可变成本等都发生了巨大变化，甚至有大量的数字经济平台企业可依靠用户规模大这一优势，通过广告植入的收入来实现一些服务和产品的免费

---

① 孙杰. 从数字经济到数字贸易：内涵、特征、规则与影响［J］. 国际经贸探索，2020，36（5）：87-98.

使用特权。此外，数据的自由流动不仅能够节省数据出入境的评估和审查成本，还可以降低数据境内储存和备份的成本，同时还缩短了交易时间，使数据跨境手续得到简化，提高了交易效率。更为重要的是，企业也可以通过信息系统对生产中的仓储、物流需求等进行实时监控和管理，以降低不必要的仓储占用，减少不必要的成本，确保配送环节有序高效，以降低时间成本、空间成本。同时，服务存储载体也经历了一大演进，磁盘、光盘、移动硬盘等传统的数字化存储设备正在被虚拟的、线上的云存储所取代，不仅不易丢失，且推动了存储成本的降低、存储方式的优化和存储服务的演进。

（三）数字贸易成本的分类

1. 搜索成本

美国国际贸易委员会基于交易内容将数字贸易分为五大类：搜索引擎、数字内容、社会媒介、跨境电子商务以及其他产品和服务[1]。其中对于数字内容的呈现，需要先对数据进行收集、归类、整合，才能够形成一个庞大的数据库以供搜索。除此之外，还要在搜索过程中对其他无用信息进行排除，精准匹配到用户真正所需的数据，其中所耗费的人力、财力皆属于数字贸易的搜索成本。

与此同时，如何让用户搜索数据更便捷、迅速，且搜索到的信息更准确，是开发者一直在探索的方向，这都需要对搜索引擎逐步进行完善。因此，搜索引擎的设计所耗的费用也是搜索成本中必不可少的一部分。对于用户而言，由于用户与商家之间的信息不对称，用户必然努力寻找、对比同质商品的价格信息，以期找到性价比最高的商品，这种行为无疑会做出比较理想的购买决策。但这种对于信息的搜寻也是有成本的，主要是指搜寻过程中所耗费的时间成本，而这也正是数字贸易搜索成本的一个组成部分。

2. 信息成本

最初信息是通过传统的传播渠道取得的，在搭载信息数字化的快车后，带来了效率方面的巨大提升，尔后在经济的增长领域起到了不可替代的作用[2]。以现代信息网络为重要载体、以数字化信息作为关键生产要素、以有效利用信息通信技术为提高效率和优化经济结构重要动力的一系列经济活动。信息被当作关键生产要素，以传递和交易为主要方式来服务经济社会发展，但是与传统贸易相比，

---

[1] 陈红娜. 数字贸易与跨境数据流动规则：基于交易成本视角的分析［J］. 武汉理工大学学报（社会科学版），2020, 33（2）：110-120.

[2] 孙杰. 从数字经济到数字贸易：内涵、特征、规则与影响［J］. 国际经贸探索，2020, 36（5）：87-98.

提供信息的服务经济在生产服务的同时也存在消费服务的特征。

在知识产权能够得到有效保护的情况下，数字经济所带来的服务产品不仅可以多次重复使用，并且可以基本实现零成本的复制生产。在数字贸易中，信息被视为与传统生产要素并列的要素之一，如劳动和资本等，是被包含在全要素生产率背后的主要影响因素。一方面，信息被作为生产过程中的中间投入品而计入生产成本并最终在销售中得到补偿；另一方面，信息被当作关键生产要素投入，从而实现了生产效率的提升和传统贸易结构的优化。

3. 合同成本

合同成本主要是指为实施某项合同项目而发生的相关费用，包括从合同签订开始至合同完成为止所发生的、与执行合同有关的直接费用与间接费用。而对于数字贸易过程而言，虽然纸质化合同的签订数量已大大减少，但电子合同、凭证等同样需要相应的合同成本。这其中包括为完成项目所投入的设备及材料成本，为完成项目所支付的咨询、培训、设计、验收等服务成本，还有签订合同所需劳务工的工资支付，也就是人工成本。当与一方签订合同时，就会失去与其他同质商家合作的机会，这是数字贸易合同成本中的机会成本部分。

与此同时，数字贸易合同还可能不被履约，所以双方还可能承担毁约造成的损失，这都是包含在数字贸易合同成本中的。除了以上较为显性的合同成本以外，还涉及版权、制作、专业性博弈等方面的隐性成本，例如支付给分包商的成本、设计及技术援助费用、检验试验费用、销售佣金等，这些对于一份合同的签订都是不可或缺的。

4. 监管成本

在数字贸易模式下，在线交易极大地提高贸易便利性的同时，一些监管问题随之接踵而来[1]。不同贸易主体来自不同的国家或地区，对于信息、数据安全的有关规定，各个国家制度不尽相同。随着"数据泛滥"情况的出现，在数据产权方面，各国对于谁拥有数据、管理数据，如何管理和使用数据，以及如何在不同主体之间分配责任和权利，有着不同的观念和立场。知识产权监管的重要性在于数字时代很多产品可以零成本地进行复制，严格的知识产权保护对提升一个国家对数字公司的吸引力很重要。

数字经济时代，跨境电子商务的迅速增长给税收带来了难题，使得数字贸易税收监管成为新的讨论热点。各国、各地区之间在数据跨境流动、跨国知识产权

---

[1] 龚谨. 数字贸易：因变而生破局而立[J]. 现代商业银行，2020（19）：42-45.

保护、数字税收监管、市场准入等方面存在分歧和冲突，为确保整体的数字贸易稳健发展，需要投入人力、财力、物力对数字贸易服务进行监督。因监督所发生的一系列费用，被当成生产过程中的生产要素计入产品的生产成本中。

5. 数据存储成本

近年来，数字化的发展给用户提供了按需定制、灵活、低成本以及可扩展的应用部署方式，出现了许多数字化服务提供商。数字化环境使得服务商能够方便灵活地利用网上数据来部署运行它们的应用，以达到降低成本、提高服务质量等目的。但是在数字化贸易中，出于保护知识产权和防止数据隐私外泄的目的，信息和知识是可以存储的。在数字化存储方面，数字贸易比传统服务业有更大的提升空间，主要体现在前者把知识和信息的生产与消费在时间和空间上分离开来看。

数据存储无疑对于保护数据和系统运行安全是相对有效的方法，尽管在网络时代，数字化信息不能保证绝对的安全，但在各国隐私保护制度存在差异的背景下，数据存储至少可以更方便地实现一个国家自身设定的监管目标。为确保整体的数字贸易稳健发展，需要投入人力、财力、物力对数字贸易服务进行存储。要将数字化的存储作为生产要素的投入过程，计入产品的生产成本中[①]。

（四）数字贸易成本的影响因素

1. 数字技术

数字技术的应用会对数字贸易成本产生极大的影响，具体表现在以下几个方面：首先，数字技术可以有效降低价值链上不同环节之间的贸易成本，提高其交易效率，如在优化仓储和库存方面，人工智能技术可以有效降低运输和物流成本。其次，数字技术能提高贸易效率并降低时间成本，如在货物贸易领域通过电子商务平台、在服务领域通过网上订票和订酒店等服务等均大幅缩短了交易时间。最后，数字技术与商业模式、生产方式的耦合将会创造多样化的贸易产品。在全球数字技术一体化的时代，全球贸易模式将逐渐从大宗贸易模式演变为分散化、平台模式。商家也会基于消费者的个性化需求进行定制生产和服务，创造出几乎无限的产品种类，这可能导致既相似又高度差异化的贸易增加。

2. 数据流动

数据流动对经济活动的影响越来越大，据资料显示，美国数字化的服务从2007年的2 821亿美元增长到了2011年的3 561亿美元，在全球范围内，麦

---

① 张俊华. 多云环境下最小成本数据存储问题研究［D］. 济南：山东大学，2019.

肯锡发现 2009—2018 年的数据流动对全球 GDP 贡献增长了 10.1%[①]。数字流动的壁垒对企业的竞争力、经济的生产力和创新能力都有着非常重要的影响。创新和经济增长的驱动力越来越依赖于企业如何收集、传输、分析和运营数据，而最大化数据的价值也需要数据的流动。在企业层面上，数据流动的壁垒使得公司的竞争力下降，企业被迫进行不必要的 IT 服务投入，进而会产生很多额外的费用，这会大大降低企业的竞争力及其生产力。如果没有"数据保护主义"，数字贸易和跨境数据流量的增长速度预计要远远超过全球贸易的总体发展速度。除此之外，跨界数据流动的壁垒也会阻碍创新和对创新服务的获取，制造数据流动壁垒的国家使得本国的公司从数据中获得新思想会变得更加困难，这将会提高开发新产品的成本，严重影响企业的创新能力[②]。

3. 综合服务

发展数字经济，推动数字经济和实体经济深度融合，实现数字产业化和产业数字化，打造具有国际竞争力的数字化产业集群，离不开综合服务提供强有力的支撑。具体而言，数字贸易综合服务可以利用大数据、人工智能等数字技术，基于行为数据为潜在消费者分配标签，进行圈层归类，建立"千人千面"的用户画像，从而实现精准投放营销信息。这样的方法有效地提升了消费者和商品成功匹配的概率，从而节省了消费者搜索商品的时间与精力，即降低了数字贸易的搜索成本。在企业间，数字贸易综合服务商建立了大量的 B2B 交易平台，如垂直领域的找钢网、中国化工网和跨境电子商务领域的敦煌网。这些平台公开、集中地展示了企业的商业信息，节省了数字贸易中企业寻找交易对象的成本。

值得关注的是，随着数字贸易综合服务的发展，全球公司的数字化水平正逐步提升。如电子合同因其标准化、自动化、高效率的特点，被越来越多的贸易企业运用于实际的贸易工作中，这不仅减少了重复性的工作，有效避免了合同书写错误等问题，而且能够将企业的海量合同进行归档、检索、分析，极大提高了贸易便利化的程度。一方面，数字贸易综合服务利用大数据、区块链等技术改良了传统的监督方法，从而使监督双方的信息不对称问题大大减少。另一方面，数字贸易综合服务中的云计算服务改变了传统的储存模式，云计算服务提供的云端储存空间极富扩展性，企业可以通过网络便捷地交付、使用 IT 基础设施，无须购

---

① 麦肯锡. 2019 全球支付行业报告, 2019.
② 薛亦飒. 多层次数据出境体系构建与数据流动自由的实现：以实质性审查制变革为起点 [J]. 西北民族大学学报（哲学社会科学版），2020 (6)：64-74.

买大量的文件存储设备，也免去了管理不同设备存储的数据的人工成本。

4. 仓储运输

当商品贸易的运输范围突破国土的局限，向着全球化和多样化的方向迈进时，仓储运输在这一进程中发挥着重要的功能，目标是更好地整合国外仓库的客户资源和国内仓库的供应商资源，以及满足高时效的物流配送要求。具体来看，既有的数字化仓储运输分别将国外仓和国内仓作为共同配送的起点和终点，有效整合了运输的资源，实现运输规模效应最优化，进而降低配送成本。其中，在充当国际运输的重要节点和国内运输或配送起点的贸易进程中，海外仓的功能多样性不断凸显和深化：

第一，海外仓在发货的同时可代替卖家收取买家订货资金，在收到货物时提供规定时限和佣金费率的代收货款增值业务，解决了商品交易时存在不稳定特性的交易风险以及资金结算不便、不及时的难题。

第二，货物运输到海外仓之后，基于客户订单需求，仓库将整箱货物进行分拆，为地域环境聚集的客户提供拼装服务，进而整车运输或配送。

第三，当海外仓经海关批准成为保税仓库时，可免除各种税收，进而简化了进出口需要的流程和相关手续。同时，转口贸易可在保税仓库进行，以海外仓所在国家作为中介，连接卖方和买方国家，采用这种方法能够有效规避贸易的惩罚。在海外保税仓内，还可以对货物提供简单加工等增值服务，仓库的功能趋于多样化[1]。

5. 贸易规模

在传统经济学中，规模经济和范围经济是有明确差异的，用以解释企业竞争优势的不同来源[2]。近年来，扩展边际和集约边际逐渐在贸易领域里流行，这两种企业贸易扩张的方式与规模经济和范围经济密切相关。传统的经营主体大多是追求规模经济，聚焦于某一类产品的生产。尽管有些经营主体会采用跨行业的生产和经营方式，但是各个实体之间的贸易成本与所得依然是进行独立核算的。而数字经济背景下涌现出了一大批新型平台企业，它们运用全网搜索与分析，积极利用规模经济和范围经济的优势，为企业和用户提供数字化服务和产品。同时，巨量的客户作为一种重要的资源，也成为新的竞争优势。各方竞相争夺客户资源，实质上就是利用规模经济和范围经济的互补优势。

---

[1] 鄢荣娇. 中国跨境电商物流中的海外仓建设模式研究［D］. 合肥：安徽大学, 2016.
[2] 熊立春, 马述忠. 从传统贸易成本到数字贸易成本［J］. 上海商学院学报, 2021, 22（5）：3-13.

在互联网、大数据时代，那些拥有较多数据资源并可以高效处理信息的传统企业，获取的规模经济和范围经济的优势也就越大，越容易得到用户的认可，从而也就占有越多的市场份额。规模经济一方面为传统企业带来了新的竞争优势，例如高价格、高生产率、低成本；另一方面规模经济本身就可以转化为范围经济优势，并据此提高抵御市场风险的能力。值得注意的是，规模经济和范围经济的有机融合也极大地促进了独角兽企业的出现，改变了原有企业间的贸易格局。

二、数字贸易市场

（一）数字贸易市场的特征

1. 数字贸易市场主体的特点

（1）平台企业在数字贸易市场中占主导作用。平台在传统市场中早已存在，例如，百货商场、超市等作为平台将消费者与生产者联系在一起，但传统的平台为实体平台，须具备较为完善的场地、设备等，连接用户的成本高，而且受制于空间、时间的限制，平台的规模、服务人群、服务时间均有限。而依托信息通信技术形成的数字贸易市场中的平台，具有虚拟性和开放性，能够使其用户以较低的成本连接，所构成的"无形"网络打破时空限制、人群规模限制，交易成本显著降低，提高交易效率与频率。埃森哲2016年的报告显示，超过50%的跨境服务贸易和超过12%的实物贸易均通过数字化平台完成。2017年，OECD与IMF列举的数字贸易的16种类型中有9种是通过数字贸易平台实现的。平台已成为数字贸易发展的基本载体[1]。

网络效应是平台的基本特征，平台用户越多，越能吸引更多的潜在用户，打破了传统经济学规模效应递减的规律。因此，平台企业更看重用户数量和流量增长，而非从短期经营中获得利润。基于平台企业的网络效应，平台企业越来越多地采用数字产品间的融合发展、向产业互联网迈进，打造互联网生态系统。平台企业创立时间短，生命力旺盛，发展势头强劲，已成为数字贸易市场的引领者、核心参与者。按照2017年7月31日收盘价计算，全球十大平台企业的市值已经超过十大跨国公司的市值，这些跨国公司的平均创设时间高达129年，而平台企业的平均创设时间为22年[2]。

（2）数字贸易市场进入壁垒低，主体多元化发展。首先，更多的中小企业

---

[1] 沈玉良等. 全球数字贸易规则研究 [M]. 上海：复旦大学出版社，2008. 10.
[2] 裴长洪，倪江飞，李越. 数字经济的政治经济学分析 [J]. 财贸经济，2018，39（9）：5-22.

参与到数字贸易市场中。在工业经济时代，跨国公司遵从链式组织方式和流程。在这种全球价值链关系中，跨国大公司与小微企业间的主从关系明显，大公司处于价值链的顶端，起支配作用，赚取全球化贸易的大部分利益。小企业处于价值链的低端，为跨国大公司提供配套服务，处于被支配地位，仅得到少量资源和利益。在数字贸易市场，大量平台企业的存在大大降低了中小企业拓展市场的成本，各个主体间平等参与贸易，受益主体更加多元化，且中小微企业是最大的受益者。其次，企业开始向小型化、专业化转变。数字经济时代，企业外部交易成本比内部交易成本下降更快，因此，更多大企业将非核心业务外包，进而开展专业化生产。同时，小企业也更加机动、灵活，更能满足客户个性化的定制需求，对瞬息万变的市场需求迅速做出反应。最后，平台上出现更多的产品和服务的供给者为个人，即C2C。在共享平台上，更多的个人卖家与个人买家基于自身闲置资源余缺情况以及共享消费、绿色消费理念而自发进行交易。基于所拥有资源的不同和需求的变化，供给者和需求者界限模糊，身份可以相互转换。个人之间的交易范围从最初的小件闲置物品拓展至汽车、住宿等多个领域。随着微观主体数量不断增加、共享范围不断扩大，共享经济规模也快速扩大。国家信息中心发布的《中国共享经济发展年度报告（2019）》显示，2018年中国共享经济市场交易额为29 420亿元，比上年增长41.6%；平台员工数为598万人，比上年增长7.5%；共享经济参与者人数约7.6亿人，其中提供服务者人数约7 500万人，同比增长7.1%[1]。

2. 数字贸易市场客体的特点

（1）虚拟性。数字贸易市场客体的虚拟性表现在以下三个方面：一是贸易客体本身的虚拟化。传统的国际贸易以货物和商品贸易为主，产品具有有形的物质形态，产品的使用价值依附于产品存在。物质形态的产品具有消耗性和破坏性，产品的使用价值和价值随不断消耗而难以存在。而数字贸易市场交易客体主要为数字化的商品和服务、数字信息产品等，为无形产品，具有可复制性、可变性、不可破坏性等特点，产品的使用价值并不因交易而由卖方转移到买方。二是贸易客体生产的虚拟化。传统的贸易产品的生产需要厂房、设施等大量固定的投资。数字贸易市场中，无形的、数字化的产品生产主要不是依靠固定资本投入，而是依靠无形资本，特别是人力资本、技术的投入，其生产成本很高，但能够以几乎为零的成本进行复制。三是贸易客体交易的虚拟化。数字贸易市场是无形

---

[1] 关欣. 2018年共享经济市场规模和就业保持较快增长［N］. 经济参考报，2019-03-04（7）.

的，贸易产品交易、传输、支付都是在虚拟化的互联网平台上进行，整个贸易过程都是虚拟的。

（2）知识产权密集性。数字贸易市场客体多为知识产权密集型的产品和服务，具有高知识、高技术、高互动、高创新的特征。数字贸易市场客体的知识密集性也体现在对高技术工人的需求剧增和低技能工人就业前景黯淡上。联合国贸发会议文件（2017）指出，2010 至 2014 年，美国电子商务公司的雇员人数从 13 万人剧增至 21 万人。此外，2019 年，全球网络安全工作岗位空缺达到 150 万。同时，预测印度尼西亚和菲律宾超过 85% 的零售工人因自动化而失去工作的风险很高，对柬埔寨和越南纺织、服装和鞋类行业工人来说，前景也很黯淡[1]。

（3）个性化与多元化。随着云计算、3D 等新技术的不断涌现，消费者有了更为广阔的商品和服务选择空间和余地，消费者更注重个性化的体验。据麦肯锡的一份调研报告，在 20 世纪 70 年代之前，市场需求预测的准确率超过 90%，然而 2000 年前后，市场需求预测的准确率仅有 40% 至 60%。数字贸易能够满足消费者多元性、及时性、便捷性、低成本、个性化的需求，这也是数字贸易市场不断扩大的重要原因。

（二）数字贸易市场规则的特点

1. 数字贸易市场监管规则仍处于不确定的变化中

数字贸易作为新兴的贸易方式发展快速，但其市场监管仍处于摸索阶段，具有一定的模糊性和不确定性。原因有二：一是 WTO 规则下数字贸易规则缺失使得当前全球数字贸易市场监管无国际通用依据。例如，WTO 尚未达成明确永久的电子传输免征关税协议，尚未对电子数字产品究竟是属于服务还是货物进行定性，尚未明晰界定数字贸易服务模式及分类等。这种全球性、普惠性的数字贸易规则缺失，将会是全球数字贸易市场完善面临的最大挑战[2]。二是美国和欧盟是全球数字贸易中两个重要的参与者、核心引领者，但二者在数字产业竞争力、文化传统、民族心理等方面存在显著差异，在治理方面的利益诉求存在严重分歧，导致两者在数字贸易发展的三个核心议题——"跨境数据自由流动"、"数据存储本地化"和"个人隐私保护"上不能达成共识。数字贸易市场监管规则的确

---

[1] 世界贸易组织. 世界贸易报告 2018 年［M］. 中国世界贸易组织研究会组织译. 上海：上海人民出版社, 2018.
[2] 李赞, 刘学谦. 全球数字贸易市场的特征与演进分析［J］. 发展研究, 2020 (3): 15-22.

定将是多国政府利益不断博弈的结果，将随着数字贸易在经济中越来越重要的作用而逐步完善。

2. 数字贸易市场监管与数字贸易壁垒

由于各国在数字贸易方面存在国际竞争力的差异，在数字贸易规则制定中的目标取向不同，体现出贸易规则适用范围、个人信息保护的程度和跨境数据传输的限制程度等方面存在巨大差异。不同的利益分配格局，导致各国对数字贸易实施监管的意愿不同。由此，数字贸易壁垒层出不穷。2022 年，美国贸易代表办公室（USTR）在《2022 年国别贸易估计报告》（2022 National Trade Estimate Report）中将数字贸易与电子商务贸易壁垒定义为阻碍跨境数据流的政策措施，包括数据本地化要求、影响数字产品贸易的歧视性做法、对提供互联网服务的限制以及其他限制性技术要求等[1]。同时，人们对互联网的依赖性增强也引发了人们对数据隐私保护力度的担忧。目前，全球范围内针对数字贸易市场监管和数据隐私的保护规则是分散化的，具有明显的区域性特征。各国在数字贸易监管理念和模式上的显著差异，直接导致监管规则成为国际数字贸易领域中不可调和的分歧，甚至壁垒摩擦[2]。加强国际合作，制定普适的数字贸易规则，以期在国家安全、政府监管与企业创新之间寻求平衡，对数字贸易市场不断发展完善有重要意义。

（三）数字贸易市场的演进趋势

1. 数据将成为数字贸易市场最主要的贸易标的

根据国际数据公司（IDC）提供的数据，预计 2025 年全球数据总量为 175ZB[3]。预计到 2025 年，全球大数据储量将达到 90ZB（相当于 90 亿个 1TB 硬盘）[4]。除了数据在量上的爆发外，更重要的是数据在质量上的提高，即有意义的、高质量的数据。未来物联网技术将实现万物互联，产生海量数据，云计算、人工智能等数据存储、处理、计算、分析技术的发展，将海量、碎片化的数据进行清洗、挖掘和分析处理，得到的有质量的数据可以帮助企业、政府等实现精细

---

[1] https://mp.weixin.qq.com/s/GeH-JS8riRuDfPGCdnf77g, 2024-03-05.
[2] 汤婧. 国际数字贸易监管新发展与新特点［J］. 国际经济合作, 2019（1）：74-79.
[3] 上海证券报, https://mp.weixin.qq.com/s/6i8i4yB-caJxBNrdZqPKQ, 2024-05-08.
[4] 瞭原市场调研, https://www.toutiao.com/article/7301205695758615076/? app = news _ article& timestamp = 1728657249&use _ new _ style = 1&req _ id = 20241011223409FA13BCC8A305715A65A4&group _ id = 7301205695758615076&wxshare_ count = 1&tt _ from = weixin&utm _ source = weixin&utm _ medium = toutiao _ android&utm _ campaign = client _ share&share _ token = 017c074f - 5596 - 4fce - baf2 - 64188033b937&source = m _ redirect&wid = 1728697102069, 2023-11-14.

化管理、生产、营销等。

2. 数字技术行业应用增强

数字贸易的发展将推动消费互联网向产业互联网转型，实现制造业智能化①。美国2017年《数字贸易的主要障碍》中列举了诸多事实：物联网已经将超过50亿台设备连接起来，汽车、冰箱、飞机甚至整幢建筑物都在不断地生成数据并将这些数据发送到国内外的处理中心。制造业产生的大量数据被广泛应用于研发、生产、运营、服务等价值链各环节，从而降低生产成本并提高生产效率。著名的建筑机械企业三一重工通过打造ECC客户服务平台、VR技术控制的新型挖掘机、CRM（客户关系管理）项目等不断把数字化推入产业深处，其智能化程度极高的工厂被《华尔街日报》认为是中国工业未来的蓝图。可以预见，数字贸易成为重塑传统价值链、促进产业转型升级的重要驱动力。

3. 服务贸易将取代货物贸易成为数字贸易市场的重要内容

《2018年世界贸易报告》指出，数字技术的广泛采用改变了货物、服务和知识产权等不同类别贸易的构成。全球服务贸易占比将由目前的21%增至2030年的25%，而1995年这一比例为18%。研究发现，在出口和进口方面，更高的互联网普及率和使用率都与服务贸易水平的提高有关。一方面，技术进步打破了地理限制、空间距离限制、语言和文化的限制，降低了贸易成本，使越来越多的服务能够以数字形式跨国界供应，解决了服务业"劳动者和劳动的捆绑"问题。Blinder and Krueger通过观察业务流程外包现象估计，2008年美国所有就业岗位中，有25%可能由海外人士提供。金融、保险和信息服务行业的工业，以及技术和专业服务，都可以远程提供。另一方面，3D打印技术的出现可以将数字化的范围扩大到新的产品类别。根据荷兰国际银行（2017）的预测，如果继续保持当前对3D打印（投资年均增29%）和对传统资本品（投资年均增长9.7%）的投资差异，那么到2060年，3D打印产品将占当年所有制造产品的一半，世界制成品贸易总量的19%将消失。而与3D相关的服务，如安装、维修、设计、软件和教育等服务会增加。随之，知识产权贸易将在数字贸易中发挥关键作用，成为影响数字贸易市场发展的关键因素。

4. 数字贸易市场范围由国内向国际发展，更多的发展中国家进入贸易市场

目前的统计数据并未按来源对数字贸易进行分类，因此，无法单独识别国内

---

① 马述忠，房超，梁银锋. 数字贸易及其时代价值与研究展望[J]. 国际贸易问题，2018(10)：16-30.

和跨境贸易,但企业层面的财务数据显示了数字贸易市场由国内走向国际的迹象。例如,亚马逊近三分之一(32%)的净销售额来自国际贸易;Alphabet 谷歌最大的客户是美国(47%)和英国(9%),其余来自世界其他地区(44%)(SEC,2017a);Netflix 在 190 个国家和地区拥有 9 000 万流媒体用户,每天提供 1.25 亿小时的电视节目和电影,其国际流媒体收入从 2010 年的 400 万美元增加到 2017 年的 50 多亿美元;Spotify 在线音乐公司的广告支持活跃用户在日本、越南和泰国等亚洲市场强劲增长,其每月活跃用户及付费用户中有 60% 位于欧洲之外。发展中国家也出现了一批极具市场竞争力的数字公司,如中国的大型电子商务公司阿里巴巴、阿根廷电子商务和支付平台 MercadoLibre、尼日利亚金融科技创业公司 SpacePointe 推出的具有多种支付选项的移动应用程序 PointePay 等等。特别是"一带一路"倡议提出以来,跨境电商、网上丝绸之路、数字基础设施等领域交流和合作渐深,新进展不断涌现。例如,2015 年启动的中国-土耳其"数字丝绸之路"跨境电子商务综合服务平台项目共培训土耳其当地中小企业主和大学生近 2 500 人,实现 2.2 万余家中国中小企业和近 1 000 家土耳其中小企业成功上线开店,交易额超过 10 亿美元[①]。据世贸组织估计,发展中国家数字贸易占比将由 2015 年的 46% 增至 2030 年的 57%。

(四) 数字贸易市场的演进动因

1. 数字技术快速发展与迅速普及是数字市场形成与演进的原动力

数字贸易市场的形成与演进是依托不断发展的数字技术。数字技术得益于计算、通信和信息处理领域的三股强大技术力量的发展,这些技术力量结合在一起,一并推动数字技术迅速发展。没有数字技术就无法形成数字产品,而这是数字贸易交易的最主要标的之一;没有数字技术就无法实现商品与服务的网络订购与交付,而这是数字贸易的主要形式;没有数字技术无法形成大量信息与数据,数据成为重要的生产要素,而这正是数字贸易市场外延不断扩大的根本推力和数字贸易推动产业升级的落脚点。通过摩尔定律、吉尔德定律和由以数字化为技术基础得以实现的创新——3D 打印、物联网、人工智能和区块链等将进一步对数字贸易市场产生深刻影响,加速市场演进。

2. 经济全球化大趋势为数字贸易市场演进提供良好的外部环境

世界贸易发展历程表明:技术进步是实现国际贸易和经济一体化的关键因素,但它并不能保证经济和贸易的增长,政策和政治背景同样重要。虽然逆全球

---

① 郁红阳. 土耳其是共建"一带一路"的重要合作伙伴 [J]. 世界知识,2019 (10):58-59.

化思潮抬头，但和平与发展仍是当今国际社会的主题，"经济全球化是不可逆转的历史大势，其发展是不依人的意志为转移的，历史大势必将浩荡前行"。越来越多的全球性或区域性组织机构涌现，如联合国、世界贸易组织、国际货币基金组织、亚太经合组织、"一带一路"国际合作高峰论坛等，这些机构在管理、协调、发展国际贸易方面发挥着重要作用；同时，全球产业链、价值链已让世界成为一个整体，各国金融、市场、产业之间相互影响，如若遭遇危机，任何一个国家都不能独善其身；经济全球化、自由贸易已深入人心，基本成为国际社会的共识，成为绝大多数国家的选择。

第三节　数字支付和数字货币

数字支付（digital payment）和数字贸易是从属关系，数字支付是数字贸易服务中的一个环节，也是其重要组成部分。数字支付与数字贸易的关系主要体现在两个方面：一方面，数字支付作为数字贸易的重要支付方式，促进了贸易过程中资金的流动。另一方面，数字支付作为数字贸易服务环节，促进了贸易过程中的信息流动。数字支付作为数字贸易的中间环节，其带来的风险也不容忽视。数字支付促进了数字经济的发展，数字经济又催生了数字货币，数字货币同时也对数字贸易产生一定的影响。

一、数字支付

（一）数字支付的内涵

中国人民银行制定的《电子支付指引（第一号）》[1] 将电子支付定义为：单位、个人直接或授权他人通过电子终端发出支付指令，实现货币支付和资金转移的行为。而数字支付相较于电子支付，其行为主体、行为表现和行为结果是相同的。两者的行为主体均为单位或个人，两者的行为表现均为不使用现金条件下的支付行为，两者的行为结果均为货币债权在不同主体间的转移。但相较于电子支付，数字支付的支付介质更为丰富，不仅包括商业银行存款货币，还包括基于区块链技术的数字货币。因此数字支付的内涵并不等同于电子支付。对于数字支付的内涵，需要从数字支付的核心要素，即行为主体和客体、行为方式、支付媒介

---

[1] 中华人民共和国中央人民政府网，https：//www.gov.cn/jrzg/2005-10/30/content_86881.htm.

以及行为结果四个方面阐述。

数字支付作为一种经济活动，其活动主体可以是个人，也可以是由个人构成的群体。在经济和贸易学领域中，这一群体主要体现为社会团体、企业、政府机构、国际组织等，这些组成群体可以统称为单位。经济活动的客体和主体形成对应关系，即数字支付可以在个人和个人之间进行，可以在个人和单位之间进行，也可以在单位和单位之间进行。

数字支付的行为本质是支付，而支付的目的是实现所有权价值在不同主体间的转移。相较于传统支付，数字支付中款项的支付均是通过数字化方式进行，而非现金，因此数字化是数字支付的行为方式[①]。

相较于传统的支付方式，数字支付的媒介不仅包括传统的商业银行存款货币，还包括基于区块链技术的数字货币。数字支付的可用货币类别多样，是区别于传统电子支付的最显著特点。

数字支付的行为结果和传统支付的行为结果本质相同，均为个人或单位的经济活动引起支付所用货币债权的转移。通过货币债权的转移，个人或单位可以完成货物或服务购买及债务偿还等。

通过对数字支付四个方面核心要素的分析，并依据经济学界对电子支付的相关研究，可以从广义和狭义两个角度对数字支付的内涵进行阐述。广义的数字支付是指通过数字化方式完成的经济活动中的货币债权转移。狭义的数字支付是指单位或个体为实现所有权价值转移而使用数字化的商业银行存款货币或数字货币完成货物或服务购买及债务偿还等经济活动。

（二）数字支付的发展沿革

数字支付作为当代新兴的支付手段之一，广泛应用在包含金融机构间资金结算、个体间交易以及企业间贸易在内的众多领域。得益于其便捷高效等特点，数字支付已经成为当代数字化背景下的重要支付手段。纵观数字支付的产生和发展历程，依据数字支付的使用主体或实现方式划分，其发展阶段主要可以分为银行与机构间的电子支付、个体与银行间的电子支付、第三方互联网平台支付、数字货币支付四个阶段。

1. 银行与机构间的电子支付阶段

在银行与机构间的电子支付阶段，数字支付主要应用于银行内部资金结算以及银行和其他企业或政府机构间的资金结算，实现货币在银行系统内部的转移及

---

① 杨坚争. 经济法与电子商务法 [M]. 北京：高等教育出版社，2004.

资金在银行和其他机构间的流通。20世纪60年代，欧美国家银行内部的资金结算开始采用较为成熟的数字化处理方式，实现了数字化的缴存款和再贴现等业务。90年代初期，银行和大型企业及政府机构间实现了数字化资金往来，使得非现金形式的工资分发、税费扣除等成为可能。

2. 个体与银行间的电子支付阶段

在个体与银行间的电子支付阶段，数字支付主要应用于个体用户直接将银行内存款转出，实现线下非现金消费和线上消费。该阶段与上一阶段相比，使用数字支付的一方主体由机构转变为个体。20世纪末，伴随着互联网的深入普及，各大银行的网上缴费和移动银行业务开始蓬勃发展，个人银行网上交易额不断上升。随着个体开始将数字支付这一支付手段应用于日常交易，与此相关的支付风险开始显现。各国政府为规范和引导数字支付的健康发展，防范支付过程中可能出现的风险，便制定了有关数字支付的法律制度，例如美国于1975年颁布的《电子资金转移法》（Electronic Funds Transfer Act）和中国于2005年颁布的《电子支付指引（第一号）》等。

3. 第三方互联网平台支付阶段

在第三方互联网平台支付阶段，数字支付主要应用于个体用户通过第三方互联网平台对银行账户内资金进行操作，实现资金转移或线上和线下消费。第三方支付平台的出现促进了互联网支付的不断发展，使得消费者和商家之间的交易方式更加多样，与此同时也导致了传统支付方式完成的交易额不断缩减。第三方支付平台以合作银行信用为依托，具备良好的信用保障，其凭借为交易双方提供支付保障的服务优势，在很大程度上提高了数字支付的便捷性[1]。

4. 数字货币支付阶段

在数字货币支付阶段，数字支付主要应用于借助数字货币实现非银行账户间的资金转移。基于法定数字货币的支付方式是数字支付的最新形态，其匿名化、安全性等特点也使得其成为未来数字支付的发展趋势。包括中国、美国、新加坡在内的多个国家政府已注意到这种趋势下的风险和机遇，并开始研究基于法定数字货币的数字支付方式，在推进相关技术研发的同时积极探讨政策制定。虽然以数字货币为媒介的数字支付仍在萌芽阶段，但其能够高效满足公众在数字经济条件下对法定货币的需求，对进一步推动国际数字支付体系的建设具有重大战略意义。

---

[1] 袁秀挺. 互联网第三方支付市场的发展与规制 [J]. 人民论坛, 2021 (7): 82-85.

(三) 数字支付的类型

依据支付媒介的差别,数字支付可以分为基于传统货币的数字支付和数字货币支付两大类。其中,基于传统货币的数字支付是将商业银行存款货币作为支付媒介,依据支付方式的差别,其可以进一步划分为电子支票网络支付、银行卡支付和第三方平台支付三类。而数字货币支付的支付媒介则是数字货币而非商业银行存款货币。

1. 电子支票网络支付

电子支票网络支付是一种数字化的支付指令,该指令的发出方是客户,接收方是收款人。这种无条件的数字化指令被称为电子支票(electronic check)。电子支票网络支付和传统支票支付在实现方式和安全性保障等方面存在较大区别,例如电子支票网络支付是借助互联网或其他联机终端设备实现支付功能的,而传统支票支付则是借助纸质支票实现支付功能的。

2. 银行卡支付

银行卡支付是客户利用商业银行的实体银行卡或商业银行的网上银行向收款人完成支付操作。银行卡是由商业银行发行的、帮助客户实现货币业务办理的一种金融工具,根据其使用方式可以分为借记卡、信用卡、现金卡和支票卡四类。随着互联网技术不断发展成熟,银行卡支付由线下转变为线上线下并存,商业银行联合软件开发商推出了各类安全便捷的银行卡网络支付系统。中国各大商业银行的银行卡大多采用 SSL 协议以提高银行卡网络支付中数据传输的保密性、传输信息的完整性以及传输双方身份认证的准确性。

3. 第三方平台支付

第三方平台支付(third party payment)是指介于客户和收款者之间的第三方非金融机构,通过计算机和网络通信技术为客户和收款者之间的支付提供基础支撑和应用支撑,从而促进支付的完成。第三方平台支付可以依据支付资金的来源分为两类:一类是作用于客户银行账号的资金支付,资金的来源是客户的银行账户,例如绑定了银行卡的支付宝账户;另一类是作用于虚拟信用卡或互联网金融产品的资金支付,资金来源是互联网企业给客户提供的信用额度,例如京东旗下的京东白条。第三方平台支付很大程度上推动了网络支付的发展,数字支付的应用范围得以大规模扩张。

4. 数字货币支付

数字货币支付是指使用以数字信息形式存在的数字货币在线上或线下完成支

付。在数字货币支付过程中，数字货币通过发挥与现金类似的一般等价物职能，实现所有权价值的传输交换。数字货币支付和基于传统货币的数字支付的最大不同在于数字货币支付基本不需要银行的直接参与，因此数字货币支付可以提高交易效率，降低交易成本。与此同时，由于许多种数字货币具有不可回溯的性质，交易过程的隐私也能得到较好的保护。为了保护数字支付过程的安全性和可靠性，该过程应用了包括隐蔽签名、公开密钥加密法和数字摘要在内的一系列安全技术手段。但由于其大部分支付过程没有银行的直接参与，数字货币支付仍存在伪造和重复使用的风险。伴随着法定数字货币的研发和应用，数字货币支付的合法性和可靠性将会逐步提升。

（四）数字支付对数字贸易的影响

1. 数字支付对数字贸易的积极影响

数字支付和数字贸易是从属关系，数字支付是数字贸易服务中的一个环节，也是其重要组成部分。数字支付对数字贸易的建设作用主要体现在两个方面：

一方面，数字支付作为数字贸易的重要支付方式，促进了贸易过程中资金的流动。如今标准化支付服务对促进市场贸易和推动经济发展起到了关键的作用，但传统的现金支付无法满足数字贸易的一些特定要求。例如，传统现金支付存在资金处理效率较低，资金流和信息流的整合效率较低，不能满足个性化服务需求等缺陷。而基于数字化商业银行存款货币或数字货币的支付方式，例如第三方平台支付，可以通过银行卡发生资金转移和支付清算，提升银行卡用户的活跃度，拓宽银行卡使用范围，促进社会范围内的资金流动。此外，数字贸易作为21世纪跨境交易的重要方式，往往伴随着跨境高频率资金流动。消费者能否在各自的市场上便捷地使用跨境数字支付服务，在很大程度上决定了跨境数字贸易中支付环节的效率，进而影响数字贸易全链条的效率。

另一方面，数字支付作为数字贸易服务环节，促进了贸易过程中的信息流动。数字支付作为基于互联网的支付方式，其支付行为的完成依赖于数字流转和信息传输，因此数字支付不仅可以完成货币债权的转移，还实现了信息在客户和收款者之间的共享。在数字支付流程中，数字支付可以实现资金流动信息和交易信息的同时传输。在这种传输机制下，数字支付可以促进数字贸易中信息的流动，使得贸易信息得到及时全面的收集。如果世界范围内各经济体做出保护数据自由流动的承诺，确保必要的隐私保护，规范对贸易数据的监管访问，建立国际公认的支付标准和信息共享标准，便可提高各国企业机构间的贸易效率，促进数字贸易在国际范围内的发展。例如,《美墨加协定》为支持跨境支付提供了一种范例,因为该协定保护了数据在美国、墨西哥、加拿大之间的自由流动,降低了三个国家之间的贸易成本。

2. 数字支付对数字贸易的消极影响

作为数字贸易服务的中间环节,数字支付带来的风险也不容忽视。一方面,虽然各国央行对支付系统的监管已经覆盖了支付过程中交易、清算和结算等全过程,但由于国际范围内缺乏公认标准,各国央行针对数字货币采取的管制措施并不相同。当资金涉及跨境流动时,国家间支付规则的差异会导致支付效率降低,给数字贸易带来消极影响。另一方面,由于数字支付具有无边界金融服务等特点,金融机构会在支付信用体系不健全的社会环境下承担着较大的信用风险。一旦出现金融信用评估系统不健全造成信用评估失误,或第三方支付平台由于重大安全事故造成信誉受损,那么数字贸易链条将会被打断。

总的来说,数字支付对数字贸易既有积极影响也有消极影响。数字支付既能作为数字贸易支付方式促进资金流动,也能作为数字贸易服务环节促进信息流动。但由于数字支付公认标准的缺失以及数字支付信用体系的不完善,数字支付也给数字贸易带来了一些不确定因素。国际组织和各国政府应当形成合力,完善数字支付规则框架,制定国际统一的数字支付标准,进一步发挥数字支付对数字贸易的建设性作用。

二、数字货币

(一) 数字货币的内涵

国际清算银行(Bank for International Settlements, BIS)评价数字货币是一项突破性的创新,其技术支撑和去中介化等特点可以对全球金融行业和国际货币体系产生深远的影响。在传统定义中,数字货币更强调于私人数字货币,即发行主体是私人或私人机构,具有去中心化的特点。伴随着全球数字贸易的发展,具有法定地位和接受货币当局监管的法定数字货币成为数字贸易的更佳选择。法定数字货币可以理解为货币数字化的延伸,是将区块链技术、分布式账本等技术引入主权货币发行、流通和回笼的一种形式。为了更加全面地阐述数字货币的内涵,下面从核心职能、存在形式和发行主体等方面对数字货币进行界定。

数字货币的核心职能与传统货币类似。货币职能是指货币所能实现的有实际价值的功能，21世纪，数字货币在一定范围内发挥了衡量商品价值的作用，且在一定程度上实现了流通，因此在部分国家数字货币具备货币的两个核心职能，即价值尺度和流通手段。私人数字货币虽然可以在一些场景中取代主权货币实现交易，但其不具备强制性等属性，不受法律保护，因此不应作为货币在数字贸易中流通使用。

数字货币在存在形式上与传统货币有较大差别。数字货币以数字形式而非实体形式存在，其采用或借鉴加密算法为核心的区块链技术，让使用者在网络上建立共识机制，实现点对点直接交易。其技术支撑是密码学和分布式账本等。不同类别的数字货币的发行主体存在差别。私人数字货币的发行主体为私人或依靠加密算法实现无特定发行机构，而法定数字货币的发行主体为各国央行。

通过对数字货币三个方面核心要素的分析，并依据经济学界和金融学界对数字货币的研究，可以从广义和狭义两个角度对数字货币的内涵进行阐述。广义的数字货币指的是由私人、央行或无特定发行机构发行的，以数字形式存在且依赖或借鉴区块链技术和分布式账本的交易媒介，其中法定数字货币具备价值尺度和流通手段等基本职能。

由于私人数字货币并不是货币，不能够在数字贸易中充分发挥促进作用，因此在数字贸易中使用的数字货币可以从狭义上进行理解，即由央行发行的以数字形式存在的货币。

(二) 数字货币的发展沿革

数字货币（digital currency）作为数字经济时代下的产物，随着数字经济的发展不断演变。在数字货币的发展过程中，政府、学者和个人从密码学、信息技术学等方面对数字货币的发行、流通交易和监管进行了多维度分析，并对其区块链架构、合法性等进行了深入探讨。纵观数字货币的发展历程，可以分为私人数字货币时代和私人与法定数字货币共存时代。

1. 私人数字货币时代

私人数字货币不是由各国央行发行，不能与银行货币之间实现等比例的兑换。在私人数字货币时代，数字货币在民间流通，由民间拥有者承担信用、市场、流通性等一切风险，该阶段的数字货币呈现多种类、非主权等特点。20世纪80年代，大卫·乔姆（David Chaum）发表了题为"Blind signatures for untraceable payments"的论文，引入了数字现金这一概念。20世纪90年代网络泡沫时期，有关数字货币的概念逐渐丰富，电子黄金、自由储备等均是这一时期被提出并被运用的概念。自从 2009 年比特币①作为区块链分散式数字货币问世后，私人数字货币的种类便不断增多。私人数字货币自产生开始，依次经历发行、认可、推广、使用等阶段，相关产业链及配套设施在其演化过程中不断完善，逐渐涵盖生产、发行、储存、交易等一系列金融服务，交易范围也不断扩大，与此同时价格跌宕起伏，成为一部分人追捧的投资方式②。

2. 私人与法定数字货币共存时代

尽管私人数字货币的发展十分迅速且受到世界各地投资者和投机者的追捧，但其不具备国家信用背书，并且存在配套技术薄弱、价格不稳定、风险难以控制等一系列问题。而吸收借鉴了成熟数字技术且具备国家信用背书的法定数字货币作为一种风险较小、可靠性较高的货币形式，得到了国际范围内多个经济体的关注。全球主要经济体研发法定数字货币的目的是打破私人数字货币的垄断进而稳定货币体系，在一定程度上实现金融普惠。各国央行研发法定数字货币的思路具有共通之处。第一，由央行或政府牵头，成立专家组从宏观层面对研发法定数字货币的可行性和必要性进行探讨，制定战略目标和实现方式。第二，细化战略目标和实现方式，从技术难点、标准制定、风险管控等方面展开讨论和研究。第三，开展法定数字货币的设计研发工作，分阶段开展闭环测试，制定法定数字货币的有关市场标准、法律体系和监管制度。第四，在部分城市进行内部封闭试点测试，并与当地互联网企业及金融机构签订有关法定数字货币的战略合作协议。截至 2020 年，各国推进法定数字货币研发的进程并不相同，许多国家政府对数字货币仍持观望态度。

尽管数字货币这一概念在 20 世纪末才被提出，但其背后蕴含的是数字加密算法和密码学等数十年来的沉淀。在未来很长一段时间内，私人数字货币和法定数字货币将会同时存在，一同组成数字货币市场。

(三) 数字货币的类型

按照数字货币发行主体或是否具有去中心化特征进行划分，可以将数字货币分为私人数字货币和法定数字货币两类。

---

① 比特币这一概念最早由中本聪（Satoshi Nakamoto）于《比特币：一种点对点的电子现金系统》中提出。

② 中国人民银行等七部委于 2017 年 9 月发布了《防范代币发行融资风险》，其中指出代币发行融资是指融资主体通过代币的违规发售、流通，向投资者筹集比特币、以太币等所谓"虚拟货币"，本质上是一种未经批准非法公开融资的行为，涉嫌非法发售代币票券、非法发行证券以及非法集资等违法犯罪活动。

1. 私人数字货币

私人数字货币（private digital currency）在一定程度上可以理解为非主权数字货币。依据是否可以被广泛获取，私人数字货币可以被划分为批发模式的私人数字货币和通用模式的私人数字货币。批发模式的私人数字货币由于其流通性差，仅占据了私人数字货币中很小的一部分。私人数字货币在业务构架上无中心化保障机制，无论是使用范围还是公信力等都存在不足，因此在数字贸易过程中存在较多弊端。私人数字货币的风险体现在许多方面：第一，由于私人数字货币不具备国家信用背书，因此当政府出台稳定金融相关政策影响到私人数字货币的发行或流通时，可能会引起该货币市场的波动，给相关企业和个人带来风险。第二，由于私人数字货币具有匿名性等特点，不容易被追踪，因此当它们被不法分子利用进而扰乱社会秩序时，会带来一定的社会风险。第三，信用风险、信息不对称风险等均放大了私人数字货币的风险强度。

2. 法定数字货币

法定数字货币也被称为央行数字货币（central bank digital currencies）。依据是否可被广泛获取以及是否基于代币，法定数字货币可被分为四类，分别是央行储备金和结算账户、通用模式的央行结算账户、通用模式的央行数字代币、批发模式的央行数字代币。央行储备金和结算账户主要用于商业银行在中央银行的资金储备，是基于账户形式的存在。通用模式的央行结算账户和央行数字代币主要供企业和个人使用，中国开发的央行数字货币就是这两种形式。相较于私人数字货币，法定数字货币具有许多特定的优势：第一，法定数字货币具有国家信用背书，其公信力强，可以更好地发挥价值尺度的职能。第二，法定数字货币的适用范围更加广泛，流通性更强，其与商业银行存款货币具备相同的法律地位，在具备流通环境的条件下具有法偿性。第三，法定数字货币不是由个人或机构出于盈利及垄断目的而发行的，而是以国家信用为基础综合考虑了社会各方面利益，可以发挥国家层面的宏观调控作用。此外，法定数字货币既可以保护交易双方的隐私，也可以让资金流动处于监管之中，及时遏制违法犯罪行为。

（四）数字货币对数字贸易的影响

1. 数字货币对数字贸易的积极影响

以国家信用为基础的法定数字货币作为主权货币，具备法定偿还能力，且价值具有一定的稳定性，对推动数字贸易发展意义重大。各国所采取的法定数字货币投放发行规则有所不同，例如中国计划采取双层投放体系，以账户松耦合的方式进行投放，坚持中心化的管理模式，提高宏观调控的有效性和及时性。下文所谈论的数字货币均特指法定数字货币。

数字货币有利于提高数字贸易的质量和交易效率。数字货币通过加密签名转换，可以在资金转移的同时实现信息传递，完成资金流和信息流的整合。依赖于传统货币的数字贸易过程中，数字贸易所用的货币储存于中间机构，中间机构通过支付的时间差沉淀资金，且跨境数字贸易的支付结算流程冗余。而数字货币不依赖于银行账户，其在数字贸易的支付结算环节上通过实现点对点的及时对接，省去了中间机构对账、清算、结算等流程，整个过程由既定算法自动执行，在省去了中间机构介入费用的同时，提高了数字贸易的效率。

数字货币有利于国家对数字贸易的宏观调控。中国数字货币具备中心化的特点，央行通过对数字货币的大数据追踪，既可以分析出经济个体的实时数字贸易状态，也可以从微观把握宏观，分析各个阶段中国数字贸易的走势，给有关机构制定数字贸易政策提供有效依据，进而提高数字贸易调控的精准性和预见性。此外，央行可以通过对数字货币的流通监控，精准调节货币供应，促进货币的流通性，稳定货币价值，确保货币市场长期处于健康状态。

数字货币有利于防范数字贸易中存在的风险。中央银行可以通过技术化手段对数字货币的流转进行追踪和监控，对个体和群体进行实时分析，及时感知到数字贸易中的风险行为。在交易安全不能完全依赖于传统身份认证的环境下，通过大数据对客户的数字货币使用行为进行风险敏感性研判，既能及时追踪到数字贸易中的违法行为，也能在微观层面保护数字贸易参与者的隐私。例如，在使用数字货币进行数字贸易的过程中，虽然普通交易匿名，但用大数据可以识别出逃税、恐怖融资等行为的特征，从而锁定真实身份。

2. 数字货币对数字贸易的消极影响

作为一种全新的数字贸易媒介，数字货币在使用过程中蕴含的风险也不容忽视。

首先，数字货币不易追踪的特点会增加贸易风险。不易追溯性是数字货币对使用者隐私的保护，但贸易双方可能会利用数字货币的这一特性逃避法律监管，进行非法贸易。理想的数字货币的可追踪性应当是用户自身的权利，而不是商家或商业银行的特权，与此同时，为了保证以数字货币为媒介的数字贸易的合法性，监管者应当在司法允许的范围内获得追踪权力，因此理想的数字货币并非完全匿名。如何在道德和技术层面实现匿名性以及可追溯性的平衡是数字货币研发的难点。

其次，受制于21世纪初的科学技术水平，数字货币在交易过程中存在一定的支付风险。如何通过密码技术保障数字货币的真实性，确保用户在交易过程中无法更改或伪造数字货币，是构建以数字货币为媒介的数字贸易体系要重点考虑问题。

最后，各国政府对于数字货币持有的态度不尽相同，因此可能由数字货币引起的各国间的数字贸易信用危机也是隐藏风险之一。

数字货币对数字贸易而言是把"双刃剑"。一方面，数字货币有利于提高数字贸易的质量和效率，有利于国家对数字贸易的宏观调控，中央银行可以通过数字化手段对数字货币的流转实现追踪和监控。另一方面，数字货币的不易追溯性给数字贸易带来风险。各国央行应当平衡数字货币的匿名性和可追溯性，在法律允许的范围内尽可能保护交易双方的隐私。

第四节 全球经贸关系的变革

习近平总书记多次强调发展数字经济，建设数字中国。2020年9月4日，习近平总书记在中国国际服务贸易交易会全球服务贸易峰会上指出，"我们要顺应数字化、网络化、智能化发展趋势，共同致力于消除数字鸿沟，助推服务贸易数字化进程"。数字领域的新趋势不断涌现，数字贸易的蓬勃发展也为数字经济乃至全球经济不断注入新动能。通过跨境电商等实现的货物贸易迅猛发展，贸易数字化水平不断提高，数字贸易也成为推动全球贸易增长的新力量。伴随着数字贸易的迅猛发展，经济全球化也在数字贸易发展的进程中得到强化。

一、跨境电商进一步推动各国数字贸易往来

随着跨境电子商务的快速发展，它已成为国际贸易的新方式，对进一步推动各国数字贸易往来具有重要意义。美国电子商务市场规模约占全球的三分之一，美国人网上购买最多的物品是书籍、电影及音乐制品、服装及配饰，网络购物已占零售总额的7%左右[1]。欧盟电子商务市场规模与美国大体相当，也保持着持续增长的态势。在日本，Rakuten.co.jp、Amazon.co.jp 和 Nissen.co.jp 是占主导

---

[1] 王誉媛. 跨境电子商务现状及其应对措施［J］. 发展研究，2020（3）：15-22.

地位的网上购物平台，服装和食品都是日本 B2C 电子商务最热门的产品类别[①]。人们也越来越多地使用智能手机进行网络购物。美国、欧盟、日本作为全球电子商务的传统强国和地区在全球的数字贸易往来中仍具主导地位。随着数字贸易的不断发展，很多新兴市场也在快速增长。欧洲国家电子商务按增长速度排名前五位的是土耳其（75%）、希腊（61%）、乌克兰（41%）、匈牙利（35%）和罗马尼亚（33%）。东欧和南欧国家是欧洲电子商务增长最快的国家。南欧地区 2012 年的交易金额为 3 240 亿欧元，增速 29.3%，占欧洲电子商务市场的 10.4%。亚太地区 B2C 电子商务一直在快速增长，且仍然是潜力最大的地区。在韩国，B2C 电子商务占零售总额的比重已经达到 6%，主导电子商务平台是 market.co.kr 和 11st.co.kr，主要消费旅游服务、服装和时尚类产品。在澳大利亚，2023 年有超过 96.2% 的人使用互联网，超过 76.3% 的人进行网购，2023 年电商销售额是 2019 年的 2 倍多。[②] 在印度，互联网消费者于 2023 年达到 2.3 亿人，预计 2025 年将达到 3.5~4 亿人。2018 年到 2022 年电子商务交易额增长率达到创纪录的 151.28%，5 年交易规模总额达到 1515 亿美元，2023 年单年交易规模为 600 亿美元。[③] 2014 年到 2023 年，印度电子商务交易额平均增长率将高达 34%，2023 年已超过 500 亿美元，预计在 2025 年将达到 1 000 亿美元。[④] yStats.com 报告显示，B2C 电子商务正在南非兴起，有优惠券的网站和旅游特别受欢迎[⑤]。随着非洲智能手机渗透率的提高，尤其是南非，移动电商和移动支付市场有望在非洲实现快速增长。

二、经济全球化在数字贸易发展进程中进一步强化

数字贸易已经在影响经济全球化的走向。首先，数字技术和数字产品正形成全新的全球价值链，是未来推动经济全球化的主导力量。例如，传统的书籍、唱片、游戏、地图、报纸和杂志等货物产品，逐步变成了数字产品，形成了从制作到销售的电子传输价值链模式。全球价值链的治理结构和治理体系也发生了根本

---

① 范筱静. 跨境电子商务的法律制度发展以及我国相关立法评述［J］. 海关法评论, 2015, 5(00): 409-445.
② KJ123, https://mp.weixin.qq.com/s/JwPWSoZ86tquYsmgoq3mZw, 2023-11-30.
③ 李一钟, https://mp.weixin.qq.com/s/ATLWlrwLF2ZuC8PVGMvjgg, 2023-05-22.
④ 南亚投资一周汇, https://mp.weixin.qq.com/s/CyXUsQK6QdMewFu33zEWmg, 2023-10-17.
⑤ Ystats.com. Global B2C E-Commerce Market Report 2013［EB/OL］. http://www.ystats.com/en/reports/preview.php?Report Id=1008&backtosearch=true, 2013-03-14.

性的变化,全球价值链中的关境壁垒从关税壁垒和非关税壁垒转向了数字贸易壁垒,数字贸易自由化必然推动经济全球化的深化。其次,数字化服务影响货物贸易和服务贸易,从而会影响国际贸易的分布结构。数字化服务包括企业层面的数字服务平台和政府部门的数字化治理系统建设。国际贸易中占很大比重的是中间品贸易,会产生中间品的多次跨关境进出。一方面需要消除关税壁垒和非关税壁垒;另一方面要形成电子供应链,提升供应链效率。提升供应链需要通过数字化服务,而电子供应链的长短与产品供应链密切相关,如汽车的供应链就比手机的供应链长,所以数字化服务并非仅解决边境间的供应链数字化,而是改善从国内市场到国际市场的整个数字化供应链系统[1]。最后,全球商业模式从传统的 B2B 向数字方式的 B2B 和 B2C 方向发展,特别是 B2C 已经成为国际贸易中的重要贸易模式。互联网已经成为影响国际贸易的重要因素,进而改变全球价值链的治理方式和实现路径。

三、数字贸易促使全球经贸自由化程度不断提高

数字贸易的发展正在不断提高全球贸易经济发展的自由化程度,为建立国际贸易组织、促进国家之间贸易合作提供了极大便利,因而,国际经济合作组织数量、形式日趋增多。以亚太经济合作组织为例,为了加强与周边国家和地区贸易合作关系,促进经济发展,中国提出了"一带一路"倡议,且提高了沿线地区与周边国家的外贸经济水平,成效显著,真正实现了经济全球化进程中国家之间的共同发展。但是在全球贸易自由化发展趋势下,各个国家积极拓展国际贸易市场,发展外贸业务的同时,彼此之间贸易摩擦与合作问题也日渐增多,贸易壁垒的设置正是由于各个国家为了确保本国市场与对外贸易市场经营有序、利益不受损。大部分对外贸易的摩擦问题不仅损害国际社会经济与贸易经济的可持续发展,也会引发诸多政治外交问题。这表明,全球贸易自由化程度应设立一定限度,以避免过度自由化导致诸多国际贸易经济问题。现阶段,为了减少贸易摩擦问题的发生,中国在与其他友好国家开展国际贸易业务合作时应保持积极健康的贸易理念,绝不违背国际贸易法律法规,坚定维护自身贸易权益,避免因贸易摩擦造成不必要的损失。

---

[1] 沈玉良,李海英,李墨丝等. 数字贸易发展趋势与中国的策略选择 [J]. 全球化, 2018 (7): 28-40, 134.

案 例

新冠疫情暴发推动了普惠金融发展，在全球正规金融服务扩张的背景下，疫情带来了数字支付的大幅增长。2021年6月29日，世界银行发布消息称，2021年全球金融包容性指数数据库（Global Findex）显示，正规金融服务的扩张创造了新的经济机会，缩小了账户拥有率方面的性别差距，提高了居民家庭应对金融冲击的韧性。数据显示，截至2021年，全球76%的成年人在银行、其他金融机构或移动货币服务商那里拥有账户，与2011年的51%、2017年的68%相比有进一步提高。重要的一点是，有账户人数的增长分布更加均衡，有更多国家出现了增长。过去十年Findex所开展的几轮调查中，有账户人数的增长主要集中在印度和中国，但调查显示，2017年以来有34个国家的账户拥有率实现了两位数增长。新冠疫情还促使数字支付的使用增加。目前全球有三分之二的成年人以数字形式收款或付款，而在发展中经济体中，这一比例从2014年的35%增长到2021年的57%。发展中经济体71%的人在银行、其他金融机构或移动货币服务商那里拥有账户，比2011年的42%、2017年的63%进一步增加。移动货币账户推动了撒哈拉以南非洲地区普惠金融大幅增长[1]。

根据上述材料，试分析宏观层面上怎样才能规避数字货币和数字支付的风险？在数字支付形式快速变革的时代下机遇与挑战并存，你认为21世纪数字支付对数字贸易带来的挑战主要体现在哪些方面？

小 结

数字贸易作为数字经济的重要组成部分，逐渐成为全球经济增长的新引擎。数字贸易市场的前景十分广阔，数字贸易在丰富贸易形态、拓展贸易发展空间、拓宽交易主体范围等方面都有着巨大的优势。数字贸易市场也呈现出由国内市场转向国外市场的重要趋势，越来越多的发展中国家进入贸易市场。随着数字贸易的发展，数字支付和数字货币也经历了由单一走向多元的演变过程。而这种多元的数字支付方式和数字货币类型也将对全球数字贸易产生有利以及不利的双重影响。为充分发挥数字贸易的优势，如何在保证数字支付安全性的同时提高数字支

---

[1] 世界银行：2021年全球金融包容性指数数据库报告. http://www.199it.com/archives/1458457.html.

付的效率是世界范围内各个贸易主体不懈追求的共同目标。在数字贸易的纵深发展下，全球经贸关系也在向数字贸易往来、经济全球化加速以及自由化程度加深的方向不断发展。

习 题

1. 自 1997 年来，电子商务议题受到 WTO、APEC、OECD、G20 等多边及区域经济组织的广泛关注，CPTPP、TTIP 等超大型自由贸易协定也对全球数字贸易规则展开多次讨论，始终未能取得实质性进展，请你分析其中的原因。

2. 习近平在 2020 年 11 月举行的 APEC 领导人视频会议上讲话时表示，中国将积极考虑加入《全面与进步跨太平洋伙伴关系协定》（CPTPP）。中国在跨境数据流动治理等诸多领域与 CPTPP 的相关精神尚存在不同程度的偏离，中国应该如何精准把握 CPTPP 条款的要求及特征？

3. 阐述你对当前各国在数字贸易规则构建上的差距与分歧的看法。

参考文献

一、研究报告类

[1] 阿里跨境电商研究中心，埃森哲．全球跨境 B2C 电商市场展望趋势报告［R］．2015．

[2] 国际贸易投资新规则与自贸试验区建设团队．全球数字贸易促进指数报告（2019）［R］．上海：立信会计出版社，2019．

[3] 国务院发展研究中心对外经济研究部，中国信息通信研究院．数字贸易发展与合作报告 2021［R］．北京：中国发展出版社，2022．

[4] 经合组织，世界贸易组织，国际货币基金组织，联合国贸发会议．数字贸易测度手册（第二版）［R］．2023．

[5] 经合组织，世界贸易组织，国际货币基金组织．数字贸易测度手册（第一版）［R］．2020．

[6] 联合国贸发会议．2019 年数字经济报告［R］．2019．

[7] 联合国贸发会议．2021 年数字经济报告［R］．2021．

[8] 联合国贸发会议．ICT 服务贸易和 ICT 赋能服务贸易［R］．2015．

[9] 麦肯锡．数据全球化：新时代的全球性流动［R］．2016．

[10] 世界贸易组织．2019 世界贸易报告：服务贸易的未来［R］．2019．

[11] 王振．惠志斌．全球数字经济竞争力发展报告（2022）［R］．北京：社会科学文献出版社，2023．

[12] 中国商务部．中国数字服务贸易发展报告 2018［R］．2019．

[13] 中国商务部．中国数字贸易发展报告 2021［R］．2023．

[14] 中国信息通信研究院．2020 数字中国产业发展报告（信息通信产业篇）［R］．2020．

[15] 中国信息通信研究院．数字贸易发展白皮书（2020 年）［R］．2020．

[16] 中国信息通信研究院．数字贸易发展与影响白皮书（2019 年）［R］．2019．

[17] 中国信息通信研究院. 数字贸易与新发展格局 [R]. 北京：人民出版社, 2022.

[18] 中国信息通信研究院. 云计算发展白皮书（2020 年）[R]. 2020.

[19] 中国信息通信研究院. 中国数字经济发展白皮书（2020 年）[R]. 2020.

[20] 中华人民共和国商务部服务贸易和商贸服务业司. 中国数字服务贸易发展报告 [R/OL], 2021.

[21] CRS. NAFTA Renegotiation and the Proposed United States–Mexico–Canada Agreement [R]. CRS Report, Address：Congressional Research Service, 2019.

[22] Hufbauer, G. C., and Z. Lu. Global E-Commerce Talks Stumbleon Data Issues, Privacy and More [R]. PIIE Policy Brief 19-14, 2019.

[23] IMT-2020（5G）推进组. 5G 概念白皮书 [R]. 2015.

[24] Pasadilla GO, Duval Y, Anukoonwattaka W. Next generation non–tariff measures：Emerging data policies and barriers to digital trade [R]. ARTNeT Working Paper Series, 2020.

[25] USBEA. Defining and Measuring the Digital Economy [R]. Bureau of Economic Analysis, 2018.

[26] U. S. Department of Commerce. The emerging digital economy [R/OL], 1998.

[27] USITC. United States–Mexico–Canada Agreement：Likely Impact on the U. S. Economy [R]. United States International Trade Commission, 2019.

二、学术论文类

[1] 曹晓路, 王崇敏. 中国特色自由贸易港建设路径研究：以应对全球数字服务贸易规则变化趋势为视角 [J]. 经济体制改革, 2020（4）：58-64.

[2] 陈朝东, 张伟. 国外电子政务：发展沿革、研究趋势及对中国的启示 [J]. 上海行政学院学报, 2022, 23（6）：31-43.

[3] 陈红娜. 数字贸易与跨境数据流动规则：基于交易成本视角的分析 [J]. 武汉理工大学学报（社会科学版）, 2020, 33（2）：110-120.

[4] 陈明, 卿前龙, 盖翊中. 数字服务贸易开放提高了中国制造业企业出口产品质量吗？[J]. 中国流通经济, 2023, 37（2）：79-90.

[5] 陈颖. 数字服务贸易国际规则研究：基于 CPTPP、EU–JAPAN EPA、

USMCA 和 RCEP 的比较分析 [J]. 全球化, 2021 (6): 90-101, 136.

[6] 陈友余, 宋怡佳. "一带一路"沿线国家数字服务贸易格局及中国地位分析 [J]. 经济地理, 2023, 43 (6): 106-117.

[7] 崔凡, 邓兴华. 异质性企业贸易理论的发展综述 [J]. 世界经济, 2014, 37 (6): 138-160.

[8] 邓英欣, 张洪铭. 信息技术发展对企业信息管理的影响 [J]. 企业导报, 2011 (4): 195.

[9] 邓宇. 数字贸易: "双循环"发展新格局下的经济风向标 [J]. 现代商业银行, 2020 (19): 46-49.

[10] 刁莉, 王诗雨. 新兴经济体数字服务贸易壁垒分析 [J] 亚太经济, 2023 (3): 73-81.

[11] 樊莹. 通向 21 世纪的"信息高速公路" [J]. 外交学院学报, 1994 (3): 65-69.

[12] 范筱静. 跨境电子商务的法律制度发展以及我国相关立法评述 [J]. 海关法评论, 2015, 5: 409-445.

[13] 方慧, 霍启欣. 数字服务贸易开放的企业创新效应 [J]. 经济学动态, 2023 (1): 54-72.

[14] 方慧, 霍启欣. 数字服务贸易开放与企业创新质量的"倒 U 型"关系: 兼议技术吸收能力和知识产权保护的调节作用 [J]. 世界经济研究, 2023 (2): 3-18, 134.

[15] 方竹兰. 中国数字经济发展的思考 [J]. 首都师范大学学报 (社会科学版), 2022 (6): 181-186.

[16] 付博文. 国际经济合作趋势与企业应对策略 [J]. 山西财经大学学报, 2023, 45 (S1): 40-42.

[17] 高鹤, 邹赛赛. 数字贸易对国家产业结构升级的影响: 基于"一带一路"沿线 38 国面板数据的实证分析 [J]. 时代经贸, 2023, 20 (2): 86-90.

[18] 高鹤. 超大型自贸协定背景下对典型区域内贸易关系的再审视 [J]. 关东学刊, 2022 (5): 51-67.

[19] 高红伟. 中国数字服务贸易的国际竞争力分析 [J]. 统计与决策, 2023, 39 (4): 158-162.

[20] 高建树, 李晶. 数字贸易规则的"求同"与"存异": 以欧盟 RTAs 电子商务章节为例 [J]. 武大国际法评论, 2020 (2): 114-136.

[21] 耿伟，吴雪洁，叶品良．数字服务贸易网络对出口国内增加值的影响：来自跨国数据的经验证据［J］．国际贸易问题，2022（12）：90-110．

[22] 龚谨．数字贸易：因变而生破局而立［J］．现代商业银行，2020（19）：42-45．

[23] 龚新蜀，刘越．双边数字服务贸易限制措施的进口抑制效应：基于数字化服务行业的实证研究［J］．现代经济探讨，2022（12）：64-78．

[24] 郭霞，朴光姬．印度数字服务贸易发展特征及中国应对策略［J］．南亚研究，2021（2）：78-94，157-158．

[25] 韩晶，姜如玥，孙雅雯．数字服务贸易与碳排放：基于50个国家的实证研究［J］．国际商务（对外经济贸易大学学报），2021（6）：34-49．

[26] 何杨，鞠孟原．"全球反税基侵蚀"方案的最新发展和评析［J］．国际税收，2020（2）：33-37．

[27] 贺慧芳．跨境电子商务的多元市场价值链模型构建及推进策略［J］．商业经济研究，2021（18）：103-107．

[28] 胡岗岚，卢向华，黄丽华．电子商务生态系统及其演化路径［J］．经济管理，2009，31（6）：110-116．

[29] 计春阳，李耀萍．中国—东盟跨境电子商务生态圈构建研究［J］．广西社会科学，2016（9）：50-54．

[30] 贾怀勤．服务贸易四种提供方式与服务贸易统计二元构架的协调方案：《国际服务贸易统计手册》"简化方法"评述［J］．统计研究，2003（3）：9-13．

[31] 金春枝，李伦．网络话语权：数字鸿沟的重要指标［J］．湖南社会科学，2016（6）：178-182．

[32] 金晶．技术范式的结构与演进［D］．合肥：中国科学技术大学，2023．

[33] 敬艳辉，李玮．基于数字经济视角理解加快发展数字贸易［J］．全球化，2020，107（6）：63-71，135．

[34] 蓝庆新，窦凯．美欧日数字贸易的内涵演变、发展趋势及中国策略［J］．国际贸易，2019（6）：48-54．

[35] 李墨丝．超大型自由贸易协定中数字贸易规则及谈判的新趋势［J］．上海师范大学学报（哲学社会科学版），2017（1）：100-107．

[36] 李蕊，李水军．数字经济：中国税收制度何以回应［J］．税务研究，2020（3）：91-98．

[37] 李睿，郭庆．跨越数字鸿沟：老年人智慧出行的政策执行困境及其落

地之策 [J]. 决策与信息, 2023 (6): 60-68.

[38] 李晓华. "新经济"与产业的颠覆性变革 [J]. 财经问题研究, 2018 (3): 3-13.

[39] 李赞, 刘学谦. 全球数字贸易市场的特征与演进分析 [J]. 发展研究, 2020 (3): 15-22.

[40] 李贞霏. 我国数字贸易治理现状、挑战与应对 [J]. 理论探讨, 2022 (5): 173-178.

[41] 李震, 王新新. 互联网商务平台生态系统构建对顾客选择模式影响研究 [J]. 上海财经大学学报, 2016, 18 (4): 67-82.

[42] 李忠民, 周维颖, 田仲他. 数字贸易: 发展态势、影响及对策 [J]. 国际经济评论, 2014 (6): 131-144, 8.

[43] 廖润可. 移动通信技术进化史: 1G 到展望 6G [J]. 科技资讯, 2020, 18 (16): 5-7.

[44] 刘丹. 国内外数字政府研究现状及启示 [J]. 江苏商论, 2021 (10): 30-32, 43.

[45] 刘建平, 路红艳. 数字服务贸易与国家创新能力: 基于收入差距的中介效应研究 [J]. 技术经济, 2022, 41 (10): 1-11.

[46] 刘伟, 刘莹. 数字服务贸易壁垒对企业出口产品创新的影响 [J/OL]. 价格月刊: 1-12 [2023-07-24].

[47] 伦晓波, 刘颜. 数字政府、数字经济与绿色技术创新 [J]. 山西财经大学学报, 2022, 44 (4): 1-13.

[48] 吕延方, 方若楠, 王冬. 全球数字服务贸易网络的拓扑结构特征及影响机制 [J]. 数量经济技术经济研究, 2021, 38 (10): 128-147.

[49] 马述忠, 房超, 梁银锋. 数字贸易及其时代价值与研究展望 [J]. 国际贸易问题, 2018 (10): 16-30.

[50] 马述忠, 潘钢健. 从跨境电子商务到全球数字贸易: 新冠肺炎疫情全球大流行下的再审视 [J]. 湖北大学学报（哲学社会科学版）, 2020, 47 (5): 119-132, 169.

[51] 马述忠, 濮方清, 潘钢健. 跨境零售电商信用管理模式创新研究: 基于世界海关组织 AEO 制度的探索 [J]. 财贸研究, 2018, 29 (1): 66-75.

[52] 马述忠, 濮方清, 潘钢健. 数字贸易的中国话语体系构建: 基于标识性概念界定的探索 [J]. 新文科教育研究, 2023 (1): 22-44, 141.

[53] 梅冠群. 全球数字服务贸易发展现状及趋势展望 [J]. 全球化, 2020 (4): 62-77, 134.

[54] 孟夏, 孙禄, 王浩. 数字服务贸易壁垒、监管政策异质性对数字交付服务贸易的影响 [J]. 亚太经济, 2020 (6): 42-52, 147.

[55] 廖润可. 移动通信技术进化史: 1G 到展望 6G [J]. 科技资讯, 2020, 18 (16): 5-7.

[56] 倪红福, 田野. 新发展格局下的中国产业链升级和价值链重构 [J]. China Economist, 2021, 16 (5): 72-102.

[57] 裴长洪, 倪江飞, 李越. 数字经济的政治经济学分析 [J]. 财贸经济, 2018, 39 (9): 5-22.

[58] 齐俊妍, 李月辉. 数字服务贸易监管异质性对双边价值链关联的影响: 基于数字服务行业的实证研究 [J]. 国际贸易问题, 2022 (12): 20-37.

[59] 齐俊妍, 强华俊. 数据流动限制、数据强度与数字服务贸易 [J]. 现代财经 (天津财经大学学报), 2022, 42 (7): 3-19.

[60] 齐俊妍, 强华俊. 数字服务贸易壁垒影响服务出口复杂度吗: 基于 OECD-DSTRI 数据库的实证分析 [J]. 国际商务 (对外经济贸易大学学报), 2021 (4): 1-18.

[61] 齐俊妍, 强华俊. 数字服务贸易限制措施影响服务出口了吗?: 基于数字化服务行业的实证分析 [J]. 世界经济研究, 2021 (9): 37-52, 134-135.

[62] 祁志伟. 中国数字政府建设历程、实践逻辑与历史经验 [J]. 深圳大学学报 (人文社会科学版), 2022, 39 (2): 13-23.

[63] 沈玉良, 李海英, 李墨丝等. 数字贸易发展趋势与中国的策略选择 [J]. 全球化, 2018 (7): 28-40, 134.

[64] 盛斌, 高疆. 超越传统贸易: 数字贸易的内涵、特征与影响 [J]. 国外社会科学, 2020 (4): 18-32.

[65] 盛煜辰, 张润琪, 沈瑶. 数字服务贸易壁垒的国际比较与决定因素研究 [J]. 求是学刊, 2023, 50 (2): 57-71.

[66] 石思威, 文建东. 包容性金融、数字服务贸易与价值链地位 [J]. 经济问题探索, 2022 (9): 148-165.

[67] 宋旭. 马克思资本流通理论视角下河北省农村电子商务发展研究 [D]. 石家庄: 河北科技大学, 2018.

[68] 宋玉臣, 李芳妍. 中国数字经济发展意蕴解读: 变革、挑战与机遇

[J]．税务与经济，2023（3）：58-65．

[69] 孙杰．从数字经济到数字贸易：内涵、特征、规则与影响 [J]．国际经贸探索，2020，36（5）：87-98．

[70] 汤婧．国际数字贸易监管新发展与新特点 [J]．国际经济合作，2019（1）：74-79．

[71] 陶文昭．全球数字鸿沟及其治理 [J]．中共福建省委党校学报，2006（5）：18-22．

[72] 王宝顺，等．数字经济对国际税收征管的影响与对策：基于常设机构视角 [J]．税务研究，2019（2）：86-91．

[73] 王惠敏，武文一，曲维玺．中日韩数字服务贸易发展：差异、成因及中国进阶路径 [J]．国际贸易，2022（12）：3-11．

[74] 王金波，郑伟．全球数字治理规则的重构与中国因应 [J]．国际贸易，2022（8）：4-14．

[75] 王晶，徐玉冰．新形势下我国数字交付服务贸易演变趋势及对策分析 [J]．对外经贸实务，2021（6）：4-7．

[76] 王岚．数字贸易壁垒的内涵、测度与国际治理 [J]．国际经贸探索，2021，37（11）：85-100．

[77] 王敏，彭敏娇．数字经济发展对税收征纳主体行为的影响及政策建议 [J]．经济纵横，2020（8）：93-99．

[78] 王千．互联网企业平台生态圈及其金融生态圈研究：基于共同价值的视角 [J] 国际金融研究，2014（11）：76-86．

[79] 王拓，徐然．数字服务贸易限制性措施与中国数字服务市场开放研究 [J]．广西社会科学，2022（9）：136-144．

[80] 王拓．数字服务贸易及相关政策比较研究 [J]．国际贸易，2019（9）：80-89．

[81] 王晓红，朱福林，夏友仁．"十三五"时期中国数字服务贸易发展及"十四五"展望 [J]．首都经济贸易大学学报，2020，22（6）：28-42．

[82] 王岩，高鹤，谷口洋志．日本数字贸易发展探析及其对中国的启示 [J]．价格月刊，2022（4）：45-53．

[83] 王一海．江苏省电子商务生态链互利共生机制探讨 [J]．电子商务，2018（1）：13-14．

[84] 王誉媛．跨境电子商务现状及其应对措施 [J]．发展研究，2020

373

（3）：15-22.

［85］王中美．跨境数据流动的全球治理框架：分歧与妥协［J］．国际经贸探索，2021，37（4）：98-112.

［86］温湖炜，舒斯哲，郑淑芳．全球数字服务贸易格局及中国的贸易地位分析［J］．产业经济评论，2021（1）：50-64.

［87］吴昊．欧盟《建立外国直接投资审查框架条例》研究［D］．重庆：西南政法大学，2020.

［88］吴磊．需求锚定、结构赋能与平台耦合：数字政府建设的实践逻辑［D］．长春：吉林大学，2022

［89］吴鹏，马述忠．包容性发展与全球数字鸿沟［J］．上海商学院学报，2021，22（5）：14-26.

［90］吴石磊，张宏杰，田文涛．数字服务贸易出口特征、壁垒及其同群效应影响［J］．中国科技论坛，2022（3）：72-81.

［91］吴翌琳．国家数字竞争力指数构建与国际比较研究［J］．统计研究，2019，36（11）：14-25.

［92］习近平．不断做强做优做大中国数字经济［J］．先锋，2022（3）：5-7.

［93］夏杰长，谭洪波．服务贸易之商业存在：规模、竞争力和行业特征［J］．财经问题研究，2019（11）：14-22.

［94］谢波峰，陈灏．数字经济背景下我国税收政策与管理完善建议［J］．国际税收，2019（3）：20-24.

［95］谢谦，刘洪愧．数字服务贸易助推经济高质量发展：理论机理与政策建议［J］．经济体制改革，2022（6）：20-27.

［96］熊冬洋．数字经济背景下中国税制改革的制度经济学分析［J］．税收经济研究，2021（6）：3-4.

［97］熊立春，马述忠．从传统贸易成本到数字贸易成本［J］．上海商学院学报，2021，22（5）：3-13.

［98］徐德顺．英国数据保护和数字信息法案及其启示［J］．中国商界，2023（5）：12-13.

［99］徐清源，单志广，马潮江．国内外数字经济测度指标体系研究综述［J］．调研世界，2018，302（11）：52-58.

［100］徐世腾，金翎，蔡铃钰等．数字服务贸易壁垒对制造业出口产品质量升级的影响研究［J］．华东师范大学学报（哲学社会科学版），2022，54

(6)：166-174，180.

[101] 薛亦飒. 多层次数据出境体系构建与数据流动自由的实现：以实质性审查制变革为起点［J］. 西北民族大学学报（哲学社会科学版），2020(6)：64-74.

[102] 鄢荣娇. 中国跨境电商物流中的海外仓建设模式研究［D］. 合肥：安徽大学，2016.

[103] 鄢雨虹. 国际经贸协定中的源代码规则新发展及中国立场［J］. 武大国际法评论，2021，5(3)：97-117.

[104] 闫德利. 欧盟：建设数字单一市场［J］. 互联网天地，2019(4)：34-42.

[105] 杨晓雯，韩霖. 数字经济背景下对税收管辖权划分的思考：基于价值创造视角［J］. 税务研究，2017(12)：53-56.

[106] 殷启洋，李尧远. 国外数字政府研究二十年：热点聚类、演进脉络和发展趋势：基于 Cite Space 的可视化分析［J］. 陕西行政学院学报，2022，36(1)：23-29.

[107] 于世海，杜子喆，赵玉銮. 国际数字服务贸易限制措施对制造业数字化转型的影响研究：基于 OECD 数字服务贸易限制指数的分析［J］. 价格理论与实践，2022(8)：164-168，208.

[108] 郁红阳. 土耳其是共建"一带一路"的重要合作伙伴［J］. 世界知识，2019(10)：58-59.

[109] 袁秀挺. 互联网第三方支付市场的发展与规制［J］. 人民论坛，2021(7)：82-85.

[110] 岳云嵩，霍鹏. WTO 电子商务谈判与数字贸易规则博弈［J］. 国际商务研究，2020(12)：73-85.

[111] 岳云嵩，李柔. 数字服务贸易国际竞争力比较及对我国启示［J］. 中国流通经济，2020，34(4)：12-20.

[112] 岳云嵩，赵佳涵. 数字服务出口特征与影响因素研究：基于跨国面板数据的分析［J］. 上海经济研究，2020(8)：106-118.

[113] 臧雷振，刘超. 数字政府、治理能力与外资流入：来自全球 188 个国家（地区）的面板数据的经验证据［J］. 太平洋学报，2023，31(3)：55-67.

[114] 张俊华. 多云环境下最小成本数据存储问题研究［D］. 济南：山东大学，2019.

［115］张茉楠. 全球经贸规则体系正加速步入"2.0 时代"［J］. 宏观经济管理, 2020（4）: 7-12, 19.

［116］张夏恒. 京东: 构建跨境电商生态系统［J］. 企业管理, 2016（11）: 102-104.

［117］张夏恒. 跨境电子商务生态系统构建机理与实施路径［J］. 当代经济管理, 2021, 43（7）: 55-60.

［118］张亚斌, 马莉莉. 中国数字服务贸易: 价值构成、分工演进及决定因素: 基于增加值视角的实证研究［J］. 福建论坛（人文社会科学版）, 2022（1）: 33-46.

［119］赵春明, 班元浩. 推动形成新发展格局［J］. 国企管理, 2020, No.65（21）: 18.

［120］赵欢庆. 价值链对跨境电商生态圈的重新打造: 以亚马逊为例［J］. 商业经济研究, 2018（12）: 91-93.

［121］赵晓斐, 何卓. 数字服务贸易壁垒与价值链长度［J］. 中南财经政法大学学报, 2022（3）: 139-150.

［122］赵中绵. 浅谈信息技术的发展及运用［J］. 中国科技信息, 2014（9）: 125-126.

［123］周念利, 包雅楠. 数字服务贸易壁垒对制造业产出服务化水平的影响: 基于中国上市公司微观数据的经验研究［J］. 亚太经济, 2022（3）: 35-45.

［124］周念利, 包雅楠. 数字服务贸易限制性措施对制造业服务化水平的影响测度: 基于 OECD 发布 DSTRI 的经验研究［J］. 世界经济研究, 2021（6）: 32-45, 135-136.

［125］周念利, 陈寰琦. RTAs 框架下美式数字贸易规则的数字贸易效应研究［J］.《世界经济》, 2020（10）: 28-51.

［126］周念利, 陈寰琦. 基于《美墨加协定》分析数字贸易规则"美式模板"的深化及扩展［J］. 国际贸易问题, 2019（9）: 1-11.

［127］周念利, 李玉昊. 数字知识产权保护问题上中美的矛盾分歧、升级趋向及应对策略［J］. 理论学刊, 2019（4）: 58-66.

［128］周念利, 姚亭亭, 黄宁. 数据跨境流动壁垒对数字服务贸易二元边际影响的经验研究［J］. 国际经贸探索, 2022, 38（2）: 4-21.

［129］周念利, 姚亭亭. 数字服务贸易限制性措施贸易抑制效应的经验研究［J］. 中国软科学, 2021（2）: 11-21.

[130] 周彦霞, 张志明, 周艳平等. 数字服务贸易自由化与数字经济发展: 理论与国际经验 [J]. 经济问题探索, 2023 (2): 176-190.

[131] 朱福林. 中国数字服务贸易高质量发展的制约因素和推进路径 [J]. 学术论坛, 2021, 44 (3): 113-123.

[132] 朱玉赢. 我国数字服务贸易发展对策 [J]. 商业经济研究, 2021 (11): 150-152.

[133] 朱兆一, 姜峰. 中国数字服务贸易出口推动全球产业结构升级了吗: 基于资源错配的视角 [J]. 国际商务（对外经济贸易大学学报）, 2022 (4): 88-104.

[134] AARONSON, S. A. The Digital Trade Imbalance and Its Implications for Internet Governance [J]. Global Commission on Internet Governance, February 2016, pp. 1-52.

[135] ANDERSON, J. E. and Yotov, Y. V. Gold Standard Gravity [J]. NBER Working Papers, No. 17835, 2012.

[136] ANDREW D. M., Tana Voon, Jarrod Hepburn. Taxing tech: risks of an Australian digital services tax under international economic law [J]. Melbourne Journal of International Law, 2019 (1).

[137] BALDWIN, R. TAGLIONI, D. Gravity for Dummies and Dummies for Gravity Equations [J]. NBER Working Papers, 2006.

[138] BLUM, B. S. GOLDFARB, A. Does the Internet Defy the Law of Gravity [J]. Journal of International Economics, 2006, pp. 384-405.

[139] BURRI, M. New Legal Design for Digital Commerce in Free Trade Agreements [J]. Digiworld Economic Journal, 2017a, pp. 1-18.

[140] BURRI, M. Understanding and Shaping Trade Rules for the Digital Era [J]. Digiworld Economic Journal, 2017b, p. 6.

[141] BURRY, M., and R. Polanco. 2020. Digital Trade Provisions in Preferential Trade Agreements: Introducing a New Dataset [J]. Journal of International Economic Law, 23 (1): 187-220.

[142] DEWAN S, RIGGINS F J, 2005. The digital divide: Current and future research directions [J]. Journal of the Association for Information Systems, 6 (12): 298-337.

[143] FERRACANE M. F. Do data policy restrictions inhibit trade in services?

[J]. Europe Centre for International Political Economy, 2018, 1-43.

[144] FREUND, C. L. The effect of the internet on international trade [J]. Journal of International Economics, 2004, 171-189.

[145] GAO H. Analysis on relationships and influencing factors of trade in digitally-deliverable services between China and Japan [J]. The Journal of Economics (Chuo University), Vol. 63, No. 5·6, March 2023: 65-90.

[146] GAO H. The regulation of digital trade in the TPP: trade rules for the digital age [C]. International Conference on Optimization and Decision Science, 2017: 345-362.

[147] GERINGER S. National digital taxes - lessons from Europe [J]. South African Journal of Accounting Research, 2021 (1).

[148] HANNAN M T, FREEMAN J. The population ecology of organizations [J]. American journal of sociology. 1977, 109 (3): 929-964.

[149] HOFMANN C, OSNAGO A, RUTA M. Horizontal depth: a new database on the content of preferential trade agreements [J]. Policy Research Working Paper Series, 2017.

[150] JOSÉ - ANTONIO M, TEH R. Provisions on electronic commerce in regional trade agreements [J]. Jose-Antonio Monteiro.

[151] LIN, F. Estimating the effect of the internet on international trade [J]. Journal of International Trade & Economic Development, 2015, pp. 409-428.

[152] MALKAWI B. H. Digitalization of trade in free trade agreements with reference to the WTO and the USMCA: a closer look [J]. China and WTO Review, 2019, 149-166.

[153] MELTZER J P. Maximizing the opportunities of the internet for international trade [C]. ICTSD and World Economic Forum, 2016.

[154] MILNER, H. V. The digital divide: the role of political institutions in technology diffusion [J]. Comparative Political Studies, 2006, 176-199.

[155] MOORE J F. Predators and prey: a new ecology of competition [J]. Harvard business review. 1993, 71 (3): 75-86.

[156] MOORE J F. The rise of a new corporate form [J]. Washington Quarterly. 1998, 21 (1): 167-181.

[157] SHUZHONG M, JIWEN G, HONGSHENG Z. Policy analysis and

development evaluation of digital trade：an international comparison［J］. China & World Economy，Vol. 27，No. 3，2019：49-75.

［158］TAMBUNAN M. Indonesia tax authority measure on facing the challenge in taxing digital economy［J］. The International Technology Management Review，2020（1）.

［159］WEIK，TEOHH，CHANHC，et al，2011. Conceptualizing and testing a social cognitive model of the digital divide［J］. Information Systems Research，22（1）：170-187.

［160］WUNSCH S. The digital trade agenda of the U. S.：parallel tracks of bilateral，regional and multilateral liberalization［J］. SSRN Electronic Journal，2003：58.

［161］WUNSCH S. Trade rules for the digital age［C］. GATS and the Regulation of International Trade in Services，2008.

三、专著图书类

［1］陈寰琦. RTAs 框架下数字贸易规则"美式模板"及其贸易效应研究［M］. 北京：中国财政经济出版社，2022. 12.

［2］李嘉图. 政治经济学及赋税原理［M］. 北京：商务印书馆，1976：532-533.

［3］高鹤. 日美贸易摩擦的历史和今天［M］. 北京：中国社会科学出版社，2021：147-164.

［4］李晶. 数字贸易国际规则的新发展［M］. 北京：北京大学出版社，2022.

［5］林吉双，孙波，陈和. 我国数字贸易发展现状及对策研究［M］. 北京：人民出版社，2021.

［6］刘玲. 2021 数字贸易发展研究［M］. 杭州：浙江大学出版社，2022.

［7］马述忠，濮方清. 数字贸易学［M］. 北京：高等教育出版社，2022.

［8］沈玉良，彭羽，陈历幸，等. 全球数字贸易促进报告 2020［M］. 上海：复旦大学出版社，2021：6.

［9］沈玉良. 全球数字贸易规则研究［M］. 上海：复旦大学出版社，2008：10.

［10］史浩. 支付原理：数字贸易时代金融支付体系研究［M］. 杭州：浙江

大学出版社，2022.

［11］习近平．论把握新发展阶段、贯彻新发展理念、构建新发展格局［M］．北京：中央文献出版社，2021：484.

［12］徐德顺，程达军．全球数字贸易发展及规则变革［M］．北京：科学技术文献出版社，2022.

［13］杨坚争．经济法与电子商务法［M］．北京：高等教育出版社，2004.

［14］中国信息通信研究院．数字贸易发展与合作报告2021［M］．北京：中国发展出版社，2021：11.

［15］周广澜，苏为华．中国方案（数字贸易命运共同体的探索之路）［M］．杭州：浙江工商大学出版社，2021.

［16］TORRENS R. An essay on the external corn trade［M］. London：Hatchard，1815：264-265.

［17］UNITED STATES. A framework for global electronic commerce［M］. White House，1997.

［18］VAN DIJKJAGM. The deepening divide：inequality in the information society［M］. London：Sage publications，2005.

四、报纸类

［1］关欣.2018年共享经济市场规模和就业保持较快增长［N］.经济参考报，2019-03-04.

［2］黄先开．推动数字贸易开放发展 加快建设贸易强国［N］.光明日报，2023-05-16（11版）.

［3］戚聿东，徐凯歌．加强数字技术创新与应用 加快发展新质生产力［N］.光明日报，2023-10-03.

［4］熊丽．共享数字贸易发展新机遇［N］.经济日报，2021-09-04（004）.